"十四五"职业教育国家规划教材

跨境电子商务
创新型人才培养系列教材

U0734628

跨境
电子商务基础

·第 2 版·慕课版·

张函 / 主编　陈然 严梦甜 戴庆玲 沈捷 章澳 / 副主编

CROSS-BORDER
Electronic Commerce

人民邮电出版社
北　京

图书在版编目（CIP）数据

跨境电子商务基础：慕课版 / 张函主编. -- 2 版.

北京：人民邮电出版社，2025. --（跨境电子商务创新型人才培养系列教材）. -- ISBN 978-7-115-65253-9

Ⅰ. F713.36

中国国家版本馆 CIP 数据核字第 2024Y9M390 号

内 容 提 要

本书兼顾了跨境电子商务职业教育的教学要求，以及一线跨境电子商务从业人员的业务实操需要，以培养读者的跨境电子商务理论和实际运营操作能力为目标，详细介绍了跨境电子商务的概念和发展概况、进口跨境电子商务和出口跨境电子商务，以及跨境电子商务业务流程中的店铺定位与选品、跨境物流、跨境支付与结算、跨境电子商务营销、跨境电子商务客服和跨境电子商务数据化运营等环节的理论和实践内容。

本书可以作为院校跨境电子商务、电子商务、国际贸易、外语等相关专业的教材，也可供跨境电子商务从业人员学习和参考。

- ◆ 主　　编　张　函
  - 副 主 编　陈　然　严梦甜　戴庆玲　沈　捷　章　澳
  - 责任编辑　侯潇雨
  - 责任印制　王　郁　彭志环
- ◆ 人民邮电出版社出版发行　　北京市丰台区成寿寺路 11 号
  - 邮编　100164　　电子邮件　315@ptpress.com.cn
  - 网址　https://www.ptpress.com.cn
  - 三河市君旺印务有限公司印刷
- ◆ 开本：787×1092　1/16
  - 印张：17　　　　　　　　　　　2025 年 1 月第 2 版
  - 字数：376 千字　　　　　　　　2025 年 8 月河北第 3 次印刷

定价：59.80 元

读者服务热线：(010)81055256　印装质量热线：(010)81055316
反盗版热线：(010)81055315

党的二十大报告提出："推动货物贸易优化升级，创新服务贸易发展机制，发展数字贸易，加快建设贸易强国"。当前，在全球电子商务日益成熟的趋势下，跨境电子商务作为依附互联网发展的国际贸易新形态，展现出巨大的发展潜力。快速发展的跨境电子商务正在不断改变传统国际贸易的市场格局，成为稳定外贸增长、促进经济发展的新动力、新引擎。近年来，跨境电子商务行业的从业人员数量不断增加，成为我国电子商务产业中一支举足轻重的力量。与传统外贸的"集装箱"式大额交易模式不同，跨境电子商务依托互联网平台，发展出一种大宗交易与小批量、多批次的"碎片化"贸易相结合的新形态。跨境电子商务以交易为核心，解决了买卖双方的信息不对称问题，减少了外贸的流通环节，实现了多边资源的优化配置和企业与消费者的互利共赢。这些优势和特点的充分发挥，促进了跨境电子商务交易规模的快速增长。

跨境电子商务作为一种新兴的国际贸易形态，其主要业务流程兼具了传统国际贸易和电子商务两个方面的特点。从各类跨境电子商务平台基础功能的使用，到跨境电子商务的店铺定位及选品，从跨境物流到跨境支付与结算，再到跨境电子商务的营销、客服及数据化运营等环节，对于跨境电子商务的初学者及初入职场的跨境电子商务从业人员而言，上手都有一定的难度。这不仅体现在跨境电子商务平台复杂的操作流程方面，也体现在跨境背景多语言、多文化的客户沟通方面，还涉及不同国家和地区的贸易政策带来的实操层面的差异。当前，很多教材很难从以上这些因素出发，为即将从事跨境电子商务的人员提供全流程、多视角的理论和实践指导。而传统的知识讲授已难以适应"互联网+"背景下的发展需求。

本书的主编有近 5 年的企业一线工作经验，并在学校成立的教学型公司担任跨境电子商务实战指导教师。多年校企合作、理实一体的跨境电子商务教育工作，使主编具备了扎实的理论基础和丰富的实操运营经验，为本书的最终成稿奠定了基础。

本书的具体特色如下。

1. **定位明确、理实一体**。本书定位院校跨境电子商务类基础课程的教学，注重学生基础理论和实操能力的培养，在一定理论深度的基础上拓宽广度，同时将理论知识与实践相结合，着重培养学生的实践操作和运营能力。

2. **案例新颖、注重实战**。本书涉及跨境电子商务过程中各个环节的理论背景和实操方案，广泛取材近年来各类主流跨境电子商务平台的实际案例，并融入作者多年的一线跨境电子商务运营经验。书中的很多案例是从实际运营过程中整理而来，具备非常强的可操作性。

3．**条理清晰、体例完备**。每章内容包括学习目标、知识导图、引例，以及理论和实践内容。每章的结尾包含实训和同步测试内容，以实战训练和测试的方式帮助读者巩固所学内容，学以致用。同时，为拓宽读者的思路和视野，书中还提供了同步阅读内容。本书配套的在线开放课程资源每学期在智慧职教 MOOC 平台发布，读者可登录并搜索"跨境电子商务基础"加入课程进行学习、使用。

4．**价值引领、润物无声**。本书重视"有国才有商"的经世强国商业精神，结合跨境电子商务的学科属性与专业属性，融合国际贸易价值塑造、跨境电商知识传授以及实战运营能力培养，立足"抓住中国机遇、发挥中国智慧、做好中国商人"。以本教材为基础开发的"跨境电子商务基础"课程于 2021 年 6 月被教育部认定为第一批国家级思政示范课程。通过课程教学引导学生树立"自信担当、平等互惠"的职业信仰，应对复杂的国际环境；推崇"务实创新、精益求精"的职业素养，助推中国智造 2025；确立"遵纪守法、诚信守则"的职业底线，维护国家利益和形象，成为"有道、有信、有志、有德"的新时代"四有"中国商人。

本书由浙江商业职业技术学院的张函副教授任主编，由湖州职业技术学院嵇美华教授任主审。本书的编写得到了浙江省高职教育工商管理类专业教学指导委员会电子商务分会沈凤池教授、金华职业技术大学胡华江教授、浙江经济职业技术学院谈黎虹教授和浙江工商职业技术学院陈明教授的持续关注与指导。主编张函拟定大纲，除了参与编写外，还对书中所有章节的内容进行了修改和补充。具体编写分工如下：浙江商业职业技术学院张函编写第二章、第七章，浙江商业职业技术学院陈然编写第一章、第三章，金华职业技术大学严梦甜编写第四章、第五章，湖州职业技术学院戴庆玲、金华职业技术大学沈捷共同编写第六章、第八章，金华职业技术大学章澳、浙江商业职业技术学院张函共同编写第九章。此外，中教畅享科技股份有限公司、浙江思睿智训科技有限公司、金华雷利恒电子商务有限公司，以及优秀毕业生——金华创之启商贸有限公司总经理翁毓龙、金华电波星商贸有限公司总经理胡钢卉对本书的编写提供了大力支持，编者在此对相关公司和人员一并表示感谢。

由于编者水平所限，本书难免存在疏漏之处，恳请广大读者不吝赐教和批评指正。

编　者

2024 年 11 月

目 录

01 第一章　跨境电子商务概述 ……………………………………………………………… 1

第一节　跨境电子商务的概念 ……………………………………………………… 2
第二节　跨境电子商务的发展概况 ………………………………………………… 9
实　训　eBay 海淘体验 …………………………………………………………… 17
本章小结 ……………………………………………………………………………… 21
同步测试 ……………………………………………………………………………… 21

02 第二章　进口跨境电子商务 ……………………………………………………………… 23

第一节　进口跨境电子商务概述 …………………………………………………… 24
第二节　进口跨境电子商务的生态链和主流平台 ………………………………… 36
第三节　进口跨境电子商务海关监管模式和税收政策 …………………………… 42
实　训　进口税计算 ………………………………………………………………… 50
本章小结 ……………………………………………………………………………… 57
同步测试 ……………………………………………………………………………… 58

03 第三章　出口跨境电子商务 ……………………………………………………………… 60

第一节　出口跨境电子商务概述 …………………………………………………… 61
第二节　出口跨境电子商务的产业链和主流平台 ………………………………… 70
第三节　出口跨境电子商务的流程和岗位认知 …………………………………… 77
实　训　出口跨境电子商务平台认知及岗位调研 ………………………………… 80
本章小结 ……………………………………………………………………………… 85
同步测试 ……………………………………………………………………………… 85

04 第四章　跨境电子商务店铺定位与选品 ………………………………………………… 87

第一节　跨境电子商务市场调研与店铺定位 ……………………………………… 88
第二节　跨境电子商务市场选品 …………………………………………………… 98
实　训　跨境电子商务选品市场调研 ……………………………………………… 101
本章小结 ……………………………………………………………………………… 103
同步测试 ……………………………………………………………………………… 104

05 第五章　跨境物流 ………………………………………………………………………… 106

第一节　跨境物流概述 ……………………………………………………………… 107

第二节　跨境物流方式 ··· 112
第三节　跨境物流的风险与防范 ·· 126
实　训　跨境物流费用计算 ·· 129
本章小结 ··· 132
同步测试 ··· 132

06　**第六章　跨境支付与结算** ·· **134**

第一节　跨境支付与结算概述 ··· 135
第二节　跨境支付方式 ·· 142
第三节　跨境支付的风险与防范 ·· 148
实　训　PayPal 支付与结算 ··· 152
本章小结 ··· 155
同步测试 ··· 155

07　**第七章　跨境电子商务营销** ·· **158**

第一节　国际市场营销与跨境电子商务 ······································ 160
第二节　跨境电子商务推广 ·· 163
实　训　速卖通营销活动设置 ··· 190
本章小结 ··· 195
同步测试 ··· 195

08　**第八章　跨境电子商务客服** ·· **197**

第一节　跨境电子商务客服概述 ·· 198
第二节　跨境电子商务客户关系管理 ·· 211
实　训　售后纠纷处理及客户信息管理 ······································ 222
本章小结 ··· 226
同步测试 ··· 226

09　**第九章　跨境电子商务数据化运营** ·································· **228**

第一节　跨境电子商务数据化运营概述 ······································ 229
第二节　跨境电子商务数据化运营策略 ······································ 240
实　训　跨境电子商务数据化选品 ·· 258
本章小结 ··· 264
同步测试 ··· 264

第一章
跨境电子商务概述

学习目标

　　了解跨境电子商务基础知识，掌握跨境电子商务的分类及它与传统国际贸易的区别，开拓国际视野，培养与时俱进的精神；通过了解中国跨境电子商务的发展历程及现状，树立四个自信，培养民族自豪感和使命感；了解"eWTP""一带一路"倡议和RCEP，从全球价值链分工体系的角度理解人类命运共同体，向世界贡献中国智慧与中国方案。

知识导图

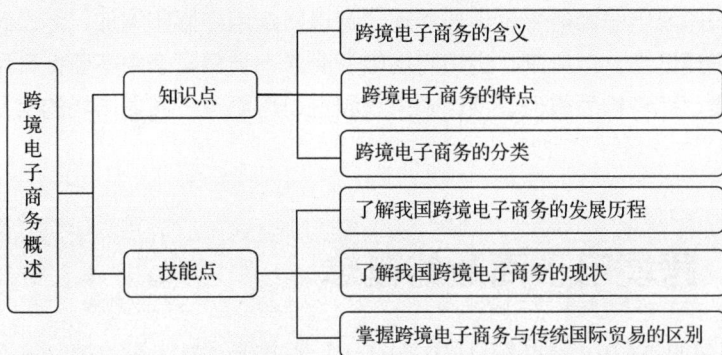

引　例

　　目前，在全球电子商务日渐成熟的趋势下，跨境电子商务作为依附于互联网发展的国际贸易新形式，呈现出巨大的发展潜力。2023年3月发布的《2022年度中国跨境电商市场数据报告》显示，2022年中国跨境电子商务交易规模为15.7万亿元，较2021年的14.2万亿元增长10.56%；在跨境电子商务进出口结构方面，总体相对稳定，仍然以出口为主，出口占比达到77.25%，但随着进口市场的不断扩大，进口占比也将不断提升。总体来看，我国跨境电子商务行业交易额将会继续保持增长。跨境电子商务已经成为稳定外贸增长、促进经济发展的新动力、新引擎。

2022年，跨境电商发展持续获得政策支持。针对关税、运输、退货等具体环节，我国陆续出台了一系列支持性政策，规范和引导跨境电商产业发展方向。此外，2022年1月1日，《区域全面经济伙伴关系协定》（RCEP）正式生效之后，相关市场的产业链、供应链及营商环境得到显著改善。截至2022年11月，国务院批复同意设立第七批跨境电子商务综合试验区，我国的跨境电子商务综合试验区已达到165个，着力在跨境电子商务企业对企业（B2B）方式相关环节的技术标准、业务流程、监管模式和信息化建设等方面进行探索创新，并对综合试验区内跨境电子商务零售出口货物实行按规定免征增值税和消费税、企业所得税核定征收等支持政策。

出口跨境电子商务趋于向精细化、品牌化、本土化发展，进口跨境电子商务趋于向线下实体业务拓展，这是近年来中国跨境电子商务的整体发展趋势。

引例分析

2022年，中国跨境电子商务交易额在我国货物贸易进出口总值42.07万亿元中占比达37.32%。由此可见，跨境电子商务在助推传统外贸发展上起到的作用更加凸显。近年来，跨境电子商务行业竞争不断加剧，从单纯追求性价比向品牌升级方向转型，跨境电子商务出口品牌化成为未来企业发展的核心竞争力。受益于我国强大的供应链能力、外贸产业区域聚集优势及境外市场互联网流量红利，我国正成为全球最大的跨境电子商务出口商贸中心之一，形成中国品牌出海的新模式。

我国进口跨境电子商务平台不断涌现，跨境网购用户逐年增加，进口跨境电子商务市场规模增速迅猛。近年来，进口跨境电子商务在激烈竞争中不断提升用户体验、扩充商品种类、完善售后服务，预计未来我国进口跨境电子商务市场的交易额将会持续增长。

第一节 跨境电子商务的概念

"在自然演化的过程中，能够存活下来的，不是那些最强壮的物种，也不是那些最聪明的物种，而是那些最能适应变化的物种。"这句出自达尔文的名言，放在外贸行业同样适用。2015年，由于国际市场不景气，世界贸易深度下滑，中国进出口总额同比下降了7%。在此大背景下，企业要想继续存活、发展，必须主动适应环境的新变化。而跨境电子商务的出现，为企业开辟了新的生存之道，带动外贸营销向新的模式"进化"。

一、跨境电子商务的内涵

1. 跨境电子商务的含义

跨境电子商务（Cross Border E-Commerce）是指分属不同关境的交易主体，通过电子商务平台达成交易、进行支付结算，并通过跨境物流送达商品、完成交易的一种商业活动。

跨境电子商务有狭义和广义两种概念。狭义的跨境电子商务特指跨境电子商务零售业务。广义的跨境电子商务是指外贸电商，泛指电子商务在跨境贸易领域的应用。首先，买卖双方可以通过互联网向采购方和消费者展示自己的商品。同时，买卖双方也可以自由地寻找适合自己的合作伙伴，进行贸易洽谈。完成洽谈之后，买卖双方可以利用网络购物车系统及网络支付系统，完成快捷交易。最后，买卖双方可以通过网络办理海关、银行、税务、保险、运输等流程的相关事宜。

2. 跨境电子商务的特点

跨境电子商务是基于互联网发展起来的新型国际贸易形态，它与传统的贸易方式不同，呈现出显著的特点。

（1）全球性

互联网是一个没有边界的媒介。依附于互联网产生的跨境电子商务，能够帮助消费者购买全球各地的商品和服务，企业也可以利用跨境电子商务把商品和服务卖遍全球。

（2）无形性

传统交易以实物交易为主，而在跨境电子商务中，消费者整个交易过程都是在网上完成的，交易的数据都是数字化传输的无形信息。

（3）匿名性

在虚拟的跨境电子商务中，由于在线交易的消费者往往不会显示自己的真实身份和地理位置，因此平台和卖家很难识别电子商务用户的身份及其所处的地理位置。网络的匿名性允许消费者匿名交易，保护了消费者的隐私，但同时导致了自由与责任的不对称。

（4）即时性

在跨境电子商务环境中，人们不再像过去一样局限于地域、时间。通过互联网，企业能够快速实现商品和服务信息的发布，消费者能够 24 小时随时随地购买商品和服务。

（5）无纸化

跨境电子商务中的商务活动主要采取无纸化的操作方式。跨境电子商务平台用数据电文取代了一系列的纸面交易文件，买卖双方通过邮件或即时聊天工具实现信息无纸化发送与接收。

（6）快速演进

互联网是一个新生事物，它以前所未有的速度和无法预知的方式不断演进。短短的几十年中，电子交易经历了从电子数据交换（Electronic Date Interchange，EDI）到电子商务零售业高速增长，再到"线上+线下"全渠道发展。近年来，跨境电子商务平台引入图文、短视频、直播等工具来加强与消费者的互动，从而刺激消费者的购买。

此外，人工智能、大数据、区块链等新技术的不断发展及其在跨境电子商务领域的深入应用，推动品质产品和品牌出海。智能机器人分拣中心、自动化智能物流仓库、人工智能客服等先进技术不断降低企业的人工服务成本；大数据在产品开发、备货、采购下单、供应链管理和营销等方面实现智能化、自动化和数据化，缩短业务流程，提高产品成交率。

总之，持续创新的数字化商品和服务不断地改变着人类的生活，而基于互联网的跨境电子商务活动也处在瞬息万变的过程之中。

想一想

我国跨境电子商务发展有哪些新特点？

小资料：跨境电子商务发展的新特点

3. 跨境电子商务的意义

跨境电子商务作为推动经济一体化、贸易全球化的贸易形式，具有非常重要的战略意义。跨境电子商务冲破了边境间的障碍，同时也正在引起世界经济贸易的巨大变革。

在传统的外贸链条中，商品在生产、制造之后至少要通过A国（地）出口商、B国（地）进口商、B国（地）批发商、零售商等多级分销，才能送达消费者手中。消费者与生产商/制造商之间的互动与交流被阻断，生产商难以及时了解消费者需求的变化。交易流程各环节的服务商因体量巨大而形成垄断，使本应作为交易主角的买卖双方因信息不对称处于劣势地位。如此一来，买卖双方议价能力被压缩，难以在产业链中获得合理利益分配。而跨境电子商务实现了传统"贸易链条"向"网络交易平台"的转变，减少了外贸的流通环节，增加了生产商/制造商的利润。

对于企业来说，跨境电子商务构建的开放、多维、立体的多边经贸合作模式极大地拓宽了企业进入国际市场的路径，大大促进了多边资源的优化配置，从而实现了企业间的互利共赢；对于消费者来说，跨境电子商务使他们非常容易获取其他国家（地区）的信息并买到物美价廉的商品。

二、跨境电子商务的分类

下面从不同的角度对跨境电子商务的分类进行具体介绍。

1. 以交易主体进行分类

跨境电子商务的主要交易主体分为企业商户（Business）和个人消费者（Consumer）。目前，我国跨境电子商务按照交易主体，可分为企业对企业（Business to Business，B2B）跨境电子商务、企业对个人（Business to Consumer，B2C）跨境电子商务和个人对个人（Consumer to Consumer，C2C）跨境电子商务三种类型，其中后两者属于跨境网络零售的范畴。

（1）B2B跨境电子商务

B2B跨境电子商务的买卖双方都是企业或集团客户。2022年中国跨境电子商务的交易模式中，B2B跨境电子商务的交易占比达75.6%，处于市场主导地位，其代表平台有中国制造网、阿里巴巴国际站、环球资源网、FOBGOODS等。图1-1所示为环球资源网首页。

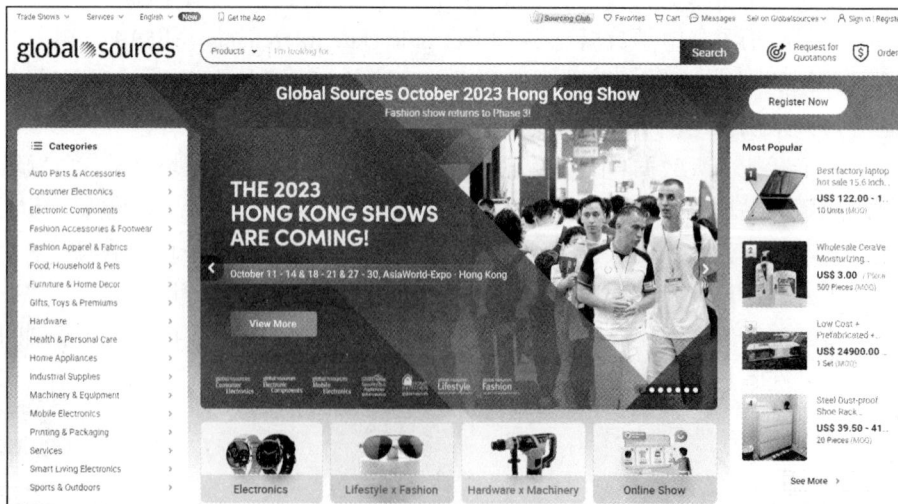

图1-1　环球资源网首页

（2）B2C 跨境电子商务

B2C 跨境电子商务的卖方是企业，买方为个人消费者，是企业以零售方式将商品销售给个人消费者的模式。目前，B2C 模式在跨境电子商务交易规模中的占比并不大，但有不断上升的趋势，未来发展空间巨大，其代表平台有全球速卖通、亚马逊、兰亭集势等。

（3）C2C 跨境电子商务

C2C 跨境电子商务的买卖双方都是个人，即经营主体是个人，面向的是个人消费者。

2. 以服务类型进行分类

（1）信息服务平台

信息服务平台主要是通过为供应商及采购者提供信息服务，让双方能够完成交易的平台。信息服务模式是 B2B 跨境电子商务的主流模式，代表平台有 TRADEKEY、TradeWheel、IndiaMART 等。TRADEKEY 展示商品并提供相关的信息服务，采购商可以通过单击 "Contact Now" 按钮直接向企业询单，但平台不提供商品在线销售服务，如图 1-2、图 1-3 所示。

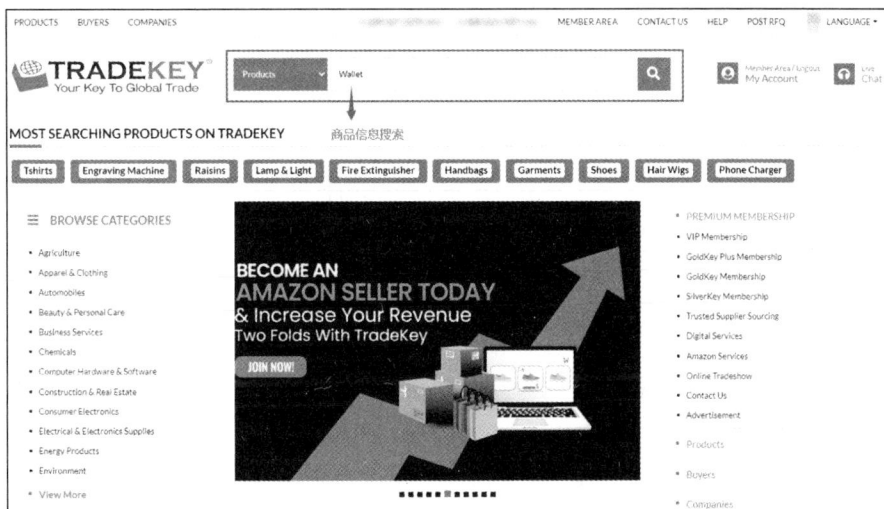

图 1-2　TRADEKEY 网站商品信息搜索页面

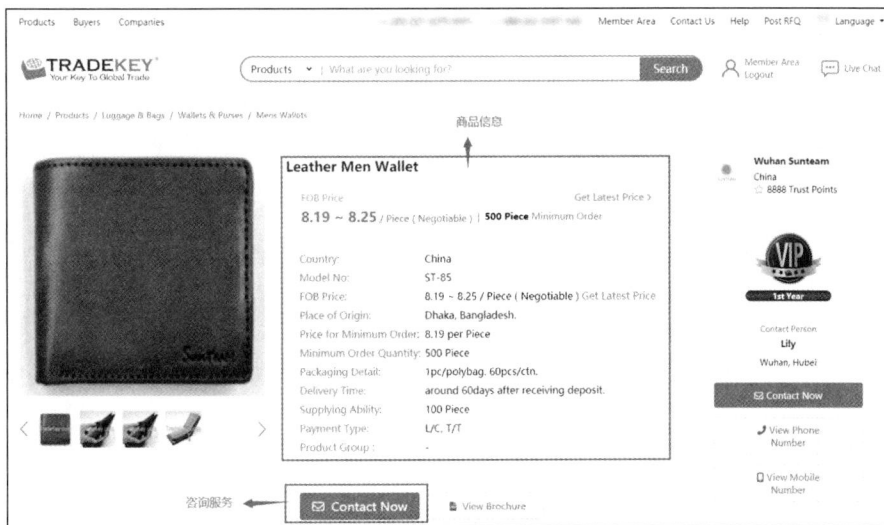

图 1-3　TRADEKEY 网站商品信息咨询服务页面

（2）在线交易平台

在线交易平台通过商品、服务等多方面的信息展示，让消费者在平台即可完成搜索、咨询、下单、支付结算、确认收货、评价等环节。在线交易模式是零售跨境电子商务（B2C和C2C）的主流模式，代表平台有亚马逊、eBay、全球速卖通、敦煌网等。亚马逊平台向消费者展示商品信息，消费者可将自己感兴趣的商品加入购物车并实现在线交易，如图1-4所示。

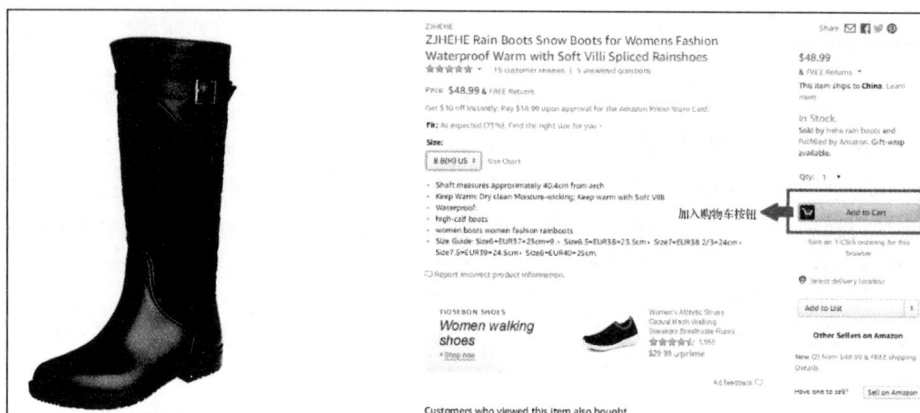

图1-4　亚马逊平台的购物页面

（3）综合服务平台

综合服务平台主要是为企业提供境外商标注册代理、通关、物流、海外仓、结算、退税、保险、融资等一系列服务的平台，帮助企业高效便捷地完成商品进口或出口的流通环节，解决企业跨境贸易中的各项难题。其代表平台有阿里巴巴一达通（见图1-5）、派安盈（Payoneer）和递四方等。

图1-5　阿里巴巴一达通首页

3. 以平台运营方式进行分类

（1）自营型平台

自营型平台是指自己整合资源、寻找货源、采购商品并售卖商品，赚取商品差价的平台，代表平台有兰亭集势、米兰网、FocalPrice 等。

（2）第三方开放平台

第三方开放平台是指在线上搭建商城，通过对物流、支付等资源进行整合，吸引商家入驻，为商家提供跨境电子商务交易服务的平台。交易成功以后，第三方开放平台从中获取佣金或服务费，代表平台有亚马逊、eBay、全球速卖通、Wish、阿里巴巴国际站等。

4. 以进出口方向进行分类

（1）出口跨境电子商务（Export Electronic Commerce）

出口跨境电子商务又称出境电子商务，是指将境内生产或加工的商品通过电子商务平台达成交易，并通过跨境物流运往境外市场销售的一种国际商业活动，代表平台有全球速卖通、阿里巴巴国际站、Wish、eBay、敦煌网、兰亭集势等。

（2）进口跨境电子商务（Import Electronic Commerce）

进口跨境电子商务又称入境电子商务，是指将境外的商品通过电子商务平台达成交易，并通过跨境物流运往境内市场销售的一种国际商业活动，代表平台有京东国际、天猫国际、亚马逊海外购等。

三、跨境电子商务与传统国际贸易

跨境电子商务与传统国际贸易相比，受到地理范围的限制较少，受各国（地）贸易保护措施影响较小，交易环节涉及中间商少，因此具有价格低廉、利润率高的特点。但是，跨境电子商务也存在明显的劣势，例如，跨境电子商务在通关、结汇和退税环节存在障碍，其贸易争端处理机制不尽完善。对传统国际贸易与跨境电子商务进行对比，两种贸易形态的差异如表 1-1 所示。

表 1-1　传统国际贸易与跨境电子商务对比

对比内容	传统国际贸易	跨境电子商务
交易主体交流方式	通常是面对面的谈判和交流，或者通过传统的书信、电话等方式进行沟通	通过网络（如电子邮件、即时通信软件等工具）进行远程交流和谈判
运作模式	基于商务合同运作，涉及多个中间环节和纸质单证的处理	通过电子平台进行交易，可以实现全流程的电子化处理
订单类型	批量大、批次少、订单集中、周期长，以标准化的商品为主	批量小、批次多、订单分散、周期较短，商品实现多元化和定制化
贸易信息传播	贸易信息主要通过展会、广告、行业杂志等传统媒体和人际网络进行传播	贸易信息主要通过互联网、社交媒体等渠道进行广泛传播和推广
利润率	利润率相对低	利润率相对高
商品类型	商品类目少、更新速度慢，通常以大批量、标准化的工业品为主	商品类目多、更新速度快，以多样化的消费品为主，注重打造自有品牌
规模和增速	市场规模大，但受地域限制，增长速度相对缓慢	面向全球市场，规模大，增长速度快
交易环节	涉及中间商较多，交易环节多且复杂，包括询盘、报价、订单、付款、发货、收货、评价等	涉及中间商较少，通过电子平台实现全流程的电子化处理，交易流程简化
通关时间	线下报关，通关时间通常较长	电子报关，通关快速便捷

对比内容	传统国际贸易	跨境电子商务
支付	通常使用电汇、信用证等纸质单证处理方式	通常使用电子支付、第三方支付平台等电子化方式
物流	以集装箱海运、空运为主，物流因素对交易主体影响不明显	以国际快递、物流专线等多样化运输方式为主，物流因素对交易主体影响明显

综上所述，传统国际贸易与跨境电子商务在交易主体交流方式、运作模式、订单类型、贸易信息传播、利润率、商品类型、规模和增速、交易环节、通关时间、支付和物流等方面存在明显的差异。随着全球电子商务的不断发展和普及，跨境电子商务在未来有望继续保持快速增长的趋势，对全球贸易格局产生更大的影响。归纳来看，跨境电子商务呈现出传统国际贸易所不具备的五大新特点。

（1）多边化

"多边化"是指跨境电子商务贸易过程相关的信息流、商流、物流、资金流从传统的双边逐步向多边的网状结构演进。传统国际贸易主要表现为两国（地）之间的双边贸易，即使有多边贸易，也是通过多个双边贸易实现的，呈线状结构。而跨境电子商务可以通过 A 国（地）的交易平台、B 国（地）的支付结算平台、C 国（地）的物流平台，实现不同国家（地区）间的直接贸易。

（2）小批量

随着中小企业纷纷涌入跨境电子商务市场及 B2C 跨境电子商务的迅速发展，跨境电子商务呈现出订单"小批量"化的特点。而传统国际贸易主要为 B2B 模式，因此单笔订单批量较大。相比传统国际贸易，跨境电子商务具有商品类目多、更新速度快、商品信息海量、广告推送个性化、支付方式简便多样等优势。同时，基于对消费者数据的分析，跨境电子商务企业能设计和生产出差异化、定制化的商品，更好地为消费者提供服务。

（3）高频度

"高频度"是指跨境电子商务能够实现单个企业或消费者即时按需采购、销售或消费，不会受到交易规模的限制。跨境电子商务将信息流、资金流和物流集合在一个平台上，实现了交易效率的提高，从而促使买卖双方的交易频率大幅度提高。

（4）透明化

"透明化"是指跨境电子商务通过电子商务交易与服务平台实现多国（地）企业之间、企业与最终消费者之间的直接交易。这种直接交易使供求双方的贸易活动采用标准化、电子化的合同、提单、发票和凭证，促使各种相关单证在网上实现瞬间传递。这种标准化、电子化的信息传递增加了贸易信息的透明度，减少了信息不对称所造成的贸易风险。传统国际贸易中一些重要的中间角色被弱化甚至被替代，国际贸易供应链更加扁平化，形成了生产商/制造商和消费者的"双赢"局面。跨境电子商务平台大大降低了国际贸易的门槛，使得贸易主体更加多样化，丰富了国际贸易的主体阵营。

（5）品牌化

"品牌化"是指跨境电子商务企业开始走品牌化运营路线。一些大型企业开始发展规模化经营，自建或入驻跨境电子商务平台，将品牌推向境外市场，提升品牌价值及商品利润。而在传统国际贸易中，大多数外贸企业则以销售物美价廉的商品及代工（Original Equipment

Manufacturer，OEM[①]）为主，没有打造出自己的品牌。

第二节　跨境电子商务的发展概况

一、我国跨境电子商务的发展历程

跨境电子商务的发展历程也可理解为外贸电子商务的发展历程。我国跨境电子商务起步较晚，最早可追溯到 20 世纪 90 年代的"金关工程[②]"。随着互联网的兴起，我国跨境电子商务得到了快速发展。我国跨境电子商务经历了网上黄页模式、网上交易模式及外贸综合服务模式，具体可分别参见第二章的"进口跨境电子商务发展历程"和第三章的"出口跨境电子商务发展历程"。

二、我国国际贸易与跨境电子商务的现状

1. 我国国际贸易的现状

随着全球经济的快速发展，我国国际贸易遇到了新的机遇与挑战。目前，全球经济一体化格局已初步形成。近几年，我国在世界国际贸易领域的地位逐渐提升，综合国力逐渐加强，但同时也受到产业结构、产业技术、外部环境等方面的制约。我国国际贸易面临着较大的下行压力，外部环境的不稳定和不确定因素增多，面临的形势依然严峻复杂。

（1）贸易规模不断增加，贸易顺差持续扩大

2022 年，我国外贸进出口顶住多重超预期因素的冲击，规模再上新台阶，质量稳步提高。图 1-6 所示为 2012—2022 年中国对外贸易整体情况。2022 年，商品和服务贸易进出口总值达到 48.05 万亿元，创历史新高。其中，出口总额达到 26.82 万亿元，同比增长 10.7%；进口总额达到 21.23 万亿元，同比增长 5.5%。自 2018 年以来，中国对外贸易顺差持续扩大，2022年达到 5.59 万亿元，同比增长 35.7%。

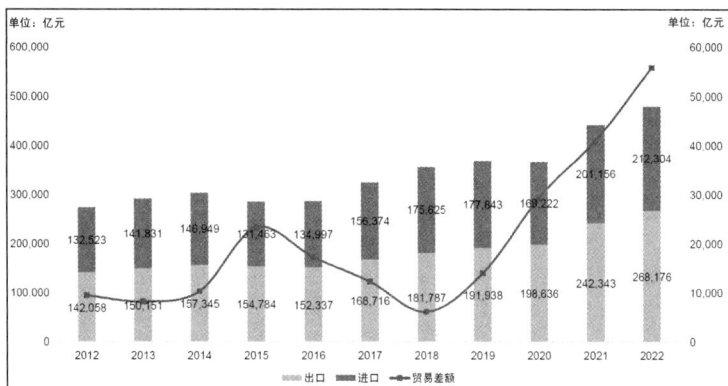

图 1-6　2012—2022 年中国对外贸易整体情况[③]

[①] OEM 是指托厂商按原厂的需求与授权，依特定的条件而生产。所有的设计图等都完全依照上游厂商的设计进行制造加工，即代工。

[②] 1993 年，国务院提出实施"金关工程"。2001 年，"金关工程"正式启动。"金关工程"的目标是建设现代化的外贸电子信息网，使海关、商检、外经贸、金融、外汇管理和税务等部门实现计算机联网，用 EDI 的方式进行无纸贸易，全面实现国家进出口贸易业务的计算机化。"金关工程"留下来的机构和成果，最突出的是中国电子口岸、中国国际电子商务中心。同时，"金关工程"也催生了马云创立阿里巴巴的想法。

[③] 数据来自前瞻产业研究院发布的《2022 全球贸易趋势及跨境投资洞察报告》。

（2）贸易伙伴结构发生改变

2022 年中国前三大出口贸易伙伴分别为美国、东南亚国家联盟（简称东盟，ASEAN）和欧洲联盟（简称欧盟，EU）。自 2014 年以来，东盟在我国出口贸易伙伴中的出口占比逐年提升，2022 年我国对东盟出口规模达到 3.79 万亿元，同比增长 21.7%，东盟也超越欧盟成为我国第二大出口贸易伙伴。同时，自 2018 年以来，美国在我国出口贸易伙伴中的出口占比逐年下降，东盟与其的差距逐渐缩小。

2022 年中国较大的进口贸易伙伴分别为东盟和欧盟。自 2014 年以来，东盟在我国进口贸易伙伴中的进口占比逐年提升，2022 年我国自东盟进口规模达到 2.72 万亿元，同比增长 6.8%。同时，中国自巴西、俄罗斯等新兴市场进口规模逐年提升。2019 年，欧盟降至我国第二大进口贸易伙伴后，在我国进口贸易伙伴中的进口占比逐年下降，与东盟的差距越来越大。2017 年之后，我国自美国进口规模也逐年下降。

（3）外贸企业成本大幅上升

国际物流是外贸行业中非常重要的环节，近年来，全球物流行业面临着各种不确定因素的冲击，如运输和劳动力短缺等问题，导致全球物流成本不断攀升。运输及库存成本大幅上升导致企业利润受到侵蚀。《2022 年 3 月中国中小微外贸企业竞争力指数》报告显示，由于重点外贸城市物流仓储、集卡运输、港口运输出现短暂性承压导致运输时间不确定，因此企业加大了备货数量，从而导致运营成本大幅上升。

2. 我国跨境电子商务的现状

（1）跨境电子商务市场交易规模

近年来，在传统贸易增长缓慢甚至出现下滑的背景下，跨境电子商务行业快速发展，保持高速增长态势。网经社电子商务数据中心监测的数据显示，2022 年中国跨境电子商务交易规模达到 15.7 万亿元，较 2021 年增长 10.56%，如图 1-7 所示。

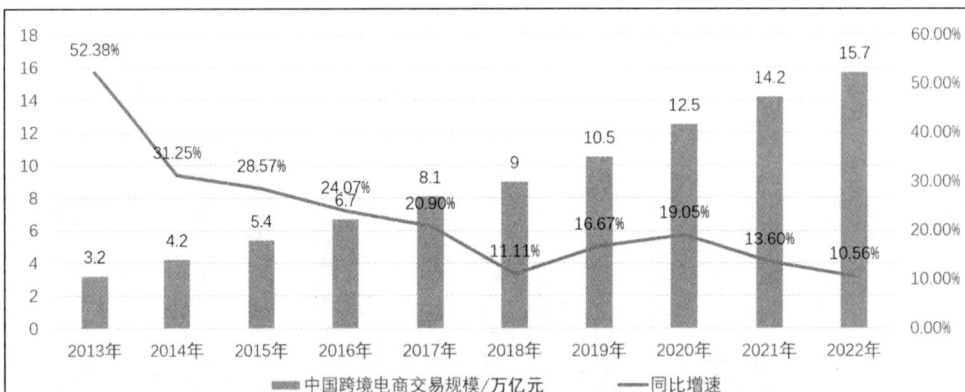

图 1-7　2013—2022 年中国跨境电子商务交易规模及增速[①]

（2）跨境电子商务进出口结构

从中国跨境电子商务市场进出口结构来看，出口占比较大，但进口增速更快。一方面，由于我国制造业在成本及规模上仍具有一定优势，同时受到"一带一路"倡议及资本市场推动，我国目前跨境电子商务主要以出口为主。另一方面，由于境内消费者对境外优质商品需求增长强劲，在政策保持利好的情况下，进口跨境电子商务市场仍保持平稳增长。而在跨境

---

① 数据来源：网经社。

电子商务进出口结构上，进口电商的比例正逐步扩大。

图 1-8 所示为 2013—2021 年中国进出口跨境电商交易规模及增速。根据网经社数据，2021 年，中国出口跨境电商交易规模为 11 万亿元，同比增速 13.6%；进口跨境电商交易规模为 3.2 万亿元，同比增速 14.3%。2013—2021 年，中国进口跨境电商交易规模复合年均增长率（CAGR）达 27.8%，高于出口 CAGR（19.2%），进口占比由 2013 年的 14.3% 上升至 2021 年的 22.5%。

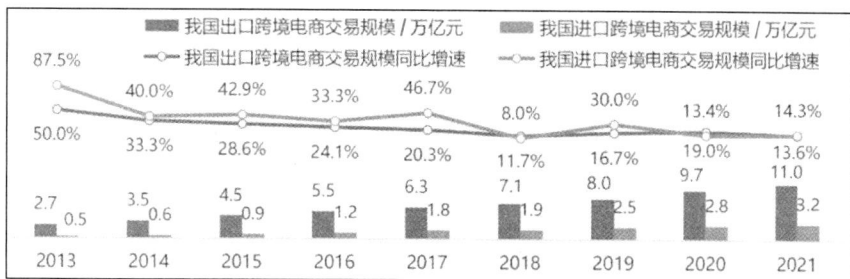

图 1-8　2013—2021 年中国进出口跨境电商交易规模及增速[1]

（3）跨境电子商务 B2B 和 B2C 结构

网经社监测数据显示，中国跨境电商 B2B 交易规模占比较高，2022 年中国跨境电商的交易模式中，跨境电商 B2B 交易占比达 75.6%。可见，跨境电商 B2B 模式依然占据跨境电子商务的主导地位。该模式产业链条长，服务需求多，包括营销、支付、供应链金融、关检税汇、物流仓储、法律法规等各种服务。从我国的跨境电子商务政策来看，跨境电商 B2B 模式受到政府的重点关注和扶持，也是未来跨境电子商务发展的重要商业模式。

跨境电商零售模式虽占比不大，但近年来发展迅猛。网经社监测数据显示，2021 年中国跨境电商 B2C 交易规模达 3.3 万亿元，占比为 23.0%，较 2013 年提升 17.8 个百分点。境内消费升级和境外新兴市场崛起引发跨境电子商务零售热潮，加之政策助力，B2C 交易模式在跨境电商模式中的占比得到提升。2013—2021 年 B2C 交易规模 CAGR 达 45.4%，远高于 B2B 模式 CAGR（17.6%）。图 1-9 所示为 2013—2021 年中国跨境电商 B2B 模式和 B2C 模式交易规模及增速。

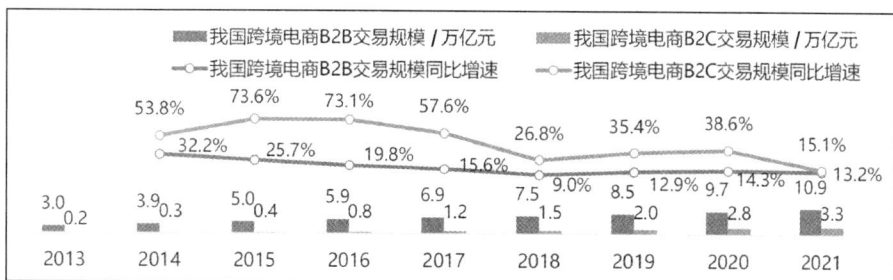

图 1-9　2013-2021 年中国跨境电商 B2B 模式和 B2C 模式交易规模及增速[2]

总体来看，跨境电商 B2B 和跨境电商 B2C 的发展不是彼此孤立，而是相互影响、相互促进的。B2B 发展为 B2C 创造条件，而 B2C 发展反过来促进 B2B 进一步深入发展。

① 数据来自 36 氪研究院发布的《2022 年中国跨境电商行业研究报告》。

② 数据来自 36 氪研究院发布的《2022 年中国跨境电商行业研究报告》。

3. 我国跨境电子商务的发展趋势

（1）跨境电商迈入品牌出海新时代

在互联网流量红利期见顶、流量日渐分散且增量稀缺的当下，跨境电商由"野蛮生长"迈向"精耕细作"阶段。随着 DTC 模式兴起，越来越多的生产商、供应商从供应链后端走到前端，通过跨境电商向国际品牌发展；同时，跨境电商品牌化和品牌跨境电商化正在同时发生，越来越多的中国品牌通过跨境电商走向境外，"品牌出海"时代已经来临。

> **小知识：DTC 模式**
>
> DTC 是 Direct-to-Consumer（直接面向消费者）的缩写，DTC 模式是指制造商或品牌通过独立的电子商务网站或应用程序直接向最终消费者销售商品的模式。这种模式跳过了传统的零售商或中间环节，使制造商或品牌能够更直接地与消费者互动，了解消费者的需求和反馈，同时降低商品的价格。在 DTC 模式下，品牌需要建立与维护自己的在线平台和客户关系管理系统，以确保商品的销售和消费者关系的维护。这种模式在快速变化的数字经济时代越来越受欢迎，尤其适用于消费品和时尚品牌。

（2）市场主体加速多渠道多平台布局

近年来，越来越多的卖家开始布局独立站，入驻境外主流平台，进军东南亚、韩国、南美洲等市场，通过多平台多渠道布局逐步减少对单一跨境电商平台的依赖，同时拓宽经营渠道、提高销售额。

（3）跨境电商与外贸新业态加速融合

随着新一代数字技术向跨境贸易加速渗透，跨境电商的表现形式得到深化延伸，诞生了数字产品、数字藏品等跨境电商产品形式。同时，跨境电商具有较强的延伸性，与文旅、社区、酒店等多类场景融合发展，创造出多维度的跨境购物新场景。

（4）跨境电商与产业集群协同效应更加显著

我国跨境电商从日用消费品逐步拓展到工业品，由此，工业品跨境电商迎来快速发展的机遇。同时，企业通过跨境电商消费大数据指导产品研发和生产，实现了多元化需求对柔性生产的反哺，具备了强大的设计和生产能力。"柔性供应链"将成为跨境电商未来的发展方向。

中国持续加强区域贸易合作，"一带一路"合作伙伴不断增加，RCEP 协定落地生效，为跨境电商的发展营造了良好的国际环境，带来了巨大的市场需求。同时，我国积极探索跨境电商国际规则的构建，不断加强国际规则体系对接和国际经贸规则治理，持续提升我国在数字贸易领域的话语权。

想一想

品牌出海和产品出海有什么区别？如何才能更好地进行品牌出海？

4. 我国跨境电子商务发展存在的问题

虽然我国跨境电子商务发展势头良好，但在现阶段仍面临一些问题，这些问题制约着跨境电子商务的良性发展。

（1）交易信用与安全问题

我国跨境电子商务发展时间较短，相关法律制度尚不完善。同时，电子商务本身的虚拟性也让一些不良商家有了可乘之机，从中获取高额利益。在跨境电子商务交易过程中，一旦买卖双方出现商业纠纷，将直接影响交易的最终达成。消费者的交易体验决定其未来的购买行为。因此，交易信用与安全问题是制约我国跨境电子商务发展的重要因素。

（2）跨境物流运输问题

物流是电子商务"四流"中唯一的线下环节，其安全性、迅捷性与时效性一直是影响电子商务快速发展的关键因素。与境内物流相比，跨境物流环节多、流程复杂，包括前端揽收、运输分拣、境外报关、干线运输、境外清关、海外仓储、尾程派送七个环节，直接受境外关务、税务政策影响，具有时效慢、周期长、成本高、响应慢等弊端。大部分跨境电商物流企业无法完整地串联这七个环节，需要协同第三方物流等多方资源分别承担各自环节的工作。因此，资源整合能力对于跨境电商物流公司来说十分重要。

（3）跨境电子支付安全

跨境电子支付安全主要包括电子商务网站安全、第三方支付平台安全和银行支付系统安全三个方面。我国跨境电子支付环境一般是由传统电子支付平台升级而来的。如果跨境电子支付平台对跨境电子支付中的资金沉淀、汇率差异、币值风险、系统故障等情况考虑不周，加之我国跨境电子支付监管制度尚不完善，就容易引发支付安全漏洞。一旦这类漏洞被不法分子利用，就会扰乱正常的跨境电子支付秩序。

（4）通关与退税问题

跨境电子商务在交易的过程中会不可避免地涉及海关通关监管与征税问题。传统的外贸企业需经历报关、报检、结汇、退税、监管等环节，监管实施较容易；而跨境电子商务交易具有商品批量少、批次多、金额少、订单分散、周期较短等特点，对海关的监管方式与征税工作提出了更高的要求。面对跨境电子商务交易过程中出现的邮递与退换等问题，现行的海关监管模式难以很好地解决。一些电子商务企业在跨境贸易方面已经出现了一些难题，如通关速度慢与结汇不规范。

（5）跨境电子商务专业人才缺乏

跨境电子商务在快速发展的同时，逐渐暴露出缺乏综合型外贸人才的问题，主要体现在两个方面。一方面，外语语种多样化给外贸人才带来了挑战。尽管英语仍是跨境电子商务的主要沟通语言，但随着跨境电子商务销售市场的多元化，新兴市场如巴西、俄罗斯、沙特阿拉伯、印度等展现出巨大的发展潜力，这些非英语国家市场的开拓和服务需要更多小语种人才的参与。另一方面，跨境电子商务对人才综合能力要求高。除了语言能力外，跨境电子商务人才还应了解国际市场、交易流程、文化和消费习惯差异，并熟悉平台的交易规则、操作流程和技巧，甚至还要了解市场营销、计算机网络、供应链管理、数据分析、视觉设计等知识。而具备这些综合能力的人才极其稀缺，巨大的人才缺口必然会制约行业的发展。

（6）企业缺乏创新、品牌化程度低

很多中小企业缺乏产品创新能力，无法立足消费者需求进行产品开发。这些企业在市场中处于被动地位，仅仅依靠价格战来抢占市场，导致利润空间不断被压缩。不少代工厂转型从事跨境电子商务，但由于缺乏品牌意识，品牌的国际认同度低，使得优质产品难以卖出好价格。

小资料：品牌出海的定义及运营技巧

（7）跨境电商合规建设问题

全球主流平台规则收紧，凸显我国跨境电商合规问题。2020年以来，全球主流跨境电商平台持续加强平台规则建设。随着主流跨境电商平台管理规则的逐步严格，我国跨境电商出口在合规建设方面迎来了新挑战。跨境电商的合规建设问题不仅涉及平台规则的遵守，还包括税务问题、知识产权保护、合规营销和消费者权益保护等方面。

想一想

2021年5月，亚马逊对平台规则管理进行了整顿，明确规定：产品一旦被投诉侵权，轻则下架产品，重则关闭店铺；不允许同一个卖家在同一个站点开设一家以上店铺；不得利用小卡片、明信片、奖励等方式换取正面评论；实际产品品牌要与线上品牌介绍一致。在平台新管理规则下，我国在亚马逊平台上的卖家面临着下架产品、关闭店铺等冲击。据第三方机构统计，自2021年5月以来，已有近5万中国卖家受到亚马逊平台规则收紧所带来的负面影响。此外，2022年3月底以来，PayPal风控趋严，明确表示：在卖家违反《合理使用规则》的情况下，PayPal有权限制、注销、暂停账户，冻结余额，以及对于违反规则的每笔交易收取2500美元的罚款。

以上案例给我们带来什么启示？

5. 我国跨境电子商务发展机遇

随着贸易全球化的日渐深入，跨境电商平台规则不断完善，国家出台扶持政策等，这些给跨境电商企业带来了越来越多的发展契机。

（1）全球电子商务市场发展趋势

根据 eMarketer 发布的关于 2023 年全球电子零售市场的报告，预测到 2025 年全球电子零售销售额能突破 70000 亿美元。

东南亚地区的电商发展潜力巨大，预计东南亚电商市场规模将在 2025 年达到 90 亿美元，呈喷涌式爆发增长。印度、印度尼西亚、墨西哥和巴西这四个新兴市场的市场规模逐渐扩大，多家电商平台巨头也将继续加大投资印度和巴西市场。在发达国家中，美国和韩国的电子商务零售额增长势头良好，这两个市场依旧是非常不错的选择。

（2）内外环境

在基础设施方面："一带一路"沿线相关电商产业配套设施逐步完善，将促进跨境电商出口发展。同时，《区域全面经济伙伴关系协定》（RCEP）于 2022 年正式生效，有助于提高清关效率和跨境物流时效、降低跨境交易成本，以及为电子商务创造有利环境，跨境电商等贸易新业态有望实现加速发展。

在货币支付方面：人民币跨境结算应用日益广泛，人民币国际化进程稳步推进。截至 2022 年 7 月，我国已与 20 多个共建"一带一路"国家和地区建立了双边本币互换安排，在 10 多个共建"一带一路"国家和地区建立了人民币清算安排。

在政策支持方面：近年来，各项有利于跨境电商行业发展的政策相继实施，涉及物流、关税、海外仓建设、产权保护等多个方面。例如，2023 年 1 月，财政部、海关总署、税务总局联合印发《关于跨境电子商务出口退运商品税收政策的公告》，提出因滞销、退货原因，自出口之日起 6 个月内原状退运进境的商品（不含食品），免征进口关税和进口环节增值税、消费税。2023 年 4 月，国务院办公厅印发《关于推动外贸稳规模优结构的意见》，提出加大对跨境电商等新业态新模式的支持力度，积极发展"跨境电商+产业带"模式，带动跨境电商企业对企业出口等。

（3）政策利好

跨境电子商务作为互联网经济的重要组成部分，改变了传统的贸易方式，推动着全球贸易的互动交流、资源共享与商业模式创新。我国近几年的政策利好信号不断释放，对跨境行业起到了极大的支持和推动作用，主要表现在以下几个方面。

首先，政策对跨境电商的监管和规范方面。跨境电商涉及国际贸易、物流、税务等多个领域，政策可以对其进行监管和规范，确保跨境电商的合法性、公平性和安全性，维护市场秩序和消费者权益。

其次，政策对跨境电商的税收优惠和补贴方面。政策可以采取税收优惠和补贴等方式，鼓励企业积极参与跨境电商，促进跨境贸易和国际合作，推动经济发展和贸易增长。

再次，政策对跨境电商的技术和人才支持方面。政策可以为跨境电商企业提供技术支持和人才培训，提升企业的创新能力和竞争力，促进跨境电商行业的发展和壮大。

最后，政策对跨境电商的市场开放和合作方面。政策可以推动国际贸易自由化和便利化，降低跨境贸易的壁垒和成本，促进不同国家和地区之间的合作和交流，推动全球经济的发展和繁荣。

综上，基于跨境电商当前发展存在的问题和面临的机遇，企业应当做好以下五点。

一是了解政策。及时了解相关政策，包括进口政策、通关政策、支付政策等，从而更好地规划发展方向和策略。

二是优化物流。物流是跨境电商的关键环节，企业优化物流能够提高商品运输速度和安全性，降低运输成本，从而提高企业竞争力。

三是提升品质。通过提升商品品质、服务质量和品牌形象，提升消费者的购买体验，吸引更多忠实消费者并积累良好口碑，从而增加销售收入和市场份额。

四是创新营销。在跨境电商市场竞争激烈的背景下，创新营销策略能够吸引更多的消费者并提高品牌知名度，例如运用社交媒体广告、开展内容营销以及利用博客和公众号等进行推广。

五是合规经营。在跨境电商中，合规经营是非常重要的，不仅能够避免被罚款和查封带来的成本、信誉损失，还能够提升消费者的信任度和品牌声誉。

6. 中国跨境电子商务政策法规

（1）国际组织的跨境电商法律法规

近几年，世界商事立法的重点与跨境电子商务立法的核心，主要围绕关税、电子支付、网上交易、知识产权保护、个人隐私、安全保密、电信基础设施、技术标准、普遍服务、劳工等发展电子商务的关键性问题展开。在国际组织颁布的与电子商务相关的立法中，较为重要的法案包括：联合国国际贸易法委员会于 1996 年发布的《电子商务示范法》和 2000 年发布的《电子签名统一规则》，世界贸易组织（WTO）于 1998 年发布的《全球电子商务宣言》，经济合作与发展组织（OECD）于 1998 年发布的《全球电子商务行动计划》，亚太经济合作组织（APEC）于 2011 年发布的《跨境隐私规则》。例如，"电子传输"通常包括从软件、电子邮件和文本信息到数字音乐、电影和视频游戏等，但考虑到不同国家和地区经济、金融发展的情况，在日内瓦举行的 WTO 第二届部长级会议上，各国部长们希望通过免关税的方式促进起步阶段的电子商务快速发展，会议通过了《全球电子商务宣言》，宣布成员方继续对电子传输不予征收关税。APEC 发布的《跨境隐私规则》方案包括：经济体之间的对数据跨境相关信息的共享；数据跨境调查和执法活动的国际合作；建立数据跨境隐私保护机制；对限制数据跨境传输的规定；不同隐私保护框架的兼容性倡议。《跨境隐私规则》除了促进 APEC 经济体之间的数据跨境合作外，还将制度设计重点集中于对数据传输主体隐私保护情况的认证，从而推动跨境电商企业在保障安全的情况下实现数据跨境自由流动。

在电子商务高速发展并逐步打破国界的大趋势下，跨境电子商务立法中任何的闭门造车不仅无异于画地为牢，而且会严重阻碍跨境电子商务与相关产业的发展。基于此，国际组织在进行跨境电子商务立法时，兼容性是首要考虑的因素之一。联合国贸易法委员会发布的《电子签名统一规则指南》指出：电子商务内在的国际性要求建立统一的法律体系，而目前各国分别立法的现状可能会产生阻碍其发展的危险。

（2）我国的跨境电商法律法规

对于跨境电商的规范有两个方面。一方面是与普通的电子商务相通的部分，适用《中华人民共和国电子商务法》（以下简称《电子商务法》）。《电子商务法》于 2018 年 8 月 31 日下午，在第十三届全国人民代表大会常务委员会第五次会议通过，它是保障电子商务各方主体的合法权益、规范电子商务行为的一部专门法，也是我国电商领域首部综合性法律。《电子商务法》直接提到跨境电子商务的法条有四条。一条是在第二章"电子商务经营者"中，其中第二十六条规定"电子商务经营者从事跨境电子商务，应当遵守进出口监督管理的法律、行政法规和国家有关规定"。另外三条是在第五章"电子商务促进"中，其中第七十一条规定"国家促进跨境电子商务发展，建立健全适应跨境电子商务特点的海关、税收、进出境检验检疫、支付结算等管理制度""国家支持小型微型企业从事跨境电子商务"。第七十二条规定"国家进出口管理部门应当推进跨境电子商务海关申报、纳税、检验检疫等环节的综合服务和监管体系建设，优化监管流程，推动实现信息共享、监管互认、执法互助，提高跨境电子商务服务和监管效率"。第七十三条规定"国家推动建立与不同国家、地区之间跨境电子商务的交流合作""国家推动建立与不同国家、地区之间的跨境电子商务争议解决机制"。

《电子商务法》的出台，明确了跨境电商的主体资格、交易行为、责任和违法行为等方面的规定。这有助于规范跨境电商市场，保护消费者和企业的合法权益。例如，过去若婴儿饮用采取直邮、微商代购等模式进口的奶粉后出现呕吐症状，便处在一个监管空白的状态。在《电子商务法》公布后，直邮模式纳入跨境电商范畴，也就意味着其需要满足报关程序及境内对奶粉的规定。另外，微商及其他网络平台向消费者继续提供跨境购买的奶粉的也应当进行工商登记。

小资料：《电子商务法》有关跨境电子商务的规定

另一方面是跨境电子商务本身独有的，需要单独、专门的规范，主要分为以下四类。

一是规范对外贸易主体、贸易规范、贸易监管、贸易合同的一般性法律。例如，《联合国国际货物销售合同公约》《中华人民共和国海关法》。

二是知识产权方面的法律和规范。例如，《中华人民共和国专利法》《中华人民共和国商标法》《中华人民共和国著作权法》。

三是跨境运输方面的法律法规。例如，《中华人民共和国民用航空法》《中华人民共和国国际货物运输代理业管理规定》。

四是产品质量和消费者权益方面的法律及其他规定。例如，《中华人民共和国对外贸易法》《中华人民共和国产品质量法》《中华人民共和国消费者权益保护法》。

查一查

《电子商务法》直接提到跨境电子商务的法条有哪几条？对规范跨境电商的作用和意义是什么？

（3）我国的跨境电商的政策演进

跨境电商是当前发展快、潜力大、带动作用强的外贸新业态。其作为我国外贸高质量发展的有生力量和重要抓手，相关部门多次出台政策举措，为跨境电商的发展提质增效。从推进跨境电商综合试验区（简称"综试区"）扩大范围，到各省市纷纷部署更多跨境电商政策，加大对跨境电商的支持力度，我国逐渐建立起跨境电商政策和规范，跨境电商行业迎来新发展、新机会和新利好。

一是试点布局进一步扩大。截至2022年11月，我国形成了分七批设立165个跨境电商综试区，基本覆盖全国，形成陆海内外联动、东西双向互济的发展格局。

二是发展跨境电商新模式。2021年10月，商务部、中央网信办、国家发改委印发《"十四五"电子商务发展规划》、2021年11月商务部印发《"十四五"对外贸易高质量发展规划》，提出支持市场采购贸易和跨境电商融合发展，指导综试区帮助企业充分利用海外仓扩大出口，新增市场采购贸易方式试点，积极探索保税维修、离岸贸易等新业务。

三是大力推进贸易便利化。根据《关于跨境电子商务综合试验区零售出口货物税收政策的通知》，国家对符合下列条件的跨境电商综试区内的跨境电子商务零售出口货物落实"无票免税"政策，推进出口企业所得税核定征收。

（1）电子商务出口企业在综试区注册，并在注册地跨境电子商务线上综合服务平台登记出口日期、货物名称、计量单位、数量、单价、金额。

（2）出口货物通过综试区所在地海关办理电子商务出口申报手续。

（3）出口货物不属于财政部和税务总局根据国务院决定明确取消出口退（免）税的货物。

实训　eBay 海淘体验

【实训目的】

通过浏览、使用 eBay 跨境电商平台，对跨境网络购物形成感性认识，进一步理解跨境电子商务的内涵；熟悉跨境电子商务的特点，能够描述跨境网络购物流程并分析跨境电子商务与传统国际贸易的区别。

【实训内容和步骤】

实训内容：

浏览 eBay 跨境电子商务平台，完成一次购物体验。

实训提示：

在选择商品时，除了考虑价格因素外，还需要结合商品评价及店铺信用评分进行综合考虑，可以降低货不对板的售后风险。大部分情况下，只有用 PayPal 才能使用 eBay 优惠码，所以可以根据实际情况选择合适的付款方式。在跨境电商平台上购物的时候，由于收货地址与境内账单地址可能不一致，因此注意此处需要填写正确的收货地址。

实训步骤：

（1）进入 eBay 官网首页，单击"Sign in"超链接，在打开的界面中进行 eBay 账户注册，填写相应信息，如图 1-10～图 1-12 所示。如果选择使用手机号码注册账号，通过手机验证后填写姓名并设置密码即可完成注册。

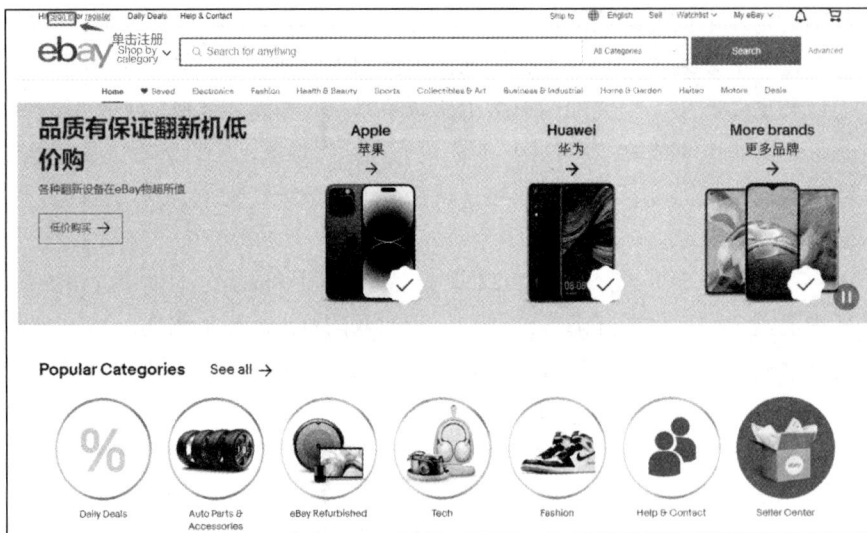

图 1-10　eBay 官网首页

图 1-11　登录 eBay 注册账户

图 1-12　填写账户注册信息

（2）完成注册后，返回 eBay 首页，就可以选购商品了。在 eBay 首页搜索框中输入需要购买的商品关键词，然后单击【Search】按钮，eBay 将显示与搜索关键词相关的商品列表，消费者可以通过筛选器缩小搜索范围，以便更好地找到想要的商品。

（3）打开商品链接，单击【Buy It Now】按钮，如果消费者是第一次购物，网站会提示完善收件信息，如图 1-13 所示。消费者按要求填写相关信息后，单击【Go to checkout】按钮。

（4）跳转至结账页面，核对好信息后，就可以单击【Pay with PayPal】按钮，如图 1-14 所示。

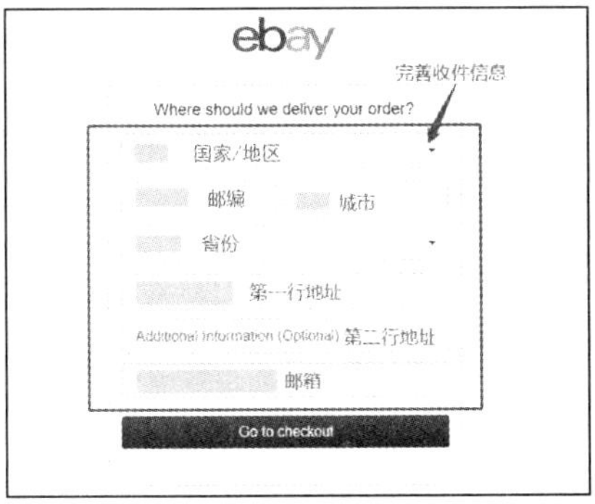

图 1-13 完善收件信息

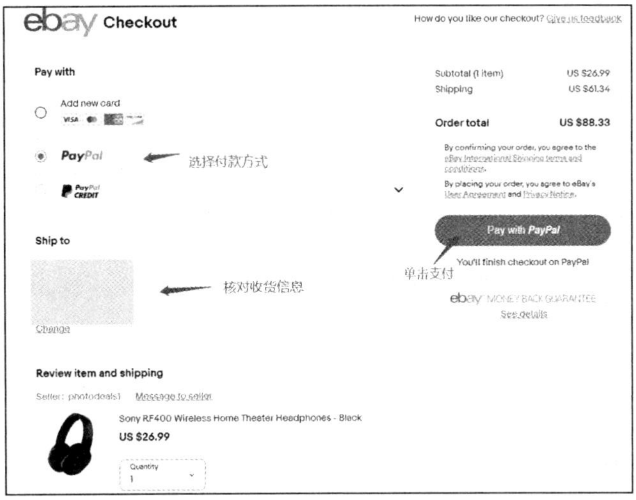

图 1-14 下单购买

（5）如果第一次使用 PayPal，可以单击【Create an Account】按钮注册一个 PayPal 账号，如图 1-15 所示。接着填写相应信息，注册 PayPal 账号，如图 1-16 所示。

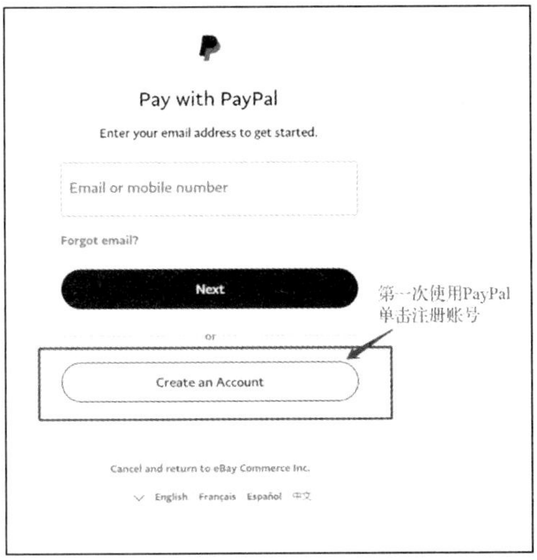

图 1-15 注册 PayPal 账号

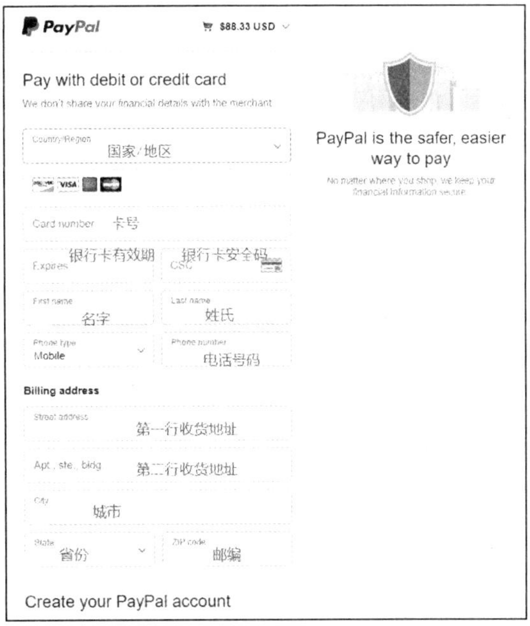

图 1-16 填写 PayPal 注册信息

（6）注册好账号后，登录 PayPal 账号，第一次使用需要绑定银行卡，并按要求填写信用卡信息，如图 1-17 所示。

图 1-17　绑定银行卡

（7）返回 PayPal 支付页面，同意付款就能支付成功了。

同步阅读：2024 跨境电商行业趋势报告（节选）

一、行业竞争程度再加深

跨境电商行业的竞争程度将继续加剧，主要原因如下：卖家对 2023 年旺季过于乐观，导致库存过剩，卖家被迫低价清库存；新兴平台如 TEMU 加大欧美市场投入，引发价格战；AI 工具使用水平差异导致卖家效率两极分化；全托管模式导致卖家品牌话语权减弱。

二、合规成本将大幅上涨

合规问题是跨境电商卖家必须重视的问题，合规问题带来的成本上涨可能影响卖家的利润。跨境电商卖家的合规问题涉及平台要求的信息验证，目的国（地）的税务、版权和知识产权，海关监管及数据隐私等方面。例如，调研显示56%亚马逊卖家完成《消费者告知法案》的身份验证需 10 天以上时间，但随着平台优化和卖家对流程的熟悉，耗时可能缩短。

三、全托管模式加速传统外贸转型

全托管模式下，平台负责店铺运营、仓储、配送、退换货、售后服务等环节，卖家只需提供货品。这一模式降低了出海门槛，节省了卖家的资源和时间成本，使其可以快速了解海外市场的需求变化、专心打磨品牌与产品，帮助传统外贸企业数字化转型。随着全托管模式在 TEMU、SHEIN、全球速卖通、TikTok Shop 等主流平台全面推行，未来这一模式将在更多新兴平台出现。

四、短视频红利助推品牌出海热潮

中国品牌熟悉网络营销，借助社交媒体、短视频平台建立品牌认知。而 Facebook、Youtube、Instagram、TikTok、Snapchat、Twitter、Pinterest 等海外社交媒体推广是帮助中国品牌走向国际市场的重要渠道，特别是 TikTok 电商业务在美国市场的增长为中国品牌出海创造了机会。2024 年，可能会出现大量借助短视频红利出海的新锐品牌。

五、线上线下融合是未来趋势

中国出海企业不再仅依赖线上平台，而是实现线上线下融合发展。相关调研显示，22%的卖家已与海外线下渠道合作，36%计划拓展海外线下渠道。安克创新是个典型的例子，目前已进驻北美地区的知名连锁零售商，包括沃尔玛、百思买、塔吉特以及开市客，2023年上半年其通过线下渠道取得了22.06亿元的收入，占总营收的31.22%。

本章小结

本章第一节介绍了跨境电子商务的内涵、分类及其与传统国际贸易的区别，让读者对跨境电子商务有一个初步的认识。第二节介绍了我国跨境电子商务的发展历程、我国国际贸易的现状，以及我国跨境电子商务的现状、发展趋势及发展过程中存在的问题。其中跨境电子商务的分类、跨境电子商务与传统国际贸易的区别及我国跨境电子商务的现状与发展趋势是本章的重点。只有掌握上述知识，才能把握跨境电子商务的发展机遇，在激烈的市场竞争中获得成功。

同步测试

1. 单项选择题

（1）2022年，我国跨境电子商务中处于主导地位，约占75.6%份额的交易模式是（　　）。

    A. B2B   B. B2C   C. C2B   D. C2C

（2）（　　）是垂直型跨境电子商务平台。

    A. 亚马逊   B. eBay   C. Chewy   D. 速卖通

（3）跨境电子商务主要的交易模式有B2B、B2C、C2C，其中B2C是指（　　）。

    A. 企业对个人   B. 企业对企业

    C. 个人对个人   D. 企业对政府

（4）下列关于跨境电子商务的说法错误的是（　　）。

    A. 区域链技术能够对商品进行溯源，提高消费者的信任度，促进跨境电子商务良性发展

    B. 我国涉及跨境电子商务政策制定的部门主要有国务院、海关总署、商务部、国家发展和改革委员会、财政部、国家税务总局、国家市场监督管理总局和国家外汇管理局等部门

    C. 跨境B2B和跨境B2C的发展不是彼此孤立的，而是相互影响、相互促进的

    D. 1999年，中国跨境电子商务进入1.0阶段，消费者能够通过互联网在线购买商品

2. 多项选择题

（1）跨境电子商务参与主体有（　　）。

    A. 通过第三方平台进行跨境电子商务经营的企业和个人

    B. 跨境电子商务的第三方平台

    C. 物流企业

    D. 支付企业

（2）跨境电子商务的新特点包括（　　）。

    A. 多边化　　　　　　　　　　　　B. 大批量

    C. 透明化　　　　　　　　　　　　D. 品牌化

（3）我国跨境电子商务呈现（　　）的发展趋势。

    A. 迈入品牌出海新时代

    B. 市场主体加速多渠道多平台布局

    C. B2C 占比提升，B2B 和 B2C 协同发展

    D. 移动技术成为跨境电子商务发展重要动力

（4）下列关于跨境电子商务分类的表述正确的是（　　）。

    A. 以服务类型进行分类，跨境电子商务可分为 B2B 跨境电子商务、B2C 跨境电子商务和 C2C 跨境电子商务

    B. 兰亭集势属于自营型跨境电子商务平台

    C. 环球资源网属于信息服务平台

    D. 洋码头属于进口跨境电子商务平台

3. 简答和分析题

（1）跨境电子商务与传统国际贸易的区别有哪些？

（2）跨境电子商务给我国企业和消费者带来了哪些好处？

（3）"一带一路"是我国实施新一轮扩大开放、营造有利周边环境的积极倡议。中国与"一带一路"沿线贸易规模持续扩大，跨境电商迎来高速发展黄金期。请从跨境电商机理的角度理解"人类命运共同体"的精神内核，领会"开放合作、和谐包容、互利共赢"的中国贸易观，并具体分析我国跨境电商发展面临的机遇与挑战。

（4）《区域全面经济伙伴关系协定》简称 RCEP，历经 8 年谈判，经过各方共同努力，于 2021 年 11 月 2 日达到生效门槛。RCEP 的生效实施标志着全球人口最多、经贸规模最大、最具发展潜力的自由贸易区正式落地，充分体现了各方共同维护多边主义和自由贸易、促进区域经济一体化的信心和决心，将为区域乃至全球贸易投资增长、经济复苏和繁荣发展作出重要贡献。请结合党的二十大"推进高水平对外开放"的思想，思考并分析 RCEP 的生效对于区域经济一体化和世界经济发展有何重要意义，对于企业及普通消费者有何益处。

第二章
进口跨境电子商务

学习目标

　　了解进口跨境电子商务的发展历程和现状；熟悉进口跨境电子商务的模式、生态链和主流平台；掌握进口跨境电子商务海关监管模式和税收政策。树立法治观念，增强自主纳税意识；能从进口跨境电子商务的发展演进过程中增强对"四个自信"的价值认同，提升幸福感和获得感。

知识导图

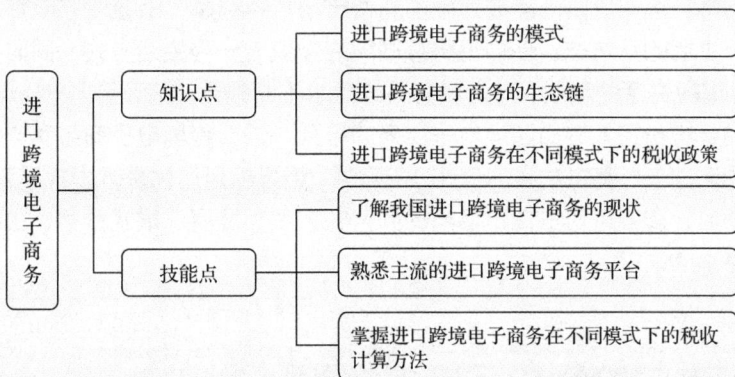

进口跨境电子商务

知识点
- 进口跨境电子商务的模式
- 进口跨境电子商务的生态链
- 进口跨境电子商务在不同模式下的税收政策

技能点
- 了解我国进口跨境电子商务的现状
- 熟悉主流的进口跨境电子商务平台
- 掌握进口跨境电子商务在不同模式下的税收计算方法

引　例

　　近年来，随着我国对外开放的持续扩大、全球供应链的发展及进口跨境电商相关政策的陆续出台，我国进口跨境电商迎来了发展新契机，进口市场规模持续扩大。据海关统计，2023年我国货物贸易进出口总值41.76万亿元，其中进口17.99万亿元。消费品进口也逐渐攀升，据商务部统计，2023年消费品进口额近2万亿元，占进口总额比重达11%。《2024年中国跨境进口消费趋势白皮书》显示，从2018年至2023年，中国进口跨境电商规模从4441亿元提升至5483亿元；中国进口跨境电商使用人数在2023年达到1.88亿人。进口跨境电商的蓬勃发展可以从以下四个层面进行解读。

第一，政策层面。在跨境电商监管和服务层面，海关总署、财政部、国家外汇管理局等相关部门围绕税收、支付结算、通关检疫等重点问题出台针对性政策，支持我国跨境电子商务高质量发展。

《正面清单》不断扩容，试点城市不断增加，个人单次和年度消费限额提高，部分商品进口税率调降等多种政策不断叠加，助推进口跨境电商行业的市场规模稳步增长。

第二，平台层面。各进口跨境电子商务平台在消费金融、物流服务、品质保障、售后服务等方面进行改造升级，提升了消费者的购物体验。

第三，需求层面。当前，我国居民消费结构正处于持续升级阶段，多层次、多样化、个性化需求特征明显，而进口跨境电子商务恰好满足了我国消费者的升级需求。未来随着人民生活水平不断提高，新型城镇化稳步推进，中等收入群体规模逐步扩大，我国消费品进口将保持平稳增长态势。

第四，供给层面。境外品牌商认识到中国市场的潜力，纷纷与我国进口跨境电子商务平台进行合作，将自己品牌的商品带入中国市场，甚至还为中国消费者定制商品。

引例分析

提到跨境电子商务，人们通常认为"出口跨境电子商务"才是主战场。而随着消费环境的剧烈变化、网络购物习惯的养成、进口消费意识的建立、支付方式的便捷和政府政策的支持，购买进口商品成为中国消费市场，特别是"80后""90后""00后"等"新世代"生活的新常态。他们已将互联网购物变为一种生活方式，同时他们具有广阔的视野，重视生活的品质，对进口商品的需求不断提升。这吸引了一些电商巨头、资本和境外品牌纷纷跨入进口跨境电子商务的行列。进口跨境电子商务对丰富境内商品供给、促进新业态新模式发展、吸引消费回流、更好满足居民需求发挥了积极作用。通过本章的学习，读者可对进口跨境电子商务的现状、发展、模式分类、主要平台和海关监管有基本的认识。

第一节 进口跨境电子商务概述

著名经济学家萨缪尔森说过："市场经济的两大最终主宰是消费者与技术。"近年来，随着互联网和计算机信息技术的发展，网络购物日渐成为人们的一种生活方式。而随着消费者的消费观念的转变和消费能力的提升，越来越多的人开始跨境消费。在技术引领、需求驱动和政府支持的大背景下，中国进口跨境电子商务迅速崛起。

一、进口跨境电子商务发展历程

中国进口跨境电子商务经历了探索期、启动期和发展期，于 2018 年进入成熟期。

以典型进口跨境电子商务平台上线时间为节点，我们可以将中国进口跨境电子商务发展的三个阶段定义为 1.0、2.0 和 3.0 时代。

1. 进口跨境电子商务 1.0 时代——"海代"①方兴未艾

2007 年之前，大部分境内消费者还未形成对境外商品的认知，境外商品普及度不高，只有少数消费者通过境外亲朋好友带回或自行出境购买。这一时期暂未出现进口跨境电子商务企业，更未形成进口跨境电子商务行业，可以视为进口跨境电子商务发展的萌芽阶段。

2005 年，个人代购兴起，标志着进口跨境电子商务进入了 1.0 时代。这一时期的进口跨境电子商务，"卖方"主要为境外留学生、空姐和导游等经常出境的群体，"买方"一般为代购者的亲戚朋友，消费群体还比较小众。卖方在境外购买商品，再通过自身携带或邮寄的方式送达境内的买方手中。由于跨境网购普及度不高，这一消费模式周期长、成本高，商品的真伪及质量难以保障，且无法满足不断增长的消费需求，于是部分人群开始演变为职业买手，专门购买境外商品，并在淘宝等平台开设店铺，从事境外商品的销售，这就是最早的进口跨境电子商务的雏形。

2. 进口跨境电子商务 2.0 时代——"海淘"②初具规模

2007 年，以淘宝全球购为代表的 C2C 海淘网站上线，这意味着进口跨境电子商务步入 2.0 时代——海淘时代。淘宝全球购平台的目标是帮助会员实现"足不出户，淘遍全球"。一方面，淘宝全球购为入驻的卖家提供了发布境外商品的平台，使卖家的销售范围不再局限于自己的社交圈。另一方面，此平台对卖家进行审核、管理③，打消了买家的购买疑虑。平台上呈现丰富多样的商品品类，吸引了更多的买家来平台消费。在这一时期，逐渐形成了常规的卖方和消费群体。2009 年，洋码头及旗下跨境物流体系——贝海国际速递上线，平台卖家包括 C（境外认证买手）和 B（境外商家）。但 2010 年 9 月，我国调整了进出境个人邮递物品管理政策：取消了进出境个人邮递物品可享部分税额免征的规定，增加了免税限额规定④。此政策调整增加了海淘和代购的成本与风险。

2012 年 5 月，海关总署牵头相关单位开展"跨境电子商务进口试点"，并发布了第一批 5 家试点城市⑤。2013 年跨境电子商务开始转型，政府出台了一系列支持跨境电子商务便利通关的政策：3 月在《海关总署关于跨境贸易电子商务服务试点网购保税进口模式有关问题的通知》中明确了试点城市开展"跨境电子商务进口试点"的监管办法；7 月，郑州率先将跨境试点方案提交海关总署，跨境试点方案得到了海关总署的认可，并确定在全国试点城市复制推广；同月郑州通过信息化平台完成了与海关系统的无缝对接，完成实际业务测试，此测试的成功标志着跨境电子商务的正式启动，也实现了全国跨境电商的"零"突破。

📈 想一想

海代和海淘分别指的是什么？有什么区别？

---

① 海代，全称海外代购，是由从事代购的代购商、个人，或经常出入境的个人帮助境内消费者购买商品，并通过跨境物流将商品送达消费者手中的购物模式。

② 海淘即境内消费者通过跨境 B2C/C2C 购物网站、代购网站或导购平台，实现境外购物。

③ 淘宝网有权要求全球卖家提供在售商品境外直送的凭证，包括但不仅限于专柜代购小票、海关出具的有效证明、品牌代理授权书等，如卖家无法在 3 个工作日内提供，淘宝网有权摘除卖家的全球购标记。

④ 除了应征进口税额在人民币 50 元以下（含 50 元）的个人邮递入境物品可免征税款外，其余的个人邮递入境物品皆需按照税则缴税。

⑤ 第一批 5 家跨境电子商务试点城市分别是郑州、杭州、宁波、重庆、上海。

3. 进口跨境电子商务 3.0 时代——平台化、阳光化、常态化

2014 年 1 月，海关总署公告 2014 年第 12 号《关于增列海关监管方式代码的公告》，增列 "9610" 海关监管方式代码，独创了 "清单核放、汇总申报" 的通关方式，提高了企业的通关效率，标志着跨境电子商务开始合法化。同年 3 月，《政府工作报告》中首次提出 "跨境电子商务" 一词，扩大跨境电子商务试点，加大对跨境电子商务行业发展的支持力度。随着进口跨境电子商务合法地位的确立，各类模式的进口跨境电子商务平台争相上线，满足了越发旺盛的跨境消费需求，跨境网购逐步走向常态化、规模化和规范化，进口跨境电子商务进入 3.0 时代。

经过进口试点工作的持续推进及相关监管模式（"9610""1210"）的发布、优化和完善，2016 年出台了更明确、更细化的新监管政策及配套政策，可概括为 "3 税 4 政 5 缓"[①]，为跨境电子商务行业的发展提供了新的监管依据。

2018 年 8 月，《中华人民共和国电子商务法》发布（2019 年 1 月 1 日起实施），它是我国第一部有关电子商务的法律，为我国电子商务行业的发展提供了法律依据。2018 年 11 月，商财发〔2018〕486 号《关于完善跨境电子商务零售进口监管有关工作的通知》，明确 "政府部门、跨境电商企业、跨境电商平台、境内服务商、消费者" 各方责任；对跨境电商零售进口商品按个人自用进境物品监管，不执行有关商品首次进口许可批件、注册或备案要求，促进跨境电子商务稳步快速发展。同月，财关税〔2018〕49 号《关于完善跨境电子商务零售进口税收政策的通知》，明确跨境电子商务零售进口商品的单次交易限值提高至 5000 元，年度交易限值提高至 26000 元；完税价格超过 5000 元单次交易限值但低于 26000 元年度交易限值，且订单下仅一件商品时，可以自跨境电商零售渠道进口，按照货物税率全额征收关税和进口环节增值税、消费税，交易额计入年度交易总额；若年度交易总额超过年度交易限值的，则按一般贸易管理。新的税收政策更适应消费市场的发展规律，有助于逐步放开轻奢商品的通关渠道。2018 年 12 月，海关总署公告 2018 年第 194 号《关于跨境电子商务零售进出口商品有关监管事宜的公告》，从适用范围、企业管理、通关管理、税收征管、场所管理、检疫、查验和物流管理、退货管理等方面作出详细规定，从此 "四八新政" 成为过去式。至此，我国跨境电商产业进入成熟期，行业规模稳定增长，供应链各环节趋向融合，企业逐渐向精细化运营、本土化运营转变，新零售、直播营销等创新模式持续渗透。

2021 年 3 月发布的商财发〔2021〕39 号《商务部 发展改革委 财政部 海关总署 税务总局 市场监管总局关于扩大跨境电商零售进口试点、严格落实监管要求的通知》，将跨境电商零售进口试点扩大至所有自贸试验区、跨境电商综试区、综合保税区、进口贸易促进创新示范区、保税物流中心（B 型）所在城市（及区域），标志着 "1210" 政策全面放开。

[①] "3 税" 即 2016 年 3 月发布的财关税〔2016〕18 号《财政部 海关总署 国家税务总局关于跨境电子商务零售进口税收政策的通知》文件，按照新的税率征收跨境综合税（包括关税、进口环节增值税和消费税）。

"4 政"（行业内俗称 "四八新政"）即 2016 年 4 月发布的海关总署公告 2016 年第 26 号《关于跨境电子商务零售进出口商品有关监管事宜的公告》文件，自此跨境电商零售进口商品不再按 "物品" 征收行邮税，而是按 "货物" 征收关税、增值税、消费税等，行邮税税率也同步调整。

"5 缓" 即 2016 年 5 月发布的署办发〔2016〕29 号《海关总署办公厅关于执行跨境电子商务零售进口新的监管要求有关事宜的通知》文件，在新政延缓过渡期内，在 10 个试点城市继续按税收新政实施前的监管要求进行监管，即网购保税商品 "一线" 进入时暂不验核通关单，暂不执行 "正面清单" 备注中有关商品的首次进口许可证、注册或备案要求。

2022 年 11 月中国国际进口博览会的举办，继续鼓励贸易自由化、促进进口贸易平衡、推动进口跨境电商发展，为行业持续释放出积极的政策信号。中国跨境电商不仅要发展出口，还要大力发展进口模式，从个人代购到海淘再到规范化的跨境网购，顺应了消费者消费习惯的转变和对商品品质的追求，"全球买+全球卖"是跨境电商的未来趋势。

二、进口跨境电子商务模式

为了进一步理解进口跨境电子商务模式，我们从不同角度对其进行分类。

1. 以交易主体进行分类

根据交易主体的不同，进口跨境电子商务可分为 B2B、B2C 和 C2C 模式。以小红书为例，其"福利社"模块（见图 2-1）的商品由平台官方负责采购和运营，属于 B2C 模式。作为一个内容创作平台，小红书还推出了"号店一体"策略，即允许用户直接在账号内开设店铺（见图 2-2），以便在其他用户浏览帖子时直接下单购买其商品，快速实现"种草"到"拔草"的转化，属于 C2C 模式。

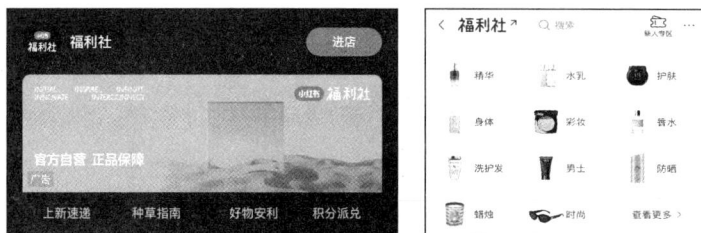

图 2-1　小红书"福利社"模块

图 2-2　小红书店铺

2. 以平台运营方式进行分类

根据平台运营方式的不同，进口跨境电子商务可分为平台型和自营型。例如，天猫国际同时涵盖了平台和自营两大进口运营模式：商家以自有或者独家代理品牌入驻天猫国际，开设品牌海外旗舰店，属于"平台模式"；"自营模式"则是天猫国际自行采销，通过自建物流菜鸟保税仓或者直邮仓发货给下单消费者。图 2-3 中，（a）图为天猫国际移动端首页，（b）图为第三方店铺，（c）图为自营商品。

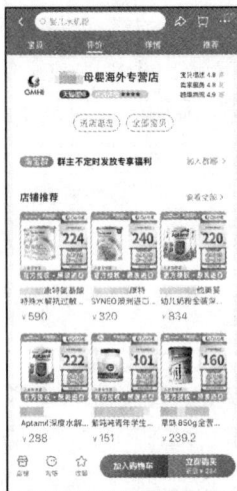

（a）首页	（b）第三方店铺	（c）自营商品

图2-3　天猫国际

相比自营型进口跨境电商模式，平台型进口跨境电商模式的供应商来源多且广、品类更加丰富，其在品类扩充效率上也有明显优势。而自营型进口跨境电商模式的优势在于直接参与和把控采购、仓储、物流和售后等跨境交易的全过程，可以给客户带来更好的购物体验，也更容易得到客户的信任。

3. 以经营品类范围进行分类

根据经营品类范围的不同，进口跨境电子商务可分为综合型（又称为水平型）和垂直型。综合型跨境电商平台涉及的商品品类多、范围广，例如亚马逊海外购销售的品类包括服饰、鞋靴、箱包、计算机、办公、家居和厨具等。而垂直型跨境电商平台则不同，它主要针对某个特定的行业、类目进行深挖，针对某类特定的需求进行服务。例如 iHerb 是美国的跨境电商平台，主要销售保健品、营养品、美容护肤品等健康相关产品（见图2-4）；豌豆公主是一个专注于提供日本优品的垂直进口跨境电商平台，产品覆盖美妆个护、营养保健、生活家居、母婴、健康食品等多个品类；莎莎官网是聚焦美容健康类商品的线上平台（见图2-5）。

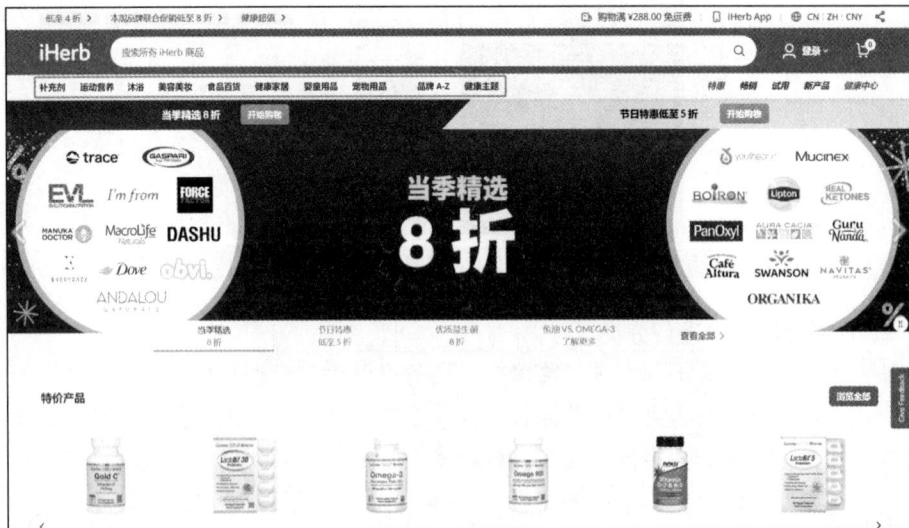

图2-4　iHerb 首页

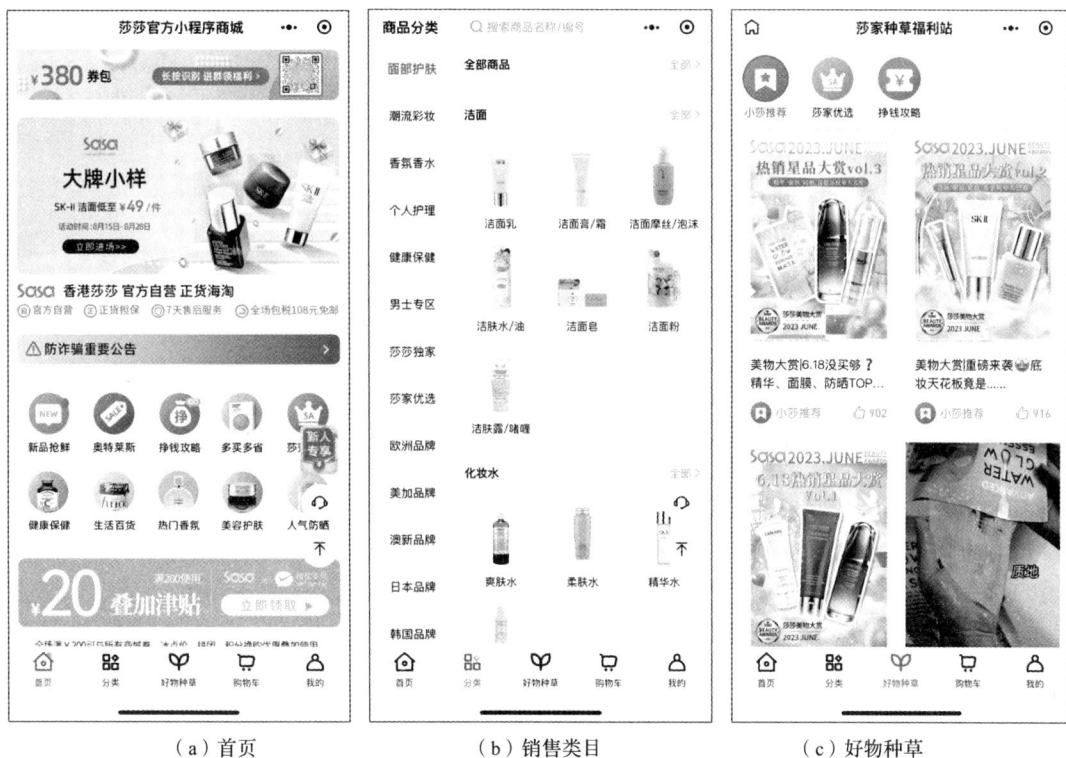

| （a）首页 | （b）销售类目 | （c）好物种草 |

图 2-5　莎莎官网小程序

4. 以入境清关及发货方式进行分类

进口跨境电子商务根据入境清关及发货方式的不同，可分为一般贸易、直邮、直邮集货和保税备货四种模式。

（1）一般贸易模式

在进口跨境电子商务这个概念出现之前，进口商品一直存在，它们是通过正常通关、商检、缴纳进口税的一般贸易进口形式入境的。现在部分进口跨境电子商务平台销售的商品也是先通过一般贸易进口形式批量进口的，再销售给消费者。二者的区别是，有的平台是境外直采、自主通关及运输，有的平台则是向境内的贸易商、代理商采购已经通关入境的商品。

一般贸易模式在防止假货和质量溯源上有明显的优势，商品要经过合法授权经销及海关商检的合规查验，消费者的维权可完全遵循境内消费规则，流程清晰、运作成熟。但是，这种方式的投入、库存和资金压力较大。一般贸易模式只在境内采用了电子商务手段，因此并不是严格意义上的跨境电子商务。

（2）直邮模式

直邮进口跨境电子商务模式（简称直邮模式）是指符合条件的电商平台与海关联网，在境内消费者跨境网购后，将电子订单、支付凭证、电子运单等实时传输给海关，商品通过海关跨境电商专门监管场所入境。简单来说，直邮模式是指消费者购买境外商品之后，商家在境外打包，直接通过国际运输发货，以个人物品的形式清关、入境，直接配送到消费者手中。其涉及以下几个主体：境外公司、物流公司、支付公司、境内备案主体公司。直邮模式可以保证商品品类的丰富性，中间涉及境外仓储、收件打包、跨境运输、海关清关、境内配送等多个环节，如图 2-6 所示。

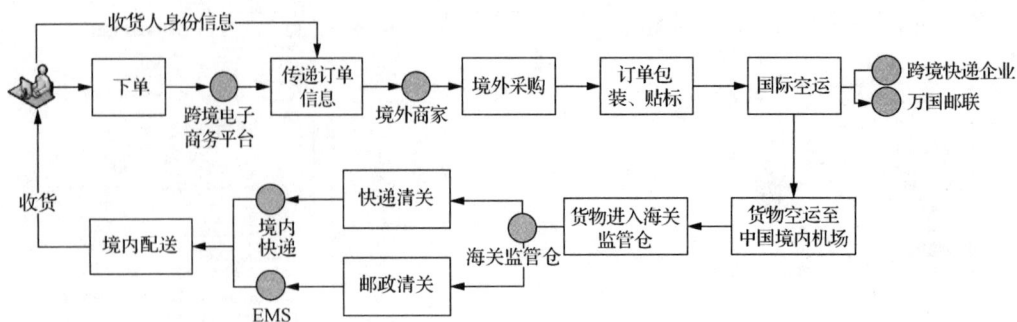

图 2-6　直邮模式

　　境外卖家将包裹直邮给境内消费者是个人代购 C2C 模式常用的物流方式。直邮模式通常由境内快递进行快件清关或由 EMS 提供邮政清关服务，报关通过行邮申报系统，税率适用行邮税，完成清关后放行包裹并进行配送。如果消费者个人购买跨境商品超过缴税限额会被暂扣，消费者需要向海关缴纳税款才可放行配送，海关向消费者开具税单。通关申请没有通过的，或超限不主动报关缴税的，包裹将被责令退运。

　　以洋码头为例，它为消费者提供了多种物流配送方式，包括贝海直邮、第三方直邮、拼邮、贝海保税和第三方保税，如图 2-7 所示。其中部分个人买手采用"第三方直邮"物流配送方式，其由非官方认证的第三方国际物流公司承运，通过空运入境清关并完成境内配送。图 2-8 所示的商品标注的就是"第三方直邮"，运费和税费由个人买手承担。

图 2-7　洋码头物流配送方式

图 2-8　洋码头的"第三方直邮"物流配送方式

与其他进口模式相比，直邮模式的优势在于商品品类丰富，不受通关单的限制，能满足消费者的多元化需求，且在运输环节能最大限度地保障商品的私密性，更安全放心。但直邮模式物流时效较低，消费者对此满意度不高。

（3）直邮集货模式

直邮集货模式是指消费者购买境外商品之后，供应商集中发货到海外仓，以集运代替零散运输的模式。在该模式下，供应商将多个已售出商品统一打包后进行国际发运、清关，最后配送到消费者手中，如图 2-9 所示。直邮集货模式节约物流成本，相当于直邮模式的升级版。但直邮集货模式又与直邮模式不同，是 B2C 模式下的常用物流模式。

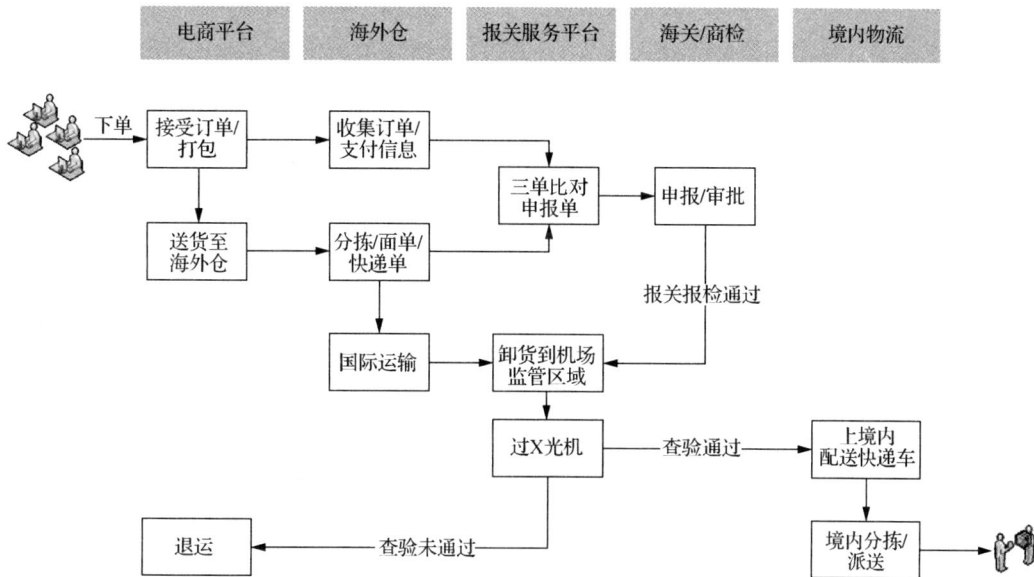

图 2-9 直邮集货模式

以洋码头为例，其自建跨境物流贝海国际打造了跨境电子商务供应链及物流服务解决方案。洋码头为境外商家提供"贝海直邮"服务：在洋码头注册的境外商家通常会提前将所销售商品集中存放在贝海国际的海外仓，当订单支付后，订单商品就在海外仓进行拣货打包。贝海国际通过国际包机运输的形式将包裹送抵境内。包裹入境后，贝海国际负责清关，然后通过境内快递进行配送。此外，洋码头还提供"拼邮"物流方式，即卖家集货后由非官方认证的第三方国际物流公司承运，空运并入境清关后，再由卖家在境内分包，通过境内快递完成配送。"贝海直邮"和"拼邮"都属于洋码头的直邮集货模式，如图 2-10 所示。

图 2-10 洋码头的两种集货直邮模式

相比直邮模式，直邮集货模式的优势在于依托实力强大的海外仓和干线运输等资源，将原来分散、小批量、规格质量混杂的不同来源的货物集中在一起，在出口地一次性交运和办理通关、进行批量运输，从而实现大批量、高效率、低成本和快速的集运，使得消费者的满意度得到大幅提升。直邮集货模式与保税备货模式相比，商家无须将未出售的货物预先囤积在仓库内，可极大地降低资金成本和销售风险；其劣势在于从境外发货，物流周期较长。

（4）保税备货模式

保税备货模式是指跨境电商商家预先将境外商品大批量运至境内保税区，在保税区存储并建立进境备案清单，当消费者在电商平台下单后，由保税仓对货物进行配货打包，并对单个订单推送相关的订单信息及收件人的身份证信息到海关进行清关，然后委托境内物流公司将货物派送到消费者手中，如图 2-11 所示。

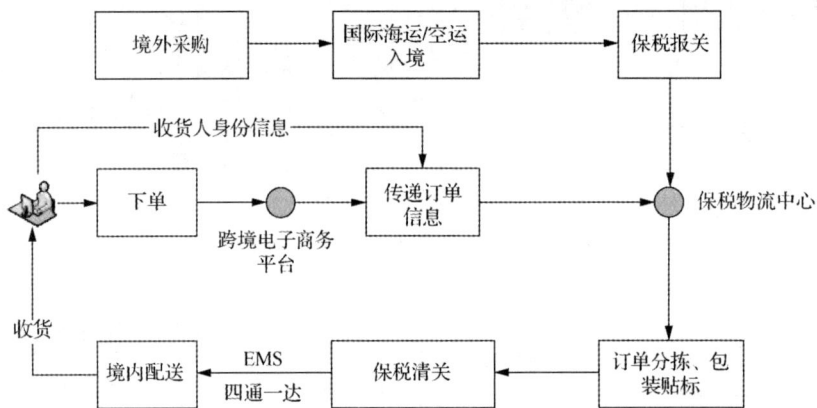

图 2-11　保税备货模式

在 2016 年 4 月 8 日之前，保税备货模式与一般贸易模式相比，头程运输相似，但从保税仓发货后按照个人物品形式入境，只支付行邮税，节省了税收成本，从而造成了与一般贸易进口的不公平竞争。因此，国家税务总局发布了跨境电子商务零售进口税收新政，规定在保税备货模式下进口商品按照跨境电商综合税税率征税，该政策行业内俗称"四八新政"。

保税备货模式属于 B2B2C 模式，适用于品类相对专注、备货量大的电商平台，这种模式可以利用大数据分析消费者需求，在消费者下订单前进行备货；商品储存在保税区仓库，存放在海关监管场所，可以实现快速通关，极大地提高了订单履行速度。保税备货模式解决了直邮进口"批次多、单次货量小、关务监管严"的痛点，但也存在一定的供应链风险。若选品不当造成库存积压，企业就要承担很大的库存风险，这对企业的选品能力提出很高的要求。

5. 以平台独立性进行分类

（1）从属主站型

从属主站型进口跨境电子商务，主营业务为销售境外商品，且此业务不是通过独立移动端或境内一级网站域名达成的。例如，天猫国际从属于天猫，京东国际从属于京东，如图 2-12 所示。

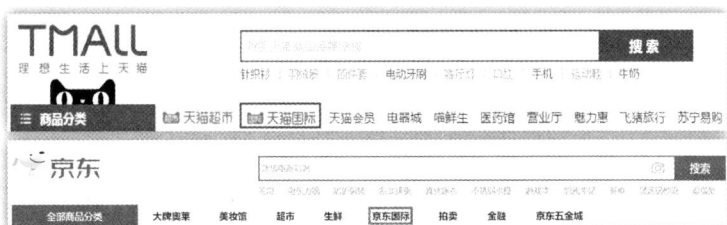

图 2-12　从属主站型进口跨境电子商务平台

（2）独立型

与从属主站型进口跨境电子商务不同，独立型进口跨境电子商务的商品销售业务是通过独立移动端或境内一级网站域名达成的。例如，考拉海购是阿里巴巴旗下以跨境进口业务为主的综合电商平台，但它并不是从属主站型平台，因为考拉海购有独立的移动端和一级网站域名，且在淘宝网站首页也找不到考拉海购的入口，如图 2-13 所示。

图 2-13　淘宝与考拉海购

6. 其他模式分类

（1）海外代购模式

"海淘"与"海代"是为消费者所熟知的两个跨境网购概念。消费者通过境外的电商网站购买境外商品，简称"海淘"；消费者通过个人或平台代购境外商品，简称"海代"。根据运营方式不同，"海代"又可分为 C2C 模式的代购平台和依靠社群关系营销的朋友圈代购。

（2）导购返利平台模式

导购返利平台模式可以分成两部分来理解：引流部分和商品交易部分。引流部分是指通过导购资讯、商品比价、海购社区论坛、海购博客及消费者返利来吸引流量。商品交易部分是指消费者通过站内链接向境外 B2C 电商或境外代购者提交订单实现跨境购物。

为了提升商品品类的丰富度和货源的充裕度，这类平台通常会搭配境外 C2C 代购模式。因此，从交易关系来看，这种模式可以理解为海淘 B2C 模式和代购 C2C 模式的综合体。

一般情况下，导购返利平台会将自己的页面与境外 B2C 电商的商品销售页面进行对接，一旦产生销售，B2C 电商就会给予导购返利平台 5%～15%的返点。导购返利平台则把其获取的返点中的一部分作为返利回馈给消费者。

导购返利平台模式的代表企业有 55 海淘、什么值得买、淘粉吧、一淘网（阿里巴巴旗下）和识货等。

（3）境外商品闪购模式

境外商品闪购模式的特点包括销售名品、深度折扣等。唯品会旗下的唯品国际率先在我国开创了"名牌折扣+正品保险"的"闪购"商业模式，其他代表还有京东闪购"全球特卖"、天猫国际的环球闪购等。

三、我国进口跨境电子商务的现状

1. 进口跨境电子商务交易规模

2013 年后，随着各大进口跨境电子商务平台陆续上线，跨境网购用户数量逐年增加，我国进口跨境电子商务市场规模也有了迅猛增长。2014—2015 年，由于政府出台了多项利好政策，进口跨境电子商务呈爆发式增长。2016 年进口跨境电子商务在激烈竞争中不断提升用户体验、扩展商品品类、完善售后服务。

易观分析发布的《2023 年度跨境进口电商用户消费特征简析》数据[1]显示，2023 年中国进口跨境电商市场规模为 5517.7 亿元，同比增长 4.6%，如图 2-14 所示。

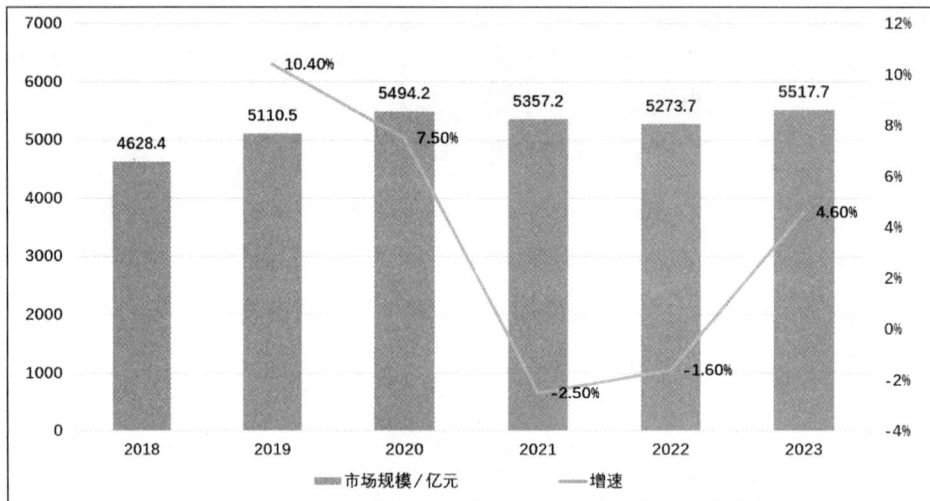

图 2-14　2018—2023 年中国进口跨境电商市场规模

2. 进口跨境电子商务市场份额

易观分析发布的报告显示，2023 年度交易额排名前三的进口跨境电商零售平台依次为天猫国际（37.6%）、京东国际（18.7%）和抖音全球购（12.3%），如图 2-15 所示。

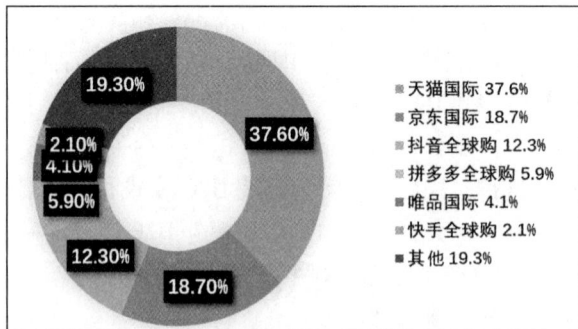

图 2-15　2023 年中国进口跨境电商市场交易份额

当前，在政策持续利好、基建越发完善、供给不断丰富、需求多元细分等因素影响下，

---

[1] 数据来自易观分析发布的《2023 年度跨境进口电商用户消费特征简析》。数据说明：市场规模由经营跨境进口业务企业的相关交易金额加总；各企业的交易金额即各企业生成订单的金额数据；数据来源基于对行业内的专家深访、厂商征询以及相关公司财报，再由易观自有模型推算得出。

跨境电子商务基础（第 2 版 慕课版）

各类平台进一步整合集中，中国跨境电商行业进入"升级发展期"。

3. 进口跨境电子商务用户

（1）进口跨境电子商务用户规模

《2024年中国跨境进口消费趋势白皮书》显示，进口跨境电商用户规模达到了1.88亿人。在国内消费升级、跨境电商零售进口商品清单进一步优化的大背景下，跨境电商用户规模也随之增加。

（2）进口跨境电子商务用户年龄、性别分布

艾媒咨询发布的数据显示，2023年中国跨境网购用户集中在19～35岁的青年群体，占比达64.5%；其次是36～50岁的中年群体，占比33.2%。可见，19～35岁这一年龄段的用户消费观念先进、消费能力强、消费需求大，是跨境网购的"主力军"。

从性别分布来分析中国跨境网购用户，2023年男性占比34.7%，女性占比65.3%；2021年男性占比49.3%，女性占比50.7%；2016年男性占比62.6%、女性占比37.4%。

（3）进口跨境电子商务用户对商品的选择

艾媒咨询发布的数据显示，2023年中国跨境网购用户最爱购买品类的前九名分别为美妆个护、服饰鞋包、营养保健、食品饮料、电器数码、运动户外、母婴用品、家居家具、宠物用品。

随着社会经济的持续发展，人们对提升生活品质的追求越来越高，跨境网购也将越来越普及。进口跨境电子商务平台的商品品类也会越来越丰富，如进口电器、家居、轻奢品等品类也逐渐进入境内消费者的选择范围。

4. 跨境电商零售进口试点

由海关总署牵头的跨境电子商务试点城市工作于2012年12月启动，批准郑州、上海、重庆、杭州、宁波5个城市为第一批跨境电子商务试点城市，截至2016年已经拓展至二十多个城市，如图2-16所示。

	城市	获批时间	出口试点资格	进口试点资格
试点	重庆	2012年12月	√	√
	上海	2012年12月	√	√
	宁波	2012年12月	√	√
	杭州	2012年12月	√	√
	郑州	2012年12月	√	√
逐步推广	广州	2013年9月	√	√
	苏州	2013年11月	√	×
	长沙	2014年1月	√	×
	银川	2014年1月	√	×
	青岛	2014年2月	√	×
	哈尔滨	2014年2月	√	×
	牡丹江	2014年2月	√	×
	烟台	2014年3月	√	×
	西安	2014年3月	√	×
	长春	2014年5月	√	×
	深圳	2014年7月	√	√
	绥芬河	2014年8月	√	×
	张家港	2015年9月	√	√
	天津	2015年10月	√	√
	福州	2016年1月	×	√
	平潭	2016年1月	×	√
	合肥	2016年1月	×	√
	成都	2016年1月	√	√
	大连	2016年1月	√	√

图2-16 中国跨境电子商务试点城市（部分）

2020 年 1 月，商务部等六部门联合印发《关于扩大跨境电商零售进口试点的通知》，我国跨境电商零售进口试点范围已经从 37 个城市扩大至海南全岛和其他 86 个城市（地区）。2021 年 3 月，商务部等六部门又联合印发《关于扩大跨境电商零售进口试点、严格落实监管要求的通知》，明确将跨境电商零售进口试点范围扩大至所有自贸试验区、跨境电商综试区、综合保税区、进口贸易促进创新示范区、保税物流中心（B 型）所在城市（及区域）。

商务部和海关总署的数据显示，截至 2021 年 3 月，我国自贸试验区数量已经达到 21 个，覆盖东中西部和东北地区；跨境电商综试区 105 个，覆盖 30 个省区市；综合保税区数量达到 147 个，覆盖 31 个省区市。这意味着，跨境电商零售进口试点范围已经覆盖我国所有省（自治区、直辖市）。

第二节　进口跨境电子商务的生态链和主流平台

一、进口跨境电子商务的生态链

在进口跨境电子商务交易的整个流程中，进口跨境电子商务平台、境外品牌商/渠道商/中间商/零售商、境内消费者、国际物流商、跨境支付服务商、海关与商检部门等业务组织相互关联，组成了一个复杂的生态系统。根据其在进口跨境电子商务中的地位和作用不同，我们将中国进口跨境电子商务生态链分为"核心商业链""外围产业链"和"服务支撑链"，如图 2-17 所示。

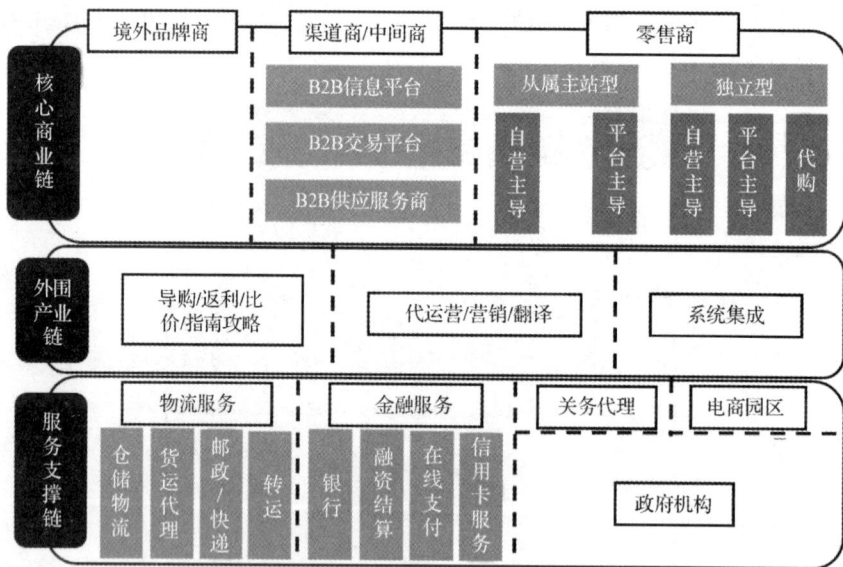

图 2-17　中国进口跨境电子商务生态链图谱

1. 核心商业链

核心商业链主要包括境外品牌商、渠道商/中间商和零售商。随着中国在世界经济地位的不断上升，越来越多的境外品牌进驻中国，并通过入驻平台、独立建站等不同方式触及中国用户。例如，天猫国际目前已引进来自 63 个国家和地区的 14500 个境外品牌，其中，八成以上的品牌是首次进入中国市场的。但境外品牌进入中国市场的过程并不简单，存在信息不对称、政策不稳定、商品适应性差及语言沟通难等困难。因此，境外品牌商想要做好中国用户的生意，需要借助专业的平台和团队进行运营，渠道商/中间商应运而生。

2. 外围产业链

外围产业链主要包括导购、返利、比价、指南攻略等海淘工具类网站，代运营、营销、翻译等网店运营服务公司，以及为商家提供技术支持的系统集成公司。

3. 服务支撑链

服务支撑链主要包括物流服务、金融服务及公共政务服务。

（1）物流服务

物流服务直接影响交易实现与消费者体验，是推动跨境电子商务发展的重要保证。物流服务主要包括仓储物流、货运代理、邮政/快递和转运四大类。除了使用第三方物流外，有的进口跨境电子商务平台还自建了物流体系，如洋码头（贝海国际）、阿里巴巴（菜鸟网络）、京东（京东物流）、唯品会（品骏快递）等。

（2）跨境金融服务

在跨境电子商务整个链条中，物流、信息流、资金流"三流合一"很重要，其中金融服务是其中重要的一环。在资金流这个领域发挥作用的进口跨境电子商务金融服务商包括银行、在线支付平台、融资结算机构、信用卡服务组织。

（3）公共政务服务

各地跨境电子商务进口服务试点城市通过公共服务平台的搭建，将在消费者、电商、支付、物流、仓储、邮政与海关、商检、国税、工商、外汇管理等政府机构之间实现信息共享和交换，即实现跨境电子商务"单一窗口"。这些公共服务平台在电商外贸统计、辅助查验、风险管控、结汇退税、地方补贴等管理方面发挥了重要的作用。为全面提高跨境电商消费者保障水平，杭州跨境电商综试区于 2020 年 5 月上线全国首个跨境进口商品质量安全公共服务平台，提供跨境进口商品溯源查询和反馈、跨境进口商品质量知识普及、跨境进口商品消费警示信息等功能和服务。

二、主流进口跨境电子商务平台

2014 年，进口跨境电子商务迎来了大发展，这一年被很多业内人士称为"进口跨境电子商务元年"。在这一年里，传统零售商、境内外电商巨头、创业公司、物流服务商、供应链分销商纷纷入局，进口跨境电子商务平台不断涌现。在进口跨境电子商务行业中，各大平台具有自己的特点、行业优势和客户群体。下面将介绍一些主流的进口跨境电子商务平台。

1. 天猫国际

天猫国际隶属于阿里巴巴集团，于 2014 年正式上线，平台商家均为境外实体公司入驻，商品均由境外直邮或境内保税仓发货，属于平台招商型进口跨境电子商务平台，平台首页如图 2-18 所示。天猫国际主要销售的商品包括美妆个护、食品保健、母婴用品、服饰鞋包、生活/数码、珠宝首饰、图书音像等。天猫国际致力于为消费者提供一个安全、可靠的购物环境，所有商家均为主动邀约入驻，品牌资质有保障，还会对商家商品进行不定期抽查，确保所售商品为正品，让消费者能够放心购买。

图 2-18 天猫国际首页

天猫国际借助阿里巴巴集团的流量、资金、物流和服务优势，直邀优质商家和知名品牌入驻，目前向商家开放四种经营模式，如图 2-19 所示。

图 2-19 天猫国际的四种经营模式

天猫国际平台特点分析如表 2-1 所示。

表 2-1 天猫国际平台特点分析

分析内容	平台特点
平台定位	平台招商型进口跨境电子商务平台
商品来源	商品来自美国、英国、法国、日本、荷兰、加拿大、俄罗斯、西班牙、意大利、韩国、澳大利亚、德国、泰国、新西兰等国家和地区
品牌和品类覆盖	4.6 万多个境外品牌入驻天猫国际，覆盖了 5800 多个品类
品控措施	采取"神秘抽检""入仓检""质量溯源"等方式，与监管部门合作，积极调动社会资源，推动质量共治
仓储物流	建立了全球性的物流配送网络，涵盖了全球主要的物流节点和交通枢纽。截至 2023 年，天猫国际物流已经在全球 36 个国家和地区建立了仓储和配送中心，包括美国、欧洲、澳大利亚、新加坡等国家和地区，可以实现全球化的物流配送服务。其物流模式主要包括保税模式、直邮模式和自行代购模式

2. 考拉海购

考拉海购的前身"网易考拉海购"成立于 2015 年，属于综合自营型平台。2019 年 9 月，阿里巴巴集团投入 20 亿美元将其全资收购，更名为"考拉海购"，2020 年 8 月正式宣布战略升级，全面聚焦"会员电商"。考拉海购主打自营直采的理念，以 100% 正品、30 天无忧退货、快捷配送等为特色，为消费者提供海量境外商品，助推其消费与生活的双重升级。考拉海购首页如图 2-20 所示。

图 2-20　考拉海购首页

考拉海购平台的特点分析如表 2-2 所示。

表 2-2　考拉海购平台的特点分析

分析内容	平台特点
平台定位	综合自营型进口跨境电商平台，主打自营直采的理念，在美国、德国、意大利、日本、韩国、澳大利亚等国家和地区设有分公司或办事处，深入原产地直采高品质、适合中国市场的商品，从源头杜绝假货，在保障商品品质的同时省去诸多中间环节，直接从原产地运抵境内，在海关和国检的监控下，以最快时间入境，为消费者带来安全无忧的购物体验
商品来源	商品来自美国、德国、意大利、日本、韩国、澳大利亚等 80 多个国家和地区
品牌和品类覆盖	涉及 5000 多个境外品牌，覆盖了母婴、美容彩妆、家居生活、营养保健、环球美食、服饰箱包、数码家电等各大品类
品控措施	自营 100% 入库全检、保税区国检、第三方（国际检测公司）抽检、国家跨境检测中心送检
仓储物流	以保税仓为核心，涵盖保税备货、直邮、直邮集货、一般贸易等多种模式，已建成和在建保税仓面积位居行业第一，杭州、宁波、郑州、重庆、深圳、天津六大保税仓覆盖全国，并在跨境行业首先实现"次日达"服务
供应链体系	已与全球近千家顶级品牌商和服务商达成深度合作伙伴关系，为境外品牌商提供一站式的保姆式服务，支持"自营＋平台"多种经营模式，并提供"境外直邮＋保税进口"多种仓储物流方式，保证提供与境外同步的商品与服务体验

3. 京东国际

京东国际是京东集团旗下进口商品一站式消费平台，主营跨境进口商品业务，其首页如图 2-21 所示。其前身为"海囤全球"和"京东全球购"。作为我国首个全面专注于大进口业务的消费平台，京东国际通过在消费场景、营销生态、品质与服务、招商四个维度进行全面升级，为消费者带来丰富且优质的进口商品购物体验。

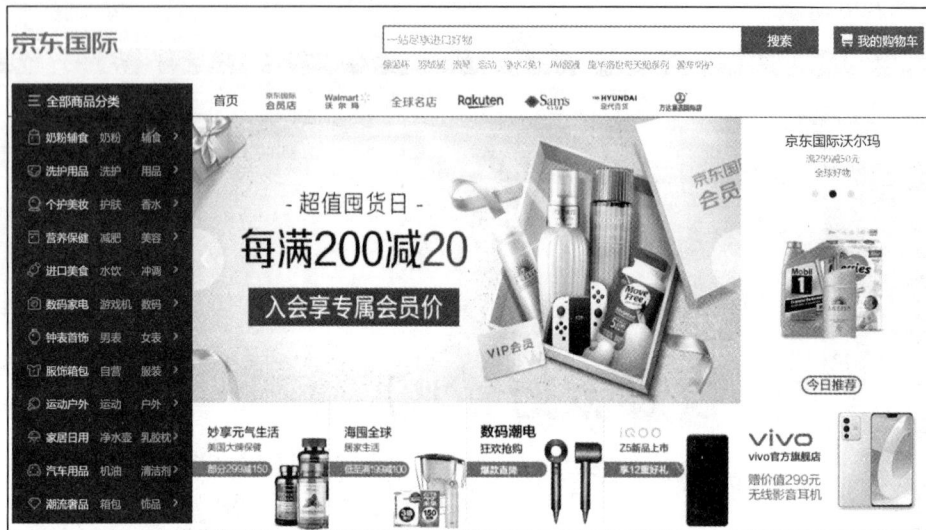

图 2-21　京东国际首页

京东国际平台的特点分析如表 2-3 所示。

表 2-3　京东国际平台的特点分析

分析内容	平台特点
平台定位	境外直采自营模式与境外商家入驻平台模式相结合
商品来源	商品来自美国、加拿大、韩国、日本、澳大利亚、新西兰、法国、德国等 70 多个国家和地区
品牌和品类覆盖	涉及 2 万多个境外品牌、近千万个 SKU，覆盖时尚、母婴、营养保健、个护美妆、3C、家居、进口食品、汽车用品等商品品类
品控措施	执行商家资质审核，把控进货渠道，进行不定时抽检，自主研发质控系统，并实行严格的惩罚机制
仓储物流	支持全部跨境电商通关模式，拓展海外仓及保税仓，不断丰富和优化线路，并且已经建立了多个海外仓和保税仓，加强与国际供应链、保税仓的无缝对接，真正打通从境外到中国消费者"最后一公里"的通道
供应链体系	建立境外直购、品牌商直供的供应链体系

4. 唯品国际

唯品国际（又称唯品全球购）是唯品会旗下的海淘板块，首页如图 2-22 所示。除了直接与境外品牌合作外，唯品国际还在全球拥有多间跨境办公室及超千人的买手团队。唯品国际秉承自营直采的理念，直接深入原产地进行全球采购。对于每一个正式合作的供应商，唯品国际都必须先对其进行实地考察，包括原产地认证、生产工厂、生产实景的查验，全面评估供应商实力，以保证商品质量。唯品国际以国际品牌特价为卖点，价格实惠划算。

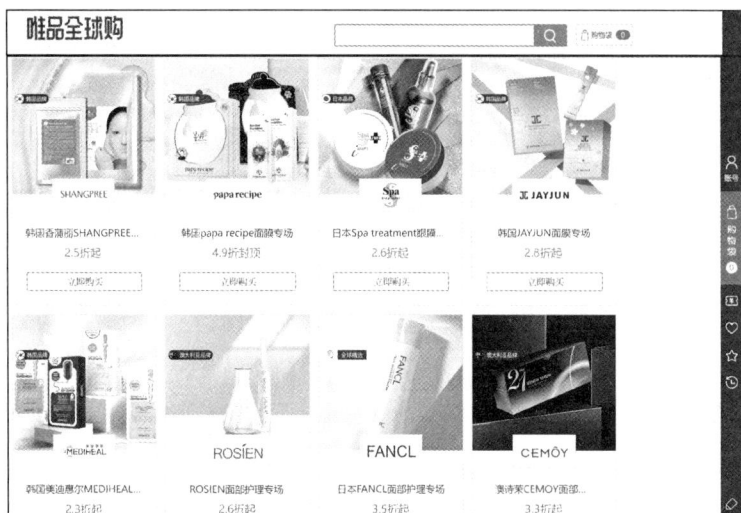

图 2-22　唯品全球购首页

唯品国际平台的特点分析如表 2-4 所示。

表 2-4　唯品国际平台的特点分析

分析内容	平台特点
平台定位	唯品国际产地直采境外货源，为消费者"采正品"保驾护航；结合"买手＋大数据"策略，为国际"选优品"出谋划策
商品来源	唯品国际与多家行业巨头达成战略合作关系，签订战略正品采购协议，从源头确保正品。供应商类型包括品牌生产商、品牌官方授权总代理商、品牌分公司及国际品牌驻中国的办事处等合法渠道
品牌和品类覆盖	唯品国际已累计合作超过 3 万个品牌，主营美妆、服装、鞋包、母婴用品等品类
品控措施	唯品国际完善进货检验制度，覆盖全品类全品牌商品资质的检查。唯品国际所有合作品牌都必须经过唯品国际独有的售前 5 道和售中 3 道商品审核与验证。此外，唯品国际每天随机对各个品牌进行抽检，确保来货质量，保证消费者购买的每一件商品质量有保障
仓储物流	唯品国际依托遍布境内外的 15 个前置仓、9 个自营海外仓及 4 个境外第三方代运营仓的快速配送优势，以及"三单对碰"高效通关模式，在接到消费者订单后 12 小时内极速发货，通过遍布全国的自建物流体系实现商品快速送达
供应链体系	产地自采自营，正品免税包邮

5. 洋码头

洋码头成立于 2009 年，是境外直邮进口购物平台，将境外商家和买手与中国消费者直接对接，满足了中国消费者足不出户就能购买到全球商品的需求。洋码头的特色在于建立了买手生态，并在移动 App 端设置"扫货直播"频道，通过买手直播真实的购物场景来建立信任。此外，洋码头自建了国际物流"贝海国际"，确保所有商品通过境外直邮或保税发货的方式送达。洋码头坚持买手制，商业模式上的弊端导致了平台出现假货、消费者投诉、售后等问题。因此，洋码头开启转型之路，公司重点从电商平台转变为以"直播+短视频"提供供应链及服务的综合零售和贸易平台，同时向线下拓展，目前主要有免税直购、奢品馆和海淘直播三大业务板块，如图 2-23 所示。

图2-23　洋码头首页及三大业务板块

6. 什么值得买

什么值得买是一家网购商品推荐网站,也是集媒体、导购、社区、工具属性于一体的消费决策平台,其专业性在众多网友中树立了良好的口碑。该网站成立于 2010 年,早期以优惠信息为主,后期逐渐增设海淘、原创、资讯等多个频道,每天向消费者推送特价商品信息,帮助消费者买到性价比更高的商品。什么值得买的商业模式如图 2-24 所示。

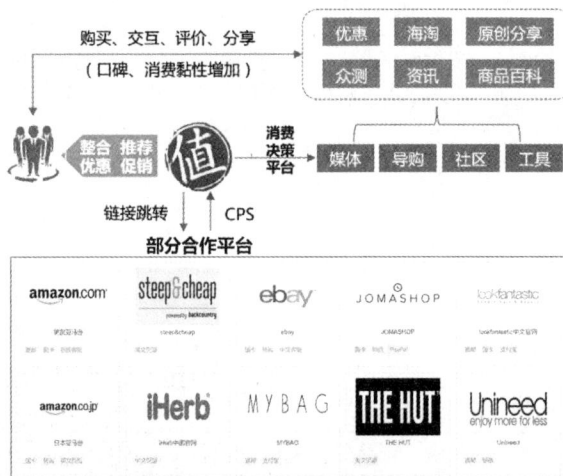

图2-24　什么值得买的商业模式

第三节　进口跨境电子商务海关监管模式和税收政策

一、进口跨境电子商务海关监管模式

1. 进口跨境电子商务引发的海关监管问题

海关的基本职能包括出入境监管、保税监管、税收征管、进出口统计、海关稽查、知识产权海关保护、打击走私、口岸管理等。无论是个人物品还是货物,进出关境都必须履行清关手续。由于各国或地区对跨境贸易通常是宽出严进,因此进口清关比出口清关更为严格。在 2014

年跨境电子商务被正式列为监管方式之前，合法的通关形式主要是邮件、快件和贸易三类。

在海淘和海代盛行的时代，货物及个人物品类快件成为主流的通关方式，这些快件在通关过程中几乎每票都会接受检查。经海关审核无误且符合有关规定的，海关在申报单上加盖放行章，但不能排除低报漏报货物价值来逃税的情况。而邮件的申报和查验流程相对简单，海关对个人邮递物品实行抽检，抽检率具有随机性。只在超出"自用、合理"等情况下，才需要办理申报纳税等海关手续。由于人力、物力和效率等因素的限制，海关无法对每个邮包逐一拆包查验，判断其货值和商品品类是否符合监管要求，更无法断定此邮包是个人使用还是转手倒卖，因此现实操作中的"综合抽查率"意味着部分海淘邮包、快件可能不被征税，便形成了基于此漏洞的"灰色清关"现象。

📖 小知识：清关

清关（Customs Clearance）即结关，是指进出口或转运货物出入关境时，依照各项法律法规和相关规定应当履行的手续。

只有在履行各项清关义务，办理海关申报、查验、征税、放行等手续后，货物才能放行，货主或申报人才能提货。同样，载运进出口货物的各种运输工具出入境或转运，也均需要向海关申报，办理海关手续，得到海关的许可。货物在清关期间，不论是进口、出口或转运，都处在海关监管之下，不能自由流通。

2. 基于跨境电子商务的海关监管政策调整

自 2014 年，海关总署及其他相关部门连续发布了一系列公告和政策，如表 2-5 所示。

表 2-5　我国有关进口跨境电子商务的政策

发文机构	政策名称	发文时间
海关总署	《关于增列 9610 海关监管方式代码的公告》（2014 年第 12 号）	2014 年 1 月
海关总署	《关于跨境贸易电子商务服务试点网购保税进口模式有关问题的通知》	2014 年 3 月
海关总署	《关于跨境贸易电子商务进出境货物、物品有关监管事宜的公告》（2014 年第 56 号）	2014 年 7 月
海关总署	《关于增列 1210 海关监管方式代码的公告》（2014 年第 57 号）	2014 年 7 月
国家外汇管理局	《支付机构跨境外汇支付业务试点指导意见》	2015 年 1 月
国家质量监督检验检疫总局①（原质检总局）	《关于进一步发挥检验检疫职能作用促进跨境电子商务发展的意见》	2015 年 5 月
财政部、海关总署、国家税务总局	《关于跨境电子商务零售进口税收政策的通知》（财关税〔2016〕18 号）	2016 年 3 月
海关总署	《关于跨境电子商务零售进出口商品有关监管事宜的公告》（2016 年第 26 号）	2016 年 4 月
财政部等十一部门	《关于公布跨境电子商务零售进口商品清单的公告》（2016 年第 40 号）	2016 年 4 月
财政部等十三部门	《关于公布跨境电子商务零售进口商品清单（第二批）的公告》（2016 年第 47 号）	2016 年 4 月
海关总署关税征管司、加贸司	《关于明确跨境电商进口商品完税价格有关问题的通知》（税管函〔2016〕73 号）	2016 年 7 月

① 2018 年 3 月，根据国家机构改革方案，原国家质量监督检验检疫总局的出入境检验检疫管理职责和队伍划入海关总署。

发文机构	政策名称	发文时间
海关总署	《关于增列 1239 海关监管方式代码的公告》（2016 年第 75 号）	2016 年 12 月
海关总署	《关于〈中华人民共和国进境物品归类表〉和〈中华人民共和国进境物品完税价格表〉的公告》（2018 年第 140 号）	2018 年 10 月
商务部等六部门	《关于完善跨境电子商务零售进口监管有关工作的通知》	2018 年 11 月
财政部等三部门	《关于完善跨境电子商务零售进口税收政策的通知》（财关税〔2018〕49 号）	2018 年 11 月
财政部等十三部门	《关于调整跨境电商零售进口商品清单的公告》（2018 年第 157 号）	2018 年 11 月
海关总署	《关于跨境电子商务零售进出口商品有关监管事宜的公告》（2018 年第 194 号）	2018 年 12 月
国务院关税税则委员会	《关于调整进境物品进口税有关问题的通知》（税委会〔2019〕17 号）	2019 年 4 月
财政部等十三部门	《关于调整扩大跨境电子商务零售进口商品清单的公告》（2019 年第 96 号）	2019 年 12 月
商务部等六部门	《关于扩大跨境电商零售进口试点的通知》	2020 年 1 月
海关总署	《关于跨境电子商务零售进口商品退货有关监管事宜的公告》（2020 年第 45 号）	2020 年 3 月
商务部等六部门	《关于扩大跨境电商零售进口试点、严格落实监管要求的通知》（商财发〔2021〕39 号）	2021 年 3 月
财政部等八部门	《关于调整跨境电子商务零售进口商品清单的公告》（2022 年第 7 号）	2022 年 1 月

小知识：跨境电商零售进口商品清单

跨境电商零售进口商品清单又称为正面清单，是指对跨境电商零售进口实施正面清单管理，非清单内商品不得以跨境电商零售进口方式入境销售。清单商品的调整丰富了我国市场供给，更好地满足了人民美好生活需要，有利于进一步挖掘我国居民的消费潜力，推动我国形成国际消费中心，增强我国在国际经济交流中的影响力。

3. 现行的进口跨境电子商务海关监管

在进口跨境电子商务中，境外商品通过合法途径进入境内主要有四种模式：一般贸易进口、直购进口、保税进口和邮递物品/个人物品类快件。

小知识：海关监管方式代码

海关监管方式代码是为了满足对不同监管方式下进出口货物的监管、征税、统计作业要求而设置的。一般来说，这个代码包含四个数字，前两位数字是按海关监管要求和计算机管理需要划分的分类代码，后两位数字是海关统计代码。例如一般贸易为"0110"，其中 01 是海关内部分类代码，10 是海关统计代码；"9610"中的"96"代表"跨境"；"1210"和"1239"中的"12"代表保税。

需要强调的是，监管方式是对"货物"的管理方式，"个人物品"不存在监管方式，也不需要监管方式代码。

（1）一般贸易进口模式（海关监管方式代码0110）

一般贸易是指境内有进出口经营权的企业，按一般贸易交易方式，从境外供应商处进口商品。根据《中华人民共和国海关法》，一般贸易交易方式是指货物进入境内时，其收货人或代理人必须向中国海关申报，交验规定的证件和单据，接受海关对所报货物的查验，依法缴纳海关关税和其他由海关代征的税款，然后才能由海关批准放行货物和运输工具。除了享受特定减免税优惠和保税的商品，其他以一般贸易方式进入境内的商品，均需要缴纳进口税和进口增值税。

一般贸易方式进入境内的商品，是为了向中国市场销售。这与境内厂家生产商品向消费者销售具有相同的性质，都是涉及中国市场的经营行为。为保证经营秩序，一般贸易方式进入境内的商品与境内生产的商品一样，只有符合中国的市场标准才能销售。一般贸易进口流程如下所示。

① 提单/换单：首先取得境外供应商的到货通知书、正本提单或电放保函，然后到船公司换取舱单。

② 检验检疫：包括商品检验、动植物检疫和卫生检疫，目的是检查人员和货物是否符合卫生标准。在《出入境检验检疫机构实施检验检疫的进出境商品目录》中通过商品编码查看要求做法检的货物，若不属法检货物，则报关的时候不需要出具入境货物通关单；若属于法检货物，则需要先向海关提供资料进行商检，商检人员对所提供的书面材料进行审核，根据书面资料等判定是否需要对货物进行场地查验。场地查验的项目通常包括商品检验、动植物检疫和卫生检疫，即所谓的三检（或动卫检）。完成查验后出具入境货物通关单，报关时凭此单向海关报关。

③ 报关：报关所需的单证有进口货物报关单、随报关单交验的货运/商业单据（装箱单、发票、合同）、进口货物许可证、检验检疫证、进口货物批准单证、报关报检委托书等。如果是木制包装箱，还需提供熏蒸证书并加盖 IPPC 章，证明已进行消毒杀虫处理。此外，不同的商品所需要的特殊单证不同，应准备齐全。对于享有减免税关税待遇的国家（地区）的商品，需提供相关国家（地区）的原产地证书。进口申报后如海关有审价需要，客户需提供相关价格证明，如信用证、保单、原厂发票、招标书等文件。

④ 缴税：一般贸易进口要缴纳进口关税。海关打印税单后，客户需在 7 个工作日内缴纳税费。如超过期限，海关将按日计征收滞纳金。缴完关税后，银行会在缴款书上盖章。

⑤ 通关放行：针对报关的进口货物，在审核所提交的报关单据、查验实际货物，并依法办理征收货物税费手续或减免税手续后，海关会在有关单据上签盖放行章，货物的所有人或其代理人才能提取或装运货物。至此，海关对进口货物的监管才算结束。另外，若进口货物需海关特殊处理，可向海关申请担保放行。海关对担保的范围和方式均有明确的规定。

境内贸易公司通过一般贸易方式将商品进口到境内后，可以直接通过自己的电商平台销售，也可以交由其他电商平台销售。天猫商城上品牌官方旗舰店及京东等 B2C 网站上销售的进口商品，通常都是先按照贸易的方式批量进口，再销售给消费者的。其中的区别在于，有的网商是自己在境外直采并办理通关手续，有的网商则是向境内的贸易商、代理商采购已经通关入境的商品。

（2）直购进口模式（海关监管方式代码为9610）

9610 全称"跨境贸易电子商务"，又称"直购进口"，俗称"集货模式"，适用于境内个人或电子商务企业通过电子商务交易平台实现交易，并采用"清单核放、汇总申报"模式办理通关手续的电子商务零售进出口商品。

在 9610 模式下，商家将多个已售出商品统一打包，通过国际物流运送至境内的保税仓库（暂存区）。电商企业拆开大包后按小包（单个订单包裹）逐个申报，为每件商品办理海关通关手续，即在客户下单付款后、商品申报前，电子商务企业、支付企业、物流企业应当分别通过跨境电子商务通关服务平台如实向海关传输交易、支付、物流等电子信息（称为"三单"）。这些信息首先会传输到企业备案的跨境服务平台，再由跨境服务平台传输到海关管理平台，三单匹配通过后，电子商务企业或其代理人应向海关提交《申报清单》，采取"清单核放"方式办理报关手续。实物经海关查验放行后，由境内快递派送至客户手中。

海关针对直购进口模式确定了"自动申报、自动审结、货到放行、汇总征税"模式，简化了企业逐票手工申报和缴纳税款的烦琐流程，实现跨境网购的全过程电子化，有助于提高企业通关效率。与传统海淘相比，这一模式具有税费信息透明、通关效率高、全程物流可追溯等特点，物流时效较传统模式缩短一星期以上。直购进口模式根据《关于跨境电子商务零售进口税收政策的通知》规定缴纳跨境电子商务综合税。直购进口模式流程如图 2-25 所示。

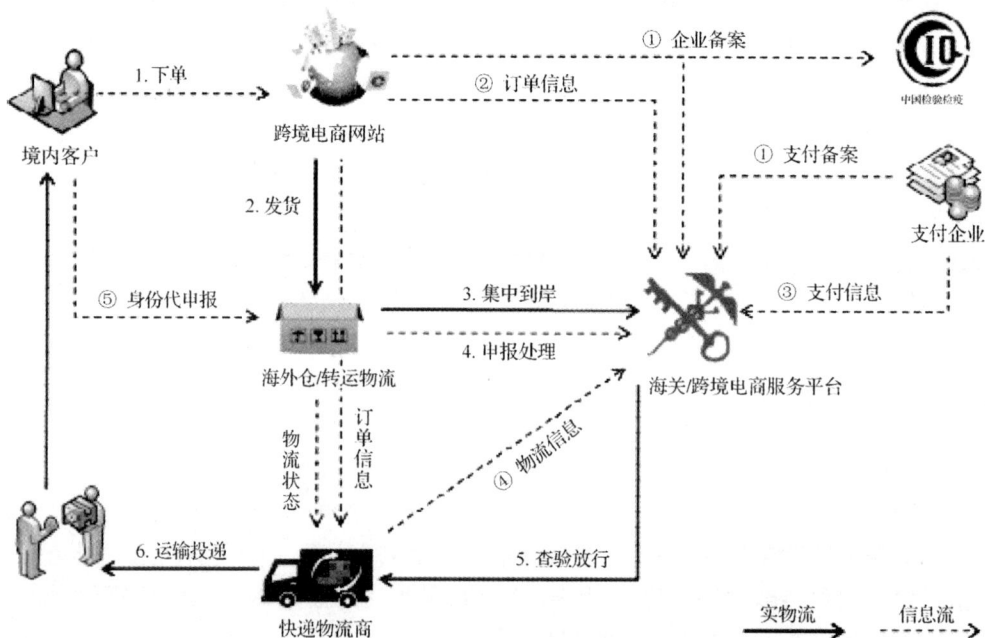

图 2-25　直购进口模式流程

📖 **小知识：《关于跨境电子商务零售进口税收政策的通知》**

《关于跨境电子商务零售进口税收政策的通知》规定："跨境电子商务零售进口商品按照货物征收关税和进口环节增值税、消费税，购买跨境电子商务零售进口商品的个人作为纳税义务人，实际交易价格（包括货物零售价格、运费和保险费）作为完税价格，电子商务企业、电子商务交易平台企业或物流企业可作为代收代缴义务人。

跨境电子商务零售进口商品的单次交易限值为人民币 5000 元，个人年度交易限值为人民币 26000 元。在限值以内进口的跨境电子商务零售进口商品，关税税率暂设为

0%；进口环节增值税、消费税取消免征税额，暂按法定应纳税额的 70% 征收。超过单次限值、累加后超过个人年度限值的单次交易，以及完税价格超过 5000 元限值的单个不可分割商品，均按照一般贸易方式全额征税。"

图 2-26 所示为跨境电子商务零售进出口商品征税规定。

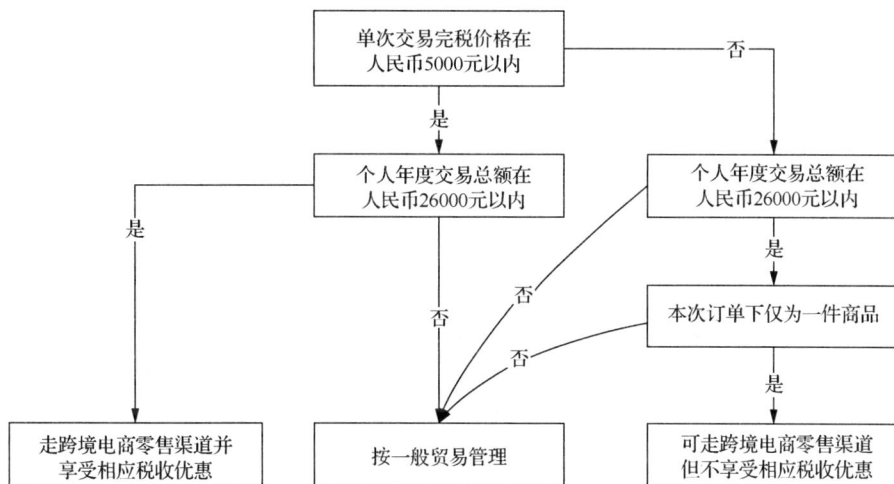

图 2-26 跨境电子商务零售进出口商品征税规定

（3）保税进口模式（海关监管方式代码 1210 和 1239）

1210 全称"保税跨境贸易电子商务"，简称"保税电商"，俗称"备货模式"。1210 保税进口模式与 9610 直购进口模式流程相似，区别在于跨境电商企业将尚未销售的商品作为保税货物存储在特殊区域或保税物流中心，再进行网络零售，销售一件清关一件，没有成功销售的商品不出保税中心，也无须报关，还可退回原产地。1210 保税进口模式流程如图 2-27 所示。

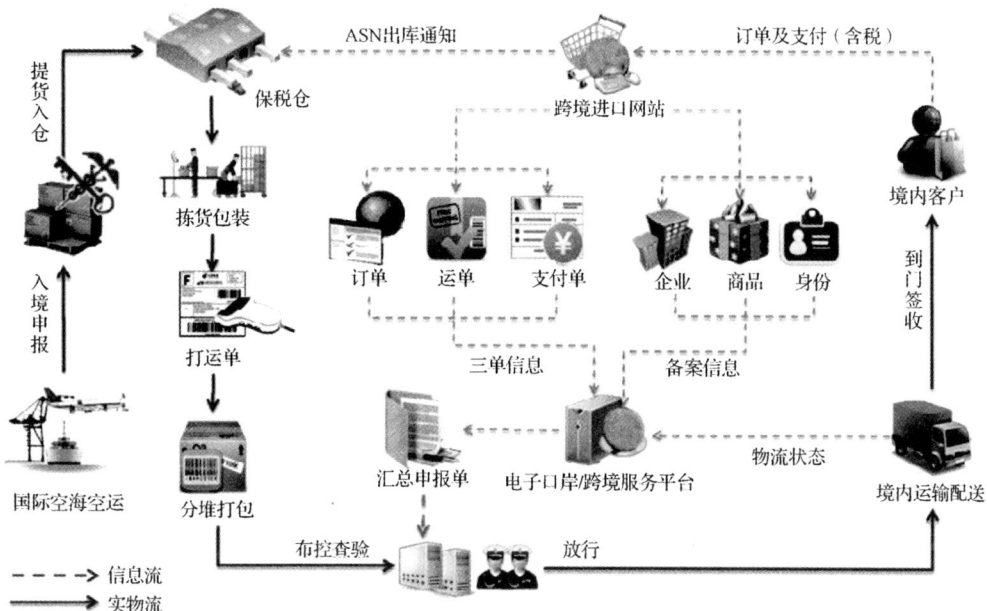

图 2-27 1210 保税进口模式流程

1239 全称"保税跨境贸易电子商务 A"，简称"保税电商 A"，适用于境内电子商务企业通过海关特殊监管区域或保税物流中心（B 型）一线进境的跨境电子商务零售进口商品。

跨境电商新政实施后，我国保税进口分化成两种：一是新政前批复的保税进口试点城市；二是新政后开放保税进口业务的其他城市。海关在监管时为了将二者区分开，对于免通关单的试点城市，继续使用原代码 1210；对于需要提供通关单的其他城市（非试点城市），采用新代码 1239。

保税进口模式与直购进口模式一样，须根据《关于跨境电子商务零售进口税收政策的通知》规定缴纳跨境电子商务综合税。

（4）邮递物品/个人物品类快件

通常情况下，我们购买的海淘商品是通过邮递物品渠道或个人物品类快件渠道寄递入境的。

① 邮递物品，一般称为邮件，是指由邮政企业接收、运送、投递的信件或包裹，物品所有人承担邮寄进出境物品的申报责任。邮政包裹在海关属于进出境个人物品监管范畴，不纳入贸易统计，征收行邮税。因此，中国海关明确规定，禁止物流企业在代理境外邮政包裹入境时使用邮政清关。

邮政清关是一种非主动的批量清关方式。个人物品只需要提供品名与包裹价值，而不要求提供收件人的身份证信息（收货人必须为个人，以符合自用的范围）。海关先根据一批货物的总申报单进行预审，根据包裹价值将明显需要交税的货物挑选出来，再通过 X 光机查验是否有隐瞒申报的货物。相对于主动申报，这种方式较为宽松，被海关征收关税的概率也较低。邮政清关货物经海关放行后，统一交给境内邮局派送。

② 个人物品类快件[①]，是指境内收寄件人（自然人）收取或交寄的个人自用物品（旅客分离运输行李物品除外），其申报主体是快件运营人。

在财政部公布跨境电子商务零售进口税收新政策的同时，海关总署也发布了 2016 年第 19 号公告，宣布自 2016 年 6 月 1 日起正式启用新版快件通关管理系统（以下简称新快件系统），原快件通关管理系统中的报关功能同时停止使用。我国进出境快件分为 ABC 三类，分别为文件类、个人物品类和低值货物类，如表 2-6 所示。进口跨境电子商务中，有部分商品通过 B 类快件渠道入境。海关总署在 2018 年发布了第 119 号公告，维持快件分类不变，但对低值货物类进出境快件（即 C 类快件）的范围进行了调整。

表 2-6 我国进出境快件分类及其监管方式

分类	范围	监管方式
A 类	无商业价值的文件、单证、票据和资料（依照法律、行政法规以及国家有关规定应当予以征税的除外）	免税，其他监管
B 类	境内收寄件人（自然人）收取或交寄的个人自用物品（旅客分离运输行李物品除外）	行邮监管
C 类	价值在 5000 元人民币（不包括运、保、杂费等）及以下的货物（涉及许可证管制的，需要办理出口退税、出口收汇或进口付汇的除外）	一般贸易监管

① 《中华人民共和国海关对进出境快件监管办法》第十二条规定：个人物品类进出境快件是指海关法规规定自用、合理数量范围内的进出境的旅客分离运输行李物品、亲友间相互馈赠物品和其他个人物品。

快件清关是一种主动申报的清关方式，每单必检。报关时需要上传收件人身份证信息，详细说明申报物品数量及价值，这些信息都需要录入海关总署的个人行邮清关系统。快件在海关放行后，可以任意选择境内物流公司进行派送。

二、进口跨境电子商务税收政策与征缴

1. 进口跨境电子商务税收政策

为了加速进口跨境电子商务的发展与变革，政府对跨境电子商务的税收政策不断调整，引导跨境电子商务在更舒适的政策环境下自由发展，同时又不失规范。跨境电子商务的税收政策沿革可以分为以下三个阶段。

（1）试点初期阶段（2012—2015 年）

该阶段对跨境电商零售进口商品按照个人邮递进境物品监管，征收行邮税，税率参照同期《中华人民共和国进境物品完税价格表》，税额 50 元以下免征。此阶段对个人跨境购物额度未设限制，仅根据行邮快件监管要求设置单票 5000 元最高额度，并且要求商品申报数量符合"个人合理自用"原则。

（2）快速发展阶段（2016—2018 年）

此阶段主要的税收监管政策有《关于跨境电子商务零售进口税收政策的通知》（财关税〔2016〕18 号）和《关于公布跨境电子商务零售进口商品清单的公告》，主要规定包括：采用正面清单管理模式，限正面清单内所列税号对应商品准予开展跨境电商零售进口业务；设置单次交易限值 2000 元与个人年度交易限值 20000 元，超过单次限值、累加后超过个人年度限值的单次交易，以及完税价格超过单次限值的单个不可分割商品，均按照一般贸易方式全额征税；明确跨境商品完税价格与适用税率[①]。

（3）全面发展阶段（2019 年至今）

此阶段的主要税收政策调整体现在《关于完善跨境电子商务零售进口税收政策的通知》（财关税〔2018〕49 号）：上调跨境电商零售进口商品单次交易限额至 5000 元，年度交易限制上调至 26000 元；低于 26000 元年度限值，且订单下仅一件商品时，可以自跨境电商零售渠道进口，按货物税率全额征收关税和进口环节增值税、消费税，交易额纳入年度交易总额。

2. 不同通关模式下的进口税及其计算方法

进口应缴税款主要有三种，即进口关税、消费税和进口增值税，部分情况下还涉及行邮税。

（1）进口关税。关税是指一国（或地区）海关根据该国（或地区）法律或相关政策规定，对通过其关境的进出口货物普遍征收的一种税。关税可分为进口关税、出口关税、过境关税，其中进口关税最重要，是国家（或地区）主要的贸易措施。

（2）消费税。消费税是以消费品的流转额作为征税对象的各种税的统称，主要针对小部分高价值的进口消费品征收，还要对个别消费品加收奢侈品税。

（3）进口增值税。进口增值税即进口环节征缴的增值税，是以环节增值额为征税对象的流转税。

（4）行邮税。行邮税是行李和邮递物品进口税的简称，是海关对入境旅客行李物品和个人邮递物品征收的进口税，是关税、消费税和增值税三者合一的替代税种。其中，"行"指

---

① 商品完税价格为实际交易价格，包括商品零售价格、运费和保险费。限值以内进口的跨境电子商务零售进口商品，关税税率暂设为 0%；进口环节增值税、消费税取消免征税额，暂按法定应纳税额的 70%征收。

的是入境旅客随身携带的行李物品，"邮"指的是通过邮包或快件渠道从境外寄到境内的物品。进口跨境电子商务中的"人肉代购"涉及的是"行"，而直邮模式则涉及"邮"。由于行邮税针对的是个人非贸易性入境物品，故税率普遍低于同类进口货物的综合税率。海关总署公告 2019 年第 63 号（关于调整《中华人民共和国进境物品归类表》和《中华人民共和国进境物品完税价格表》的公告）将行邮税税率进行了下调。

不同通关模式下的进口税详解如表 2-7 所示。

表 2-7 不同通关模式下的进口税

税种	征税范围	计征公式	适用场景	
进口关税	进口货物	一般完税价格=CIF 价格[①]；关税税额=完税价格×关税税率	一般贸易进口：一般贸易合计税额=关税税额+消费税税额+增值税税额	跨境电子商务在限额内免征
消费税	进口商品，主要有烟、酒、化妆品	消费税税额=（完税价格+关税税额）/（1-消费税税率）×消费税税率		跨境电子商务在限额内按 70%征收
进口增值税	进口商品	增值税税额=（完税价格+关税税额+正常计征的消费税税额）×增值税税率		跨境电子商务在限额内按 70%征收
行邮税	入境个人物品	行邮税税额=商品完税价格×行邮税税率，行邮税税额<50 元免征，商品行邮税税率分别为 13%、20%和 50%	邮件快件	

实 训 进口税计算

【实训目的】

了解不同通关模式适用的税种，掌握不同商品对应不同税种的税率查询方法，并能最终计算出进口税税额。

【实训内容和步骤】

（一）一般贸易模式进口税计算

某电商公司以一般贸易模式从墨西哥进口完税价格（CIF 价格）为 5 万美元的龙舌兰酒 5 万升，根据海关税则，税号是 2208901090，当时美元汇率为：100 美元=718.76 元[②]。请回答下列问题。

（1）进口关税税率、消费税税率和增值税税率别是多少?

（2）请计算其进口关税、消费税和进口增值税。

实训提示：

按照一般贸易模式进口的商品按照完税价格（CIF 价格）征收关税、消费税和增值税。只要根据商品税号查询到其对应的税率，就能计算出应缴纳的进口税额。

实训步骤：

1. 查询并计算关税

登录中华人民共和国海关总署的网站查询进出口商品税率，可通过税号和商品名称两种

---

① 我国《进出口关税条例》规定：进口货物以海关审定的成交价格为基础的到岸价格作为完税价格。进口货物以 CIF（成本+保险费+运费）的成交价格作为完税价格。

② 进出口关税的计算都是以人民币为基础的，如果货物是以外币计价的，要按照海关填发税款缴纳证之日的人民币外汇牌价的买卖中间价折合成人民币计算。

方式进行查询。

查询发现龙舌兰酒有两种进口关税税率：进口最惠国税率为 10%，进口普通税率为 180%，如图 2-28 所示。墨西哥享受最惠国待遇，因此征收 10%的进口最惠国税率。关税计算公式如下。

$$关税税额=完税价格×关税税率$$

图 2-28　查询进口商品关税税率

> **小知识：最惠国税和普通税**
>
> 　　进口关税通常可分为最惠国税和普通税两种。最惠国税适用于签订有最惠国待遇原则的贸易协定的国家或地区进口的商品；普通税适用于没有签订这种贸易协定的国家或地区进口的商品。最惠国税率比普通税率低，且二者的差幅往往很大。

2. 查询并计算消费税

登录商务部外贸实务查询服务官网，输入原产地、目的地和税号，进行进口商品消费税查询，如图 2-29 所示。

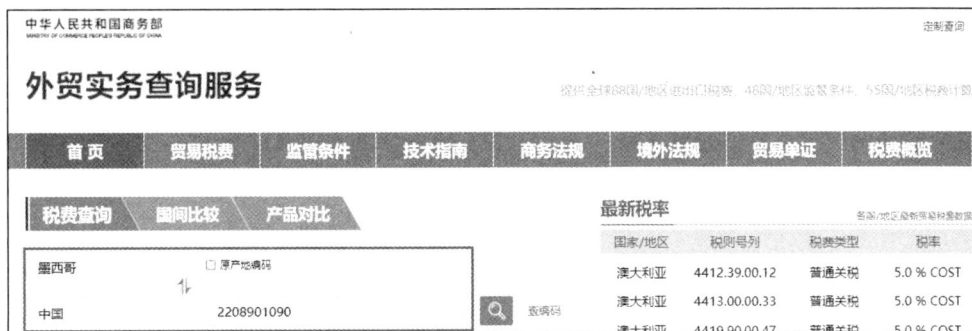

图 2-29　查询进口商品消费税税率

查询结果如图 2-30 所示，可知龙舌兰酒的消费税税率为 20%，另每升再收取 0.912 元。计算公式如下。

$$消费税=0.912/L+（完税价格+关税）/（1-消费税税率）×消费税税率$$

图 2-30　进口商品税费查询结果

3. 查询并计算增值税

一般纳税人增值税税率为 13%、9%、6%。销售或进口货物（另有规定的货物除外）的增值税税率为 13%。增值税计算公式如下。

增值税税额=（完税价格+关税税额+正常计征的消费税税额）×增值税税率

此外，商务部外贸实务查询服务官网还提供了"到岸成本计算器"功能，输入进口 CIF 价格和进口货物报关数量，可以直接计算出进口关税、增值税、消费税（见图 2-30）。

4. 合计进口税

进口税=关税+消费税+增值税

（二）跨境电子商务综合税计算

某用户在某 B2C 进口跨境电商平台购买了从美国进口的价格为 65 元（含国际运费、保险费和进口税）的婴儿多效修护面霜 141g，商品为保税区发货，回答下列问题。

（1）该用户购买此进口商品应缴纳什么税种？

（2）该用户今年已进行多次跨境购物，根据《关于完善跨境电子商务零售进口税收政策的通知（财关税〔2018〕49 号）》，用户的跨境电子商务零售进口个人年度交易限值是多少？如何查询跨境电子商务零售进口个人年度交易额？若在跨境电子商务零售进口单次、个人年度交易限值之内，该用户应缴纳多少进口税？

实训提示：

（1）该用户通过跨境电子商务平台保税进口模式购买商品，应缴纳跨境电子商务综合税。

（2）"四八新政"要求跨境电子商务零售进口商品不再按物品征收行邮税，而是按货物征收关税、增值税、消费税等。根据《关于完善跨境电子商务零售进口税收政策的通知（财关税〔2018〕49 号）》，目前进口商品的单次交易限值为人民币 5000 元，个人年度交易限值为人民币 26000 元。在限值以内，关税税率暂设为 0%，进口环节增值税、消费税取消免征税额，暂按法定应纳税额的 70%征收，超过限值的均按照一般贸易模式征税。单个不可分割的商品价值超过 5000 元限额的，按一般贸易进口货物全额征税。

实训步骤：

1. 查询跨境年度个人额度

通过海关总署官网或进入掌上海关微信小程序进行跨境年度个人额度查询，如图 2-31 所示。

图 2-31 跨境年度个人额度查询入口

2. 计算跨境电子商务综合税

思路一：根据跨境电子商务零售进口税收政策逐一计算各项税额。

商品价格为 65 元，在单次消费限值之内，如未超过年度消费限值：

（1）跨境电子商务零售进口应征关税为 0；

（2）法定计征的消费税税额=完税价格/（1-消费税税率）×消费税税率；

（3）法定计征的增值税税额=（完税价格+正常计征的消费税税额）×增值税税率；

（4）跨境电子商务综合税税额=（法定计征的消费税税额+法定计征的增值税税额）×70%。

如超过年度消费限值，按一般贸易进口货物全额征税。

思路二：根据"税费=购买单价×件数×跨境电子商务综合税税率"公式进行计算。

这就要解决跨境电子商务综合税税率的计算问题。我们假设商品的完税价格是 X，消费税税率为 a，增值税税率为 b。

（1）跨境电子商务零售进口应征关税为 0。

（2）法定计征的消费税税额=完税价格/（1-消费税税率）×消费税税率=$\dfrac{Xa}{1-a}$。

（3）法定计征的增值税税额=（完税价格+法定计征的消费税税额）×增值税税率$=\left(X+\dfrac{Xa}{1-a}\right)\times b=\dfrac{Xb(1-a)+Xab}{1-a}=\dfrac{Xb}{1-a}$。

（4）跨境电子商务综合税税额=（法定计征的消费税税额+法定计征的增值税税额）×

$70\%=\left(\dfrac{Xa}{1-a}+\dfrac{Xb}{1-a}\right)\times 70\%=70\%\times\dfrac{a+b}{1-a}X$，由此可推出，跨境电子商务综合税税率=70%×

$$\frac{a+b}{1-a}，即（消费税税率+增值税税率）/（1-消费税税率）×70\%。$$

由上可知，只要查出消费税税率和增值税税率，就可以直接得出跨境电子商务综合税税额。

（三）行邮税计算

某用户在境外某网站订购了服装，由于该网站没有直邮境内的服务，他找了一家转运公司，以个人物品类快件方式寄回境内，税费自理。快件清关需主动申报，申报信息如下。

内件详情：

某品牌牛仔裤共 1 件，单价\$31.00，总价\$31.00；

某品牌牛仔裤共 1 件，单价\$14.99，总价\$14.99；

某品牌男士衬衫共 1 件，单价\$16.56，总价\$16.56；

某品牌男士 T 恤衫共 1 件，单价\$15.18，总价\$15.18。

总申报价值：\$77.73。

请回答以下问题。

（1）牛仔裤的税号为 04010200，衬衫和 T 恤衫的税号为 04010400，请查询这 4 件商品的完税价格和税率。

（2）若美元汇率中间价为 6.67，则需缴纳多少进口税？

（3）假设你是一名海关工作人员，请将图 2-32 填写完整。

JG46

中华人民共和国　　　海关

旅 客 行 李 、 个 人 邮 递 物 品 进 口 税 款 缴 纳 证

纳税人姓名（地址）　　　　　　　　海关编号（　　）A2004—

收款联：银行收款盖章后退海关作税收会计凭证

完税物品代号对照
1. 计 算 器
2. 药品、动植物药料
3. 缝 纫 机
4. 录音机（多用机）
5. 电 视 机
6. 体育用具、乐器
7. 食 品、饮 料
8. 参、茸、麝香
9. 棉、麻制品
10. 收音机、电唱机
11. 电 冰 箱
12. 洗 衣 机
13. 电 风 扇
14. 自 行 车
15. 摩 托 车
16. 丝、毛、化纤制品
17. 照相机、照相器材
18. 录像机、录像器材
19. 手表、怀表、钟
20. 烟、酒
21. 其 他

代号	品 名 和 规 格	数 量	完税价格	税率%	进口税金额
进口税合计：人民币（大写）			元		

日　　期　　　　　　　　　　　　关员代号：

图 2-32　海关旅客行李、个人邮递物品进口税款缴纳证

实训提示：

（1）通过个人物品类快件方式寄送商品，应征收行邮税。

（2）行邮税税额=商品完税价格×行邮税税率，因此要查询商品完税价格和行邮税税率。

实训步骤：

1. 查询商品完税价格和行邮税税率

登录中华人民共和国海关总署网站，下载"中华人民共和国进境物品归类表.docx"和"中华人民共和国进境物品计税价格表.docx"，如图 2-33 所示。

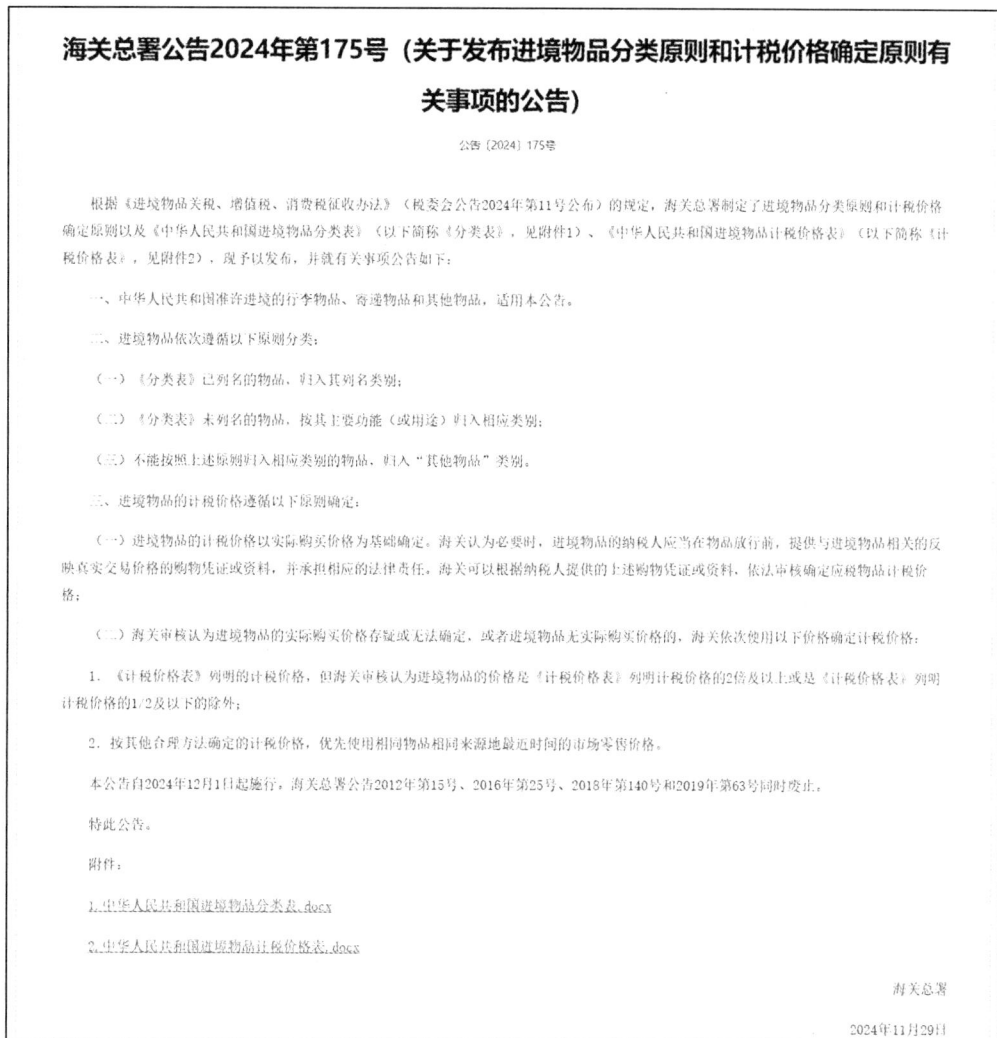

海关总署公告2024年第175号（关于发布进境物品分类原则和计税价格确定原则有关事项的公告）

公告〔2024〕175号

根据《进境物品关税、增值税、消费税征收办法》（税委会公告2024年第11号公布）的规定，海关总署制定了进境物品分类原则和计税价格确定原则以及《中华人民共和国进境物品分类表》（以下简称《分类表》，见附件1）、《中华人民共和国进境物品计税价格表》（以下简称《计税价格表》，见附件2），现予以发布，并就有关事项公告如下：

一、中华人民共和国准许进境的行李物品、寄递物品和其他物品，适用本公告。

二、进境物品依次遵循以下原则分类：

（一）《分类表》已列名的物品，归入其列名类别；

（二）《分类表》未列名的物品，按其主要功能（或用途）归入相应类别；

（三）不能按照上述原则归入相应类别的物品，归入"其他物品"类别。

三、进境物品的计税价格遵循以下原则确定：

（一）进境物品的计税价格以实际购买价格为基础确定。海关认为必要时，进境物品的纳税人应当在物品放行前，提供与进境物品相关的反映真实交易价格的购物凭证或资料，并承担相应的法律责任，海关可以根据纳税人提供的上述购物凭证或资料，依法审核确定应税物品计税价格。

（二）海关审核认为进境物品的实际购买价格存疑或无法确定，或者进境物品无实际购买价格的，海关依次使用以下价格确定计税价格：

1．《计税价格表》列明的计税价格，但海关审核认为进境物品的价格是《计税价格表》列明计税价格的2倍及以上或是《计税价格表》列明计税价格的1/2及以下的除外；

2．按其他合理方法确定的计税价格，优先使用相同物品相同来源地最近时间的市场零售价格。

本公告自2024年12月1日起施行，海关总署公告2012年第15号、2016年第25号、2018年第140号和2019年第63号同时废止。

特此公告。

附件：

1．中华人民共和国进境物品分类表.docx

2．中华人民共和国进境物品计税价格表.docx

海关总署

2024年11月29日

图 2-33　海关总署公告 2024 年第 175 号

查询结果如图 2-34 所示，牛仔裤、衬衫和 T 恤完税价格是 200 元，税率为 20%。

04000000	纺织品及其制成品			
04010000	一衣着			
04010100	——外衣	件	300	20%
04010200	——外裤	条	200	20%
04010300	——内衣裤	条、件	100	20%
04010400	——衬衫、T 恤衫	件	200	20%
04019900	——其他衣着	件	另行确定	20%

图 2-34　行邮税查询

2. 确定海关征税基数

进出口货物的完税价格是指海关根据有关规定进行审定或估定后确定的价格，它是海关征收关税的依据。

（1）当货物实际购买价格为 X，1/2 完税价格 $<X<2$ 倍完税价格，按完税价格征税。

（2）当 $X<1/2$ 完税价格，或 $X>2$ 倍完税价格，即实际购买价格与完税价格相差过大，按货物的实际购买价格征税。

例如，完税价格为 300 元的商品，实际购买价格为 180 元，180 元在 300 元的 1/2 与 2 倍之间（150～600 元），所以按 300 元征税。

3. 计算行邮税

根据公式和适用的税率计算出行邮税。

📖 同步阅读：WCO 估价"中国方案"的故事

破解世界公认难题

世界贸易多元化发展，科技进步促使专利、商标等知识产权的交易层出不穷。在中国海关的估价实践中，一些科创企业反映，作为进口货物的买方，其向境外卖方支付特许权使用费时，境外卖方会要求买方代缴在我国的预提所得税，那么预提所得税是否应计入海关完税价格？

由于进口货物特许权使用费的多样性和复杂性，对其估价是一个世界公认的系统性难题。这一难题不仅令企业头疼，也给各国和地区的海关带来前所未有的挑战。世界海关组织虽然已对特许权使用费出台了 17 份估价指导文件，但尚无一份文件涉及特许权使用费的预提所得税问题，若该问题长期不研究解决，将对企业税负的可预期性、可确定性和合规成本产生一定的影响。

包括中国在内的世界相关科创企业在国际上进行商业博弈，海关在制度设计层面应该给予企业明确的政策指导。中国海关决定直面这个难题。2020 年 5 月，估价技术委员会第 50 次会议与 51 次会议合并在线上召开。在此次会上，参会领队林倩余发言，用具体案例的方式详细阐述了"咨询性意见 4.16"和本咨询性意见草案的区别，随即获得了多数参会代表的认可。在随后的估价技术委员会第 52 次会议上，经过中国代表们锲而不舍的努力，中国案例获得通过！

是中国的也是世界的

"中国方案"的出台获得了世界海关组织的高度认可。2021 年 5 月 27 日，世界海关组织官网发布新闻："……指导文件将为各海关提供明确指引，有利于统一各海关估价实践，提高企业税负的可预见性，促进国际贸易便利化。"

"中国方案"的出台引起了世界各国业界的广泛关注。总部设立在法国业务扩展到四大洲的 DS Avocats 官网（律师业）、巴拿马的 HUB NEWS 官网（航运业）、尼日利亚的 PORTNEWS 官网（航运业）均纷纷转发，其影响力遍及各大洲。

"中国方案"的出台也引起了我国业界的广泛关注。某国际知名会计师事务所相关信息显示："具有里程碑意义的 WCO 中国方案，表明中国海关已经积极投身于国际海关估价规则的制定……"

"国际贸易形势几经变化，尤其是在当前形势下，我们很多企业面对贸易不确定性，仍不太懂怎样用国际通行的估价规则来维护企业的利益。"深圳市兆驰股份有限公司宋小龙经理认为，"中国方案的出台，有助于保证我们在开拓国际市场、扩大商品出口的过程中对特许权使用费涉及预提所得税的确定性，从而有效确保企业税收合规。"

"中国方案"的出台为中国海关估价国际交流工作打开了一扇窗，这将是中国继续观察、借鉴发达国家先进经验的窗口，也是中国继续交流估价技术、输出中国智慧的桥梁。

估价"国际组"和林倩余的工作是中国海关一众专业团队和专家人员立足海关实务，贡献中国智慧的一个缩影。自加入 WCO 以来，中国海关一直积极参与 WCO 事务，除了参加历次理事会年会，还承办和参加政策委员会、财务委员会以及各重要技术委员会的会议及有关工作。在参与决策和规则制定方面，中国海关已经牵头制定了《跨境电商标准框架》和《世界海关组织"经认证的经营者"（AEO）互认实施指南》，还紧密跟踪 WCO 治理规则、战略规划等，深入参与 WCO 决策。中国海关关员曾担任原产地技术委员会、协调制度委员会、执法委员会及电子商务工作组等的主席或副主席等重要职位。

"十四五"海关发展规划之积极参与国际贸易规则制定

深入参与世界海关组织（WCO）、世界贸易组织（WTO）、亚太经合组织（APEC）、世界动物卫生组织（OIE）、国际植物保护公约（IPPC）、国际原子能机构（IAEA）等国际组织事务并发挥建设性作用。积极参与世界贸易组织（WTO）改革相关工作，深入研究有关国家（地区）自由贸易区法律法规、监管制度等。推动多边框架下涉及海关议题的谈判与磋商，积极参与数字领域国际规则和标准的制定，提升运用规则维护国家安全和发展利益的能力。深度参与制定贸易便利与安全领域国际规则和标准，推动在华举办全球"经认证的经营者"大会等具有影响力的国际会议。积极竞选国际组织重要职务，资助并承办国际海关能力建设项目，培育和扩大海关国际"朋友圈"。深度参与防范核及其他放射性物质非法贩运国际合作。积极参加与货物贸易相关的气候变化国际合作，主动参与碳边境调节机制相关谈判。

本章小结

随着消费环境的急剧变化、网络购物习惯的养成、进口消费意识的建立、支付方式的便利和政府政策的支持，跨境网购成为人们生活的新常态，并在跨境电子商务中占比越来越大。

本章第一节介绍了进口跨境电子商务的发展历程、模式分类和在我国的发展现状，让读者对进口跨境电子商务有一个整体的认识。第二节介绍了进口跨境电子商务的生态链及主流平台。第三节介绍了进口跨境电子商务的海关监管模式和税收政策。其中，进口跨境电子商务的模式、海关监管模式和税收政策是本章的重点。

1. 单项选择题

（1）下列有关进口跨境电子商务平台描述错误的是（　　）。

A. 洋码头认证买手扫货直播模式是基于 C2C 的进口跨境电子商务

B. 唯品国际是闪购模式平台

C. 天猫国际属于 C2C 进口跨境电子商务平台

D. 什么值得买是导购返利类平台

（2）下列不是跨境电子商务进口监管模式的有（　　）。

A. 一般贸易进口　　　　　　　　　　　B. 保税进口

C. 直购进口　　　　　　　　　　　　　D. 直邮进口

（3）2014 年 1 月，海关总署增列海关监管方式代码（　　），适用于境内个人或电子商务企业通过电子商务交易平台实现交易，并采用"清单核放、汇总申报"模式办理通关手续的电子商务零售进出口商品。

A. 1210　　　　　　B. 1220　　　　　　C. 9610　　　　　　D. 9620

（4）下列有关海关监管代码 9610 的说法正确的是（　　）。

A. 其全称是跨境贸易电子商务　　　　B. 只适用于进口

C. 只适用于出口　　　　　　　　　　D. 只适用于企业出口

2. 多项选择题

（1）下列表述错误的是（　　）。

A. 跨境电子商务的主要优势是贸易方式更加灵活，但销售毛利润并没有提高

B. 企业从事跨境电子商务不需要依托第三方支付方式

C. 跨境物流在跨境电子商务环节中非常重要

D. 从跨境电子商务进口的角度看，9610 和 1210 监管方式是没有区别的

（2）下列表述错误的是（　　）。

A. 1210 与 9610 监管方式的主要区别是 1210 适用于跨境出口的监管，9610 适用于跨境进口的监管

B. 划归为 9610 的商品，在进出口报关时采用"清单核放、汇总申报"模式办理通关手续

C. 1210 与 9610 监管方式的主要区别是 1210 适用于跨境直购进口的监管，9610 适用于跨境保税进口的监管

D. 2016 年 1 月 1 日以后，跨境电子商务进口的商品需要缴纳综合税

（3）下列关于快件表述正确的是（　　）。

A. 我国进出境快件分为 ABC 三类，分别为文件类、个人物品类和货物类

B. A 类快件是指无商业价值的文件、单证、票据和资料（依照法律、行政法规以及国家有关规定应当予以征税的除外），A 类快件免税

C. B 类快件是指境内收寄件人（自然人）收取或交寄的个人自用物品（旅客分离运输行李物品除外），实施行邮监管

D. C 类快件是指价值在 5000 元人民币（不包括运、保、杂费等）及以下的货物（涉及许可证管制的，需要办理出口退税、出口收汇或进口付汇的除外），实施一般贸易监管

（4）下列有关进口税的表述正确的是（　　　）。

A. 关税是指一国（或地区）海关根据该国（或地区）法律或相关政策规定，对通过其关境的进出口货物普遍征收的一种税

B. 进口应缴税款中的增值税即进口环节征缴的增值税

C. 消费税是以消费品的流转额作为征税对象的各种税的统称

D. 行邮税是行李和邮递物品进口税的简称，是海关对入境旅客行李物品和个人邮递物品征收的进口税

（5）行邮税包含在进口环节征收的（　　　）。

A. 增值税　　　　　B. 消费税　　　　　C. 城建税　　　　　D. 关税

3. 简答和分析题

（1）进口跨境商品的入境渠道有哪些？各有什么特点？

（2）表 2-8 中各个进口跨境电子商务平台属于哪种类型？对比各个平台，分析其特点和优劣势。

表 2-8　进口跨境电子商务平台对比分析

平台名称	类型	特点和优劣势
亚马逊海外购		
天猫国际		
京东国际		
唯品国际		
洋码头		
考拉海购		
什么值得买		

（3）了解一则有关跨境电商走私案的报道，并思考该案件中的犯罪团伙是如何实施走私的？警方是如何查获的？你对此有什么启示？

小资料：跨境电商
走私案

第三章
出口跨境电子商务

学习目标

　　了解出口跨境电子商务的发展历程和现状，树立大国自信，培养家国情怀，肩负民族使命；熟悉出口跨境电子商务的模式、产业链和主流平台，树立法治意识，尊重知识产权，规范商业行为；掌握出口跨境电子商务的流程和岗位要求，增强职业操守，恪守职业道德，培养创新精神及勇于进取的企业家精神。

知识导图

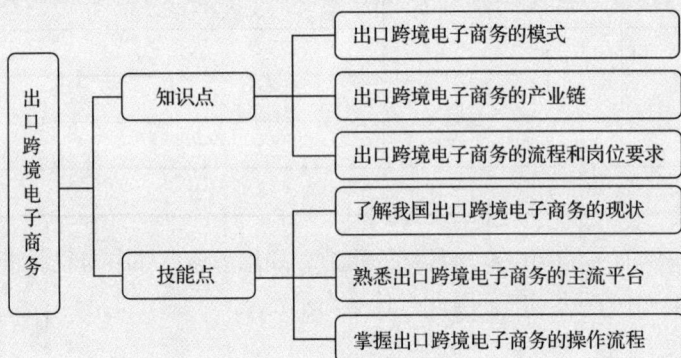

引　例

　　Cider是一家成立于2020年9月的快时尚D2C品牌，它瞄准了极具潜力的女装市场，坚持走原创设计路线，凭借新潮的设计、极快的上新速度、较高的性价比，迅速占据了欧美年轻女孩的衣柜，成为被热烈追捧的新晋"网红"。

　　D2C即Direct to Consumer，消除到达用户的一切障碍。从设计开始，借助互联网趋势搜索精准获取用户喜好；在生产环节，采用柔性供应链最大化压缩时间，产品直达用户。由于柔性供应链的少量多次生产模式，商家可以根据用户反馈迅速调整产量，提高打造"爆款"的概率。

Cider分别在TikTok、Instagram、Pinterest、YouTube、Facebook、Twitter及LinkedIn设立了官方主页，并针对每一个平台的特性都创作了不同的内容。TikTok上，Cider会发布以模特真人出镜进行"穿衣挑战""主题搭配"和"时尚点评"等内容；Instagram上，Cider则多以多元风格（如不同肤色、不同体型、不同种族等）的品牌服饰的时尚穿搭图片为主；Pinterest上，Cider则会直接发布带有购买链接的衣物商品图片。

目前，Cider在全球已有200多万粉丝，完成了初始用户积累。同时，Cider在全球各社交媒体上已积累了10亿次曝光，覆盖来自100多个国家和地区的消费者，打造了Cidergang社区。

Cider的数字化基因扎根于业务中，通过优秀的算法和数据能力极大地缩短了与工厂之间的距离，可以在一周内快速迭代产品，高效满足用户需求。Cider创始团队积累了丰富的行业经验，结合新一代用户更乐于在社交平台分享、更加喜爱个性化品牌的特点，以他们能接受的方式，以及相对较低的成本，快速触达目标用户。

电商行业出海一直是一个繁荣的领域。在社交媒体营销和影响力塑造方面，电商出海品牌不断地创造新的惊喜。

如今，中国电商品牌出海涉及平台、D2C、快时尚、生活方式等多个方面，随着中国品牌对全球用户的需求和心理了解更加深入，也将持续推动中国电商出海品牌的进步和发展。

引例分析

过去依靠价格优势、规模化生产、人口红利和生产效率优势，中国外贸出口演绎了无数草根创业者逆袭的成功传奇。现如今，各类优势正在逐渐减弱，成本压力接踵而至。中国的外贸企业要想在全球的竞争中立足，不能仅满足于低附加值的产品出口，而是应该打造具有自主知识产权的知名品牌。Cider抓住了跨境电子商务与社交媒体营销的发展契机，对自己的目标受众——Z世代人群（1995—2009年出生的一代人）的兴趣爱好进行了深入的研究，不论是从产品设计上，还是社交媒体营销策略上，都紧贴Z世代人群的喜好，其品牌在境外社交媒体影响力不断增强，排名成功超越PatPat、Anker，成为电商出海领域的领航者。本章主要介绍出口跨境电子商务的相关知识。

第一节　出口跨境电子商务概述

一、出口跨境电子商务发展历程

出口跨境电子商务的发展历程主要分为四个阶段，如图3-1所示。

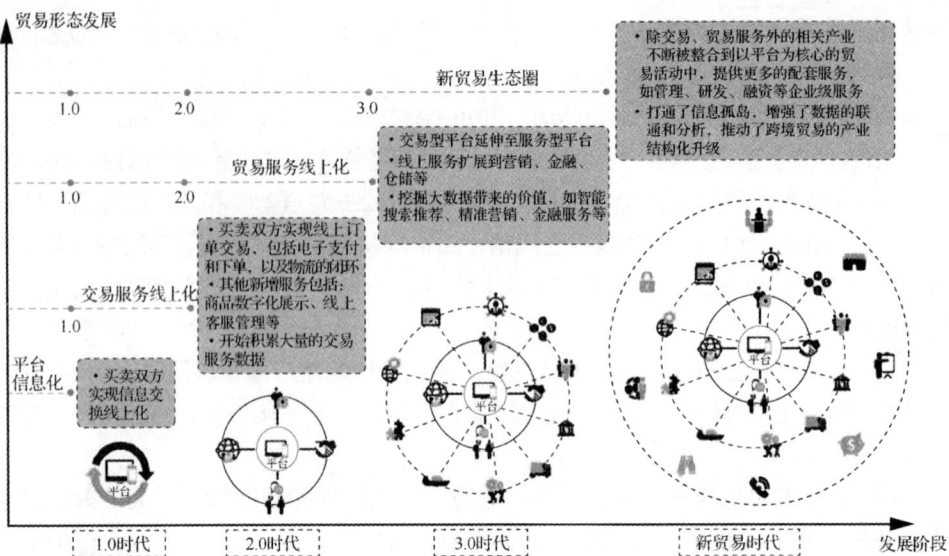

图 3-1　出口跨境电子商务的发展历程[1]

1. 出口跨境电子商务 1.0 时代（1999—2003 年）

出口跨境电子商务 1.0 时代的主要商业模式是网上展示、线下交易的外贸信息服务模式。

20 世纪初，中国电子商务迈入发展阶段，越来越多的企业意识到网络的优势。网络黄页成为当时继网站建设和搜索引擎后，企业网络应用的第三大热点。网络黄页既有帮助企业建站和上网的功能，又有网络营销和业务推广的功能，极大地降低了中小企业的业务运营成本，提供了与大企业平等竞争的机会，是广大中小企业的优先选择，这使得网络黄页网站迅速发展起来。

📖 小知识：黄页 ────────────────────

传统黄页指国际通用按企业性质和产品类别编排的工商企业电话号码簿，以刊登企业名称、地址、电话号码为主体内容，相当于一个城市或地区的工商企业的户口本，按国际惯例用黄色纸张印制，故称黄页。

网络黄页即传统黄页在互联网上的延伸和发展，可大致分为以下三种形式。

（1）电信部门推出的黄页：如中国电信黄页、网通黄页、铁通黄页等。

（2）各大门户网站推出的黄页：如新浪黄页、搜狐黄页、网易黄页。

（3）专业的网络黄页服务机构：如全球黄页、经贸大黄页、网库黄页。

网络黄页提供电话、短信、电子邮件等多种客户沟通方式，并随时更新和发布企业简介、企业商情和产品动态。

对于外贸企业来说，网络黄页的推广方式包括加入面向全球市场的国家级黄页和世界级黄页目录，以及在目标市场的黄页上做广告。

阿里巴巴成立于 1999 年，以网络信息服务为主，是中国最大的外贸信息黄页平台之一。环球资源网于 1971 年成立，前身为亚洲资源（Asian Source），是亚洲较早的贸易市

──────────────────

[1] 摘自埃森哲与敦煌网共同发布的《新贸易时代：重塑 B2B 商业生态圈》。

场资讯提供者，其于 2000 年 4 月在纳斯达克证券交易所上市。该阶段还出现了中国制造网、韩国 EC21 外贸网站等大量以供需信息交易为主的跨境电子商务平台。这些平台都采用了网上黄页的模式，为中小企业提供商品信息展示、交易撮合等基础服务，但尚未涉及任何交易环节。

此阶段平台的盈利模式主要是为企业提供信息展示服务，并收取会员费或服务费。在出口跨境电子商务 1.0 阶段的发展过程中，也逐渐衍生出竞价推广、咨询服务、广告等信息增值服务。此阶段虽然通过互联网实现了中国企业和商品信息面向全世界，但是无法完成在线交易，外贸电商产业链仅完成了信息流的整合环节。

2. 出口跨境电子商务 2.0 时代（2004—2012 年）

2004 年，出口跨境电子商务平台开始摆脱纯网络黄页的展示模式，实现交易、支付、物流等流程的电子化，逐步发展为在线交易平台，标志着出口跨境电子商务正式进入 2.0 阶段。与 1.0 阶段相比，2.0 阶段更能体现电子商务的本质，其借助电子商务平台，整合服务与资源，有效地打通了上下游供应链。在 2.0 阶段，B2B 是出口跨境电子商务的主流模式，实现了中小企业商户的直接对接。

随着互联网的普及，网民数量呈爆发式增长，个人网络支付和物流快递业务服务升级使越来越多的消费者开始养成网络购物的习惯。在这种趋势下，B2C 出口跨境电子商务应运而生。2002 年，eBay 收购易趣网，随后亚马逊于 2004 年收购卓越网，两大国际电商巨头为中国境内卖家与境外消费者搭建了直接交易的平台，这成为我国 B2C 出口跨境电子商务发展的起点。在 B2C 出口跨境电子商务发展初期，产业配套设施不完善，交易规模小，卖家主要是小批发商，商品主要集中在单价较高、具有性价比优势的 3C 类商品上。2007 年开始，兰亭集势、环球易购等自营 B2C 平台相继出现，B2C 出口跨境电子商务行业进入企业主导阶段。

这一阶段的 B2C 企业发展的策略是以量取胜，凭借高性价比的商品迅速抢占境外市场，通过增加交易量获取利润。此时，B2C 出口电子商务规模初显，商品也扩大到服饰鞋帽、家居商品等品类。在 2.0 阶段，企业从事跨境电子商务有两种途径：一是平台电商模式，即在第三方平台上建立网店门户；二是独立电商模式，即构建自己的品牌，搭建自己的网站并推广，如兰亭集势、大龙网等。在此阶段，第三方平台实现了营收的多元化和后向收费模式，盈利从以"会员收费"为主转变为按成交效果收取"交易佣金"。

3. 出口跨境电子商务 3.0 时代（2013 年至今）

2013 年，大量 B2C 出口跨境电子商务企业兴起，行业竞争加剧。企业开始注重打造自有品牌壁垒，虽然"以量取胜"仍占主导地位，但是开始重视"以质取胜"。大多数企业仍以亚马逊、eBay、Wish、全球速卖通等平台作为主要销售渠道，也有部分企业开始自建平台，提供差异化商品。

出口跨境电子商务 3.0 阶段实现了贸易服务的线上化，平台从交易型平台延伸至服务型平台，线上服务扩展到营销、互联网金融、仓储和网络配套服务等方面。同时，平台通过对积累的大量交易数据进行大数据挖掘，向商家提供智能搜索推荐、精准营销等增值服务。

4. 出口跨境电子商务新贸易时代

展望未来，新贸易时代以技术为驱动，贸易流程中的各个环节被数字化。贸易服务得到进一步拓展，催生了新的商业模式与参与主体，贸易生态被重塑。

海关总署、国家税务总局、国家外汇管理局等监管部门政策下放，为生产商和境外终端客户打破信息不对称、消除信息孤岛，提供端到端的商务、仓储、物流、金融、信保等配套服务，缩小需求与供给缺口，为资源缺乏的中小企业提供了管理、研发、融资等企业级服务，促进了跨境贸易结构化升级。图 3-2 所示为新贸易时代生态圈。

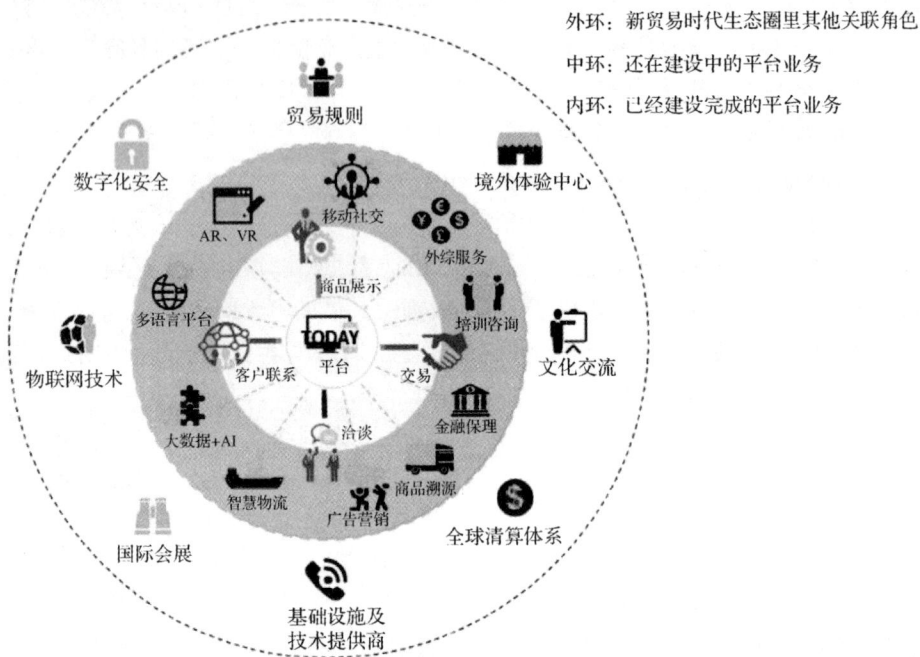

图 3-2　新贸易时代生态圈①

二、出口跨境电子商务模式

1. 按销售模式不同进行分类

出口跨境电子商务按销售模式不同进行分类，可分为批发、零售和 Drop Shipping。

（1）批发

批发的交易对象多是采购厂家或贸易公司，属于 B2B 跨境电子商务模式。跨境电商 B2B 出口主要包括"9710"和"9810"两种模式。其特点如下：交易体量大，即使是小批量采购，一般订单金额也达几百美元甚至上千美元；单笔订单利润较高；对团队的专业度、沟通服务能力、客户开发能力的要求较高。批发模式的出口跨境电子商务平台有阿里巴巴国际站、敦煌网、中国制造网、环球资源网、大龙网等。其中，中国制造网、环球资源网、阿里巴巴国际站属于信息服务平台，主要为供应商及采购者提供信息服务；敦煌网、大龙网属于交易服务平台，采购商可以通过平台直接在线支付货款、采购商品。

小知识："9710"和"9810"

"9710"简称跨境电商 B2B 直接出口，适用于跨境电子商务 B2B 直接出口的商品。

---

① 摘自埃森哲与敦煌网共同发布的《新贸易时代：重塑跨境 B2B 商业新生态》。

"9710"模式即跨境电商 B2B 直接出口模式，是指境内企业通过跨境电商平台开展线上商品、企业信息展示并与境外企业建立联系，在线上或线下完成沟通、下单、支付、履约流程，实现货物出口的模式。

"9810"全称"跨境电子商务出口海外仓"，简称"跨境电商出口海外仓"，适用于跨境电子商务出口海外仓的商品。"9810"模式是指境内企业通过跨境物流将货物以一般贸易模式批量出口到海外仓，客户在跨境电子商务平台上完成在线交易后，海外仓再将货物运送到境外消费者手中的模式，即跨境电商 B2B2C 出口模式。

图 3-3 所示为跨境电商 B2B 出口企业申报流程。

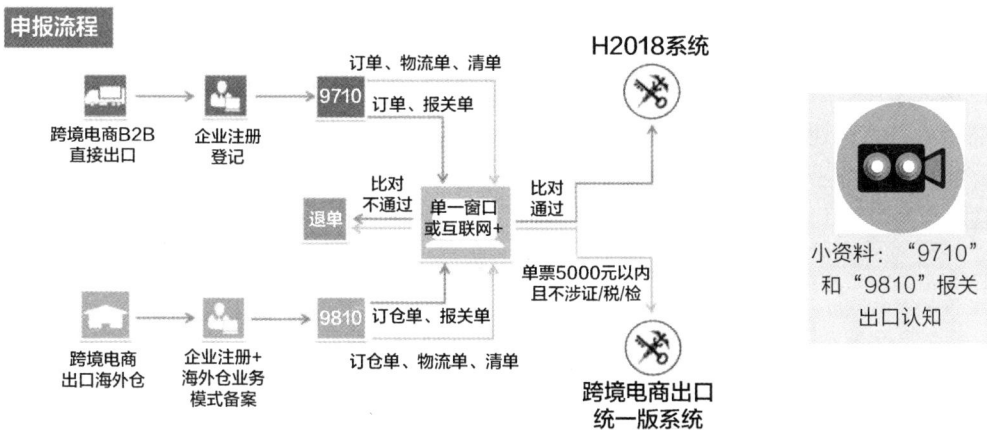

图 3-3　跨境电商 B2B 出口企业申报流程

查一查

"9710"和"9810"出口备案材料有哪些？企业能享受哪些便利？

（2）零售

零售，其交易对象是个人消费者，因此 B2C 和 C2C 都属于零售范畴。目前的跨境电子商务零售行业竞争激烈，商家要想在竞争中取胜，就必须既有价格优势，又保证商品质量，因此供应链是制胜的关键因素。

目前，零售出口跨境电子商务发展迅速，主流平台包括亚马逊、eBay、全球速卖通、Wish、Lazada、TEMU 等。亚马逊、eBay、全球速卖通、Wish、Lazada 属于第三方开放平台，这类平台允许卖家入驻，并提供在线交易服务。TEMU 属于自营型平台，平台负责商品定价、营销获客、履约等环节，商家作为供应商只需要备货到仓，形成"供应链—平台—海外消费者"的交易链路。

（3）Drop Shipping

Drop Shipping 是一个外贸术语，是供应链管理中的一种方法。它是指卖家无须商品库存，而是将客户订单和装运细节提供给供货商，供货商直接将货物发送给最终客户，卖家赚取中间差价。简单来说，Drop Shipping 就是一种代发货销售模式。这种模式非常适合小企业或个人商家，即在自己的店铺上传供货商的商品，吸引客户到店铺实现交易后，直接让供货商发货给客户。

Drop Shipping 的优势在于前期资金投入低，可降低库存带来的财务风险，商品选择广泛；劣势在于二手货源利润较低，不能完全掌控货品和物流，客户满意度难以保证。适合采用 Drop Shipping 模式的平台包括 Storenvy 等社交购物平台。

2. 按海关监管模式不同进行分类

（1）"一般出口"海关监管模式（9610）

"一般出口"海关监管模式是指符合条件的电子商务企业或平台与海关联网，境外消费者跨境网购后，电子商务企业或平台将电子订单、支付凭证、电子运单等传输给海关，电子商务企业或其代理人向海关提交申报清单，商品以邮件、快件方式运送出境的模式。跨境综试区海关采用"简化申报，清单核放，汇总统计"方式通关，其他地区海关采用"清单核放，汇总申报"方式通关，即海关凭清单核放出境，并定期把已核放清单数据汇总形成出口报关单，电子商务企业或平台凭此报关单办理结汇、退税手续。"一般出口"海关监管模式流程如图 3-4 所示。

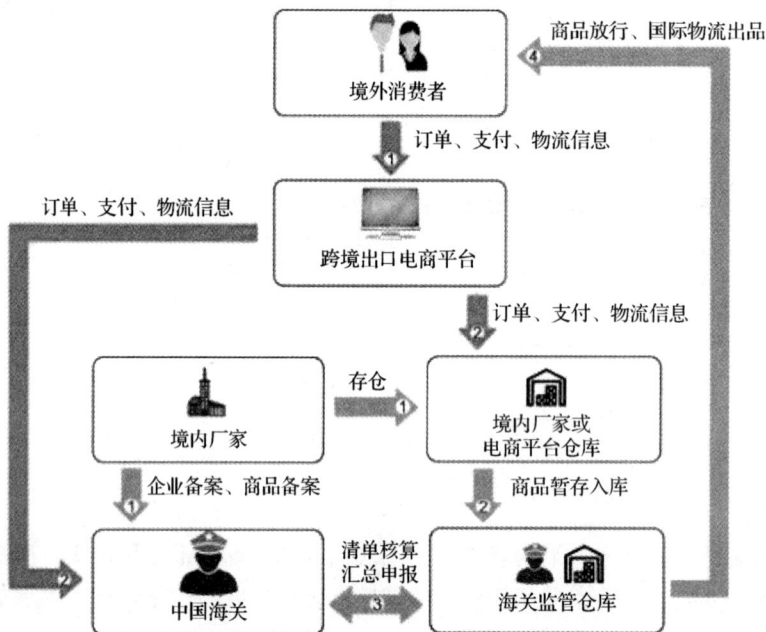

图 3-4 "一般出口"海关监管模式流程

（2）"特殊区域出口"海关监管模式（1210）

"特殊区域出口"海关监管模式又称保税出口，是指符合条件的电子商务企业或平台与海关联网，电子商务企业把整批商品按一般贸易模式报关，进入海关特殊监管区域，并实现退税；对于已入区退税的商品，境外消费者跨境网购后，电子商务企业或其代理人、物流企业分别向海关传输交易、收款、物流等电子信息，电子商务企业或其代理人向海关提交清单办理申报手续。海关凭清单核放，商品出区离境后，海关定期将已放行清单归并，形成出口报关单，电子商务企业或平台凭此报关单办理结汇手续。"特殊区域出口"海关监管模式流程如图 3-5 所示。

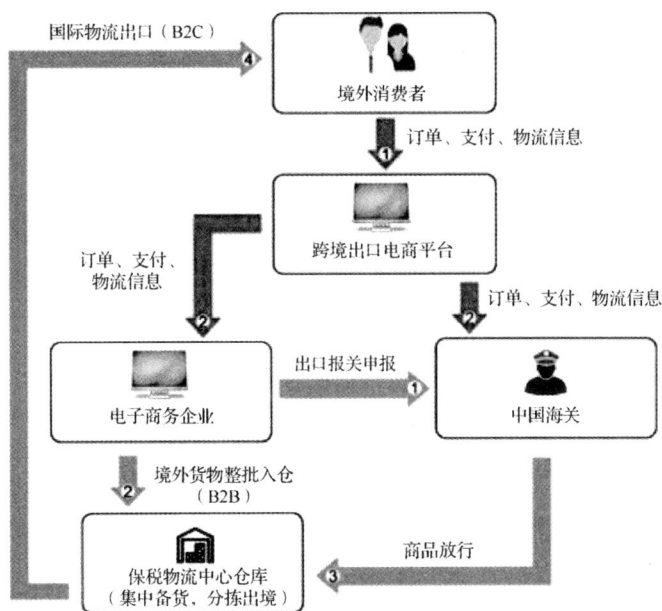

图 3-5 "特殊区域出口"海关监管模式流程

三、我国出口跨境电子商务的现状

1. 出口跨境电子商务交易规模

近年来，受劳动力成本上升的影响，中国传统贸易出口增速不断放缓，我国商品的主要出口地，如美国、欧盟、东盟、日本，都出现了出口额下滑的情况。这些地区也是我国出口跨境电子商务的主要市场，但出口跨境电子商务在这些市场的增长速度非常可观。目前，我国出口跨境电子商务行业处于繁荣期。

《2022 年度中国跨境电商市场数据报告》显示，2022 年中国跨境电商市场规模达 15.7 万亿元，较 2021 年的 14.2 万亿元同比增长 10.56%。其中，中国出口跨境电商市场规模达 12.3 万亿元（见图 3-6），较 2021 年的 11 万亿元同比增长 11.82%。

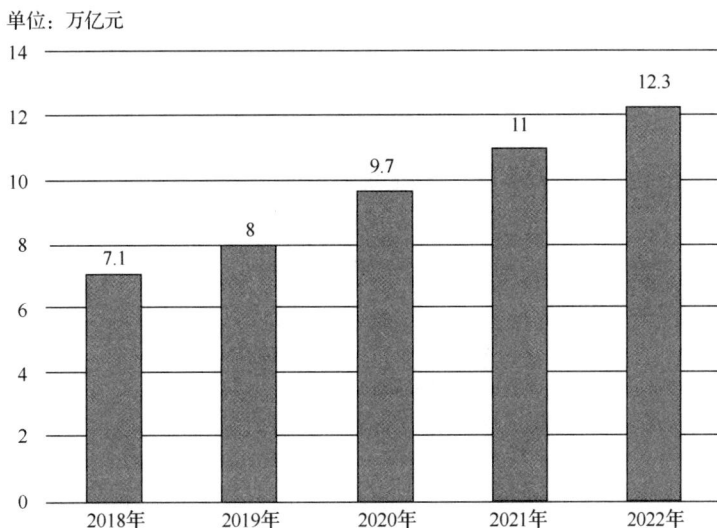

单位：万亿元

图 3-6　2018—2022 年中国出口跨境电商交易规模

2. 跨境电子商务出口占比及其增长率

2022 年中国跨境电商出口占比达到 77.25%（见图 3-7），进口占比为 22.75%。跨境电商进出口结构总体相对稳定，但随着进口市场的不断扩大，其市场占比也将不断提升。

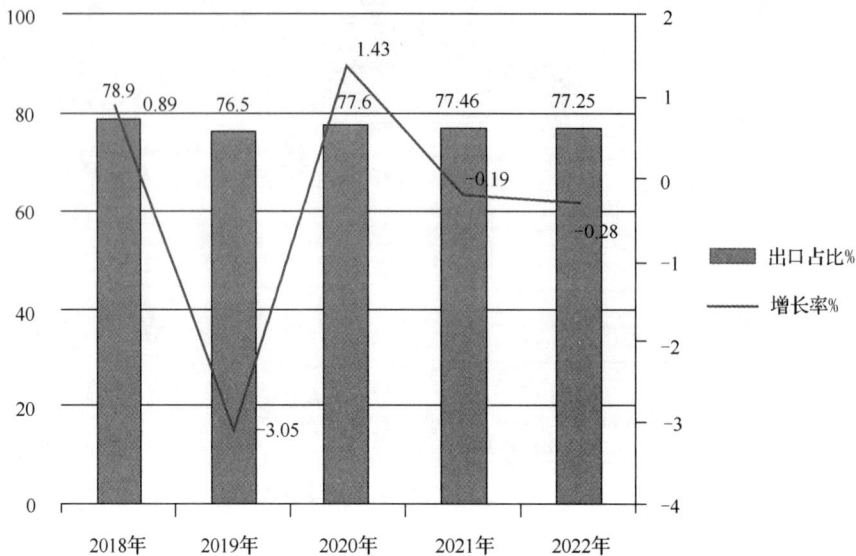

图 3-7 2018—2022 年中国出口跨境电商交易规模

3. 出口跨境电子商务品类分布及国家（或地区）分布

艾媒咨询发布的数据显示，2022 年中国跨境电子商务出口 B2C 商品品类排名前三名分别是服饰鞋履（23.30%）、3C 电子（21.80%）和家居（17.40%），如图 3-8 所示。这几类商品成本优势强、标准化程度高、便于存储与运输，便于互联网推广和销售，是出口跨境的主流商品。凭借制造业优势，工具设备（27.00%）、轻工纺织（17.50%）和家居（13.00%）商品稳居 2022 年中国跨境电子商务出口 B2B 商品品类前三名，如图 3-9 所示。多年的生产运营经验为这些品类的出口提供了良好的产业基础，商品品类分布现状短期内会保持稳定。基于政策发展导向和行业结构变化的综合考量，新能源汽车零配件与户外储能类商品有望成为 B2B 出口电商潜力品类，在非洲、拉美等能源欠发达地区找到新的市场机会。

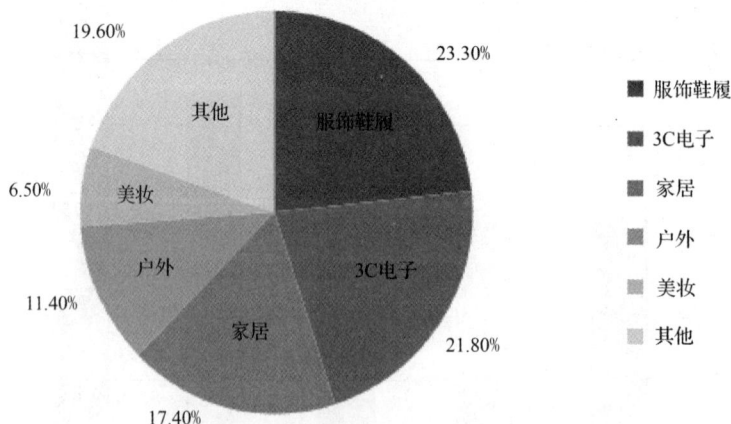

图 3-8 2022 年中国跨境电子商务出口 B2C 商品品类分布

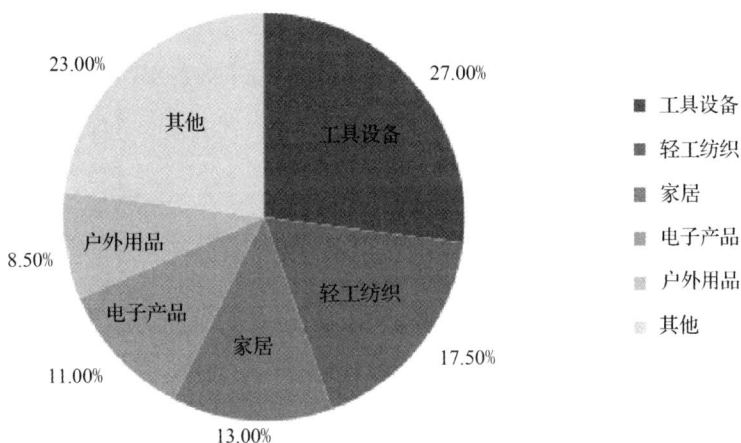

图 3-9　2022 年中国跨境电子商务出口 B2B 商品品类分布

我国出口跨境电子商务面向全球 200 余个国家或地区，拥有 70 亿消费者，既有美国、英国等发达市场，又有马来西亚、印度等新兴市场。2022 年中国跨境电商出口市场占比情况如图 3-10 所示。从中可以看出，美国市场占比最大，为 34.30%，英国、德国、马来西亚、俄罗斯等市场分别占比 6.50%、4.60%、3.90%、2.90%。我国跨境电子商务主要出口地为欧美等成熟市场，而东南亚、南美洲、非洲等新兴市场目前处于初级阶段。随着互联网的普及和消费者网购习惯的逐渐形成，这些市场的跨境电子商务需求空间及发展潜力将日益增大。

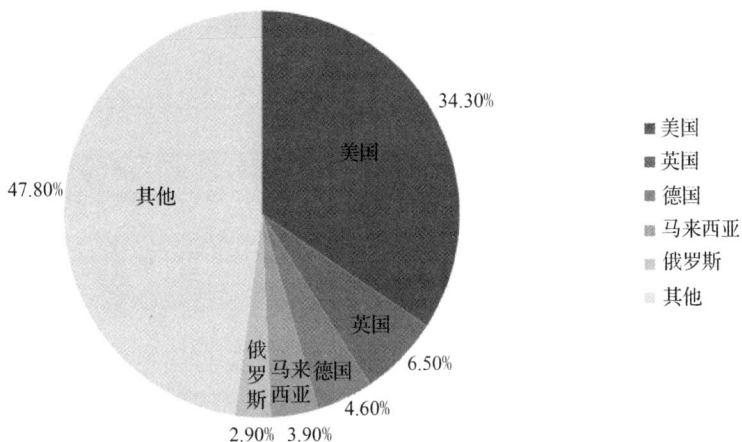

图 3-10　2022 年中国跨境电商出口市场占比情况

4. 出口跨境电子商务的发展趋势

目前，中国已成为世界上最重要的线上商品出口国之一。随着互联网和基础电信设施在全球范围内的发展、电子支付的普及，以及航空物流快递性价比和时效性的提升，中国出口跨境电子商务呈现出以下四大发展趋势。

（1）跨境电商平台多元化

跨境出口竞争日益激烈，境内互联网巨头主要采用将境内的营销及运营模式复制到境外市场的策略，传统跨境电商头部企业则通过服务体系的横向拓展和纵向加深等方式进行模式创新，而独立站头部平台也在进行第三方平台模式的探索和品类扩展，以期突破自营型平台可能面临的增长瓶颈。

（2）资本化、品牌化进程加快

在整体经济下滑、传统贸易下滑的大背景下，跨境电子商务却逆风而上，吸引了更多资金投入，涌现出更多优秀品牌，品牌化进程加快。

（3）多平台、线下与社交媒体相结合多渠道布局

受平台合规和市场政策不确定性的影响，境内卖家对于多渠道布局的关注度显著上升。调研数据显示，2023年有近半数的调研卖家计划进行多平台和新渠道的尝试，这意味着更多的卖家将采用平台与独立站相结合的渠道布局策略。同时，基于渠道拓展的大趋势，线下和新兴媒体也将成为卖家群体重点关注与计划拓展的核心渠道，以加强本地化服务能力和拓展流量入口，达到提升用户满意度和品牌知名度的目标。

（4）商品出口带动服务出口

在我国跨境电商品牌化和多平台发展的趋势下，精细化运营的重要性凸显，跨境卖家对营销、金融、供应链等各类增值服务需求的提升直接带动了跨境电商服务生态的发展。未来随着大数据、云计算、AI等技术在跨境出口服务链路各环节的深度应用，将会进一步提高运营效率，降低提供商品/服务的成本，推动跨境服务赛道的快速发展。

5. 出口跨境电子商务的相关政策

近年，国家各部门持续优化出口跨境电子商务相关政策以提升行业规范度。在税收层面，出台便利出口跨境电子商务退换货的关税政策等；在物流层面，支持企业加快海外仓布局，完善企业出口的运输渠道等；在营销层面，鼓励出口企业借助数字化技术开展境外营销推广；在监管层面，在全国海关复制推广监管试点等；在结算层面，鼓励轧差结算以减少卖家资金占用等。中国出口跨境电子商务相关政策如图3-11所示。

发布时间	发布机构	政策名称	主要内容
2023年1月	财政部等	《关于跨境电子商务出口退运商品税收政策的公告》	对符合规定的退运进境商品，免征进口关税和进口环节增值税、消费税，出口时已征收的出口关税准予退换
2022年6月	商务部	《支持外贸稳定发展若干政策措施》	出台支持跨境电商海外仓发展的政策措施，加强进口信用保险对海外仓建设和运营的支持力度，支持海外仓出口货物运输；加快出台便利跨境电商出口退换货的税收政策
2022年6月	工业和信息化部等	《数字化助力消费品工业"三品"行动方案（2022—2025年）》	以数字化助力"创品牌"，支持跨境电商开展海外营销推广，巩固增强中国品牌国际竞争力
2021年11月	商务部	《"十四五"对外贸易高质量发展规划》	支持海外仓对接各跨境电商综试区线上综合服务平台和国内外电商平台，探索创立海外智慧物流平台
2021年7月	国务院办公厅	《关于加快发展外贸新业态模式的意见》	鼓励传统外贸企业、跨境电商和物流企业等参与海外仓建设，提高海外仓数字化、智能化水平，促进中小微企业借船出海，带动国内品牌出海；双创产品拓展国际市场空间；支持企业加快重点市场海外仓布局，完善全球服务网络，建立中国品牌的运输销售渠道
2021年6月	海关总署	《关于在全国海关复制推广跨境电子商务企业对企业出口监管试点的公告》	为进一步促进跨境电子商务健康有序发展，在现有试点海关基础上，在全国海关复制推广跨境电商B2B出口监管试点
2020年5月	国家外汇管理局	《关于支持贸易新业态发展的通知》	为提高贸易外汇收支便利化水平，从事跨境电子商务的企业可将出口货物在境外发生的仓储、物流、税收费用与出口贷款轧差结算，并按规定办理实际收付数据和还原数据申报

中国出口跨境电子商务相关政策

图3-11 中国出口跨境电子商务相关政策

第二节 出口跨境电子商务的产业链和主流平台

一、出口跨境电子商务的产业链

在出口跨境电子商务交易的整个流程中，出口跨境电子商务平台、境内制造商/品牌商/

渠道商/零售商、境外消费者、国际物流商、跨境支付服务商、海关与商检部门等业务主体相互关联，组成了一个复杂的出口跨境生态系统。按不同的功能和地位，出口跨境电子商务产业链可以划分为上游、中游、下游三个环节，上游主要是制造商/品牌商/渠道商/零售商等供应商，中游主要由出口跨境电子商务平台和服务提供商组成，下游主要是采购商和消费者。

二、主流出口跨境电子商务平台

1. 亚马逊（Amazon）

亚马逊由杰夫·贝佐斯（Jeff Bezos）于 1995 年 7 月 16 日成立，成立之初只经营书籍网络销售业务，现在已扩展到极为广泛的其他商品领域，成为全球商品品种众多的网上零售商和全球第三大互联网企业。2022 年亚马逊营收为 5140 亿美元。

亚马逊平台作为跨境电子商务的代表，具有很大的影响力。为了吸引中国创业者，亚马逊于 2012 年在中国推出了"全球开店"业务，开启了全球站点的招商活动，同时也开放了个人的开店权限。

目前，亚马逊"全球开店"面向中国卖家开放的有北美站、欧洲站（包括英国站、法国站、德国站、意大利站、西班牙站、荷兰站、瑞典站、波兰站、比利时站）、日本站、新加坡站、中东站（包括阿联酋站、沙特站）、印度站等 19 个站点，其他站点须凭站点本国的公司营业执照才能注册账号开店。平台开店分为专业卖家和个人卖家两种类型。

📊 **想一想**

亚马逊个人卖家和专业卖家有什么区别？

亚马逊平台的特点：流量大，全球站点多，利润高；走精品化路线，不适合大批量铺货；平台有自主物流系统 FBA；拥有千万个 Prime 付费会员，客户质量高；平台重商品、轻店铺，重推荐、轻广告，重展示、轻客服，重客户、轻卖家，适合卖家打造品牌；对商品审查非常严格，需要各项证书。

总结：在亚马逊开店手续复杂，如果卖家不小心触犯了平台规则，轻则受到警告，重则被封店。亚马逊对商品品质要求较高，适合有一定外贸基础的优质品牌商家入驻。

2. eBay

eBay 是 1995 年由皮埃尔·奥米迪亚在美国加州硅谷创建的用于交流和个人物品拍卖的平台，为客户提供物美价廉的精选商品。2003 年，eBay 收购 PayPal，此后一直与 PayPal 保持着紧密的合作关系。2018 年 7 月，eBay 终止与 PayPal 的合作，宣布与后者的竞争对手苹果和 Square 达成新的合作伙伴关系。2022 年，eBay 全年总交易额达到 739 亿美元，成为全球最大、最具活力的交易平台之一。

eBay 的销售模式有"拍卖"[①]（见图 3-12）、"一口价"[②]、团购和以物易物四种。因为

[①] "拍卖"模式是指 eBay 卖家通过设定物品的起拍价及在线时间，进行物品拍卖，并以下线时的最高竞拍金额卖出，出价最高的买家即为该物品的中标者。即将结束的拍卖物品还会在"Ending Soonest"（结束最快）排序结果中获得较高排名。这种以低起拍价的方式拍卖物品，可以极大地激起买家的兴趣。

[②] "一口价"方式销售商品即以卖家发布或设置的价格进行销售。

不同的销售模式对卖家来说意味着不同的销售策略，所以卖家在 eBay 上选择适合自己商品的销售模式是实现低成本、高收益的根本。

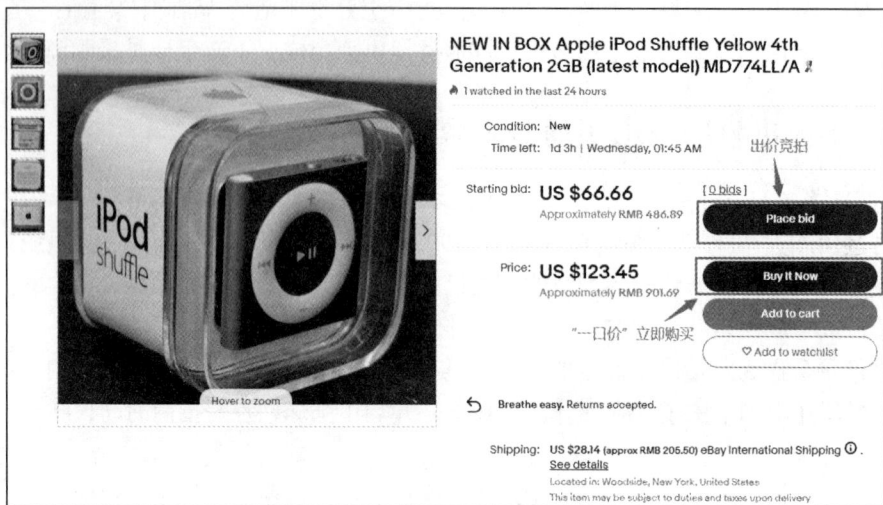

图 3-12　eBay 的"拍卖"模式

eBay 平台的特点：拥有全球最大的在线市场，涵盖各类商品；拥有完善的网络安全体系，保障交易安全；提供专业的客服服务，解答各类疑问；支持多种支付方式，满足不同支付需求；提供优惠活动，提升客户体验。

总结：相对亚马逊、全球速卖通等平台，eBay 的入驻门槛是比较低的，而且审核也没那么严格，个人和企业都可以申请入驻。

3. 阿里巴巴全球速卖通（AliExpress）

阿里巴巴全球速卖通（简称"速卖通"）于 2010 年 4 月正式上线，是阿里巴巴旗下面向国际市场的跨境电商平台，被广大卖家称为"国际版淘宝"，其首页如图 3-13 所示。速卖通面向境外买家，通过支付宝国际账户进行担保交易，并使用国际物流渠道运输发货，覆盖全球 230 个国家和地区，支持 18 种语言站点，是中国最大的跨境出口 B2C 电商平台之一，同时也是全球第三大英文在线购物网站，在俄罗斯、西班牙电商网站中排名第一。

速卖通平台的特点：对于卖家而言，平台的卖家中心后台为全中文操作界面，开店简便；商品品类丰富，覆盖 3C、服装、家居、饰品等 30 个一级行业类目，其中优势行业主要有服装服饰、手机通信、鞋包、美容健康、珠宝手表、消费电子、计算机网络、家居、汽车摩托车配件、灯具等；有完善的卖家培训体系，平台页面操作简单，适合新手卖家快速上手。

随着平台不断升级，平台更加注重打造品牌和提升买家体验，同时提出了"中国好卖家"助力计划，给予优质卖家流量等多项资源扶持。对于买家而言，购物过程相对简单，可以通过网页或移动应用程序浏览商品的详细信息、其他买家评价和图片，并做出购买决策，下单时可选择适合的支付方式；平台提供了买家保护计划，保障买家的权益和购物体验。

总结：速卖通秉承了淘宝"价格为王"的宗旨，平均客单价不高，以走量为主；拥有阿里巴巴、天猫、淘宝的卖家资源；集物流、支付、订单于一体，能够更好地帮助中小企业沟通境外零售商及批发商，从而实现快速、小批、多次的交易目标。

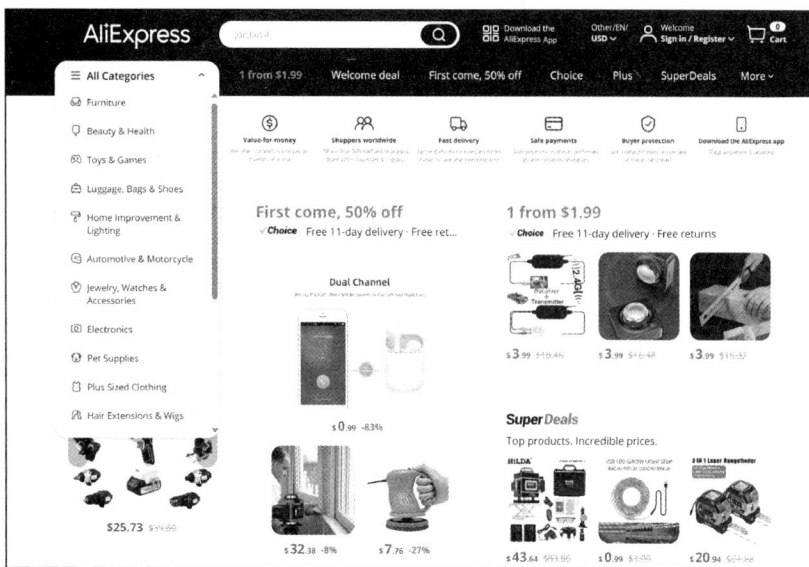

图 3-13　速卖通的首页

4. Wish

Wish 平台成立于 2011 年，总部位于美国硅谷，是一个专注于移动购物的跨境 B2C 电商平台，目前已成为全球最大的移动端购物平台之一，用户遍布全球 200 多个国家和地区。Wish平台根据用户喜好，通过精确的算法推荐技术，将商品信息以"瀑布流"的形式推送给感兴趣的用户，以"让全球消费更便宜"为宗旨，致力于为用户提供高性价比的商品。

Wish 于 2021 年公布转型计划，为进一步改善平台的商户端和用户端双向服务体验，Wish上线了更为全面细致的商户激励计划——Wish Standards，并从商品质量、运输体验、用户评论、退款率和 Wish 政策的遵守情况等多维度评估商户，符合标准的商户将获得更高的曝光率等。在用户端体验方面，Wish 持续开拓发现式购物，通过全新改版的发现式购物主页、促销方式展示、Wish Clips 短视频购物功能等多角度提升个性化的购物体验。在品牌重塑方面，Wish 于 2022年对外公布了全新品牌标志，如图 3-14 所示，全新标志给人以颇具时尚感的全新视觉体验。

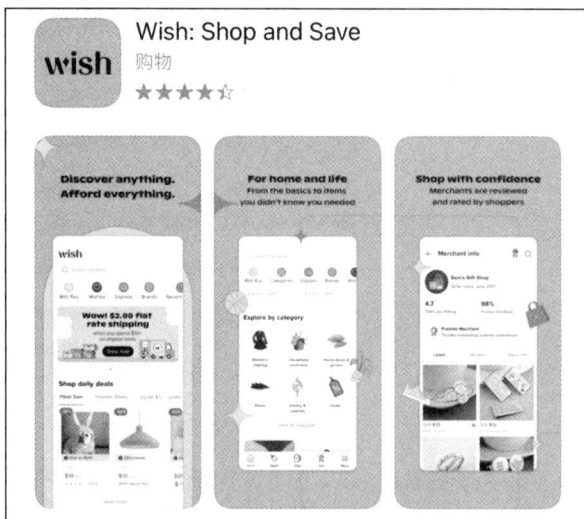

图 3-14　Wish 的 App

Wish 平台的特点：Wish 是基于移动端的跨境电子商务平台；它利用智能推送技术，为用户推送他们喜欢的商品，真正做到点对点的精准营销，为每个用户推荐个性化的商品，从而提高了用户的下单率（见图 3-15）；Wish 平台的商品价格普遍较低，吸引了对价格敏感的用户；Wish 与多家物流公司合作，为商户提供便捷的物流服务，商户只需将商品发往指定集货仓，其他物流环节由平台负责。

总结：Wish 平台是一个面向全球用户的移动电商平台，以低价策略吸引用户，同时注重商品质量和商户服务。它拥有庞大的用户群体和丰富的商品种类，提供多种营销工具和技术支持，帮助商户提高销售额和增强用户黏性。但在竞争激烈的跨境电商大环境下，卖家需要不断提高商品质量和服务水平才能脱颖而出。

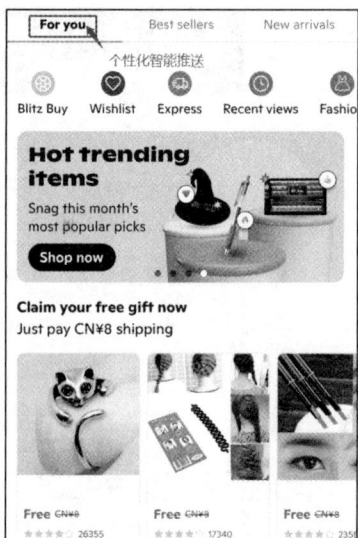

图 3-15　Wish 的"For you"智能推送

5. 敦煌网（DHgate）

敦煌网是王树彤于 2004 年创立的中国首个跨境 B2B 数字贸易平台。敦煌网的定位是帮助中国中小企业通过跨境电子商务平台走向全球市场，开辟一条全新的国际贸易通道，借助全流程跨境交易体系（见图 3-16）使在线交易变得更加简单、安全和高效。截至 2023 年，敦煌网已经拥有 254 万的累计注册供应商，在线商品数量超过 3400 万，累计注册买家数量超过 5960 万，覆盖全球 225 个国家及地区，拥有 50 多个国家的清关能力，200 多条物流线路，以及 17 个海外仓。敦煌网是商务部重点推荐的中国对外贸易第三方电子商务平台之一，工业和信息化部（以下简称"工信部"）电子商务机构管理认证中心已经将其列为示范推广单位。

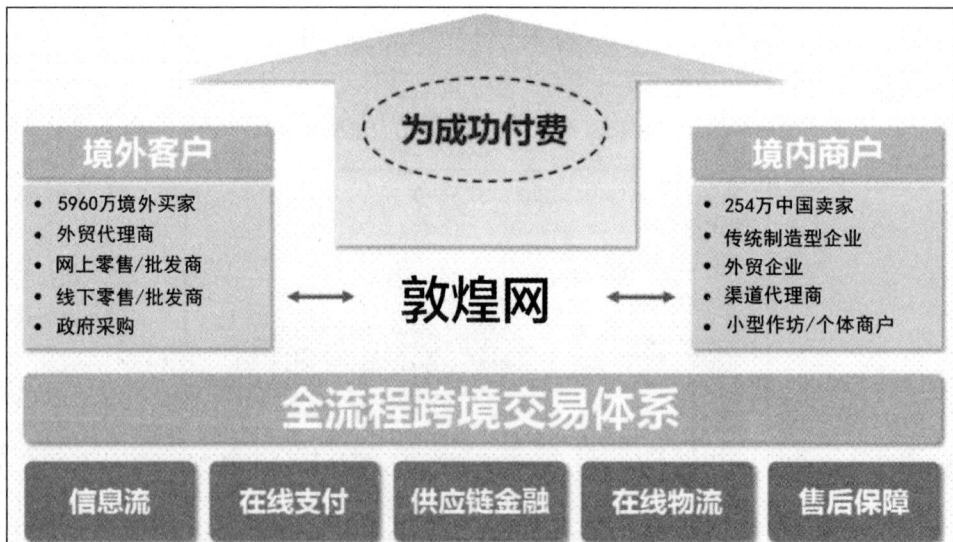

图 3-16　敦煌网全流程跨境交易体系

敦煌网平台的特点：主要面向 B2B 中小企业；入驻门槛低，无须缴纳年费；主要有交易佣金和服务费两种盈利模式；为了给客户提供快捷便利的物流服务，整合了 EMS、UPS、DHL、FedEX、TNT 等全球领先物流服务商，客户可一键发货，但交易佣金及物流费用较高；针对客户的需求，提供了多样化在线支付服务、金融抵押担保服务和营销推广服务。

总结：敦煌网作为 B2B 在线交易平台，为全球不同国家和地区的中小批发商、零售商提供在线采购中国境内商品的渠道，同时也为我国出口跨境电子商务提供了机遇。

6. 兰亭集势（LightInTheBox）

兰亭集势成立于 2007 年，最初主要面向欧洲和北美销售定制婚纱礼服。目前，电子配件已成为兰亭集势的第一大品类，以婚纱礼服为主的服装品类次之，其他品类包括配饰、家居用品和园艺等。兰亭集势的使命是为全世界中小零售商提供一个基于互联网的全球整合供应链（"One World One Market"）。2014 年，兰亭集势推出了针对境外的电商开放平台，主要针对三类服务对象，分别是服装领域的中国传统品牌、中国线上品牌及中国外贸工厂。企业卖家可以申请入驻平台成为平台卖家，兰亭集势不向平台卖家收取平台入驻费或服务费，但会抽取 15%的佣金和 3%的交易手续费。2020 年以来，兰亭集势聚焦发展服饰类业务的战略转型效果显著。2022 年，兰亭集势服饰类销售收入约 4 亿美元，营收贡献占比扩大到 79%，成为公司核心收入来源。

兰亭集势平台的特点：兰亭集势通过与供应商紧密合作，快速响应市场变化，提供定制化的商品服务，满足全球客户的个性化需求，实现商品的快速定制和迭代；兰亭集势注重技术创新和大数据应用，通过自主研发和外部合作，在供应链管理、仓储物流、客户关系管理等方面都采用了先进的技术解决方案，不断提高平台运营效率，提升客户体验。

总结：兰亭集势通过创新的商业模式、领先的精准网络营销技术、世界一流的供应链体系，依托包括 Google、eBay、UPS 在内的全球合作伙伴，集合境内的供应商向国际市场提供"长尾式采购"模式，目前拥有来自一百多个国家和地区的数以万计的个人客户与企业客户。

7. 海外版拼多多（TEMU）

TEMU 是拼多多推出的跨境电商平台，于 2022 年 9 月正式上线。TEMU 的意思是"Team Up，Price Down"，即买的人越多，价格就越便宜。它提供了类似境内微信内嵌的购物功能，方便用户分享和邀请朋友一起购买。除了采用拼多多在境内的成功经验，它还借鉴境外电商平台的成功经验，注重社交裂变、低价策略、商品质量和卖家服务，帮助卖家提高销售额并增强用户黏性。相关研究机构披露的数据显示，截至 2023 年 12 月，TEMU 的独立用户数量已达 4.67 亿，与全球速卖通齐平，位列全球电商排行榜第二名。

TEMU 平台的特点：TEMU 是较早运用全托管模式的跨境电商平台，即类自营模式。在此模式下，商家的主要职责是提供商品，一旦商品被平台选中，将商品送至其在境内的仓库，之后商品的销售、推广和发货等所有环节都由平台负责。这种模式类似于平台自营，商家只需确保其商品具有竞争力，而商品的定价、物流、客服及仓储等都由 TEMU 承担。

总结：TEMU 平台构建了"供应链-平台-境外用户"的交易链路，平台获取购销价差，承担获客、跨境物流、营销推广等成本。交易运输全程为"境内头程运输-国际干线-境外尾程运输"三段式物流。

8. 抖音国际版小店（TikTok Shop）

TikTok Shop 是由社交媒体平台 TikTok 推出的跨境电商平台，作为 TikTok 生态系统的一部分，它将社交媒体和电商相结合，打通了社交媒体和电商的连接。用户可以在浏览短视频的同时，直接点击商品链接进行购买，实现了无缝的购物体验。

TikTok Shop 平台的特点：与传统电商相比，更注重与用户的社交互动，用户可以在评论区进行实时互动，分享购买心得和商品评价，从而增加用户黏性和购买信任度；根据用户的兴趣和消费习惯，通过算法个性化推荐相关商品，提高购买转化率和用户满意度；为卖家提供广告投放和品牌塑造的机会，通过合作达人、明星推荐等方式，提高品牌曝光度和知名度；依托短视频平台，卖家可以通过创意的短视频内容进行商品展示和推广，吸引用户的注意力并激发它们的购买欲望；通过虚拟试衣间、AR 技术等创新功能，为用户提供更加丰富的购物体验，激发其购买兴趣。

总结：TikTok Shop 平台覆盖全球市场，卖家可以通过一站式的平台管理工具，轻松拓展全球市场，实现跨境销售。TikTok Shop 作为全球用户基数庞大的社交平台，拥有巨大的流量红利，能够为卖家带来更多的潜在用户。

9. Shopify

Shopify 成立于 2004 年，总部位于加拿大，是一站式 SaaS（Software as a Service）[①]模式的电商服务平台，为商家提供搭建网店的技术和模板，管理全渠道的营销、售卖、支付、物流等服务。Shopify 提供配备好货架、收银台、展示区域和安全设施的店面，商家只要支付租金就能使用配套的服务。目前，超过 430 万个活跃网店由 Shopify 驱动，其占全球市场份额的 10.32%。

Shopify 为新用户提供 3 天免费试用期，新用户可享受前三个月只需 1 美元月租的优惠。使用 Shopify 可能产生的费用主要有订阅费、域名费、主题费、插件费，订阅费月费 29 美元～299 美元不等。另外，Shopify 还为大型商家提供个性化定制的 Shopify Plus 方案。目前已有超过 200 万家商家使用 Shopify 平台创建了网店。

Shopify 的特点：降低小型商家在网店经营上的技术门槛，商家注册账户，选择网店模板，上传商品并添加描述（见图 3-17），设置价格和物流选项，添加收款方式，在短时间内就能生成一个美观且可靠的独立站；内置主题，可以直接编辑代码；独立站没有比价，可以有更高的商品定价；最大的劣势就是没有流量，网站优化、引流、推广等需要自己完成。

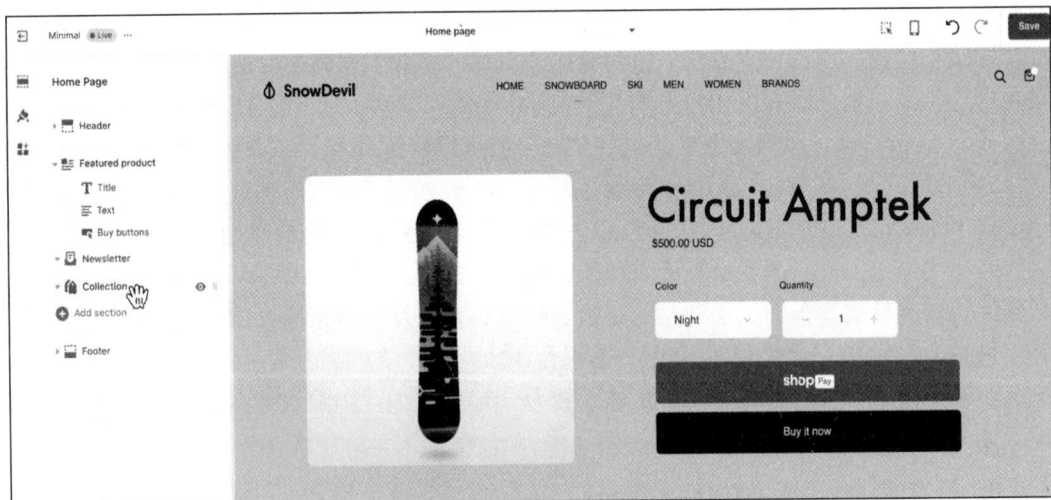

图 3-17　Shopify 网店模板设置

---

① SaaS（软件即服务）是一种软件交付模式，用户通过订阅的方式在云端直接使用软件或应用程序的服务，无须自行安装和维护。

总结：当下亚马逊等平台的资金占用越来越严重，流量越来越集中在头部商家身上，使得独立站日益受到青睐。Shopify 的崛起代表电商行业迈入一个崭新的阶段。作为一种新型的电商模式，Shopify 不仅打破了传统零售模式的束缚，还为商家提供了更加灵活、高效的销售渠道。同时，商家可以通过分析 Shopify 网站数据更好地了解电商市场的发展趋势，为商业决策提供更科学、精准的参考依据。

除了以上介绍的九大平台外，出口跨境电子商务平台还有很多，如东南亚的 Lazada、Shopee、Zalora、Luxola，北美洲的 Walmart、Newegg、BestBuy、Overstock，南美洲的 Mercadolibre、MercadoLivre、Linio，欧洲的 Cdiscount、BingaBinga、La Redoute，俄罗斯的 Ozon、UMKA，日韩的 Gmarket 等。

由于各个出口跨境电子商务平台具有不同的特点和运营规则，因此企业在开展跨境电子商务时，应根据平台和自身的情况进行差异化运营。首先，企业需要了解不同平台的用户群体、文化和消费习惯，有针对性地制定营销策略和运营方案，以最大化地实现商业价值。其次，企业应熟悉各个平台的运营规则和政策，确保店铺能够正常运营。再次，企业应熟悉平台提供的各种营销工具，利用社交媒体渠道进行宣传推广，提高商品和品牌的知名度与曝光率。最后，企业应时刻关注市场和平台的变化，不断学习新知，改进运营策略，通过不断尝试、总结和改进，逐步提升自己的运营能力和市场竞争力。

第三节　出口跨境电子商务的流程和岗位认知

一、出口跨境电子商务的流程

完整的出口跨境电子商务流程分为前期准备、平台运营、物流发货、资金结算四个环节，如图 3-18 所示。

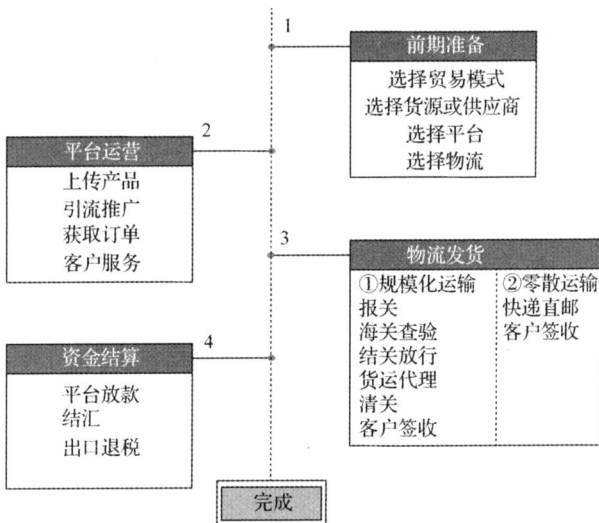

图 3-18　出口跨境电子商务流程

1. 前期准备

前期准备包括选择贸易模式（如做批发还是做零售）；选择货源或供应商；选择平台；

选择物流方式（如是备货海外仓发货还是境内小包直邮）。卖家可以通过对目标市场进行调研，分析自身优劣势，为上述四项选择提供参考依据。

2. 平台运营

平台运营流程依次是上传商品、引流推广、获取订单和客户服务。卖家在做跨境电子商务平台店铺运营之前必须熟悉平台规则。

3. 物流发货

目前，出口跨境电子商务主要有两种物流模式：规模化运输和零散运输。

（1）规模化运输是指大批货物利用海洋运输、航空运输或者铁路运输的方式发送。采用规模化运输的物流模式发货的卖家需要进行出口商品报关，所需的单证有报关报检委托书、出口货物报关单、商业单据（装箱单、发票、合同）等。

（2）零散运输包括国际邮政物流、国际商业快递及国际专线等。采用零散运输方式，卖家只需要填写收件人姓名及联系方式即可发货。

物流模式不仅直接关系到跨境电子商务企业的交易成本，而且关系到境外客户的购物体验，直接影响其对企业的满意度和信任度，进而决定企业的销售表现和最终收益。因此，每个企业要根据自身的资金实力、商品性质（尺寸、安全性、通关便利性等）及行业淡旺季选择最合适的物流模式。

4. 资金结算

资金结算环节包括平台放款、卖家结汇及出口退税。客户收到商品并确认收货后，平台会定期将销售额放款到卖家平台账户，卖家通过跨境收款工具即可进行结汇、提款。

完成结汇后，就可以进行最后一步出口退税了。出口退税是指对出口货物退还其在境内生产和流通环节实际缴纳的增值税、消费税。合理利用出口退税，可有效降低成本，提高毛利率。一般跨境电子商务热销品的退税率为11%～17%。

二、出口跨境电子商务岗位及职业能力分析

由于跨境电子商务发展迅速，企业对人才的需求量急剧增加，跨境电子商务岗位也越来越细化。出口跨境电子商务岗位主要分为三类：管理型岗位、专业型岗位和商务型岗位。

1. 管理型岗位

管理型岗位主要包括跨境电子商务业务主管、经理、副总经理、运营总监等。这类岗位的招聘要求较高，一般要求求职者熟悉跨境电子商务的前沿理论，了解行业现状及发展趋势，能够从战略上布局以促进业务发展，并具有对整个平台的宏观把控能力（如平台的整体框架建设、网络营销、数据库营销及客户管理等）。

（1）管理型岗位职责

管理型岗位职责通常包括：制定月度/年度销售目标；保证销售额达到预期目标；组织部门会议，与本部门人员进行沟通，分析和交流现存问题并提出解决对策；合理安排各岗位人员的工作任务和内容；做好与上级领导之间的沟通；制订品牌营销方案、宣传推广计划，并传达到各相关部门执行；维护好供应商与客户的关系；完成上级临时指派的其他工作任务。

（2）管理型岗位任职门槛

管理型岗位任职门槛通常设置如下：具有多年（根据具体的岗位决定，主管一般要求三

年以上，经理一般要求五年以上）跨境电子商务管理岗位经验；学历本科以上；英语水平达到大学英语六级以上。

综上所述，管理型岗位人员应当具备决策能力、管理能力、沟通协调能力、计划能力、创新能力、执行能力等。

2. 专业型岗位

专业型岗位主要包括跨境电子商务英语（或德语等小语种）编辑/翻译/文案策划、美工、网络技术员（包括交互设计师、网站建设人员、网络维护人员）等。专业型岗位的特点是专业性要求较高，其他非专业人员一般无法胜任，企业在招聘时更愿意聘用对口专业的人员。

（1）美工岗位

美工岗位职责通常包括：负责公司在跨境电子商务平台商品的拍摄和后期图片处理，包括商品前期拍摄、商品图片优化、后期图片处理和排版设计等；负责平台店铺页面的视觉装修设计，包括首页、内页、详情页设计等；负责商品包装、说明书的设计制作；协助业务部门处理工作中遇到的商品图片问题，配合运营推广工作设计活动主题、海报等。

美工岗位任职门槛通常设置如下：美术、平面设计、艺术设计等相关专业；有电商平台设计工作经验，有跨境平台商品图片处理经验的优先；具有较强的色彩搭配能力，能熟练运用 Photoshop、Illustrator、Sketch 等设计软件，会使用 3D 建模渲染者优先；提供设计作品集（提供相关链接、文件）。

（2）英语（或德语等小语种）编辑/翻译/文案策划岗位

英语（或德语等小语种）编辑/翻译/文案策划岗位职责通常包括：负责跨境平台商品信息翻译；负责策划并撰写英语（或德语等小语种）文案；协助客服或其他部门完成相关翻译工作。

英语（或德语等小语种）编辑/翻译/文案策划岗位任职门槛通常设置如下：英语（或德语、法语、日语、西班牙语等小语种）语言类专业；英语水平达到大学英语四级以上；能熟练使用 Office 办公软件。

（3）网络技术员岗位

网络技术员岗位职责通常包括：为企业搭建英文（或德语等小语种）官网；分析现有网站资源是否能够满足企业需求；负责网站的设计、建设及日常的维护和更新；保证企业官网和境外推广主页正常运行。

网络技术员岗位任职门槛通常设置如下：计算机及相关专业；有一年以上的网络开发相关经验；熟练使用 PowerDesigner、Visio、Project 等工具，熟悉 C#、JavaScript、SQL、HTML 等语言。

综上所述，专业型岗位人员应当具备专业知识技能、执行能力、沟通协调能力、团队协作能力、解决问题能力、创新能力、概括能力、逻辑思维能力、判断能力等。

3. 商务型岗位

商务型岗位包括跨境电子商务客服专员、销售/推广专员、产品开发专员、运营专员、仓储物流专员、报关员等。这类岗位招聘人员集中在国际贸易、电子商务、商务英语等相关专业，要求既要懂产品、运营、营销、策划、推广、客服，还要熟悉平台运作规则，并具备良好的语言沟通能力。其中，企业最主要的三大商务型岗位为运营、客服和销售/推广。下面对这三类主要岗位的岗位职责进行介绍，鉴于其岗位任职门槛基本相同，这里不再赘述。

（1）运营岗位

运营岗位职责通常包括：负责跨境电子商务平台的店铺开通、规划、营销、推广、评分等整体运营；负责客户关系管理等系统经营性工作；负责上传商品、拆分页面、订单跟进等店铺日常操作；负责收集市场和行业信息，对营销数据、交易数据、商品管理数据、客户管理数据等进行分析，为公司营销推广提供依据，以提升销售业绩；优化关键词，维护并提升商品排名。

（2）客服岗位

客服岗位职责通常包括：在跨境电子商务平台及时回复和处理客户的咨询和反馈，促进客户下单；处理异常订单及售后服务；向客户发送邮件，请求客户评论并提供买家秀；妥善处理订单中差评、客户投诉与纠纷，提高账号好评率，保持账号良好运作；对客户投诉或意见进行整理、分析、汇总，并反馈给相关团队以便改进。

（3）销售/推广岗位

销售/推广岗位职责通常包括：制定月度/年度销售目标；负责根据销售计划安排制订月度、季度店铺的网络推广预算和计划；利用 Facebook、Instagram 等多种网络推广方式进行相关商品的推广工作，提高商品访客数量及销售业绩；负责广告投放，并对广告效果进行跟踪、评估，不断优化广告投放策略，以实现网络推广目标；进行商品成本、利润核算，把握推广的投入产出比，控制新品的风险。

综上所述，商务型岗位人员应当具备创新能力、学习能力、计划能力、执行能力、沟通协调能力、团队协作能力、概括能力、解决问题能力等。

实训　出口跨境电子商务平台认知及岗位调研

实训一：认识跨境电子商务平台

【实训目的】

了解不同的跨境电子商务平台，能够正确区分跨境电子商务平台的类型，掌握其特点，为更好地开展跨境电子商务打下坚实的基础。

【实训内容和步骤】

实训内容：

根据跨境电子商务的不同类型，选取各类型下的典型平台（网站），浏览平台，了解其特点，并归纳总结其优势和劣势，完成表3-1。

表3-1　跨境电子商务平台总结

跨境电子商务类型		平台（网站）名称	优势	劣势
按交易主体分类	B2B 跨境电子商务平台			
	B2C 跨境电子商务平台			
	C2C 跨境电子商务平台			
按服务类型分类	信息服务平台			
	在线交易平台			
	综合服务平台			

跨境电子商务类型		平台（网站）名称	优势	劣势
以平台运营方式分类	自营型平台			
	第三方开放平台			
以进出口方向分类	进口跨境电子商务平台			
	出口跨境电子商务平台			

实训提示：

同一平台按不同的分类方式所属的类型不同，如 Wish 按服务类型分类，属于在线交易平台，而以平台运营方式进行分类，则属于第三方开放平台。因此，在填写表格时，注意不要重复。

实训步骤：

（1）打开百度搜索引擎，输入代表跨境电子商务类型的词语，如"B2B 跨境电子商务平台"，根据搜索结果选出代表性平台（网站），并将其名称填入表 3-1。

（2）了解平台特色，总结不同跨境电子商务平台的优势及劣势，填入表 3-1。

例如，在亚马逊（美国站）首页的搜索框中输入关键词"Wallet lady"（女士钱包），亚马逊（美国站）按价格、评论、上架日期等进行商品的排序，但不支持按销量排序，如图 3-19 所示。这是亚马逊平台的一大特点，不以历史销量引导客户消费，给新卖家和新品提供更多公平竞争的机会。亚马逊奉行以商品为王，重视商品本身，以便更好地提升客户体验。

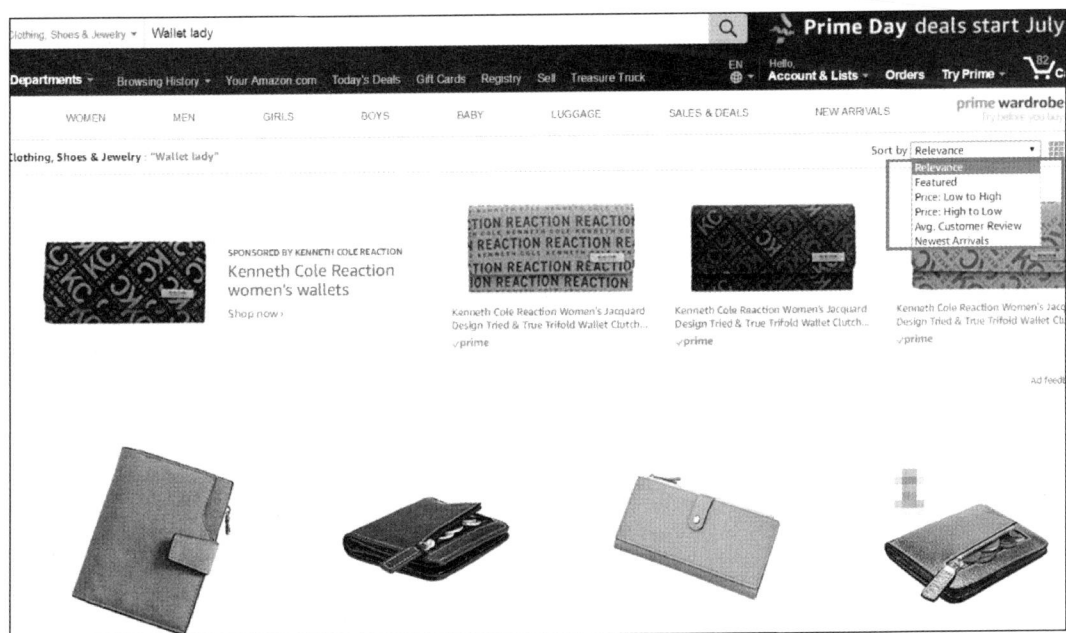

图 3-19　亚马逊（美国站）搜索页

浏览亚马逊商品详情页（见图 3-20），可以看到商品是由谁销售和配送的，如亚马逊自营①和第三方卖家。此外，不是所有的商品都有图文描述，部分卖家只能以文字的形式对商

---

① 由供货商供货，亚马逊自行定价销售的方式。

品进行描述，如图 3-21（a）所示。因为只有亚马逊自营的商品才能添加图片，而如果第三方卖家销售的商品与亚马逊在售商品相同，则可共享其商品详情页的图片，所以有些第三方卖家的商品描述里也有图片。2017 年，亚马逊（美国站）推出了图文版品牌描述（Enhanced Brand Content，EBC）功能，即在亚马逊完成品牌备案的商家，可在其商品描述页面添加图片和文字信息，如图 3-21（b）所示。

图 3-20　亚马逊商品详情页

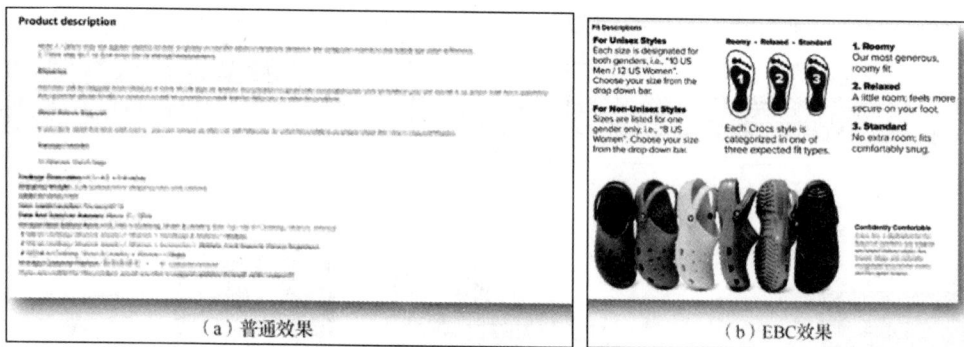

（a）普通效果　　　　　　　　　　　　　（b）EBC效果

图 3-21　亚马逊商品描述效果对比

实训二：出口跨境电子商务岗位调研

【实训目的】

通过网络调研，了解出口跨境 B2B 和 B2C 企业的人才需求状况，包括招聘的岗位和职责、技能要求、职业发展路径，形成调研报告。

【实训内容和步骤】

（1）通过网络进行出口跨境电子商务岗位调研，调研可在智联招聘、前程无忧、中华英才网、外贸帮手网、外贸招聘网和外贸人才网等网站进行。

（2）调研出口跨境 B2B 企业招聘的岗位、职责和技能要求，并根据各岗位的不同层级归纳其职业发展路径。

（3）调研出口跨境 B2C 企业招聘的岗位、职责和技能要求，并根据各岗位的不同层级归纳其职业发展路径。

实训提示：

（1）在收集企业的岗位招聘信息时，不同的招聘网站所服务的企业客户各不相同。为了收集到更全面、更丰富的信息，建议在不同的招聘网站上进行搜索，并对所收集的信息进行汇总、对比、综合，以提高调研的质量。

（2）各招聘网站的界面设计不同，应根据网站的具体情况进行高效的信息搜索和整理。

实训步骤：

（1）以前程无忧为例，登录前程无忧网站首页，在搜索栏中输入"跨境电商"或其他关键字，选择地点，单击"搜索"按钮，如图3-22所示。

图3-22　跨境电商岗位搜索

（2）逐一浏览各岗位（见图 3-23），分析这些岗位属于出口跨境电子商务哪种类型的平台（B2B/B2C），以及这些岗位是属于管理型、专业型还是属于商务型，并进行相应的归类。

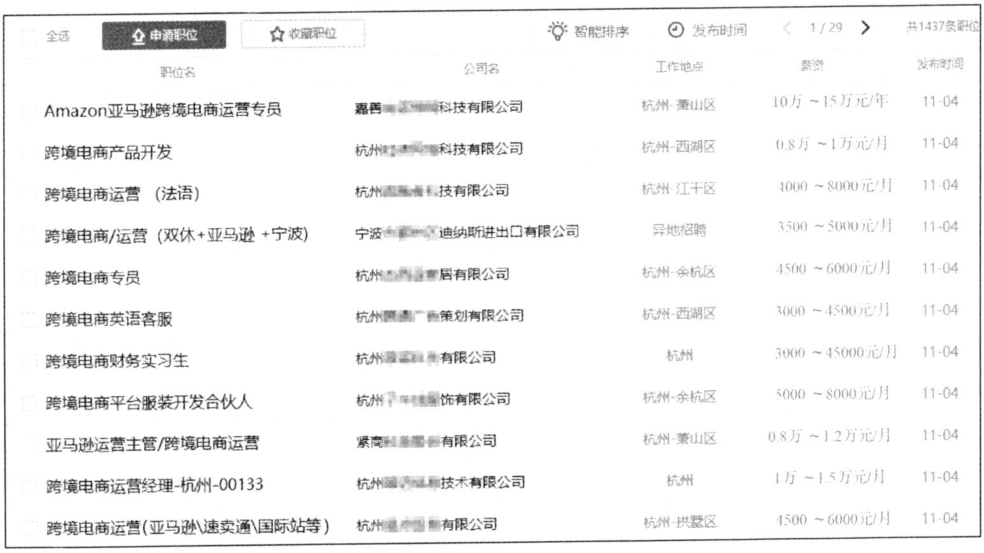

图3-23　岗位归类

（3）岗位归类完成后，就某一岗位进行更具体细致的调研。以"跨境电商运营专员"为例，单击某一公司的具体招聘信息，查看并收集其岗位职责和任职要求（见图 3-24）。在完成多次信息收集后，进行横向和纵向对比分析（其中横向是指将不同公司的同一岗位进行对比，找到共性和差异；纵向是指将岗位进行初级、中级、高级划分，分析其进阶标准和职业能力发展通道）。

（4）对收集的信息进行整理，形成调研报告。

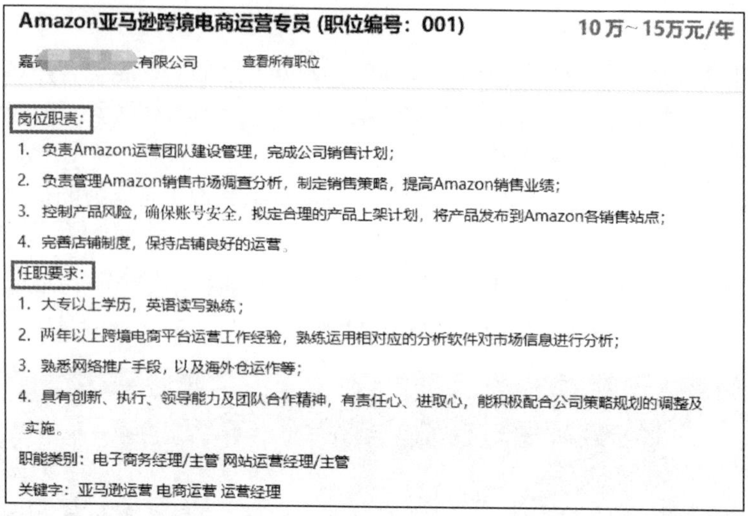

图 3-24　具体岗位的岗位职责和任职要求

同步阅读：安克创新——中国品牌出海的先行探索者

安克创新成立于 2011 年，致力于塑造消费电子品牌，公司以创新技术和智能硬件为核心，通过持续的研发创新和市场开拓，为全球消费者提供科技产品。

安克创新致力于在全球市场塑造中国消费电子品牌，通过不断创新，将富有科技魅力的产品带给全球消费者，弘扬中国智造之美。公司成功打造了智能充电品牌 Anker，相继推出 Eufy、Roav、Soundcore、Nebula 等智能硬件品牌，进一步拓展了业务领域，并在智能充电、智能家居、智能安防、智能语音等领域表现出色。

自 2015 年开始，公司启动中东、南美洲、非洲、东南亚等地区的线下渠道销售，发展至今拥有全球 100 多个国家和地区的超过 5000 万用户。安克创新的子品牌 Anker 荣获 2018 年 BrandZ™"中国出海品牌 50 强"第 7 名，并以 22% 的成长速度当选"成长最快消费电子品牌"。Anker 多款产品获得德国红点设计大奖，累计收获 61 项专利。

Anker 曾连续三年进入 BrandZ™"中国出海品牌 50 强"前十名，获得亚马逊全球颁发的"杰出中国制造+奖"。Anker 独创 PowerIQ 智速充技术，开创了第三方充电产品同时适配多款手机、平板、笔记本电脑等电子设备并提供快速、安全充电的服务。目前，Anker 全球用户超过 2400 万人，其中 1000 万人成为 Anker 的忠实粉丝。

公司的企业文化包括：使命——弘扬中国智造之美；愿景——塑造一组标杆品牌、提供一组基础服务；价值观——讲道理、求卓越、共成长。

在销售平台选择上，Anker 早期将主要精力投入亚马逊平台，在一个近乎蓝海且需求激增的市场中获得了巨大回报。2021 年，面对行业"内卷"，Anker 作为行业巨头，面临与千千万万卖家同样的问题：流量成本增加、"亚马逊依赖"风险、单一市场局限。

与此同时，Anker 开始放眼全球，在渠道、品牌方面进行全渠道营销；在市场方面，拓展新兴市场，并实现 40% 以上的增长；在流量方面，持续推进品牌本土化，占领消费者心智，将私域流量导向品牌官网。

本章小结

　　新兴市场不断发展及国际政策差异化给出口跨境电子商务带来新机遇。以往中国通过互联网出口境外的商品不是"好"的商品，而是性价比"高"的商品。如今，出口跨境电子商务正在朝品牌化、品质化、定制化的方向不断迈进。越来越多的境内品牌商加入出口跨境电子商务的浪潮。

　　本章第一节介绍了出口跨境电子商务的发展历程、模式和现状，使读者对出口跨境电子商务有一个整体的认识。第二节向读者介绍了出口跨境电子商务的产业链和主流平台。第三节介绍了出口跨境电子商务的流程、相关岗位及职业能力分析。其中，出口跨境电子商务的模式、主流平台、流程和职业能力分析是本章的重点。

同步测试

1. 单项选择题

（1）下列出口跨境电子商务平台中佣金由买家支付的是（　　　）。

    A. 亚马逊　　　　　B. eBay　　　　　C. 敦煌网　　　　　D. 速卖通

（2）2022年中国出口跨境电子商务交易规模为（　　）万亿元。

    A. 15.7　　　　　B. 14.2　　　　　C. 12.3　　　　　D. 10.2

（3）出口跨境电子商务产业链中，处于中游的是（　　　）。

    A. 制造商　　　　　　　　　　　　B. 品牌商

    C. 跨境电子商务平台　　　　　　　D. 消费者

（4）下列属于移动电子商务平台的是（　　　）。

    A. 亚马逊　　　　　B. Wish　　　　　C. 兰亭集势　　　　　D. 敦煌网

2. 多项选择题

（1）下列表述不正确的是（　　　）。

    A. 亚马逊公司是由梅格·惠特曼创立的

    B. 易单网是垂直型跨境电子商务平台

    C. 兰亭集势是B2B跨境电子商务平台

    D. eBay只有拍卖和一口价两种销售模式

（2）下列关于跨境电子商务岗位描述正确的是（　　　）。

    A. 跨境电子商务运营岗位专业性要求非常高，其他专业学生无法胜任，企业在招聘时更愿意聘用电子商务专业学生，其他专业学生不予考虑

    B. 管理型岗位人员应当具备决策能力、管理能力、沟通协调能力、计划能力、创新能力、执行能力等

    C. 跨境电子商务客服岗位只需要回复客户售前咨询、引导客户下单并做好售后服务就可以了

D. 跨境电子商务推广岗位不仅需要利用站内广告和境外新媒体平台做推广，还需要对广告效果进行跟踪、评估，不断优化广告投放策略，以实现网络推广目标

（3）商品出口跨境时，需要向海关提交（　　　）。

A. 发票 　　　　　　　　　　　B. 装箱单

C. 出口报关单 　　　　　　　　D. 合同

3. 简答和分析题

（1）请观看配套资源视频"OEM与产业链价值"，思考并回答：知识产权是什么？对于出口跨境电商而言，知识产权重要吗？为什么？

小资料：OEM与产业链价值

小资料：知识产权为什么重要

（2）出口跨境电商可以享受出口退税吗？

（3）结合自身特点谈谈你希望从事出口跨境电商业务中的哪个岗位？怎样才能胜任该岗位的工作？

（4）请阅读本章【同步阅读】，思考并回答：Anker实现品牌出海成功的最大核心竞争力是什么？2021年行业出现了什么新挑战，它又是如何应对的？Anker品牌出海创业故事给了你哪些启发？

小资料：出口退税条件和流程

跨境电子商务基础（第2版 慕课版）

第四章
跨境电子商务店铺定位与选品

学习目标

　　了解跨境电子商务市场调研方法；了解跨境电子商务市场选品的原则和方法；掌握针对不同的跨境电子商务平台，选择合适的产品并进行店铺定位的技能。树立家国情怀，培养中国制造、品牌出海的使命感；了解平台规则，树立知识产权意识；培养对国际市场的敏锐度，增强规避风险的能力。

知识导图

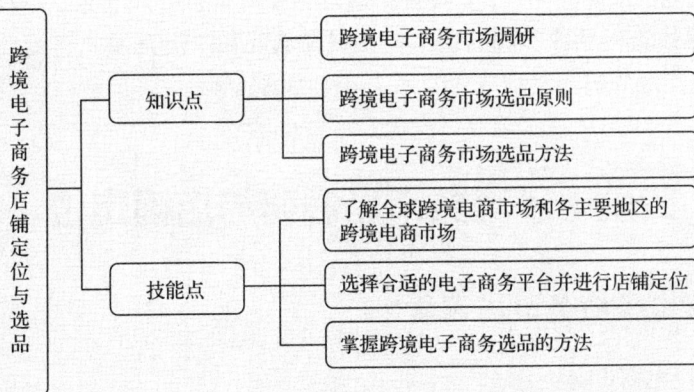

跨境电子商务店铺定位与选品

知识点
- 跨境电子商务市场调研
- 跨境电子商务市场选品原则
- 跨境电子商务市场选品方法

技能点
- 了解全球跨境电商市场和各主要地区的跨境电商市场
- 选择合适的电子商务平台并进行店铺定位
- 掌握跨境电子商务选品的方法

引　例

　　2011年，安克创新初创，赶上了电商崛起，以及亚马逊、eBay全球扩张的红利期，凭借技术创新和正确选品，成功跻身一线出海品牌，并开始被更多的消费者熟知。

随着智能手机、笔记本电脑、平板电脑这三大"深海"品类的市场规模不断扩大，安克创新目前已在全球市场成功打造了智能充电品牌Anker，并相继推出Eufy、Soundcore、Nebula、Ankerwork等品牌，搭建起包括蓝牙音箱、摄像头、投影仪等智能家居在内的产品矩阵。

重研发是安克创新的命脉，但研发方向那么多，该如何选择？在选择品类时，安克创新一直遵循：该品类要处于"浅海"位置，既有一定市场需求但又避免太过火热，市场规模不能太小；其次，该品类仍处于产品生命周期的萌芽期或成长期，有一定的创新空间。安克创新围绕三大"深海"品类的"浅海"品类产品，从产品到品牌，从单一产品向消费电子品牌的蜕变和升级，每年的研发投入也在不断增加。

引例分析

重研发的品牌战略，加上持续践行"浅海理论"等一系列独特的经营理念，让安克创新从"无名小卒"迅速转变为全球知名的科技公司。而承载这一切的是企业的基因，即Google工程师文化与安克创新的战略愿景："土壤肥沃，花团锦簇"。这一愿景包含由组织、流程、品牌方法论和用户洞察、开发工具、全球资源和供应链体系、氛围等构成的"土壤"，以及由各类产品矩阵构成的"花团"，两者相辅相成，缺一不可。对于一个全球化的企业来说，用户声音在任何时间、任何地点都在持续发生。安克创新在全球100多个国家和地区拥有超过1亿用户，在创立初期就建立用户声音（Voice of Customers，VOC）系统，从亚马逊上大量抓取产品的用户评论和一些相关的优质评论，并逐步扩展到其他平台，通过不同的工具与形式，触达不同的用户，洞察需求，分析产品的优劣势以及用户的痛点，再根据用户的声音不断改进产品。

作为国货品牌出海的代表，安克创新通过建立科学的VOC体系，将收集到的用户声音用于产品体验和品牌口碑的塑造，使其在选品和产品开发上有着自己独特的见解，能够抢占市场先机，逐步成为国际认可的中国品牌。

第一节 跨境电子商务市场调研与店铺定位

一、跨境电子商务市场调研

1. 全球跨境电商市场

卖家在开设店铺之前，有必要对全球跨境电商市场有所了解。出口跨境电商未来的成长空间主要取决于两方面，一是境外电商发展空间，二是中国卖家在境外电商市场中的发展潜力。

（1）境外电商发展空间

根据 eMarket 的研究，2022 年全球零售电商销售额约为 5.7 万亿美元，如图 4-1 所示。预计这一数字将持续增长，2024 年全球电商销售额将超过 6 万亿美元，2025 年将达到 7 万亿美元，2026 年将达到 8.1 万亿美元。可见，全球零售电商在 2022 年迎来平稳期，即便在增长放缓的大环境下，销售额依然非常可观。

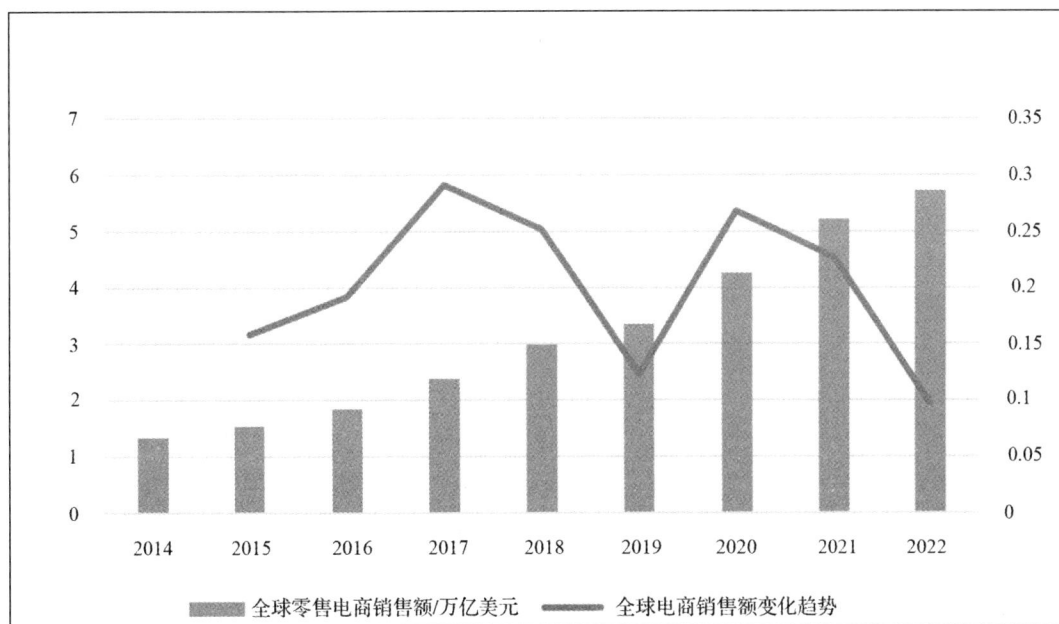

图 4-1　2014—2022 年全球电商销售额趋势图

（2）中国卖家在境外电商市场中的发展潜力

eMarketer 报告显示，自 2020 年以来，发达国家及发展中国家的电商市场都迎来大幅增长。新兴经济体也因为电商市场的迅猛增长而焕发了新的活力。2022 年，在全球电商市场中，亚洲、大洋洲和美洲的电商市场增长最为显著，如图 4-2 所示。

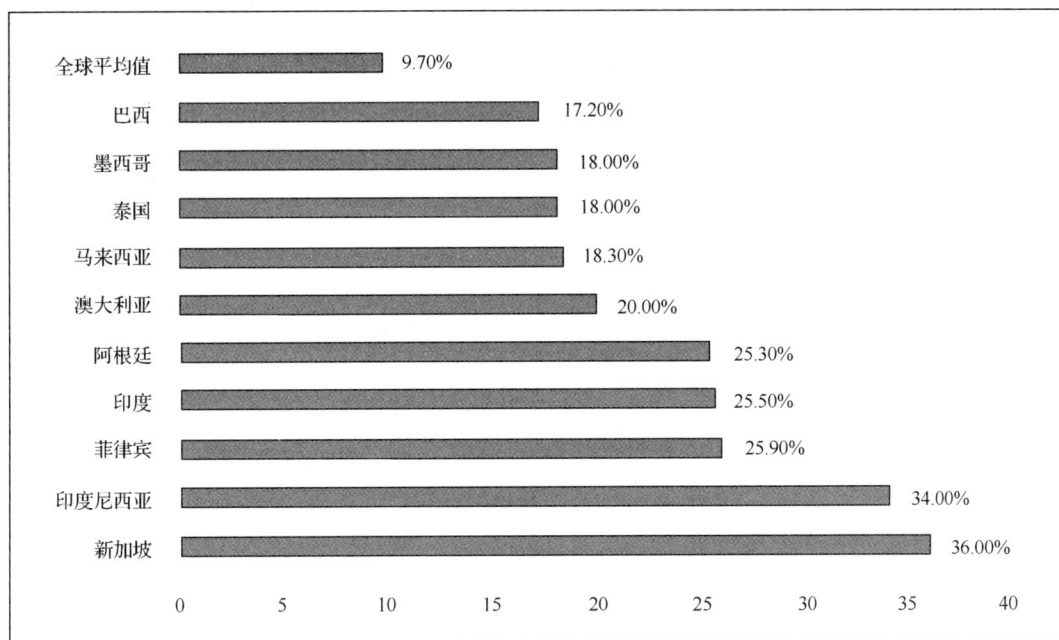

图 4-2　2022 年零售电商增长率领先的国家

图 4-2 中，世界上零售电商销售增长最快的四个国家都在亚洲。从具体国别看，新加坡和印度尼西亚线上零售市场分别增长 36.00% 和 34.00%。而南美洲的阿根廷线上零售市场增长 25.30% 以上，增速位于美洲前列。由此可见，我国的出口跨境电商在成熟市场仍有进一步拓展的空间，在新兴市场有较大的拓展机遇。

2. 各主要地区的跨境电商市场

随着互联网和电子商务的迅速发展，线上跨境购物已逐渐成为全球消费者的一种生活方式。跨境电商企业遍布全球各大市场，为消费者提供便捷的服务。企业要想给消费者提供更好的购物体验、保持稳定的销售增长并赢得境外市场，就必须先对全球主要跨境电商市场的现状和发展特点有深入的了解。

（1）亚太地区

得益于良好的电子商务生态，亚太地区在电子商务用户数量、增长率、渗透率、销售总额、移动电商销售和社交电商等方面均处于或接近全球领先。亚太地区网络购物用户规模已达到该地区总人口的 57%。图 4-3 所示为 2022 年全球各地区零售电商销售额排名，亚太地区在全球零售电商销售额排名第一，北美地区排名第二，西欧地区排名第三，拉丁美洲、中欧和东欧及东南亚地区将在未来几十年内争夺其他位次。

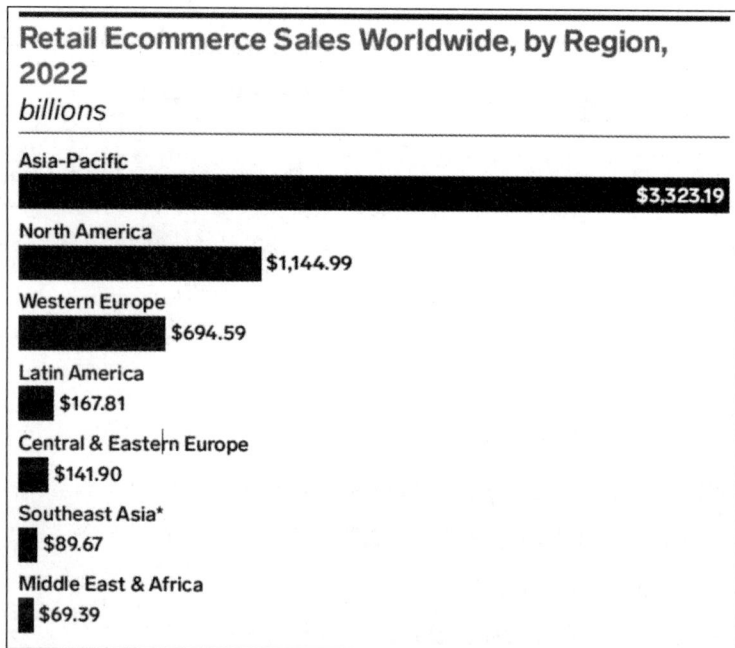

Retail Ecommerce Sales Worldwide, by Region, 2022
billions

Asia-Pacific	$3,323.19
North America	$1,144.99
Western Europe	$694.59
Latin America	$167.81
Central & Eastern Europe	$141.90
Southeast Asia*	$89.67
Middle East & Africa	$69.39

图 4-3　2022 年全球各地区零售电商销售额排名

其中，东南亚的跨境电商呈迅猛发展态势。一方面，以阿里巴巴、京东为首的中国跨境电商巨头纷纷布局东南亚市场；另一方面，以亚马逊、eBay 为代表的欧美电商巨头也在不断加大投入[1]。数据显示，东南亚国家的 GDP 总和为 3.88 万亿美元，人口数量为 6.716 亿，平均经济增长率超过 6.5%。预计到 2025 年，东南亚地区网络经济规模将增长至 2000 亿美元，

---

[1] 东南亚电商目前以阿里巴巴的 Lazada、RedMart、Shopee、京东泰国站、亚马逊、eBay 等为主流平台，天猫出海、网易工厂店等境内电商也在纷纷试水东南亚消费市场。中国跨境电商企业在东南亚以平台卖家为主，也有企业尝试独立站、社交媒体分销及线上线下融合等不同模式。

其中电子商务市场规模将达到 880 亿美元，增速远超实体零售业。

此外，印度已成为世界上增速最快的国家之一，并成为下一个重要的电商竞争市场。目前，印度市场形成了亚马逊、Flipkart、Snapdeal 三大电商鼎立格局，阿里巴巴则通过 Paytm[①] 布局支付市场。

（2）北美洲市场

北美洲市场一直被认为是全球经济发展的核心区域，本土零售商和电商企业竞相争夺新一代消费形态的主导权。亚马逊的智能技术和全球买卖的供应链管理，以及苹果、谷歌、Facebook 等新生代互联网巨头的出现，对以沃尔玛为代表的传统零售业造成了巨大的冲击。

北美洲市场，尤其是美国，是中国跨境电商的主要市场之一，也是全球跨境电商卖家的必争之地。Statista 的数据显示，2022 年北美洲电商市场收入达到了 1 万亿美元，是全球第二大电商市场。据预测，2022 年到 2026 年，北美洲电商市场将保持 15% 的增长率。2026 年，北美洲电商市场规模将达到 1.8 万亿美元。在电商渗透率方面，预计 2025 年将增长至 85%。北美洲电商市场呈多元化趋势，拥有两个经济实力强劲的国家（美国和加拿大），以及新兴市场墨西哥。

美国作为全球主要的电商市场之一，其消费能力和经济水平位居前列。2023—2027 年，美国电商市场复合年增长率预计达 15%，2027 年市场规模将达到 1.5 万亿美元。然而，近年来受高通胀影响，美国消费者正在减少支出。因此，美国电商市场竞争激烈。

加拿大电商市场颇具发展潜力。据 eMarketer 预测，2023 年加拿大电商销售额保持增长趋势，2025 年预计达到 1047.7 亿美元。同时，该国消费者购物需求旺盛，且倾向于选择线上购物。

墨西哥的电商市场近年来呈现出快速发展的趋势。2022 年，墨西哥人口达到 1.32 亿人，互联网普及率和智能手机普及率分别达到 65% 和 93%，实现了 1.3 万亿美元的 GDP 及 256 亿美元的电子商务年度总额，且电子商务年增长率达到 15.6%。

（3）南美洲市场

近年来，南美洲电商市场发展迅速，增长率一直保持两位数以上。部分国家的发展与印度市场相似，从网购市场规模看，南美消费者大多很年轻，且消费能力较强，对"质优价廉"的中国制造产品需求巨大。eMarketer 数据显示，2022 年，全球电商增速排名前十的国家中，南美洲占据两席，分别是巴西和阿根廷。在全球范围内，拉美和加勒比地区是全球增长潜力排名第二的地区，预计增长 20.4%，仅次于东南亚的 20.6%。

在互联网普及率方面，巴西、哥伦比亚、阿根廷、委内瑞拉及乌拉圭表现不俗，反映了南美洲电子商务市场的持续增长以及这些国家之间跨境交易机会的增多。南美洲居民喜欢在线购买电子消费品、书籍、美妆和时尚产品。同时，社交媒体在南美洲非常受欢迎，平均每天有 1.15 亿人访问社交网络，因此，Facebook 和 Twitter 等社交媒体是其电子商务的重要推动力。虽然南美洲跨境电子商务有非常大的潜力，但其发展仍面临基础设施不完善、物流系统不健全等方面的挑战。

巴西是南美洲最大的电商市场之一，其市场规模已超 300 亿美元。巴西电商市场平均客单价较高，这表明当地消费者具备较强的购买力。2022 年，巴西电商规模达到 1696 亿巴西

---

① Paytm 是印度最大的移动支付和商务平台。

雷亚尔。在这个潜力巨大的市场中，Mercado Libre（美客多）是巴西最大的电商平台，另一家名为 Loggi 的电商平台通过完善的物流网络覆盖了巴西的大部分地区。2022 年，阿根廷的在线销售收入超过 2.8 万亿阿根廷比索。此外，阿根廷政府还采取一系列措施以积极支持电商发展，为电商企业提供了很多发展机会，为市场带来了潜在增长动力。

（4）欧洲市场

近年来，欧洲网络购物规模呈上升趋势，欧洲电商销售逐步走向正常化和稳定化。据预测，2026 年的欧洲电商市场规模将超过 1.1 万亿美元。2022 年，欧洲电商的总销售收入为 6340 亿美元，拥有约 5.23 亿电商活跃客户，平均各国约有 62% 的消费者在网上购物。2023 年欧洲电商再次出现高速增长，同比增长近 30%。2022 年至 2026 年，欧洲电商市场将以每年 12% 的速度增长。就 B2C 电子商务销售额而言，西欧是目前发展最强劲的地区，2021 年占欧洲总销售额的 63%；南欧紧随其后，占总销售额的 16%；中欧和北欧分列第三和第四，分别占 10% 和 9%；东欧占 2%，排在最后，尽管东欧的数字经济继续保持增长趋势，但与西欧和南欧市场相比，竞争力还较弱。

欧洲国家众多，且国家地域较小，人口总量相对不高，难以支撑一家独立的大型本土电商，所以其本土电商不会对中国的跨境电商构成较大的威胁与竞争。加之欧洲线下商业、服务业成本较高，使得跨境电子商务的良好价格优势得以凸显。

欧洲经常网购的群体年龄主要集中在 25～54 岁，群体大多受过高等教育。欧洲最热销的电商品类是衣服和体育用品，其次是家居用品。在欧洲，普及程度最高的全球跨境电商平台是全球速卖通、eBay 和亚马逊。其中，全球速卖通在荷兰和俄罗斯最受欢迎，eBay 在塞浦路斯市场领先，亚马逊设有英国、西班牙、法国、意大利和德国站点。

（5）非洲及中东市场

eMarketer 的预测数据显示，2022 年非洲及中东[①]的电商增速预计为 17%，在东南亚和拉美之外，领先于其他区域市场。其次，非洲、中东都是"一带一路"重要参与者，一直在深化与中国的经济合作，政策风险相对较小。

随着互联网速度和普及率的提高，非洲电子商务的规模在快速增长。2022 年 12 月非洲科技公司 TechCabal 与 Klasha 联合发布的《非洲电子商务白皮书》显示，非洲电子商务用户数量增加了 5%，预计到 2025 年非洲电商规模将达到 750 亿美元。2022 年非洲电商用户约 3.87 亿人，电商渗透率为 32%；预计到 2025 年电商用户将突破 5 亿人，渗透率将达 40%，电商用户的年复合增长率为 17.9%。然而，非洲市场的电商发展极不均衡。据联合国贸易和发展会议（UNCTAD）发布的《B2C 电子商务世界指数》，排名前 10 位的非洲国家分别为毛里求斯、南非、突尼斯、加纳、利比亚、尼日利亚、肯尼亚、摩洛哥、塞内加尔和阿尔及利亚。这十个国家的电商交易总额占整个非洲市场的 94%。但是，在非洲，物流基础设施不完善、信任度低和文化教育水平低也会在一定程度上增加非洲跨境电商的经营成本和人力培训成本。

中东地区由于经济、政治和产业结构等问题，大部分消费品依赖进口，中国是中东地区最重要的贸易伙伴。值得一提的是，中东地区的人均购买力很强，沙特电商市场是当前全球电商发展最快的市场之一，电商客单价超过欧美等国家。然而，在中东市场，文化因素是产

---

① 中东又称中东地区，是指从地中海东部与南部区域到波斯湾沿岸的部分地区。中东地理上跨越亚洲西部、非洲东北部和土耳其的欧洲部分的地区，包括部分西亚和非洲埃及，约 1500 万平方公里，4.9 亿人口。

品销售类别和物流"最后一公里"的巨大障碍，因此卖家需提前了解当地文化和风俗。同时，中东地区尚未建立起相对统一的在线支付模式，目前主流的支付方式为货到付款，该模式回款时间长、资金周转期长，成为阻碍跨境电商企业发展的一大因素。

二、平台选择和店铺定位

近年来，跨境电子商务的快速发展和跨境电商平台的不断涌现，给外贸企业带来巨大的发展机遇，促使更多的外贸企业开拓境外市场。然而在这一过程中，很多企业往往在 B2C 出口跨境电商平台选择方面存在问题，没有根据平台的特点和自身的实际情况选择适合的跨境电商平台。

1. 平台选择

面对众多的主流和新兴跨境电商平台，选择适合的平台是决定企业能否顺利开展跨境电商业务并取得长期持续发展的重要一步。目前，市场上主流的出口跨境电子商务平台较多，包括亚马逊（Amazon）、阿里巴巴国际站、全球速卖通、希音（SHEIN）、TEMU、TikTok Shop、Shopify、eBay、Shopee、Lazada 等。

为了打开销路、获得更多曝光机会，很多跨境卖家会选择广撒网的方式入驻各类平台。不过，对于经验、资源、精力有限的卖家或初级卖家而言，这似乎既不现实，也不经济。因此，刚刚起步的中小卖家可以先选择一两个适合的平台开设店铺，进行网络销售。在平台选择上，也不能简单地只看平台交易量、知名度，而要根据平台的特点，选择最适合自己所销售商品的平台。实力强大的大卖家可以选择在多个跨境电子商务平台上开设店铺，扩大企业品牌的知名度。

我们可以从以下角度进行平台选择。

（1）平台的主要销售市场

各大 B2C 出口跨境电商平台的买家分布情况存在很大差异，表 4-1 所示为主流跨境电子商务平台及其主要目标市场。

表 4-1　主流跨境电子商务平台及其主要目标市场

主流电商平台	主要目标市场
亚马逊	北美洲、欧洲、大洋洲、亚洲日本等地区
全球速卖通	俄罗斯、巴西、南欧、东欧、南美洲等地区
TEMU	北美洲、欧洲、东南亚、南美洲、中东等地区
TikTok Shop	欧洲、北美洲、东南亚等地区
Shopify	北美洲、欧洲和亚洲是最大的三大市场，同时服务于全球其他地区
eBay	美国、英国、大洋洲、中国、阿根廷等地区
Shopee	东南亚地区
Lazada	东南亚地区
Wish	欧美国家和地区

其中，亚马逊和 eBay 平台的买家主要来自欧美国家和地区，而全球速卖通平台的买家主要来自俄罗斯、巴西、南欧、东欧、南美等发展中国家。而区域性平台如 Lazada 平台、

Shopee 平台主要为东南亚地区的买家服务。因此企业在选择平台入驻时，应考虑自己商品的市场适销性，根据平台买家的消费能力、消费习惯选择合适的平台。

（2）平台的准入条件及物流、支付工具

在选择平台时，除了参考平台的目标市场外，还要了解这些平台的准入条件。大部分跨境电子商务平台需要以企业身份入驻，但也有部分平台（如 eBay、Wish）允许以个人身份入驻。主流跨境电子商务平台的准入条件及物流、支付工具如表 4-2 所示。

表 4-2　主流跨境电子商务平台的准入条件及物流、支付工具

平台	准入条件	物流	主要支付工具
亚马逊	注册公司实体，可以支付美元的双币信用卡	亚马逊物流、第三方物流	信用卡/借记卡、亚马逊礼品卡、银行转账、货到付款和 PayPal
全球速卖通	注册公司实体或个体工商户，自有或授权的英文注册商标（品牌），平台入驻年费及 5%～8%交易佣金①	全球速卖通合作物流、邮政物流及商业快递等第三方物流	国际信用卡、PayPal、网银、转账、现金、国际版支付宝（Escrow）
TEMU	注册公司实体或个体工商户，商家需要确保所售商品的质量和安全性，符合相关标准和规定；如果商家销售的是品牌商品，需要具备品牌授权书或品牌注册证书等相关资质证明	境内统一仓配、境外跨境直邮等②	国际信用卡、移动支付（支付宝、微信支付等）、货到付款、PayPal
eBay	企业或个人，月租费+刊登费+交易佣金	第三方物流	网银、信用卡、PayPal、现金、支票、货到付款、Apple Pay 支付、Google Pay 等
Wish	企业或个人，15%的交易佣金	Wish post、Wish 海外仓	信用卡、借记卡、PayPal、Apple Pay、Google Pay、货到付款等

（3）平台的产品类目

① 平台的可售产品类目

通过跨境电子商务平台的首页导航，我们可以直观地查看平台的可售产品类目。以全球速卖通为例，进入首页，从左侧导航栏可以看到全球速卖通平台销售家具、美容健康、玩具等多个大类，如图 4-4 所示。登录全球速卖通后台，还可查看到每个一级类目下的若干个二级类目，以及更多的细分类目。

---

① 对于单笔交易金额超过 1000 美元的订单，全球速卖通平台佣金由 8%降到 1%。

② 在境内统一仓配方面，商家将货物提前运至 TEMU 指定的境内仓库，然后由平台统一进行空运至境外。这种模式的优点是可以降低物流成本，提高物流效率，同时也可以减轻商家的库存压力。

　在境外跨境直邮方面，TEMU 平台与极兔、云途等境内第三方快递服务商合作，进行跨境物流运送。这种模式的优点是可以满足客户快速收货的需求，提高客户满意度。

　此外，TEMU 平台还支持 JIT（准时制）发货模式，即商家可以根据实际产生的销售订单，将商品极速发货到 TEMU 指定的仓库，要求在 48 小时内送达，并需缴纳 5000 元保证金。这种模式的优点是可以减轻商家的库存压力，同时也可以提高物流效率。

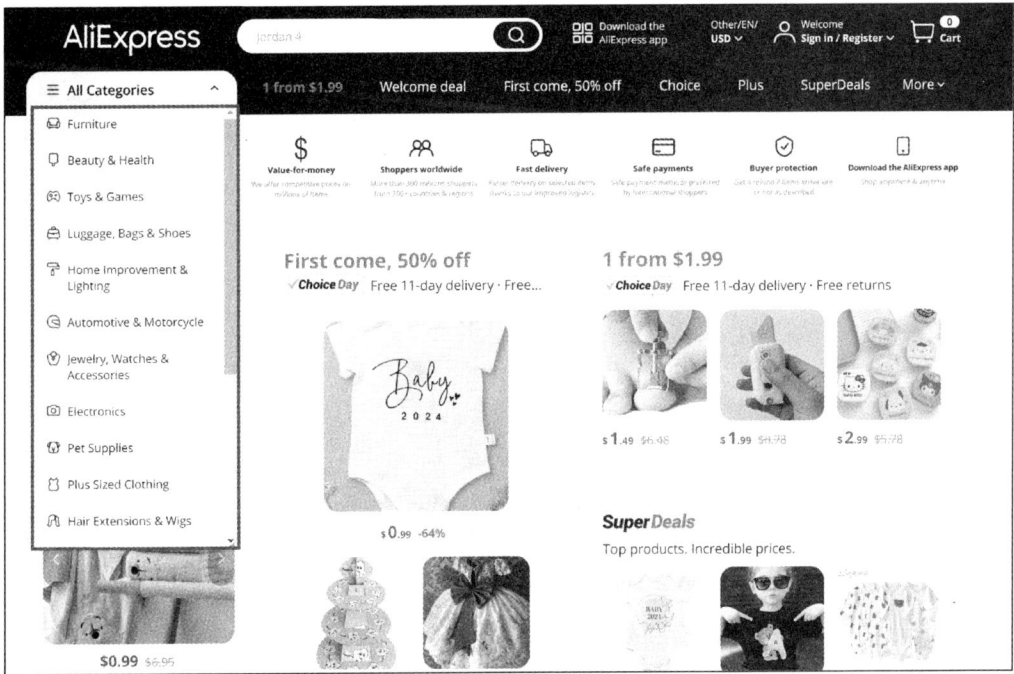

图 4-4　全球速卖通平台首页

亚马逊平台的不同站点经营的产品类目有所不同。以亚马逊美国站为例，在首页导航栏中可以看到该平台销售的无形产品和有形产品共二十多个大类，如图 4-5 所示。

我们用同样的方法在其他的跨境电子商务平台（如敦煌网、eBay、Wish等）的首页了解其经营的产品类目。

小资料：亚马逊美国站和日本站可售产品品类

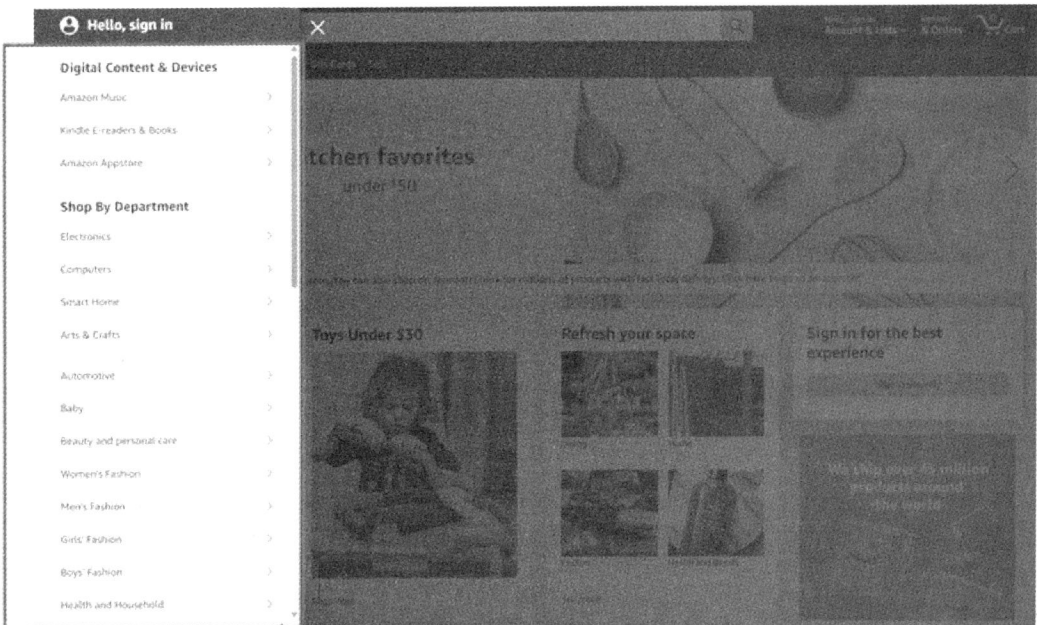

图 4-5　亚马逊美国站首页

② 平台的违禁售产品类目

除了了解跨境电子商务平台可经营的产品类目，卖家还需要知道这些平台禁止销售哪些产品类目，以避免出现违规甚至违法问题。每个平台的规则频道都会给出违禁产品的列表，明确哪些类型的产品是不能够在该平台销售的，以及如果违反会遭遇怎样的处罚。

有些违禁产品是触及法律、被所有平台严令禁止的，还有一些产品是根据平台的特点及主要销售的国家/地区情况而设定为禁止销售的，卖家应提前做好功课，避免违反平台规定。例如，在亚马逊平台，带拉绳的儿童上衣、孔明灯等祈福类产品、儿童充气游泳颈圈、酒精饮料、下拉式围栏婴儿床等都是不能销售的。

③ 平台的热卖产品

每个跨境电子商务平台都有各自不同的特点、主要销售区域和目标客户，这就导致了不同平台会有不同的热销产品。平台一般会将热销产品放在最显著的位置，如导航栏的前端。以全球速卖通为例，我们打开其首页，可以看到产品目录，如图 4-6 所示。

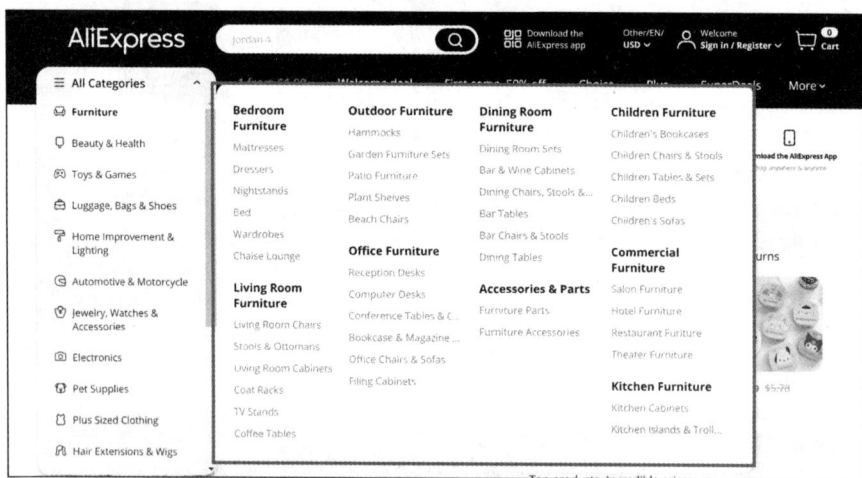

小资料：全球速卖通平台禁限售产品列表

图 4-6　全球速卖通热销产品类目

此外，在全球速卖通首页的搜索框中输入关键词时，在搜索框下方会展示很多与搜索词相关的联想词。这些联想词是近期搜索量比较大的相关关键词，可供卖家在选品时作为参考，如图 4-7 所示。

图 4-7　与搜索词相关的联想词

目前，B2C 出口跨境电商主流平台在长期运营过程中逐渐形成了各自的优势产品。例如，全球速卖通平台的优势行业较广，包括服装服饰、手机通信、鞋包、美容健康、珠宝手表、消费电子等；亚马逊平台的主打产品为家居和厨房用品、书籍和音像制品；Wish 平台的优势产品为女性用品，如服饰、珠宝、手机礼品等。如果所销售的是平台的优势产品，能够提升销售效果。此外，各平台的特性不同，针对高端品牌的产品，卖家可以考虑在亚马逊平台销售；而针对极具价格优势的产品，则可以考虑在全球速卖通平台销售。综上所述，企业在选择平台时，要根据自身的产品选择合适的平台入驻。

想一想

在校大学生小王想要开设跨境电子商务店铺，销售自己手工制作的羊毛毡制品，根据平台选择的知识，她比较适合在哪个跨境电子商务平台上开店销售呢？

2. 店铺定位

自 2016 年以来，我国的跨境电子商务得到了爆发式增长，但竞争也日益加剧。卖家要想在众多店铺中脱颖而出，特色化经营是大势所趋。目前传统的铺货型店铺市场空间越来越小；有一定知名度的品牌型店铺需要投入较多的资金和精力；而"小而美"型店铺经营方式灵活、敏捷，更适合广大中小卖家。

卖家在确定入驻平台之后，要根据电商平台的情况，并结合自身企业情况，对店铺进行定位。一般来说，店铺定位分为风格定位、产品定位、客户定位三个方面，如图 4-8 所示。

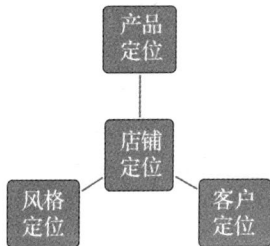

图 4-8　店铺定位

（1）风格定位

店铺定位首先要注重打造与众不同的店铺风格和高标准的专业形象。店铺风格包括产品风格和店铺装修风格两个模块。产品风格主要是找到适合自己店铺发展的产品。店铺装修风格则可以根据产品的调性、品牌调性做个性化设计。高标准的专业形象要求做好品牌的展示和服务，如突出店铺的品牌化特征、提供更精细的客户服务等。

（2）产品定位

目前，产品同质化严重是每个跨境电商平台都存在的问题。卖家要做好产品定位，一是具备单品突破思维，从产品差异化方面下功夫；二是做好核心爆款选品。中国卖家最大的优势在于供应链丰富多样；但劣势也很明显，即缺少自主研发能力。因此，具有自主研发和创新能力的卖家应以市场调研和数据分析作为选品的基础，开发出与其他大众产品相区别的爆款产品。

此外，同一类产品可分为高、中、低几个档次，对应的价格也有所不同。卖家应根据消费群体的接受范围开发出适应市场需求的产品。

（3）客户定位

你打算把产品卖给谁？这些人群一般会聚集在什么地方？他们有什么爱好？如何投其所好？购买同类型产品的消费者和潜在消费者都会有一些共同的特征，卖家可以用贴标签的方式对客户进行画像，从而明确客户定位。图 4-9 所示为某家居用品店铺对其目标客户进行的画像。

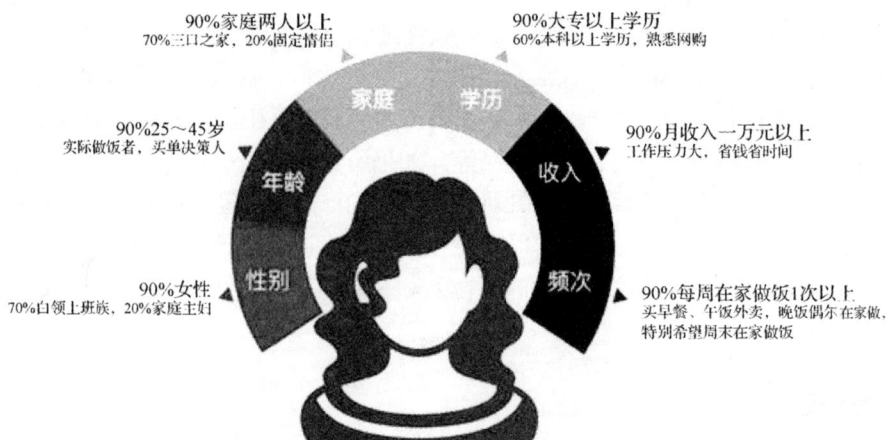

图 4-9　某家居用品店铺对其目标客户进行的画像

第二节　跨境电子商务市场选品

一、跨境电子商务市场选品概述

1. 选品的概念

选品是指结合跨境贸易环境、平台特性、卖家情况和用户需求，选择自己店铺要经营的行业及具体类目之下的产品。

从市场角色关系看，选品即选品人员从供应市场中选择适合目标市场需求的产品。选品人员必须把握用户需求，从众多供应市场中选出在质量、价格和外观上最符合目标市场需求的产品。成功的选品能够实现供应商、用户、选品人员三方共赢的结果，这也是选品的价值所在。

从用户需求的角度看，选品要满足用户对某种效用的需求，如带来生活便利、满足虚荣心、消除痛苦等方面的心理或生理需求。

从产品的角度看，选品即选出在外观、质量和价格等方面符合目标用户需求的产品。

由于需求和供应处于不断变化之中，因此选品也是一个不断重复的过程。

2. 选品的原则

选品是开展跨境电子商务的第一步，也是非常重要的一步。跨境卖家在选品时不仅要考虑自己的兴趣爱好，还要兼顾市场需求及平台特性等。

（1）兼顾兴趣爱好

俗话说，兴趣是最好的老师。卖家要想打造好的产品，必须花时间研究所经营产品的特性、优势、市场需求和价值等。

（2）从市场需求出发

在选品时应该研究市场需要和目标用户。一方面，熟悉目标用户的文化和消费习惯，选择迎合他们需求的产品。例如，日韩市场偏爱精致优良的高、精、尖、小巧、美观的产品；北美和欧洲市场对品质要求适中，偏爱简洁流畅、新奇多变的产品；中东市场对品质要求不高，对中低价位产品的需求量大；非洲市场受多重文化的影响，对奢侈品和质量极差的产品都能接受；俄罗斯偏爱中国物美价廉的产品；巴西买家 60%以上为女性客户，半数以上订单为服装和配饰。另一方面，分析网购群体的性别、年龄、兼顾流行趋势、创意及产品特色。

（3）关注产品本身

关注产品本身包括关注产品的质量、重量和体积。其中，质量是根本，重量和体积影响产品的物流成本。

不涉及生产的经销商应选择合适的供应商，综合考虑供应链的各个因素，如地理位置、采购价格、供货稳定性等。

（4）考虑平台特性

选品时要对不同平台的特点、商业理念有所了解，并在了解平台后进行精细化选品。只有这样，才能选择合适的产品进行销售。

二、跨境电子商务市场选品的渠道和方法

1. 选品渠道

就某一特定的跨境电商平台而言，选品渠道可分为站内和站外两种。以全球速卖通平台为例，"站内选品"是指通过全球速卖通站内所有可利用的条件及工具进行选品。全球速卖通站内选品包括前台分析、行业分析、产品分析、直通车选品工具等。而"站外选品"是指通过全球速卖通以外的可利用的条件及工具进行选品。全球速卖通站外选品有很多的渠道，包括宏观分析网站目标市场及分布的 Google Trends、KeywordSpy、Alexa，以及与全球速卖通相关的其他跨境电商平台，如亚马逊、eBay、敦煌网、兰亭集势等。同时，社交媒体也是能够发掘用户需求的渠道之一，能够帮助商家抓住稍纵即逝的商机。

2. 站内选品方法

跨境电子商务站内选品方法很多，每个跨境卖家都有自己独特的选品方法。下面介绍几种常见的选品方法。

（1）跟卖

对于新手卖家来说，最直接有效的方法就是找到行业排名靠前的大卖家，以其样板店铺的热卖产品为参照，逐条分析挖掘，逐步打造自己的产品线。

（2）数据化选品

数据化选品是指通过平台的数据化工具，收集、整理并分析行业、产品、买家搜索和卖家销售等信息，为选品提供依据。大多数跨境电子商务平台有数据化端口，如全球速卖通的数据纵横、敦煌网的数据智囊等。以全球速卖通为例，卖家可以通过市场分析、搜索分析、选词专家、选品专家（见图 4-10）、前台分析及直通车工具等进行数据分析，把握潮流趋势，精准定位买家需求，进而确定经营的产品类目和产品关键词等。

（3）基于客户反馈选品

在跨境电子商务平台搜索相关的关键词，找到热卖品，然后从热卖品评价中抓取客户的评价。卖家可以从客户的好评中找到客户购买该产品的真正需求点和期望值；从差评中找到现有产品的不足和问题，并基于这些客户反馈，对产品做研发改进和微创新，从而解决客户的痛点，打造热销产品。

3. 站外选品方法

（1）参考大型 C 类购物网站

目前大型 C 类购物网站有亚马逊、全球速卖通、eBay、沃尔玛、百思买、Etsy、家得宝等。卖家可以参考这些购物网站的热销品和新品进行选品。

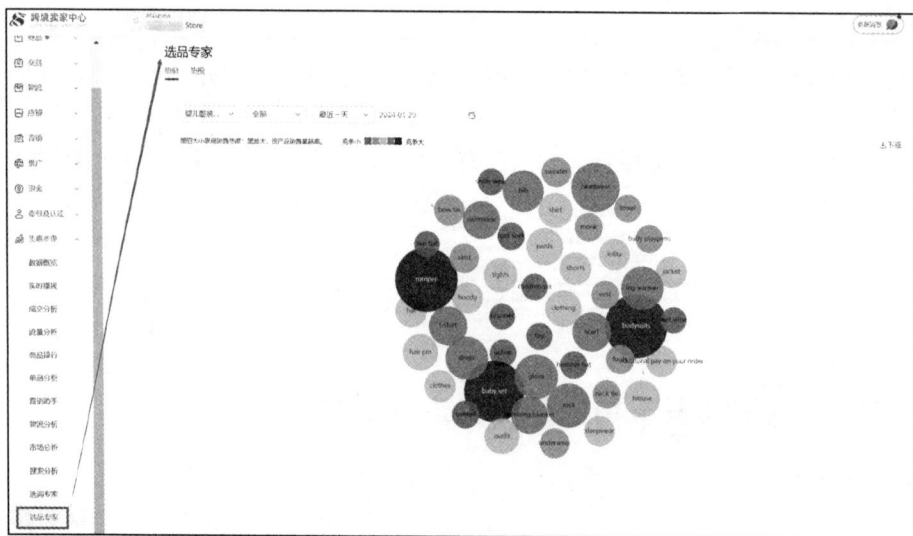

图 4-10 全球速卖通选品专家

（2）追踪国际社交平台热点

卖家可以通过一些流行的国际社交平台，了解当下最受客户喜爱的时尚产品或元素。

（3）Google Trends

Google Trends 是 Google 推出的一款基于搜索日志分析的产品，它通过分析 Google 全球数十亿计的搜索结果，告诉卖家某一搜索关键词各个时期在 Google 被搜索的频率和相关统计数据。

Google Trends 通过完整、实时的数据，让卖家及时了解国际市场趋势及具体产品的热度，从而为选品提供参考。例如，搜索精准的关键词"Christmas lights"和"Christmas led lights"，单击"热度随时间变化的趋势"选项，可以查看到随着时间的变化这两个关键词的被搜索趋势，如图 4-11 所示。很明显，在 11 月底到 12 月初的时候，这两个关键词的搜索量达到了巅峰，卖家可以根据这个时间准备产品、上架、运营及营销。

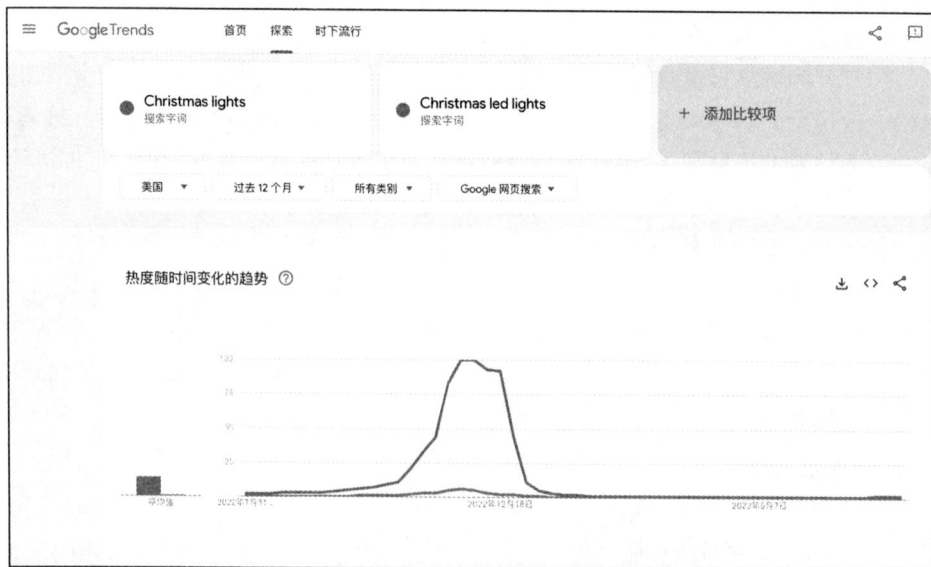

图 4-11 热度随时间变化的趋势

除上述选品方法外，行业展会是行业内供应商为了展示新产品和技术、拓展渠道、促进销售、传播品牌的宣传活动。参加展会，卖家可以获取行业最新动态和企业动向。卖家可以通过参加中国进出口商品交易会（简称"广交会"）和中国（上海）国际技术进出口交易会（简称"上交会"）等线下展会，了解市场的最新需求和潮流趋势。

小知识：广交会

中国进出口商品交易会（The China Import and Export Fair）即广州交易会，简称"广交会"，英文名为 Canton Fair。广交会创办于 1957 年春季，每年春秋两季在广州举办，由商务部和广东省人民政府联合主办，中国对外贸易中心承办。它是中国目前历史最长、层次最高、规模最大、商品种类最全、到会采购商最多且分布国别（地区）最广、成交效果最好的综合性国际贸易盛会。自 2007 年 4 月第 101 届起，广交会由中国出口商品交易会更名为中国进出口商品交易会，由单一出口平台转变为进出口双向交易平台。

（4）境外社交媒体

卖家除了可以通过社交媒体进行营销外，还可以通过加入相关的社群、关注行业相关的页面和用户动态，获取热门产品。跨境电商常用的社交渠道有 Facebook、Twitter、Instagram 和 YouTube。在使用境外社交媒体选品时，卖家要注意时间范围，近期增长的视频数量是一个很关键的数据。

实训　跨境电子商务选品市场调研

【实训目的】

了解跨境电子商务市场，掌握主要跨境电子商务平台行业、品类的数据分析技巧，能够撰写相关分析报告。

【实训内容和步骤】

（一）行业分析报告撰写

从全球速卖通、eBay、亚马逊、Shopee 等平台店铺后台提供的数据信息中，选择一个你感兴趣的行业进行分析，撰写分析报告。

实训提示：

（1）熟悉主流跨境电子商务平台。

（2）分析某一行业数据，撰写分析报告。

实训步骤：

（1）登录某一跨境电子商务平台。

（2）查询某一行业数据，撰写分析报告。

（二）品类分析报告撰写

实训提示：

（1）熟悉主流跨境电子商务平台。

（2）分析某一品类数据，撰写分析报告。

实训步骤:

(1)登录某一跨境电子商务平台。

(2)查询某一品类数据,撰写分析报告。

同步阅读: 从选品角度看亚马逊日均 400 单的 Listing 成功案例

亚马逊上一款电动的鼻毛修剪器,售价为 17.95 美元,有两种不同的颜色,如图 4-12 所示。本商品已获得 6700 多个评论(Reviews),并取得 4.3 的评分。通过工具监测发现,这款商品已经在亚马逊美国站上连续售卖 1600 多天,排名较为稳定。

图 4-12 某款鼻毛修剪器的商品详情页

卖家在销售前,应该评估所选商品的未来销量,可先用工具查询商品对应关键词的搜索量。例如,鼻毛修剪器 Listing 标题的关键词"nose trimmer"平均每月搜索量达 8 万多人次,如图 4-13 所示。可见,此商品市场需求巨大,足以支撑一天几百单的销售额。

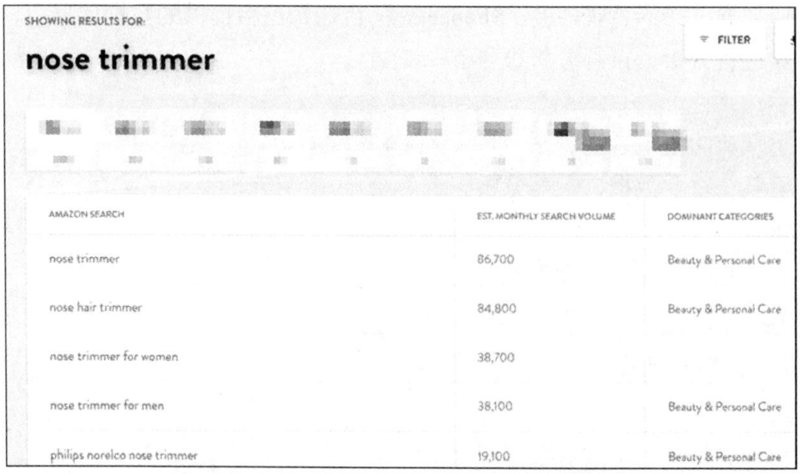

图 4-13 关键词"nose trimmer"的月搜索量

选品时，除了考虑市场容量，还要计算商品的利润。我们可以从 1688 上查看类似的商品采购价来估算利润。根据 1688 货源报价数据预测，该商品的采购价在 20 元左右，如图 4-14 所示，折合美元约为 3.15 美元。

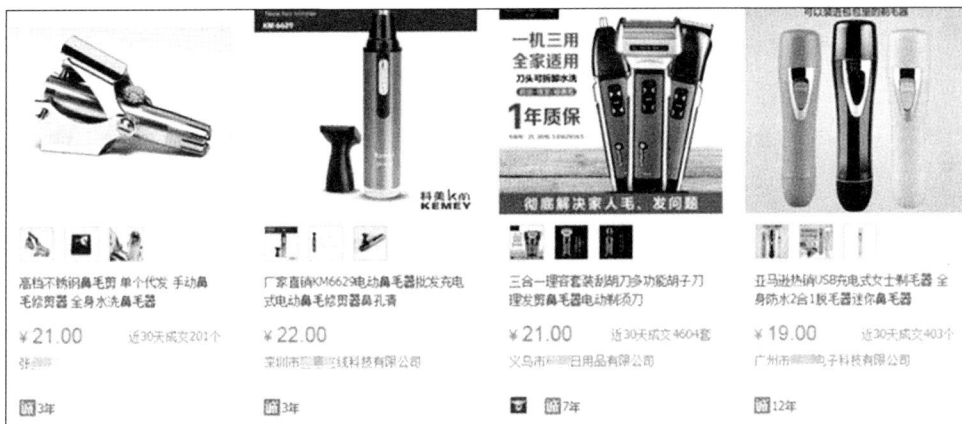

图 4-14　鼻毛修剪器的采购价

结合亚马逊物流收益计算器，我们可评估这款商品的利润在 40% 以上，如图 4-15 所示。建议亚马逊新手卖家在选品时确保利润在 40% 以上，这是保证盈利的关键要求。

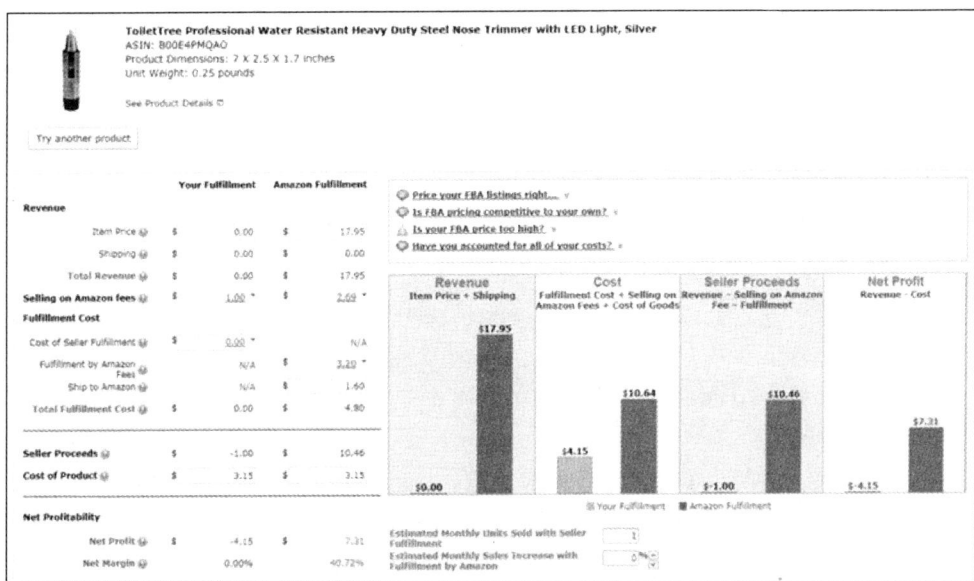

图 4-15　收益计算

本章小结

俗话说，"好的开始是成功的一半""万事开头难"。选品是解决"卖什么"的问题，这决定了商家的目标客户群、销售渠道、竞争对手、盈利能力和投入产出比。因此，选对产品对于产品销售乃至店铺成长至关重要，也可为后续店铺运营中的爆款打造、营销推广等工作提供操作依据和支撑。将中国制造、中国质造和中国智造的产品出口到全世界是每一个跨境电商人的担当和使命，要实现这一目标，需要具有敏锐的国际市场洞察力，并掌握多种选品技巧和策略。

本章第一节介绍了选品的前期准备工作，从市场调研、平台选择和店铺定位三个方面为正式选品做好铺垫。第二节介绍了选品的原则、渠道和方法。由于不同的平台具有不同的特点，因此选品方法也不能一概而论，应具体问题具体分析。

同步测试

1. 单项选择题

（1）小张想做跨境电子商务，但是他既不是个体工商户也没有注册公司，那么他可以注册的平台有（　　）。

    A. eBay   B. 亚马逊美国站   C. 全球速卖通   D. Shopee

（2）请为画线处单词选择最合适的中文解释：You have chosen one of the best-selling products in our store。（　　）。

    A. 最贵的   B. 最便宜的

    C. 最畅销的   D. 质量最好的

（3）下列不属于跨境 B2C 电商代表企业的是（　　）。

    A. 全球速卖通   B. 1688 在线交易平台

    C. 亚马逊美国站   D. 兰亭集势

2. 多项选择题

（1）站外选品时，需要利用跨境电子商务平台以外的网站工具进行数据分析，可获取相关数据的站外工具有（　　）。

    A. Google Trends   B. KeywordSpy

    C. Alexa   D. Excel 表格中 VLOOKUP 函数

（2）顶级域名由两个英文字母所组成，例如，代表澳大利亚的是".au"，代表欧盟的是".eu"等，跨境电子商务卖家可通过顶级域名判断某个网站平台所在的国家或地区，从而进行细分市场的分析。请问加拿大和保加利亚两个国家的域名后缀分别是（　　）。

    A. ".cd"   B. ".ca"   C. ".bu"

    D. ".bg"   E. ".br"

（3）Alexa 是一家专门发布网站世界排名的网站，是跨境电子商务卖家常用的工具之一。Alexa 中国可以为用户提供的查询有（　　）。

    A. 网站访问量查询

    B. 网站浏览量查询

    C. 排名变化趋势数据查询

    D. Alexa 中文排名官方数据查询

（4）不属于 PayPal 卖家保障范围的物品或交易有（　　　）。

    A. 交通工具，包括摩托车、拖车、飞机和船只

    B. "与描述显著不符"的补偿申请或退单

    C. 卖家亲自交付的物品，包括在销售点售出的物品

    D. 无形物品，包括数字商品、旅游门票、礼券和服务

（5）在中国邮政速递物流中，属于航空安检不合格的物品有（　　　）。

    A. 带电池的各类电子产品

    B. 带磁性的物品（扩音器）

    C. 自动充气救生设备、灭火器

    D. 内装化妆品、药品、粉末状物品的邮件

3. 简答和分析题

（1）如何进行跨境电子商务平台的店铺定位？请举例说明。

（2）传统外贸企业转型做跨境电子商务，卖家在选品时应该注意哪些问题？

第五章
跨境物流

学习目标

　　了解不同的跨境物流方式，熟悉各种跨境物流渠道，能够根据各国地理情况和贸易国别（地区）政策选择合适的跨境物流方式，培养国际视野和全局观；掌握跨境物流风险防范技能，规避非法通关行为，树立合法经营和依法纳税意识。

知识导图

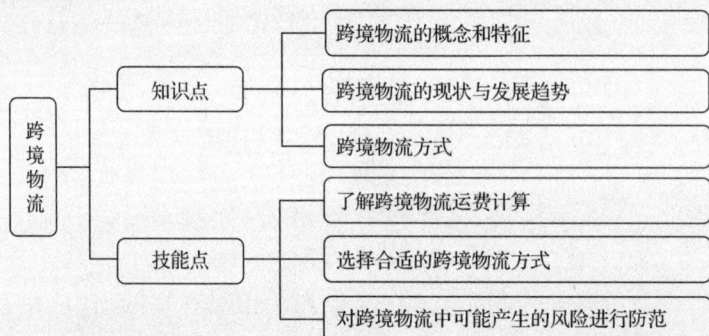

引　例

　　根据《中国跨境电商物流行业现状研究与发展分析报告（2024-2031）》的数据，2023年我国跨境电商物流行业市场规模为3.88万亿元。其中，我国跨境电商物流以出口为主，2023年出口跨境电商物流市场规模约为2.87万亿元，占比达73.97%。随着我国对外贸易规模不断扩大，跨境电商物流行业市场规模不断扩大，截至2023年10月，我国跨境物流企业数量达到了156719家。

　　我国跨境电商物流模式主要分为邮政、商业快递、专线及海外仓。其中，邮政、商业快递、专线都是将商品从境内市场直邮至境外消费者手中，电商物流配送时间较长且成本较高。为迎合跨境电商发展需求，我国跨境物流行业逐渐摸索出海外仓物流模式，该模式虽整体时效较慢，但能够极大程度地提高物流阶段（从海外仓将商品运往消费者手中）的运输效率，为消费者提供良好的服务体验。目前，境内直邮跨境物流市场占比60%、海外仓物流市场占比40%，且海外仓跨境电商物流模式应用率正处于持续提高阶段。

值得注意的是，目前，基于成本、时间等因素的考虑及政府部门的政策支持，我国跨境物流企业加速在各国家及地区建设、布局海外仓，境内海外仓投建项目的投资不断增加。例如，跨境电商企业小商品城早在2020年便宣布将在未来三年（即至2023年）在全球建立200个海外仓项目，加速企业海外仓扩展。截至2021年年末，该企业已累计布局海外仓120个，覆盖了46个国家和地区。未来直邮跨境物流模式优势或将被持续削弱，海外仓跨境电商物流模式的应用率将进一步提高。

引例分析

社会物流成本水平是国民经济发展质量的综合体现，也是决定实体经济竞争力的关键因素。随着互联网的普及和跨境电商的高速发展，跨境电商物流在促进中小企业商品出口、满足人民群众进口商品需求等方面发挥了巨大作用，已成为助推外贸创新发展、产业转型升级和经济增长的新动力。

中国是全球跨境电商物流的重要参与者，来自中国市场的包裹占全球的三分之一。在充分发挥制造业优势并持续向境外消费者输送各类消费品的过程中，中国为拓展国际贸易渠道、优化多边资源配置、增进全球经济互联互通提供了"中国智慧"、贡献了"中国力量"。

第一节　跨境物流概述

跨境电子商务运作过程中涉及信息流、商流、资金流和物流。而信息流、商流和资金流均可通过计算机和网络通信设备在虚拟环境下实现，但物流无法在虚拟环境下实现。跨境物流系统高效率、高质量、低成本的运作是促进跨境电商发展的保证。

一、跨境物流的概念和特征

1. 物流概述

《中华人民共和国国家标准物流术语》（GB/T 18354—2021）对物流的定义如下：根据实际需要，将运输、储存、装卸、搬运、包装、流通加工、配送、信息处理等基本功能实施有机结合，使物品从供应地向接收地进行实体流动的过程。这个定义涵盖了物流活动中的各个环节，强调了物流系统的整体性和协调性，以满足物品流通的效率和效果，如图5-1所示。

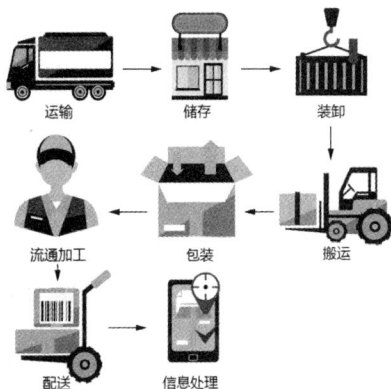

图 5-1　物流基本功能

2. 国际物流

物流作为供应链的重要组成部分，是对商品、服务及相关信息从产地到消费地的高效、低成本存储和流动进行规划、实施与控制的过程。而国际物流的特别之处在于交易的主体分属于不同关境，商品需跨越不同的关境或国界才能从生产者或供应商到达消费者手中。国际物流泛指国际贸易场景下的物流运作，而跨境物流可以理解为服务于跨境电商的国际物流活动。传统的国际物流主营业务为国际贸易运输，以海运集装箱为主，主要解决生产者与消费者之间的空间、时间与信息等阻隔问题。

国际物流的发展状况与进出口贸易紧密相关。我国货物贸易进出口的稳步发展带动了国际物流运输需求，推动了国际物流行业的快速发展。

3. 跨境物流

跨境电商使得国际物流发生了根本性的改变，跨境物流不仅从集装化运输变为小包化运输，而且将物流与供应链管理结合起来，将原来单纯的运输转变为整个供应链流程的重构和优化，图 5-2 所示为跨境物流图谱。

图 5-2　跨境物流图谱[1]

中国跨境物流具有以下三个特征：一是在区域分布上集中于东南沿海地区，尤其是深圳和上海，中西部地区跨境物流很少；二是跨地区、跨行业竞争较少，由于所处行业较为分散且发展不成熟，中国涉及跨境物流业务的上市公司面临的同行竞争有限；三是同质化问题促使物流企业进行改革，如从仅提供海运或空运物流服务转变为提供多式联运服务，从提供报关、订舱等传统服务升级到提供运输方案优化设计、综合物流服务等。

查一查

国际物流与跨境物流之间有何区别？

---

[1] 摘自孙韬《跨境电商与国际物流：机遇、模式及运作》。

二、跨境物流的现状与发展趋势

跨境物流水平对跨境电商的发展至关重要。合理、高效的跨境物流一方面能帮助企业整合全球价值链、获取贸易机会；另一方面能帮助个人便利地购买全球商品，实现消费升级。

根据《中国现代物流发展报告》英文版[①]，从 2012 到 2021 年，中国社会物流总额和社会物流总费用分别从 177.3 万亿元和 9.4 万亿元增长到 335.2 万亿元和 16.7 万亿元，年均增速分别高达 7.3%和 6.6%，已成为全球最大物流市场。2014 年，中国快递市场以 139.6 亿件的业务量首次超越美国成为全球第一，此后连续 8 年稳居世界第一。经过多年发展，中国社会物流总额和社会物流总费用大幅增长，铁路货运量、公路货运量及周转量、水路货运量及周转量等指标均居世界第一；港口规模居世界第一，港口货物吞吐量和集装箱吞吐量连续十多年居世界第一，海运船队运力规模位居世界第二；民航货邮周转量居世界第二；快递市场规模连续 8 年位列世界第一。中国已经成为具有国际影响力的物流大国。

《2022 年度中国跨境电商市场数据报告》[②]显示，2022 年中国跨境电商市场规模达 15.7 万亿元，较 2021 年的 14.2 万亿元同比增长 10.56%。跨境电商出口物流按交付模式划分，出口直邮模式约占跨境物流总体规模的 12%，海外仓占 65%；按终端客户划分，出口 B 端约占总体规模 56%，出口 C 端约占总体规模的 21%。跨境电商进口物流按照交付模式划分，可分为直邮和保税仓物流模式。

从全球物流行业的发展趋势看，进入 21 世纪后，物流服务向专业化发展，第三方物流逐渐成熟，第四方物流[③]逐渐兴起。在全球第三方物流市场中，亚太市场增长速度最快。在亚太市场中，中国市场的发展速度最快，所占市场份额最高。预计到 2030 年，亚洲的经济总量将会超过美国及欧盟的总和，占世界 GDP 的份额将从 30%增长到 40%以上。

目前，全球化态势异常迅猛，实现"买全球、卖全球"需要强大的全球物流体系的支撑。面对新的形势，近年来国家加大了对物流业的扶持力度，相继推出一系列支持物流行业发展的政策和发展规划，以质量和效益为中心，寻找战略突破口。

三、国际货物运输方式

国际货物运输方式是国际贸易中不可或缺的组成部分，我国进出口货物都是通过国际货物运输方式输出和输入的。国际贸易运输的运量大，运费因运输方式不同而有所不同。根据使用的运输工具的不同，国际货物运输主要分为国际海洋运输、国际铁路运输、国际公路运输、国际航空运输、国际集装箱运输、国际多式联运六种方式。

1. 国际海洋运输（International Sea Transport 或 Ocean Transport）

国际海洋运输是指通过海洋航道在不同国家和地区的港口之间运送货物的一种方式。目前，国际海洋运输承担国际贸易总运量中的三分之二以上，我国进出口货运总量的 90%是通过海洋运输方式完成的。

海洋运输之所以被如此广泛采用，是因为它与其他国际货物运输方式相比，可利用四通八达的天然航道，不受轨道和道路的限制；载运量大，远超铁路和公路运输，如一般万吨船舶的

[①] 由南开大学现代物流研究中心主编、世界著名科技出版公司 Springer 出版。

[②] 由网经社电子商务研究中心与网经社跨境电商平台共同发布。

[③] 第三方物流供应商为企业提供货物的仓储、运输和配送服务。相对于第三方物流，第四方物流主要是通过企业自身所拥有的信息技术、整合能力及其他资源为客户提供一套完整的供应链解决方案，帮助企业降低成本并有效整合资源。

载重量一般相当于 250～300 个车皮的载重量；由于载运量大，分摊到每货运吨的运输成本就低，因此运价相对低廉。海洋运输虽有上述优点，但也存在不足之处。例如，海洋运输易受气候和自然条件的影响，航期不够明确，而且风险较大。此外，海洋运输的速度也相对较慢。

海洋运输按照船舶经营方式主要分为班轮运输（Liner Transport）和租船运输（Charter Transport）。

（1）班轮运输也称"提单运输"，是指托运人将一定数量的货物交由作为承运人的轮船公司，轮船公司按固定航线，沿线停靠固定的港口，按固定船期、固定运费进行的国际海洋货物运输。班轮运输多用于运输量少、货价高、交接港分散的货物定期运输，一般按照固定的费率收取运费。

（2）租船运输是指船舶所有人与租船人通过洽谈签订租船协议，将船舶出租给租船人，根据租船协议规定安排货物运输的方式。由于租船运输的营运安排由双方自由商定并拟定协议，因此无固定航线，无船期表。租船运输多用于大宗货物运输，租金率或费率根据租船市场的行情而变化。

租船运输根据其租船方式又分为定期租船（Time Charter）、定程租船（Voyage Charter 或 Trip Charter）、光船租船（Bareboat Charter）和包运租船（Contract of Affreightment，COA）。

2. 国际铁路运输（International Railway Transport）

在国际货物运输中，铁路运输是仅次于海洋运输的主要运输方式。海洋运输的进出口货物大多依靠铁路运输进行货物的集中和分散。

铁路运输有许多优点，如不受气候条件的影响，可保障全年的正常运输，而且运量较大，速度较快；具有高度的连续性，与其他运输方式配合可实现"门到门"的连续运输；运转过程中的风险也较小；手续比海洋运输简单，且发货人和收货人可以在就近的始发站（装运站）和目的站办理托运与提货手续。

国际铁路运输费用包括货物运费、押运人乘车费、杂费和其他有关费用。我国铁路运输费用依据《中华人民共和国铁路法》及相关运价规则计算，过境铁路运输费用则按照国际铁路联运的相关规定计算。

中欧班列是指按照固定车次、线路等条件开行，往来于中国与欧洲及"一带一路"沿线的集装箱国际铁路联运班列。中欧班列适用于装运集装箱的货运编组列车，设有西、中、东三条通道。截至 2024 年 11 月 15 日，中欧班列发送货物超 1100 万标箱，货值超 4200 亿美元。

3. 国际公路运输（International Road Transport）

国际公路运输是陆上运输的两种基本方式之一，也是现代运输的主要方式之一。在国际货物运输中，它是不可缺少的重要组成部分，具有机动灵活、简捷方便、应急性强、投资少、收效快，适应集装箱货运方式开展，实现进出口货物运输"门到门"服务的优点。

公路运输可以配合船舶、火车、飞机等运输工具完成运输的全过程，是港口、车站、机场集散货物运输的重要手段。可以说，其他运输方式要依赖公路运输来完成两端的运输任务。但是国际公路运输具有载量小、运行中震动大易造成货损事故、费用高等特点。

公路运输也是一种独立的运输体系，可以独立完成进出口货物运输的全过程。公路运输是欧洲大陆国家和地区之间进出口货物运输的重要的方式之一。我国的边境贸易运输中有相当一部分也是靠公路运输独立完成的。

4. 国际航空运输（International Air Transport）

航空运输又称飞机运输，简称"空运"，它是在具有航空线路和飞机机场的条件下，利用飞机、直升机及其他航空器运送人员、货物、邮件的一种现代化运输方式。航空运输在我国运输业中的货运量占全国运输量比例较小，主要承担长途客运任务。随着物流的快速发展，现代航空运输借助信息技术，整合多种运输方式和相关资源，将运输、仓储、装卸、加工、整理和配送等有机结合，为用户提供一站式"门到门"（Door to Door）服务，在货运方面将扮演越来越重要的角色。

航空运输具有快速、机动的特点，有班机运输（Airliner Transport）、包机运输（Chartered Carrier Transport）、集中托运（Consolidation Transport）和航空急件传送（Air Express Service）等方式。

航空运输的货物重量按毛重计算，计算单位为千克，重量不足 1 千克的按 1 千克计算，超过 1 千克的尾数四舍五入。每千克的体积超过 6000 立方厘米的货物按轻抛货物计重，轻抛货物以每 6000 立方厘米折合 1 千克计量。

5. 国际集装箱运输（International Container Transport）

集装箱是一种有一定强度、刚度和标准规格，能长期反复使用的大型装载容器，可以集装成组货物而专供周转使用并便于机械操作和运输。集装箱运输就是以集装箱作为运输单位进行货物运输的一种现代化运输方式。

根据集装箱内货物的装箱数量和方式，集装箱运输可分为整箱运输和拼箱运输两种。

（1）整箱运输，是指货方自行将货物装满整箱以后，以箱为单位托运的运输方式。一般都是向承运人或集装箱租赁公司租用一定的集装箱，空箱运到工厂或仓库后，在海关人员的监管下，货主把货装入箱内、加锁、铝封后交承运人并取得站场收据，最后凭收据换取提单或运单。

（2）拼箱运输，是指承运人（或代理人）接受货主托运的数量不足整箱的小票货运后，根据货物性质和目的地进行分类整理，将去往同一目的地的货物集中到一定数量后拼装入箱运输的运输方式。

6. 国际多式联运（International Multimodal Transport）

国际多式联运是在集装箱运输的基础上产生并发展起来的，它一般以集装箱作为媒介，把海洋运输、铁路运输、公路运输、航空运输和内河运输等传统单一的运输方式有机地结合起来，从而完成国际货物运输。

在国际多式联运中，陆桥运输（Land Bridge Service）起着非常重要的作用。它是远东与欧洲国际多式联运的主要形式。陆桥运输是指采用集装箱专用列车或卡车，将横贯大陆的铁路或公路作为中间"桥梁"，使大陆两端的集装箱海运航线与专用列车或卡车连接起来的一种连贯运输方式。严格地讲，陆桥运输也是一种海陆联运形式，只是因为其在国际多式联运中的独特地位，所以有时被单独作为一种运输组织形式。

四、跨境电子商务与物流

跨境物流是指物品通过跨境网络销售平台从供应地到目的地的实体流动过程，包括国际运输、包装配送、信息处理等环节。跨境电子商务要求跨境物流进行多元化的渠道整合，提供全球化的高效服务，同时对物流作业的系统性和智能性提出标准化的要求。高效的跨境物流体系为跨境电子商务带来了更低的物流成本和更好的物流体验，也拓展了跨境电子商务的市场范围。

第二节　跨境物流方式

在跨境电商业务中，一旦产生订单，卖家首先要考虑的问题就是怎么将货物运送到境外客户手中。随着跨境电商的蓬勃发展，从事跨境电商业务的卖家越来越多，竞争也越来越激烈。除了要把货物顺利运送到境外客户手中，卖家还需要考虑如何降低物流成本，提升客户的体验。因此，要做跨境电商就必须了解各种跨境物流方式，并能根据实际情况选择最合适的跨境物流方式。

一、国际邮政物流

邮政网络基本覆盖全球，其覆盖范围比其他任何物流渠道都要广泛，这主要得益于万国邮政联盟（Universal Postal Union，UPU，以下简称万国邮联或邮联）和卡哈拉邮政组织（Kahala Psot Group，KPG）。万国邮联是联合国下设的负责国际邮政事务的专门机构，其宗旨是组织和改善国际邮政业务，发展邮政方面的国际合作，以及在力所能及的范围内给予会员所需的邮政技术援助。

由于万国邮联会员众多，且会员之间的邮政系统发展极不平衡，因此很难促成会员之间的深度邮政合作。于是在 2002 年，邮政系统相对发达的 6 个国家和地区的邮政部门在美国召开了邮政 CEO 峰会，成立了卡哈拉邮政组织。卡哈拉邮政组织要求所有成员的投递时限要达到 98% 的质量标准。如果货物没能在指定日期投递给收件人，那么负责投递的运营商要按货物价格的 100% 赔付客户。这些严格的要求促使成员之间深化合作，努力提高服务水平。

邮政物流的使用手续非常简便，卖家只要提供报关单、收寄件人地址和挂号单，就可以完成投递，由邮政公司完成报关、商检等手续。

国际邮政物流包括各国及地区邮政局运营的邮政大包、小包，其中就包括中国邮政速递物流的出口物流业务。下面根据时效性的不同，介绍优先类、标准类、经济类等常见的中国邮政出口物流方式。

1. 优先类

优先类出口物流是时效最快的寄递服务，邮政内部优先处理，使用最快的运输工具运递，境外使用快递类网络优先处理和投递，全程节点轨迹可视，主要有国际（地区）特快专递、中速快件、e 特快三种。

（1）国际（地区）特快专递

国际（地区）特快专递（简称"国际 EMS"）是中国邮政与各国（地区）邮政合作开办的中国与其他国家和地区寄递特快专递（EMS）邮件的快速类直发寄递服务，可为客户快速传递各类文件资料和物品，同时提供多种形式的邮件跟踪查询服务。该服务与各国（地区）邮政、海关、航空等部门紧密合作，打通绿色便利邮寄通道。

其优势主要有以下四点。①覆盖面广。收网点覆盖范围广，目的地投递网络覆盖能力强。②收费简单。无燃油附加费、偏远附加费、个人地址投递费。③全程跟踪。邮件信息全程跟踪，随时了解邮件状态。④清关便捷。可以享受邮件便捷进出口清关服务。

（2）中速快件

中速快件是中国邮政旗下的商业快递服务，通达全球 220 多个国家和地区，可为客户提供快速、稳定、安全的全球寄递服务。中速快件提供从文件、货样到 50 千克及以上高重量物品的门到门或门到港服务，可在线下单，全程跟踪信息可查，满足客户多样化的寄递需求。

（3）e特快

e 特快是中国邮政为适应跨境电商高端寄递需求而设计的一款快速直发寄递服务，在内部处理、转运清关、落地配送、跟踪查询、尺寸规格标准等各方面均有更高要求，是提高跨境卖家发货效率，提升客户体验，协助店铺增加好评、提升流量的重要服务品牌。

其优势主要有以下四点。

① 性价比高，降低寄递成本。

② 在线打单。使用发件系统在线下单，高效方便。

③ 全程跟踪。全程跟踪邮件信息，随时了解邮件状态。

④ 平台认可。该种方式获得主流电商平台认可，为物流服务提质加分。

2. 标准类

标准类出口物流是一类时效较稳定的寄递服务，邮政内部快速处理，使用性价比较高的运输工具运递，境外使用标准类网络处理和投递，主要节点轨迹可视，主要有e邮宝、挂号小包、跟踪小包、国际包裹、e速宝五种。

（1）e邮宝

e 邮宝是中国邮政为适应跨境轻小件物品寄递需求而开办的标准类直发寄递服务。该服务依托邮政网络资源优势，境外邮政合作伙伴优先处理，为客户提供价格优惠、时效稳定的跨境轻小件物品寄递服务。

其优势主要有以下四点。

① 在线打单。在线订单管理，方便快捷。

② 时效稳定。重点路向全程平均时效（参考时效）7~15个工作日，服务可靠。

③ 全程跟踪。提供主要跟踪节点扫描信息和妥投信息，安全放心。

④ 平台认可。它是主流电商平台认可和推荐物流渠道之一，品牌保障。

（2）挂号小包

挂号小包是中国邮政基于万国邮联网络，针对2千克以下小件物品推出的标准类直发寄递服务，通达全球200多个国家和地区。挂号小包可通过线上与线下两种渠道发货，为中国客户提供全程可控、清关便利的轻小件寄递服务。

其优势有以下四点。

① 平台认可。挂号小包是最早在主流电商平台上线的物流解决方案之一，可通过线上与线下两种渠道发货。

② 交寄便利。全国大部分地区可交寄挂号小包，线上渠道提供上门揽收、客户自送等多种交寄方式。

③ 赔付保障。丢损赔付，安心交寄（不同渠道赔付标准详情请咨询本地客户经理）。

④ 全程可控。它为主要路向提供全程跟踪信息，并提供异常情况查询、收件人签收等增值服务。

（3）跟踪小包

跟踪小包是中国邮政与重点国家（地区）邮政针对轻小件物品寄递需要合作开办的标准类直发寄递服务。跟踪小包可通过线上与线下两种渠道发货，为中国客户提供全程跟踪、价格优惠的轻小件寄递服务。

其优势主要有以下四点。

① 平台认可。跟踪小包得到平台广泛认可和推荐，可通过线上与线下两种渠道发货。

② 交寄便利。全国大部分地区可交寄跟踪小包，线上渠道提供上门揽收、客户自送等多种交寄方式。

③ 全程跟踪。它提供全程跟踪信息。

④ 渠道多样。部分路向提供航空、陆运多种运输方式。

（4）国际包裹

国际包裹是中国邮政基于万国邮联体系推出的标准类直发物品寄递服务，可以通达全球200多个国家和地区。在使用国际包裹时，客户可以自主选择空运、陆运或者海运（部分路向只接受特定运输方式的包裹服务）。

其优势主要有以下四点。

① 通达广泛。通达全球200多个国家和地区。

② 运输灵活。客户可以自主选择运输方式。

③ 全程跟踪。提供全程轨迹跟踪信息。

④ 补偿服务。丢失损毁的包裹提供补偿服务。

（5）e 速宝

e 速宝是中国邮政总部通过整合境内外渠道优质资源，专门针对不同国家和地区的特点设计的跨境电商商业渠道物流解决方案。该服务采用商业清关模式，末端选择标准类投递网络，提供妥投信息，可以寄递带电产品，最高限重 30 千克。

其优势主要在于费用可以按克计费，价格具有竞争力；采用商业清关，时效稳定；适用产品范围广泛，可寄递带电产品；支持各大电商平台和 ERP；提供赔偿及退件服务。

3. 经济类

经济类出口物流是时效相对较长、价格最有竞争力的寄递服务，使用成本相对较低的运输工具运递，境外非优先处理和投递，部分节点轨迹可视，主要有平常小包和 e 速宝小包两种。

（1）平常小包

平常小包是中国邮政基于万国邮联网络，针对 2 千克以下小件物品推出的经济类直发寄递服务，通达全球 200 多个国家和地区。平常小包可通过线上与线下两种渠道发货，为客户提供经济实惠、清关便捷的轻小件寄递服务。

其优势主要有以下四点。

① 平台认可。平常小包是最早在主流电商平台上线的物流解决方案之一，可通过线上与线下两种渠道发货。

② 交寄便利。全国大部分地区可交寄平常小包，线上渠道提供上门揽收、客户自送等多种交寄方式。

③ 性价比高。平常小包属于经济型产品，性价比高。

④ 渠道多样。部分路向提供航空、陆运多种运输方式。

（2）e 速宝小包

e 速宝小包是中国邮政总部通过整合境内外优质渠道资源，专门针对不同国家和地区的特点设计的跨境电商商业渠道物流解决方案。该服务采用商业清关模式，末端选择经济类投递网络，提供投递信息，可以寄递带电产品，一般限重 2 千克。

e 速宝小包是在 e 速宝基础上推出的针对小件产品的经济类物流服务，其具有与 e 速宝相同的优势。

二、国际商业快递

由于国际邮政物流的整体运输效率较低，因此作为其补充，国际商业快递逐步发展起来。商业快递与邮政物流最大的区别在于其计费标准与时效性。

国际商业快递主要指四大商业快递巨头，即 DHL、TNT、FedEx 和 UPS，如图 5-3 所示。这四家快递公司在全球已经形成较为完善的物流体系，几乎覆盖全球的各个重点区域。近年来，我国快递布局跨境物流，顺丰速运的国际线路多一些，"四通一达①"起步稍晚，多采用邮路合作模式，以弥补四大商业快递巨头在我国境内揽收范围不足的弱点，同时利用其区域配送能力。国际商业快递通过自有的货机团队实现本地化派送服务，为买家和卖家提供良好的客户体验。然而，优质的服务体验也意味着高昂的运费成本。相比邮政物流，商业快递报关程序复杂、查验严格，关税征收概率较高。一般高货值、高时效要求、2 千克以上的大包或重货等可以选择商业快递物流方式。

图 5-3 四大国际商业快递巨头

1. DHL

DHL（敦豪航空货运公司）是全球快递行业的市场领导者，也是全球领先的海运和合同物流提供商。DHL 于 1969 年成立于美国旧金山，总部设在比利时布鲁塞尔，2002 年与德国邮政合并，德国邮政控制了其全部股权并对旗下公司进行了整合，为此德国邮政集团更名为 Deutsche Post DHL。2003 年和 2005 年，德国邮政又分别收购了美国的空运特快公司和英国的英运公司，并将它们整合进敦豪航空货运公司，逐步奠定了 DHL 难以撼动的物流巨头地位。

DHL 与中国对外贸易运输总公司合资成立了中外运敦豪，中外运敦豪是进入中国市场时间最早、经验最为丰富的国际商业快递公司。DHL 拥有世界上最完善的速递网络之一，可以送达全球 220 多个国家和地区的 12 万个目的地。

DHL 覆盖的网点比较多，快递的时效一般为 1~3 个工作日，具体到货时间取决于货物的起运地、目的地、运输方式、货物重量和体积等因素。此外，DHL 还提供多种快递服务，例如 DHL Express 9:00、DHL Express 12:00、DHL Express Worldwide 等，这些服务的时效和价格有所不同。DHL 网站对货物的状态更新比较及时，遇到问题时解决速度也很快。但是，DHL 对于托运物品的限制比较严格，拒收一些特殊物品，走小货的价格不太划算。

2. TNT

TNT（Thomas National Transport）国际快递集团是全球领先的快递与邮政服务供应商，能为企业和个人客户提供全方位的快递与邮政服务，公司的总部设在荷兰的阿姆斯特丹。TNT 拥有覆盖全欧洲的快速、广大的道路网络，能够提供各种运输服务；还拥有覆盖 200 多个国家/地区的国际门到门递送网络，能实现"门到门"的递送服务。2017 年 5 月，老牌物流公司 TNT 被联邦物流（FedEx）收购。

TNT 于 1988 年进入中国市场，每周提供五次往来欧洲和中国的空运服务，提供定期往来欧洲和主要商业及制造中心（包括北京、重庆、广州、香港和上海等）的航班，服务覆盖

---

① "四通一达"是申通快递、圆通速递、中通快递、百世快递、韵达快递五家民营快递公司的合称。

中国 500 多个城市。

TNT 除了具有商业快递固有的速度快、信息更新及时、服务好的优点外，它还在欧洲和西亚、中东等国家和地区具有绝对优势。但是，TNT 要计算体积重，价格相对较高，对所运货物的限制也比较多。

3. FedEx

FedEx（Federal Express）即联邦快递，是一家国际性速递集团，提供隔夜快递、地面快递、重型货物运送、文件复印及物流服务，总部设在美国田纳西州。该公司于 1984 年进入中国市场。

FedEx 提供了国际优先（International Priority，IP）快递服务和国际经济（International Economy，IE）快递服务。FedEx IP 的递送时效为 1～3 个工作日，可服务全球超过 200 个国家和地区；FedEx IE 的递送时效为 2～5 个工作日，可服务全球超过 90 个国家和地区。

FedEx 的快递服务价格量大优惠，适合邮递 21 千克以上的货物，发往南美洲、东南亚等国家和地区的价格较有竞争力。

4. UPS

UPS（United Parcel Service）即联合包裹服务，起源于 1907 年在美国西雅图成立的一家信差公司，是世界上最大的快递承运商与包裹递送公司之一。不同于 DHL 的全球化，UPS 业务的基石是美国本土的快递服务。在中国，UPS 的服务覆盖 330 多个商业中心和主要城市。

UPS 的强项在美洲等线路，在美国、加拿大、英国、日本等较有优势，适合寄送快件。但是，UPS 要计算物品包装后的体积重，运费较高，对于托运物品的限制也比较严格。

5. 顺丰速运（SF Express）

顺丰速运的国际出口业务主要有以下几种。

（1）顺丰国际标快（出口），是为满足中国客户寄递紧急物品至境外的需求而推出的高品质"门到门"国际快件服务。各环节均以最快速度进行发运、中转和派送。其时效快，安全有保障，服务范围覆盖美国、加拿大、新加坡、马来西亚、日本、韩国、澳大利亚、泰国、越南、蒙古国、印度、印度尼西亚、俄罗斯、柬埔寨、墨西哥、缅甸和欧洲 15 国（地区）。

（2）顺丰国际特惠（出口），是为满足中国客户较重物品或非紧急物品寄递需求而推出的经济型国际快件服务。其服务范围覆盖日本、韩国、新加坡、马来西亚、美国、俄罗斯、巴西及欧洲 28 国（地区），时效稳定，安全有保障，并提供报关服务。

（3）顺丰国际小包（E-Parcel，EP），是为跨境电商 B2C 卖家邮递 2 千克以下包裹而推出的一款高品质的小包类服务，包括顺丰国际小包挂号和顺丰国际小包平邮，服务范围覆盖全球 200 多个国家和地区。依托顺丰的网络资源和清关系统，整合国际优质运力资源，顺丰国际小包具有性价比高、清关便捷、信息回传快速等优点。

（4）顺丰国际电商专递，是专为跨境 B2C 电商卖家量身定制的高效物流服务，可充分满足 B2C 电商卖家对大包类货物和高价值物品的寄递需求，服务范围覆盖俄罗斯、乌克兰、澳大利亚、美国及欧洲多个国家（英国、法国、德国等）。该服务凭借便捷的清关系统和目的地优质的派送服务，为跨境 B2C 电商卖家提供清关便利、时效稳定、全程可跟踪的专递服务。

（5）顺丰国际重货，是为了满足客户寄递大重量物品而推出的时效稳定、具有较高性价比的国际重货服务。

（6）海购丰运（SFBUY），是顺丰旗下专业海淘转运服务平台，致力于为海淘客户提供高效、便捷的跨境转运服务，具有时效稳定、价格实惠等优势。

三、国际专线物流

国际专线物流服务主要是依托发件地与收件地之间的业务量规模，通过整合全球资源，与境外快递公司合作，将货物在境内分拣，直接批量发往特定的国家或地区的物流服务。市面上比较常见的国际专线物流有美国专线、西班牙专线和俄罗斯专线，也有一些公司推出了中东专线、南美专线和南非专线等。

国际专线物流也是现今跨境电商国际物流较常用的一种运作模式。国际专线物流的优势在于其能够集中大批量的货物到某一特定国家或地区，通过规模效应降低物流成本。因此，国际专线物流的价格较国际商业快递低，时效方面稍慢于国际商业快递，但比国际邮政物流快很多。

国际专线物流对于针对某一国家或地区销售的跨境电商卖家来说是比较折中的物流解决方案。针对俄罗斯，有中俄航空专线、e速宝、赛诚、速优宝芬兰邮政和燕文专线（Special Line-YW）等服务；针对美国，有美国邮政（USPS）专线小包和美国 FedEx 专线小包；针对中东，有中外运安迈世国际快递（Aramex）；中欧国际班列也是一种专线运输。

四、海外仓

1. 海外仓物流的概念

海外仓物流是指卖家在销售目的地进行仓储、分拣、包装及派送的一站式控制与管理服务。海外仓物流并非单纯的跨境运输或仓储方案，而是对现有市场上多种物流运输方案的全面整合，包括预定船期、头程境内运输、头程海运或头程空运、当地清关及保税、当地联系二程拖车、当地使用二程拖车送到目的仓库并扫描上架和本地配送等流程。图 5-4 所示为海外仓基本运作流程。

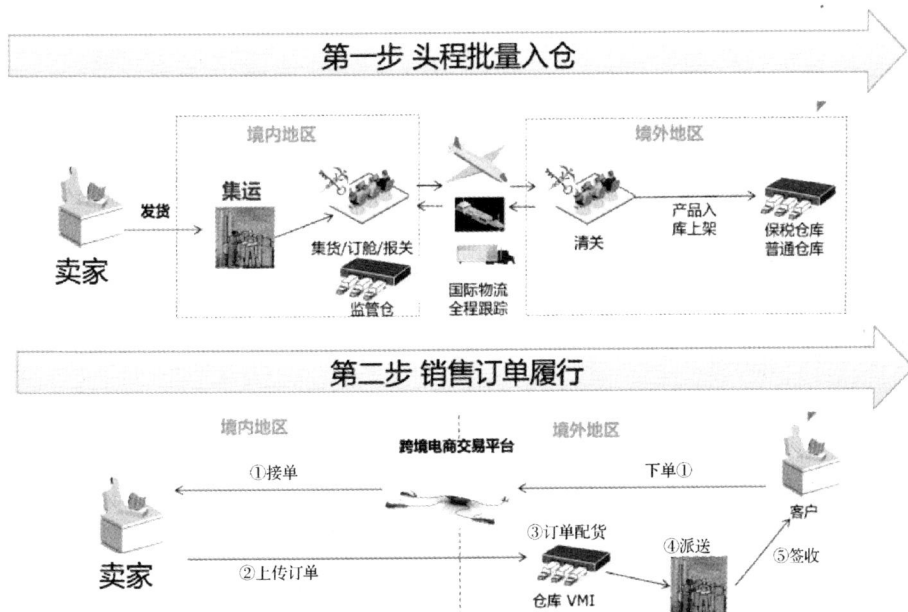

图 5-4　海外仓基本运作流程

2. 海外仓物流的政策扶持

2014 年，国务院办公厅发布的《关于支持外贸稳定增长的若干意见》等一系列跨境电商政策中均提及海外仓，鼓励跨境电商企业通过规范的海外仓等模式，融入跨境零售体系。针对海外仓建设，商务部近年来牵头开展了多项工作。海外仓的扶持主要包括以下四个方面。

（1）加强规划设计。2021 年，国务院办公厅发布《关于加快发展外贸新业态新模式的意见》，明确指出培育一批优秀海外仓企业，完善覆盖全球的海外仓网络。

（2）继续开展专项服务。认真培育外贸主体，选取优秀的海外仓实践案例，总结并推广一系列经验和实践，指导行业健康发展。

（3）推出境外智能物流平台。第 130 届广交会期间，商务部推出了中国首个境外智能物流平台，提高了供需对接效率。截至目前，该平台已连接海外仓 400 万平方米，服务外贸企业 7 万多家。

（4）开展标准化建设。推进我国第一个海外仓标准项目，提出经营管理的具体要求，促进行业标准化发展。

2023 年，我国首个跨境电子商务海外仓库国家标准《跨境电子商务海外仓运营管理要求》（GB/T43291—2023）开始实施。该标准规定了跨境电商海外仓服务提供者的基本要求，以及运营管理和管理保障要求。其中，运营管理规定了海外仓服务提供者宜提供的履约配套、物流衔接、整合资源等增值服务内容及要求；管理保障规定了人员、设施设备、信息系统等服务保障要求，以及供应商管理、客户管理、合规管理、合同管理、数据管理、安全与应急管理等方面的要求。

3. 海外仓物流的优势和发展前景

进口海外仓主要是进口跨境电商的集货和中转枢纽，这里不展开介绍。

出口海外仓是指跨境电商卖家按照一般贸易方式，将商品批量出口到海外仓，在线实现销售后，将商品直接从海外仓发出，送达客户手中。海外仓具有提供本土化服务、拓展选品范围、减少清关障碍、简化转运流程、降低破损丢包率等增值服务的优势，能够极大地改善买家的购物体验。因此，很多跨境电商平台都会鼓励卖家开设海外仓。海外仓的优势有以下几个方面。

（1）降低物流成本。海外仓的头程运输采用海运集装箱运输，克服了单个商品走空运的重量、体积限制，借助规模效应降低卖家的跨境物流成本。

（2）加快物流时效。海外仓可以将货物直接从本地发货，大大缩短了国际贸易的收货时间。

（3）提高商品曝光率。当客户在网上购买商品时，会优先选择拥有海外仓库存且可当地发货的商家，以缩短收货时间。

（4）提升客户满意度。缩短运输时间可降低物流纠纷的比例，同时，利用海外仓可实现本土销售，升级售后服务，提升客户满意度。

（5）有利于开拓市场。海外仓拓展了跨境物流配送的适配性，为家具、园艺、汽配等大重件及高价值商品提供了有效的物流保障。品类的扩大促使卖家销量提升，服务的升级则使卖家能够提高商品售价、摆脱低价恶意竞争，并降低物流成本。

4. 海外仓的注意事项

海外仓优势非常明显，但是稍有不慎就会造成库存风险，且在境外进行滞销库存的处理也是一大难题。

（1）选品问题

海外仓虽有很多的优势，但并不是所有产品都适合海外仓。适合海外仓运营的产品有以下几类。

① "三高"产品，即体积超大、重量超限、价值超高的产品。

② 品牌产品，即需要用品质和服务来实现品牌溢价的产品，未来中国的品牌产品必将以海外仓凸显服务价值。

③ 低值易耗品，非常符合本地需求的、库存周转快的产品，以及需要快速送达的产品。

④ 国际小包、快递无法运送或运送受限的产品，如带电产品、液体、粉末、膏状类产品等。

（2）费用问题

只有在选品合适且运营顺畅的情况下，海外仓的综合成本才会低。订单少甚至滞销会造成平均仓租负担过重。因此，海外仓分段成本核算要精细，可从头程运费、清关税费及配送费等综合考量。不同国家和地区的仓储及配送费用也不同，需要与不同的物流方式进行综合对比。

（3）库存问题

海外仓运营意味着必须有一定存量，但过多的库存会占用卖家的大量现金流，给卖家带来资金压力。因此，卖家要做好库存分析和销售周期的把控，注意发货节奏和安全库存，避免出现产品滞销、脱销的情况。

（4）运营风险

首先，产品要符合进口国（或地区）当地质量标准，如有侵权行为很容易被海关查扣；如有质量问题被客户投诉，仓库有可能遭到查封。其次，目前欧洲对中国跨境电商卖家征收销售增值税，未来美国甚至中东国家和地区有可能针对中国跨境电商设置一定的贸易壁垒。

五、跨境物流运费计算

前面介绍了国际邮政物流、国际商业快递、国际专线物流和海外仓的基本知识，接下来重点讲解跨境物流运费计算。

（一）国际邮政物流、国际商业快递、国际专线物流的运费计算

每一种物流方式，其官网或合作的跨境电商平台都会给出计算公式，需要注意以下几个要点。

1. 首重和续重

首重（起重）是指最低的计费重量，包裹重量在首重范围内的，费用按首重的价格计算。续重则是指超过首重的部分。例如，中国邮政平常小包寄往大部分国家和地区的运费根据包裹重量按克计费，单件包裹限重在 2 千克以内；中国邮政挂号小包的运费根据包裹重量按克计费，每个包裹限重在 2 千克以内；e邮宝寄往大部分国家和地区的运费根据包裹重量按克计费，限重在 2 千克以内，但部分国家和地区如巴西、哈萨克斯坦、美国、日本等按照 50 克起重计费（不足 50 克按 50 克计费），乌克兰按照 10 克起重计费（不足 10 克按 10 克计费），如表 5-1 所示；中国邮政 EMS 在 20 千克以内按首重 500 克、续重 500 克计算运费；国际商业快递一般按首重 500 克、续重 500 克计费，21 千克以上的续重按 1 千克计费。

表 5-1　e 邮宝通达范围及规格限重（部分）

序号	产品名称	目的地	首重/克	限重/克
1	e 邮宝	爱尔兰	1	2000
2	e 邮宝	奥地利	1	2000
3	e 邮宝	澳大利亚	1	2000
4	e 邮宝	巴西	50	2000
5	e 邮宝	比利时	1	2000
6	e 邮宝	波兰	1	2000
7	e 邮宝	丹麦	1	2000
8	e 邮宝	德国	1	2000
9	e 邮宝	俄罗斯	1	3000
10	e 邮宝	法国	1	2000
11	e 邮宝	芬兰	1	2000
12	e 邮宝	哈萨克斯坦	50	2000
13	e 邮宝	韩国	1	2000
14	e 邮宝	荷兰	1	2000
15	e 邮宝	加拿大	1	2000
16	e 邮宝	马来西亚	1	2000
17	e 邮宝	美国	50	2000
18	e 邮宝	日本	50	2000
19	e 邮宝	墨西哥	1	2000
20	e 邮宝	乌克兰	10	2000

2. 物流费用

目的地离本地的距离远近不同，且物流时效和服务也存在差异，各种物流方式的运费也不相同。图 5-5 所示为中国邮政国际业务从上海发往美国的各类物流产品的运费报价查询结果。用户可以根据报价和服务情况选择最优的国际物流产品，具体信息可查询中国邮政官网。

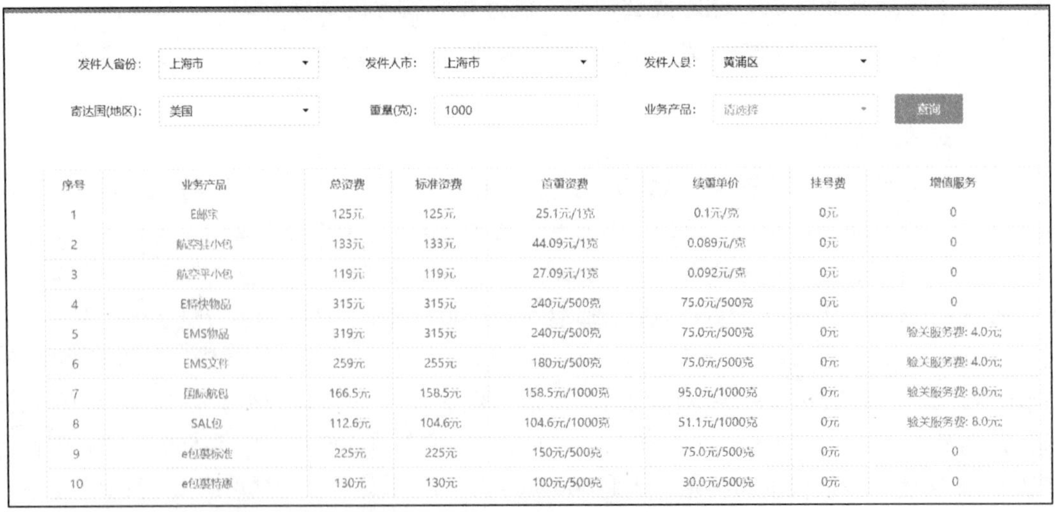

序号	业务产品	总资费	标准资费	首重资费	续重单价	挂号费	增值服务
1	E邮宝	125元	125元	25.1元/1克	0.1元/克	0元	0
2	航空挂小包	133元	133元	44.09元/1克	0.089元/克	0元	0
3	航空平小包	119元	119元	27.09元/1克	0.092元/克	0元	0
4	E特快物品	315元	315元	240元/500克	75.0元/500克	0元	0
5	EMS物品	319元	315元	240元/500克	75.0元/500克	0元	验关服务费: 4.0元;
6	EMS文件	259元	255元	180元/500克	75.0元/500克	0元	验关服务费: 4.0元;
7	国际航包	166.5元	158.5元	158.5元/1000克	95.0元/1000克	0元	验关服务费: 8.0元;
8	SAL包	112.6元	104.6元	104.6元/1000克	51.1元/1000克	0元	验关服务费: 8.0元;
9	e包裹标准	225元	225元	150元/500克	75.0元/500克	0元	0
10	e包裹特惠	130元	130元	100元/500克	30.0元/500克	0元	0

图 5-5　中国邮政运费报价查询结果

国际商业快递的物流费用比较复杂，不仅包含国际快递费（按照包裹实际测量为准，体积重与实际重量取较大者计费）及燃油附加费，还会根据包裹的实际情况收取以下费用：报关代理费、偏远地区附加费、换包装费（即货物更换外包装所产生的费用，具体咨询对应仓库）、超长超重附加费（无固定收费标准，具体以官方或客服提供的信息为准）、特别安检附加费、磁检费（即带有磁性货物做磁性检验产生的费用）。

3. 是否计算抛重

国际商业快递的快递费用是按照包裹的实际重量和体积重取较大者进行计算，即要计算抛重（简称计抛）。

📖 **小知识：抛货**

抛货是指体积大但重量轻的货物，又称泡货、轻货。由于国际快递货舱空间有限，寄运抛货的情况较多时，会使货舱单位体积的载货量减少。为解决这一问题，就产生了抛货重量，即"体积重"这一概念。体积重大于实际重量的货物就是抛货。

计算体积重的公式如下。

（1）四大国际商业快递：长×宽×高/5000（长宽高单位为厘米）=体积重量（千克）。

（2）DPEX 东南亚专线：长×宽×高/6000（长宽高单位为厘米）=体积重量（千克）。

（3）EMS：包裹单边小于 40 厘米，不算体积重，计费重=实际重量；包裹单边大于等于 40 厘米，包裹记抛，体积重=长×宽×高/6000。体积重和实际重量取较大者作为计费重。

（二）海外仓的运费计算

海外仓费用是指把仓库设立在境外而产生的一系列费用。海外仓费用包括头程费用、税金、仓储费、订单处理费和当地派送费。下面对每部分内容分别进行介绍。

1. 头程费用

（1）国际海运头程

头程费用是指将货运送至海外仓的过程中所产生的运费。常用的头程运输方式为货轮运输（简称海运）和航空运输（简称空运）。海运可以分为集装箱拼箱和集装箱整箱，一般货运代理公司会根据拼箱或整箱情况计算运费。

集装箱拼箱是指装不满一整箱的小票货物（Less Than Container Load，LCL）。这种货物通常是由承运人分别揽货，并在集装箱货运站集中，将两票或两票以上的货物拼装在一个集装箱内，然后在目的地的集装箱货运站拆箱分别交货，一般以实际的重量计算运费。表 5-2 所示为某公司派送至 FBA 美国仓的拼箱海运头程报价单。

表 5-2　拼箱海运头程报价单

单位：元

美国区域	100～199kg	200～499kg	500～999kg	1000～2999kg	3000kg 及以上
美国西岸一区（邮编 9/8 开头）	25.00	23.00	22.50	22.00	21.00
美国中岸二区（邮编 7/6/5/4 开头）	26.00	24.00	23.50	23.00	22.00
美国东岸三区（邮编 3/2/1/0 开头）	28.00	27.50	27.00	26.50	24.00

集装箱整箱（Full Container Load，FCL）指由发货人负责装箱、计数、积载并加铅封的货运，以集装箱数量计算运费。表 5-3 所示为某物流服务商发至英国的整箱海运头程报价单。

表 5-3　整箱海运头程报价单

运输方式	数量	英国仓/（元/m³）
海运 FCL	20'GP	24000.0
	40'GP	36000.0
	40'HQ	36000.0
时效（工作日）		24～27 天

> **小知识：集装箱**
>
> 根据功能的不同，集装箱有不同的规格，常见的有 20 尺货柜（20'GP：20 Feet General Purpose）、40 尺货柜（40'GP：40 Feet General Purpose）、40 尺高柜（40'HQ：40 Feet High Cube）。具体尺寸如表 5-4 所示。
>
> 表 5-4　集装箱货柜尺寸表
>
> | 柜型 | 规格 | 长×宽×高/m³ | 配货毛重/t | 体积/m³ |
> |---|---|---|---|---|
> | 普通
货柜 | 20'GP | 内：5.898×2.342×2.385 | 17.5 | 33.1 |
> | | | 外：6.058×2.438×2.591 | | |
> | | 40'GP | 内：12.032×2.352×2.385 | 22 | 67.5 |
> | | | 外：12.192×2.438×2.591 | | |
> | 高货柜 | 40'HQ | 内：12.032×2.352×2.69 | 22 | 76.2 |
> | | | 外：12.192×2.438×2.896 | | |

（2）国际空运头程

国际空运头程的费用包括运费、清关费、报关费、送货费等其他费用。运费按重量计算，有最低起运量，清关费用按单票数量计算。表 5-5 所示为某物流服务商发至英国的空运头程报价单。

表 5-5　空运头程报价单

运输方式	条目		价格/元
客机行李托运 （OBC）	运费/kg		37
	4PX 代清关	清关费/票	300
		提货费/kg	2
	客户自有 VAT 税号清关	清关费/票	1200
		提货费/kg	2
普货空运 （Air Freight）	1000kg 以内		31
	1000kg 及以上		28
	4PX 代清关	清关费/票	300
		提货费/kg	2
	客户自有 VAT 税号清关	清关费/票	1200
		提货费/kg	2

根据表 5-4，发 5 千克货物至英国仓的头程费用（由 4PX 代清关）：37×5（运费）+300（清关费）+2×5（提货费）=495（元）。

2. 税金

税金是指货物出口到某一国家（或地区），需按照该国家（或地区）进口货物政策而缴纳的一系列费用，主要包括进口关税和一些国家（或地区）的特定费用。表 5-6 所示为不同国家或地区的关税计算方式。

表 5-6　不同国家或地区的关税计算方式

国家或地区	起征点	综合关税
美国	800 美元	综合税=关税（关税=货值×商品税率）+清关杂税
欧盟	22 欧元（CIF）	综合税=关税（关税=货值×商品税率）+增值税+清关杂税 增值税=（货值+运费+关税）×各国税率
英国	15 英镑（FOB）	综合税=增值税+关税（关税=货值×商品税率）+清关杂税 增值税=（货值+运费+关税）×20%

3. 仓储费

仓储费是指租用海外仓库存储商品所产生的费用。表 5-7 所示为 FBA 美国仓月度仓储费报价。仓储费会根据当地的人力成本、库存紧张程度等因素而发生变化，具体资费以官方发布为准。

表 5-7　FBA 美国仓月度仓储费报价（2024 年 4 月 1 日更新）

存储月份	标准尺寸	大件
1—9 月	每立方英尺 0.87 美元	每立方英尺 0.56 美元
10—12 月	每立方英尺 2.40 美元	每立方英尺 1.40 美元

自 2023 年 4 月 15 日起，针对存放时间为 271～365 天的库存，将提高收取超龄库存附加费（之前称为长期仓储费）。此外，对库龄为 181～270 天的所有库存商品收取超龄库存附加费，但美国商城中发布在服装、鞋靴、箱包、珠宝首饰和钟表分类下的商品除外。对于存放时间超过 365 天的商品，将收取超龄库存附加费。FBA 美国仓超龄库存附加费详情如表 5-8 所示。

表 5-8　FBA 美国仓超龄库存附加费详情（更新于 2023 年 4 月 15 日）

存评估日期	库龄为 181～210 天的商品	库龄为 211～240 天的商品	库龄为 241～270 天的商品	库龄为 271～300 天的商品	库龄为 301～330 天的商品	库龄为 331～365 天的商品	库龄达到或超过 365 天的商品
每月（每月 15 日）	每立方英尺 $0.50（特定商品除外）	每立方英尺 $1.00（特定商品除外）	每立方英尺 $1.50（特定商品除外）	每立方英尺 $3.80	每立方英尺 $4.00	每立方英尺 $4.20	每立方英尺 $6.90 或每件商品 $0.15（以两者中较大值为准）

4. 订单处理费

订单处理费是指买家下单后，由第三方人员对其订单进行拣货、打包所产生的费用。

5. 当地派送费

当地派送费又称二程派送费用，是指买家下单后，由仓库完成打包并配送至买家地址所产生的费用。各物流公司操作有所区别，具体费用还需向当地货运公司咨询。

例如，FBA物流的基础费用包括仓储费、配送费及其他杂费（见图5-6），其中配送费（FBA Fulfillment Fees）又包含订单处理费（Order Handling）、取件及包装费用（Pick&Pack）和按重量计算的配送费（Weight Handling），图5-7所示为商品的FBA费用明细。

图5-6　FBA物流的基础费用

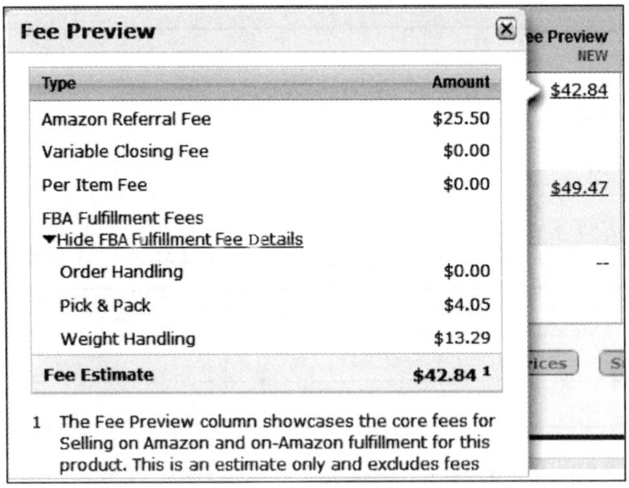

图5-7　FBA明细费用

以亚马逊美国仓的配送费用为例，每件商品的出库配送重量按照商品重量加包装重量进行核算，即按商品包装后的总重量向上取整（单位：磅，1磅约为0.4536千克）。最后，根据出库配送重量计算配送费用。

📖 **小知识：亚马逊全球物流**

亚马逊全球物流（Amazon Global Logistics，AGL）是亚马逊供应链整体解决方案（Supply Chain by Amazon）中的关键一环，它依托亚马逊强大的物流网络、运输基础设施及先进的技术，为FBA卖家提供稳定、高效、便捷的官方跨境物流服务。该服务将货物运输至多种仓储分销网络，满足卖家多元化的物流与仓储需求，助力卖家在供应链管理中制胜。

亚马逊卖家在开通AGL服务后即可通过卖家平台体验一站式的跨境物流管理，从补货/发货、下单订舱、入仓到付款、查询货件等皆可通过卖家平台实现追踪，全程可视化管理。

六、跨境物流方式的选择

不同的跨境物流方式有其优缺点，卖家要根据商品特点、目标消费者的需求做好利弊权衡，选择合适的跨境物流方式。目前，跨境电商市场上有两股力量在推动物流服务升级。一是竞争延伸到服务层面，买家对物流的需求表现得越来越重视，时效慢、清关难、无法退回、丢失破损、无法全程跟踪等问题直接影响买家对卖家的评价。二是物流费用侵蚀卖家的利润，在低价竞争的环境下，物流低价成为卖家的期望。然而，跨境物流是一整条服务链，包括清关、仓储、空运、海运、配送等诸多环节，大部分物流企业规模小、功能单一，单一环节的表现也许合格，但综合表现不尽人意。因此，选择合适的物流方式需要综合考虑各方面因素，趋利避害。

1. 选择跨境物流方式的考虑因素

选择跨境物流方式主要从以下四个方面进行考虑。

（1）成本：在跨境电商的整体成本中，物流成本通常占据销售额的20%甚至更多，因此控制跨境物流成本很重要。

（2）时效：欧美的物流市场很成熟，但仍会出现淡季运力过剩、旺季运力紧张的情况，建议使用"组合拳"，采用多式联运，准备备用物流方案，规避单一物流的突发风险。而新兴市场很多国家和地区的内部物流体系尚未建立或较为薄弱（如俄罗斯、巴西、印度等），主要依赖邮政系统的普遍服务，尾程配送只能等待，可考虑加快头程集货速度。

（3）质量：物流"三害"是指延误、破损和丢失。在跨境物流中，从揽件到消费者收到货物，往往要经过多次转运，很容易出现包裹延误、破损的情况，而且无论何种物流方式都存在一定的丢包率。因此，物流企业能否准时地将货物完好无损、准确无误地送到消费者手中是卖家选择物流方式的关键因素。

（4）服务：服务的可得性，即跨境物流配送和服务能力满足消费者需求的程度，包括网络覆盖范围、报关清关能力及物流信息准确性等指标；服务的响应性，即消费者在跨境物流服务中及时获得服务、避免长时间等待、出现问题能够被迅速解决的响应程度，包括客服人员在线反应与处理问题的速度和能力等；服务的关怀性，更多地考虑物流服务人员的职业素养，如服务人员态度、服务人员专业知识能力等。

2. 主流跨境物流方式对比

卖家必须熟悉常用跨境物流方式的特点，才能进行合理的选择。表 5-9 所示为几种主流的物流方式进行了对比。

表 5-9　主流跨境物流方式对比

方式	优点	缺点	价格和时效
邮政小包	网络基本覆盖全球，价格非常便宜	对包裹尺寸有严格要求，无法享受正常出口退税	价格低，10～30 天
e 邮宝	速度较快，费用低于普通国际 EMS，出关能力强	仅限 2 千克以下包裹，目的地相对少，上门取件城市有限	价格低，7～15 天
中邮 EMS 及区域快递	速度较快，费用低于四大国际商业快递巨头，EMS 的境内出关能力强	并非专注于跨境业务，相对缺乏经验，目的地数量比较有限	价格中高，7 天左右
国际商业快递	速度快、服务好，丢包率低，发往欧美发达国家和地区非常方便	价格昂贵，资费变化大，只有在货值高、消费者对时效性有强烈要求的情况下才会使用	价格高，3～5 天

方式	优点	缺点	价格和时效
国际专线物流	集中大批量货物发送,价格比国际商业快递低,速度快于邮政小包,丢包率也比较低	相比邮政小包运费较高,且在境内的揽收范围相对有限	价格中等,俄罗斯专线7~15天
集货物流+海外仓	可降低物流成本,提供灵活可靠的退换货方案,发货周期短,发货速度快	标准化、偏重、体积大,有库存占用,适用于库存周转快的热销单品,对卖家供应链管理等提出更高要求	综合价格中高,2~5天

想一想

一位美国客人从全球速卖通的某店铺上订购了几条打底裤,打包后称重为500克,比较邮政小包和e邮宝,你认为哪种物流方式更合适?为什么?

第三节 跨境物流的风险与防范

一、境外查验与扣货

跨境物流是跨境电商的重要组成部分,也是风险较高的一环,其中目的地清关环节出现问题最多。对于跨境电商卖家来说,被海关查验与扣货是一件负面影响非常大的事件。如果货物被扣,不仅耽误时间,影响店铺信誉度,还会造成一定的经济损失。下面主要介绍扣货的原因和处理方法。

1. 扣货主要原因及应对技巧

(1)申报价值与估价不一致

一些跨境电商卖家为了节省清关费,会在申报货物价值时少报。如果海关在实际清关时查验较为严格,就会因为申报价值与估价不一致而导致货物被查扣。针对这一问题,建议跨境电商卖家对不同国家(或地区)的清关制度有所了解,并在申报时准确填写货物价值。

(2)品名和产品不符、装箱清单不详

由于不同的产品被海关扣货的概率不同,因此一些跨境电商卖家试图通过不实填写品名和装箱单来蒙混过关。这种做法往往会增加被扣货的概率,因此一定要如实填写。

(3)私人物品超过一定货值

由于私人包裹被海关查扣概率较低,因此为了避免海关扣货,跨境电商卖家普遍会选择以私人礼品的形式发送一般包裹。值得注意的是,如果包裹的货值超过了一定限额,一旦被海关查到,就很有可能被扣货。在进行跨境电商交易时,卖家需要仔细权衡包裹的货值与风险,以确保交易顺利进行。具体可参看《海关总署公告2010年第43号(关于调整进出境个人邮递物品管理措施有关事宜)》的相关规定。

小资料:海关总署公告2010年第43号(关于调整进出境个人邮递物品管理措施有关事宜)

(4)目的国或地区的相关政策

跨境电商买卖双方都要对相关国家或地区的政策有所了解。尤其是卖家,在发货前要了

解各国（地）政策。例如，澳大利亚海关不允许电池类产品入关，卖家要向澳大利亚客户说明只发产品，不包括电池。

想一想

1. 王经理想通过某快递专线邮寄60个LED灯到新加坡，你觉得这件事有什么风险吗？为什么？

2. 临近中秋节，境内的李女士想给境外的客户寄一些月饼，以体现中国人的待客之道。可是她咨询各大快递公司后发现，很多国家和地区明令禁止收寄月饼，你知道是什么原因吗？

2. 被扣货后的处理办法

（1）及时联系买家，告知扣货事宜。货物被扣后，跨境电商卖家要及时与买家联系，争取对方谅解，否则一旦买家没收到货，可能引发纠纷，对卖家非常不利。

（2）联系买家，协商清关费用。跨境电商卖家得知货物被扣后，应立即与买家联系，说服买家协助清关，双方协商解决清关费用。

（3）协商不成，退回包裹。如果买家不愿意协助清关，卖家应设法退回包裹。如果是 EMS，包裹可以免费寄回，卖家可与买家沟通，等包裹寄回后再重新发货。

（4）放弃包裹。如果快递成本过高，或包裹无法退回，清关费用很高，就可以考虑放弃包裹。

二、关税及增值税

与传统贸易不同，跨境电商是一种普惠的、碎片化的贸易，涉及许多国家和地区的公司或个人。一般贸易方式下，根据不同的贸易术语，进口清关环节的费用由相关方承担。但跨境电商中，尤其是 B2C、C2C 方式下，很多个人消费者对进口环节税没有概念，再加上各个国家和地区的税收政策不同，进口关税和增值税又经常调整，给跨境电商当事人带来的风险非常大。

1. 关税及增值税的主要风险

（1）没有搞清楚客户是企业还是个人

一般来说，在跨境 B2B 交易中，供货增值税无须卖家承担，而是由客户承担。如果以 B2C 的模式供货，则将在发货地缴纳增值税。许多时候，跨境电商卖家没有搞清楚客户是企业还是个人，就会导致交易货物增值税的承担人不明确。

（2）增值税没有包含邮费、包装费

很多 B2C 跨境电商卖家在计算增值税金额的时候，没有把邮费和包装费算进去，这样就会造成增值税被低估。

（3）关税、增值税税率不清楚

有些跨境电商当事人对相关国家（或地区）的增值税税率运用不正确，导致收到税务机构的罚款和利息费用。

（4）商品编码归类错误

通过商品编码确定税率，才能确定是否能享受优惠或暂停缴税。如果商品编码归类错误，就会导致适用关税、增值税等计算错误。

2. 关税及增值税主要风险的防范措施

（1）明确客户是企业还是个人

明确自己的销售模式是 B2B 还是 B2C，以及客户是企业还是个人，可以参考客户是否有增值税号（企业通常有一个增值税 VAT 号）。

（2）增值税须包含邮费、包装费

跨境电商零售商应该仔细审核对客户收取的每笔费用，确保运用正确的增值税税率。排查不属于增值税的金额，以减少申报增值税时的错误可能。

（3）避免错误使用关税、增值税税率

要确保收取正确的关税、增值税金额，首先应该确认交易位置，即缴纳关税、增值税的地方，以及适用的税率。跨境电商当事人应及时掌握关税、增值税的变化情况，避免使用错误的关税、增值税税率。

（4）对交易商品进行正确归类

应缴纳的进口关税、增值税额度取决于货物价值及其适用的商品编码。因此，要对交易商品进行正确分类，使商品能够顺利清关，给客户提供良好的购物体验。

三、境外配送

1. 境外配送主要风险

跨境电商在境外配送过程中的主要风险有以下几种。

（1）丢包、破损

跨境电商包裹在境外配送的过程中，经常出现丢包、破损的情况，导致买家向卖家索赔，给卖家带来经济损失。

（2）无法派送

跨境电商包裹在境外投递过程中，有时需要买家提供税号和护照号，但有少数买家不肯配合，导致包裹无法派送而被退回。

（3）不可抗力

跨境电商包裹在整个投递过程中，可能遭遇恶劣天气，也可能出现目的地无人投递的情况，从而影响包裹的寄达时间，甚至导致丢包。

2. 境外配送风险防范

（1）选择可靠的物流

跨境电商寄送包裹时，尽量选择线上发货。对于货值较高的货物，可选择 UPS 等四大商业快递。选择有物流赔付保障的物流方式，如果发生丢包、破损等情况，就可以得到相应的赔偿。

（2）与客户保持联系

发出包裹后，及时跟踪物流信息，与客户保持密切沟通，告知其货物运输情况，如遇意外情况，便于得到客户谅解。同时尽量避免因客户不配合而导致货物无法投递的情况发生。

（3）关注时事

关注国际形势，了解相关国家或地区的政治经济局势，避免与政局动荡地区的客户进行交易，以免造成不必要的损失。

（4）构建大数据管理体系

跨境电商企业还可以运用大数据，对整个跨境物流信息系统数据进行有效的管控，针对当前物流信息管理存在的问题进行优化，提高物流信息反馈效率。

实 训 跨境物流费用计算

【实训目的】

了解不同跨境物流方式的运费费率情况，掌握不同重量、不同体积包裹的资费计算方法，并能够计算出正确的跨境物流费用。

【实训内容和步骤】

（一）e邮宝运费计算

浙江金帆电子商务有限公司在全球速卖通上向俄罗斯客户销售了一条连衣裙，包装后的重量为0.45千克，包裹的长、宽、高分别为20厘米、10厘米、3厘米，计算这个包裹的国际e邮宝物流运费。

实训提示：

（1）物流方式为国际e邮宝，该客户来自俄罗斯。

（2）按照国际e邮宝运费规定（物流报价可查询中国邮政官网）计算物流运费。

实训步骤：

（1）查询国际e邮宝俄罗斯运费表，如表5-10所示。（运费表更新频繁，如官网已更新，以官网最新信息为准。）

表5-10　国际e邮宝俄罗斯运费表

寄达国家或地区	资费		起重
	首重资费	续重资费	
俄罗斯	15.1元/克	0.095元/克	1克，限重3000克

（2）计算国际e邮宝物流运费。

（二）邮政挂号小包运费计算

杭州嘉豪电子商务有限公司在全球速卖通平台上向西班牙客户销售了一款体操绳，包装后的重量为0.12千克，包裹的长、宽、高分别为22厘米、15厘米、4厘米，计算这一包裹的邮政挂号小包物流运费。

实训提示：

（1）该客户来自西班牙，邮寄方式为邮政挂号小包。

（2）按照邮政挂号小包运费规定计算物流运费。

实训步骤：

（1）查询邮政挂号小包的运费表，如表5-11所示。（运费表更新频繁，如官网已更新，可以官网更新为准。）

表5-11　邮政挂号小包西班牙运费表

寄达国家或地区	资费	
	首重资费	续重资费
西班牙	11.09元/克	0.079元/克

（2）计算邮政挂号小包资费。

（三）FedEx 运费计算

浙江飞豹有限公司在敦煌网上向美国纽约客户销售了一包行李绳，包装重量 1.14 千克，包裹的长、宽、高分别为 15 厘米、15 厘米、10 厘米，计算这个包裹的 FedEx 物流基准运费（不考虑燃油附加费和其他费用）。

实训提示：

（1）比较体积重量和实际重量，取较大者计算运费。

（2）按照 FedEx 运费规定计算物流基准运费。

实训步骤：

（1）比较体积重量和实际重量。

（2）根据 FedEx 运费表计算运费。（运费表更新频繁，以官网最新信息为准。）

同步阅读：直击跨境物流痛点，最全跨境物流解决方案

随着我国跨境电商行业的快速发展，作为跨境电商产业链中的重要一环，跨境电商物流的市场规模也持续增长。依托我国强大的制造业基础所形成的规模效应，"中国制造"产品相比其他国家（地区）的产品而言，性价比优势显著。因此，我国出口跨境电商行业的发展领先于其他国家（地区），并推动我国出口跨境电商物流需求在全球占据主导地位。数据显示，2023 年，我国国际及港澳台快递业务量累计完成 30.7 亿件。物流未来将影响中国跨境电商的最终表现。而当前，跨境电商物流市场巨大但尚处于粗放时代，存在价格贵、速度慢、后期追踪难、便利性差等问题，关税、清关等政策性问题也是跨境电商物流需要面对的难题。

欧洲、美国等地虽然市场较为成熟，然而卖家在这些国家和地区依旧面临不少问题。

一、清关问题

对于跨境电商物流来说，不管是 FBA 还是海外仓模式，清关都是个大问题。FBA 清关时，经常会出现一些意外情况，轻则需要补充资料，重则出现扣货情况，甚至没收货物。清关不仅给物流和时效性带来很多不确定因素，延长配送时间，而且给卖家带来了巨大的损失。

出现以上现象，除了没有重视监管制度和贸易壁垒等原因外，更主要的是物流公司将报关业务交给第三方公司，而这些第三方公司既不专业，又不重视此事。那么，如何解决这个问题呢？

物流公司虽然为卖家提供报关服务，但大多是从卖家处揽货，而将报关、清关工作交给第三方报关公司。在这个过程中，专业的报关公司可实现清关的规模化和规范化，降低监管成本，提高通关效率，避免偷税漏税。在选择物流公司时，最好选择在目的地设有分公司的公司，以实现专业报关、快速通关。这些分公司的设立让卖家能更清晰地追踪到货物。

二、税务问题

产品价格越高，税额越大，跨境电商卖家需要进行真实、及时、准确的税务申报。如果故意延误、错误或虚假申报，就可能受到货物查封、被买家举报导致账号受限、

罚款等不同程度的处罚。同时，经营者也要树立纳税意识和合法经营的意识，规避非法通关。

随着一些国家（地区）对跨境电商征收增值税（VAT），对于已经使用海外仓，但没有注册 VAT 账号的卖家来说，他们如果继续销售，将属于非法运营。对此，卖家要特别注意。

卖家对于税务制度要有清晰的了解，特别是阶梯征税，当物流承诺的价格低于正常的价格时，就要多留心。为了产品的安全，卖家一定要通过正规渠道报税清关。如果卖家没有 VAT 账号，要了解清楚物流公司的资质和操作机制。当然，建议自己注册一个 VAT 账号，自己缴税。

三、退件问题

在跨境电商交易过程中，由于买家对货物不满意，或者产品破损，会产生退换货，因此卖家一定要保证产品的质量，并做好产品的具体使用说明，避免买家因为操作不当而误以为产品有问题而选择退货。有时候，虽然卖家小心翼翼，按照标准进行操作，质量上也让买家满意，退件问题还是不可避免。

卖家只能选择海外仓提供退件处理，当前一些海外仓可提供售后维修、货物退回等服务。FBA 是不帮忙处理退换货的，假如亚马逊仓库的货物需要退件，可以退到所在仓库进行附加服务，仓库可提供二次打包贴标、重新包装等服务，然后再次入库，或提供卖家指定的其他服务。

四、本地化问题

海外仓是本地化战略的重要组成部分。本地派送，即在"最后一公里"上选择最适合的快递公司，对物流公司也是个不小的考验。在选择尾程配送服务商时，卖家既要考虑价格，又要考虑时效性，还要综合考虑派送公司的派送范围。快递公司暂时还无法做到全球全覆盖或者在每个国家（地区）都有很强的派送能力，因此有些国家（地区）适合这个快递公司，有些国家（地区）则适合另一个快递公司。即便是使用海外仓，卖家也要考虑物品的大小与属性、单件重量和尺寸的限制，并了解超过会有哪些附加费用。

因此，商家在与物流公司合作前，要了解物流公司与当地的哪家派送公司合作，产品的大小与属性是否满足要求，该物流是否是最适合的，自己的目标市场与物流的优势市场是否相符，是否对某些物品有所限制，是否在当地是最优选择。

除此以外，跨境物流还面临难以全程追踪、跨境包裹易破损甚至丢包等问题。中国电商物流业近年来高速发展，使得中国境内已基本实现包裹的实时追踪查询。跨境物流的追踪问题往往出在境外段。很多包裹出境后，就难以追踪了。

在跨境物流系统中，物流商揽件以后，货物往往需要经过四五次甚至更多次的转运，才能最终送达买家手中。在转运过程中，非常容易出现包裹破损的情况，也存在一定概率的丢包情况。跨境包裹破损甚至丢包，不仅会给买家带来糟糕的购物体验，也会使卖家的运营成本大幅提高，并面临丢失买家的风险和损失。

只有境外段物流配送达到高度信息化水平，并能够与境内段物流配送实现信息对接，才能解决包裹的跨境全程追踪问题。这显然是一项长期的系统工程，要求物流服务商具备强大的系统建设能力，在当地拥有强大的合作伙伴，并与派送端实现无缝连接，以便更好地掌控全程。

本章小结

　　跨境物流作为跨境电子商务中重要的组成部分，直接关系到跨境贸易的顺利进行。随着跨境贸易竞争日趋激烈，跨境物流的压力也越来越大，跨境物流除了具有运送商品的功能之外，还与消费者的购物体验密切相关。

　　本章第一节介绍了跨境物流的概念、现状、发展趋势和运输方式，使读者对跨境物流有一个基本的认识。第二节介绍了常用的跨境物流方式及其运费计算方式，帮助读者了解各种物流渠道的特征，从而选择合适的跨境物流方式。第三节介绍了跨境物流中可能遇到的风险，以及相应的防范措施。

同步测试

1. 单项选择题

（1）下列有关跨境直邮模式描述正确的是（　　）。

　　A. 大部分跨境电商平台采用直邮模式

　　B. 直邮模式最大的优点是可以节省运费

　　C. 直邮模式可以给消费者提供多样化的产品

　　D. 直邮的产品可以免交缴税

（2）生活在杭州的朱小姐需要寄一条珠宝项链给远在美国的表妹，她可以选择的跨境物流方式有（　　）。

　　A. 中国邮政国际小包　　　　　　　　　B. 中国邮政国际大包

　　C. e 邮宝　　　　　　　　　　　　　　D. EMS

（3）正确的保税仓模式的流程是（　　）。

　　①买家下单　　　　②买家收货　　　　③保税仓存储

　　④保税仓报关出货　　⑤卖家海外采购

　　A. ⑤③①④②　　　　　　　　　　　　B. ⑤①③④②

　　C. ①⑤③④②　　　　　　　　　　　　D. ①③⑤④②

（4）中国邮政针对跨境电商推出的 e 邮宝产品最大限重为（　　）千克（俄罗斯、以色列、英国除外）。

　　A. 1　　　　　　　　B. 2　　　　　　　　C. 3　　　　　　　　D. 4

（5）下列有关国际物流渠道说法正确的是（　　）。

　　A. e 邮宝费用低于普通国际 EMS，出关能力强

　　B. EMS 网络基本覆盖全球，且价格非常便宜

　　C. 商业快递价格昂贵，但资费稳定

　　D. 国际专线物流发货周期缩短，发货速度快

2. 多项选择题

（1）属于商业快递的是（　　　）。

A. EMS　　　　　　　B. TNT　　　　　　　C. UPS　　　　　　D. DHL

（2）下列关于国际专线物流表述错误的是（　　　）。

A. 国际专线物流的价格比较高

B. 国际专线物流的速度比邮政小包快

C. 国际专线物流是一种并不常使用的运作模式

D. 国际专线物流的丢包率高

（3）下列关于商业快递表述正确的是（　　　）。

A. 商业快递的时效性高

B. 商业快递可以一票多件

C. 商业快递的成本较高

D. 四大国际商业快递是 EMS、DHL、UPS、TNT

（4）跨境物流中，最容易出现问题的就是清关环节。海关扣货的原因有（　　　）。

A. 申报价值与估价不一致

B. 品名和产品不符、装箱清单不详

C. 私人物品超过一定货值

D. 违反当地的一些相关政策

（5）海外仓费用包括（　　　）。

A. 头程费用　　　　　　　　　　　　　B. 订单处理费

C. 仓储费　　　　　　　　　　　　　　D. 当地派送费

3. 简答和分析题

（1）跨境物流的渠道有哪些？各有什么特点？

（2）区分中国邮政旗下的国际物流产品，并完成表 5-12。

表 5-12　中国邮政旗下国际物流产品对比

对比项目	EMS	国际邮政挂号小包	e 邮宝
送达国家（地区）			
重量限制			
体积限制			
时效			
计费方式			

第六章
跨境支付与结算

学习目标

　　了解跨境支付的定义、业务及方式，熟悉跨境支付与结算政策，掌握主流跨境支付方式及跨境支付的风险与防范措施；认识到中国的电子支付在国际上的优势，增强四个自信、幸福感和获得感；了解与跨境支付相关的政策法规，培养识别支付风险、规避支付陷阱的能力。

知识导图

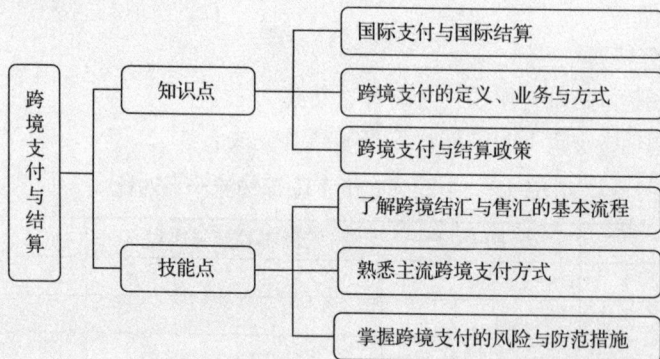

引　例

　　近年来，人民币跨境政策和基础设施不断优化，驱动人民币在全球范围得到广泛使用。人民币跨境支付系统（Cross-border Interbank Payment System，CIPS）在促进人民币国际化，提升中国金融市场国际竞争力，增强跨境支付安全性，提高企业结算效率及推动"一带一路"建设上具有重大而深远的意义。

　　在场景侧，数字人民币的探索已经从境内业务走向跨境支付探索，在跨境电商和留学场景酝酿突破；在技术侧，在数字人民币智能合约平台的赋能下，供应链金融、预付费、企业信贷等领域能够更好地保障资金安全并提高效率。

2023年上半年，经常项下跨境人民币结算金额为6.3万亿元，其中货物贸易、服务贸易及其他经常项目分别为4.84万亿元、1.46万亿元；直接投资跨境人民币结算金额为3.53万亿元，其中对外直接投资、外商直接投资分别为1.19万亿元、2.34万亿元。

数据显示，2022年，人民币跨境支付系统处理业务440.04万笔，金额96.70万亿元，同比分别增长31.68%和21.48%。日均处理业务1.77万笔，金额3883.38亿元。预计到2026年，全球B2C跨境电商将保持27%的增速。

未来，跨境支付市场竞争逐渐激烈，跨境支付的手续费率将呈现下降的趋势，支付也将逐渐成为基础性的底层服务。而如何为用户创造更多的价值，提供更加完善的服务开始成为支付企业的关注焦点。

引例分析

根据《非银跨境支付行业年度专题分析2023》数据，2023年上半年，跨境人民币收付金额合计24.5万亿元，同比增长20%，在同期本外币跨境收付总额中占比达57%。人民币在贸易结算中的占比持续上升，将有助于出口企业规避外汇汇兑风险和减少损失。支付机构承担的跨境外汇业务的重要性不言而喻。

与此同时，随着全球跨境电商行业的迅猛发展，跨境支付的需求也在不断扩大，我国企业纷纷布局跨境支付领域，跨境支付的市场竞争日趋激烈，这也促使跨境支付服务商不断提高服务水平、扩大服务范围，获取更大的规模效应。

随着国际贸易的深化和人们出境游的增多，支付机构对境外支付市场开拓也在加速，目前跨境支付服务已突破传统场景限制，在跨境电商、海外收单、全球支付钱包、跨境游戏、营销服务等多个领域提供服务。

为给外贸新业态市场主体提供良好的配套金融服务，切实发挥跨境人民币业务服务实体经济、推动外贸新业态高质量发展的积极作用，支持和引导外贸新业态新模式健康持续创新发展，助力稳定宏观经济大盘，政府正在积极探索数字人民币跨境支付试点。

第一节　跨境支付与结算概述

一、国际支付与国际结算

1. 国际支付与国际支付方式

国际支付（International Payments）是指在国际经济活动中的当事人以一定的支付工具和方式，清偿因各种经济活动而产生的国际债权债务的行为。它是国际贸易中履行金钱给付义务的一种行为。

在国际经济活动中使用较多的支付方式有直接支付和间接支付两种。直接支付方式是指国际经济活动中的当事人（即交易双方）直接与银行发

小资料：国际支付方式介绍

生关系的支付方式。常见的直接支付方式包括付汇、托收和信用证。间接支付方式是指支付行为除了交易双方与银行外，还有其他主体参加的方式。常见的间接支付方式有国际保理。

2. 国际结算与国际结算方式

国际结算是指通过货币收付实现的国际支付或资金转移行为，包括贸易结算，资本和利润转移，劳务的提供和偿付，国际交通、航运、保险费用的收支，侨汇、旅游、政府外事活动等。

在国际贸易中，国际支付与国际结算（International Settlements）是密不可分的，国际支付是过程，而国际结算是结果。国际结算可以促进国际贸易发展，服务国际经济文化交流，推动国际金融一体化，进而繁荣整个世界经济；同时还可为本国（或地区）创收和积累外汇，引进外资，合理使用外汇，输出资金向外投资，起到巩固本国（或地区）货币汇率、提升本国（或地区）对外支付能力的作用。

国际结算方式是指以一定条件实现国际货币收付的方式，按照使用工具、支付手段的不同，分为以下四类。

（1）现金/货币结算。这是原始结算方式，即买方一手交钱，卖方一手交货，钱货两清，通常称为现金交货（Cash on Delivery），现在较少采用。

（2）票据结算。票据是指出票人签发的无条件约定自己或要求他人支付一定金额，经背书可以转让的书面支付凭证。票据一般包括汇票（Bill of Exchange）、本票（Promissory Note）、支票（Cheque）。例如，托收即出口方开立汇票，委托出口地银行通过进口地代收银行向进口方收款的一种国际贸易结算方式。托收根据是否随附单据又可分为跟单托收（Documentary Collection）和光票托收（Clean Collection）。

（3）凭单结算。在大多数国际贸易中，结算还需附加单据，这些单据包括基本单据和附属单据。其中，基本单据是出口方向进口方提供的单据，有商业发票、运输单据、保险单据等；附属单据是出口方为符合进口方法律法规或其他原因而提供的特殊单据。例如，信用证业务作为一种纯粹的单据业务，其结算方式是凭单付款，即在信用证结算方式下，银行付款的依据是单证一致、单单一致，而不管货物是否与单证一致。

（4）电讯结算。环球同业银行金融电信协会（Society for Worldwide Interbank Financial Telecommunications，SWIFT）电开信用证、电子交单及保理业务中的电子数据交换（Electronic Data Interchange，EDI）等，都属于电讯结算范围。

二、跨境支付

1. 跨境支付的定义

跨境支付（Cross-border Payment）是指两个或两个以上国家或地区之间因国际贸易、国际投资及其他方面产生的国际债权债务，借助一定的结算工具和支付系统实现的资金跨境转移的行为。

与境内支付不同的是，跨境支付的付款方所支付的币种可能与收款方要求的币种不一致，涉及外币兑换及外汇管制政策问题。例如，境内消费者在网上购买境外产品或境外消费者购买境内产品时，由于币种不同，就需要通过一定的结算工具和支付系统实现两个国家或地区之间的资金转换，最终完成交易。

2. 跨境支付业务

跨境支付业务按照资金流向可分为进口业务和出口业务。进口业务是资金出境，跨境支付公司通过与境外的银行、第三方支付公司建立合作，利用银行卡国际组织建立的清算网络，帮助境内的企业实现境外资金分发，在境内扮演收单服务商的角色。出口业务是资金入境，跨境支付公司与境内的第三方支付公司合作建立分发渠道，帮助境外消费者和支付机构完成资金入境及境内分发。

跨境支付包括跨境收单、跨境汇款和结汇、售汇三个业务大类。

（1）跨境收单

跨境收单即帮助一个国家（地区）的商户从另一个国家（地区）的消费者收取资金。其具体包括以下内容。

① 外卡收单，帮助商家收取境外消费者的货款，出现在出口业务中，收的是境外的信用卡或其他支付工具支付的货款。

② 境外收单，商家在境外，消费者在境内，即进口业务，如海淘等。

③ 国际收单，即商家、消费者和支付机构分属不同的国家（地区），如 PayPal 在中国开展跨境支付业务的情况。收单业务主要服务于企业 B 端商户，支付公司本身不需要建立账户体系，其核心是在商户和收单行之间建立联系，通过网关进行账户信息和支付指令的加密传输。

（2）跨境汇款

汇款业务在大部分国家（地区）需要牌照，专业汇款公司以西联、速汇金等为代表，但这类机构的市场份额正在减少，而 PayPal、Payoneer 和 WorldFirst 等支付机构日渐成为跨境汇款的主流。中国的跨境支付公司正在与这些外资支付机构争夺市场份额。国际支付巨头凭借先发优势，目前掌握较多的大客户资源，其针对跨境出口电商的汇款业务快速增长。跨境电商呈现平台化趋势，中国商家也在亚马逊、Wish 等美国的第三方电商平台上销售产品，而第三方电商平台有指定的支付方式，新的支付工具很难切入，但中国商家有境外收款、汇款入境的真实需求。在相关外汇政策的支持下，在美国获得汇款牌照的支付公司可为中国商家开立美国银行账户（虚拟账户），再将货款汇入境内结汇或在我国香港地区换成人民币再汇入境内。

（3）结汇、售汇

📖 小知识：结汇、售汇

结汇即"外汇结算"，是指外汇收入所有者将其外汇收入出售给外汇指定银行，外汇指定银行按一定汇率付给等值本币的行为。图 6-1 所示为第三方支付的结汇流程。售汇即"外汇出售"，是指外汇指定银行将外汇卖给外汇使用者，并根据交易行为发生之日的人民币汇率收取等值人民币的行为。图 6-2 所示为第三方支付的售汇流程。

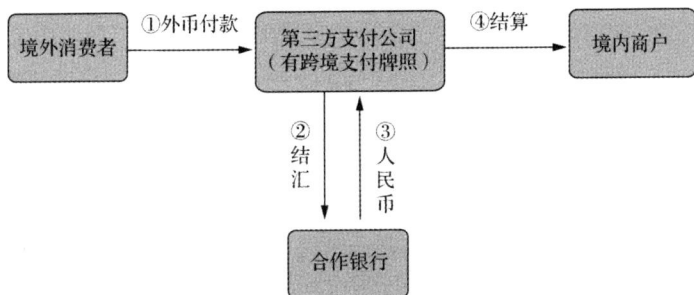

图 6-1　第三方支付的结汇流程

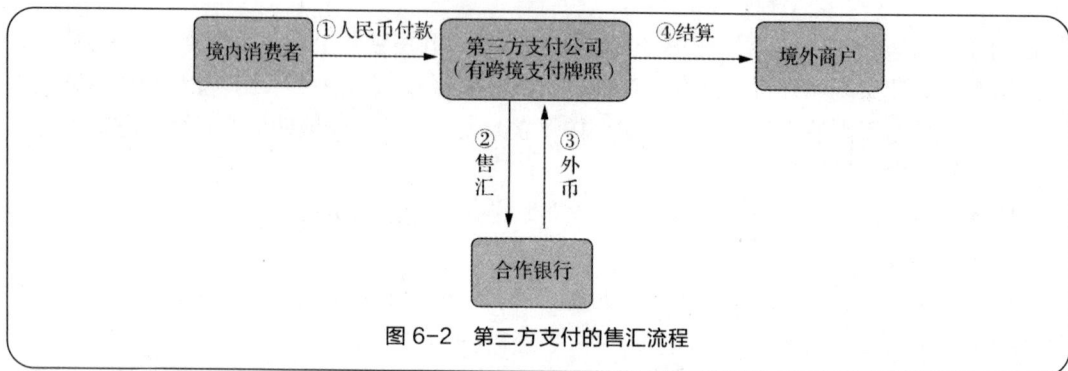

图 6-2   第三方支付的售汇流程

过去，贸易外汇收入主要由银行负责收单后结汇，外贸企业通过境内的外币账户收款，银行根据报关单等凭证进行结汇。而跨境电商中，小卖家多直邮发货到境外，无法按照一般贸易申报出口，收款多使用第三方支付或离岸账户，结汇时无法提供出口核销单等凭证。目前，个人境内身份证结汇是外贸小卖家最主要的结汇方式。按照国家外汇管理政策，个人年度结汇额度为 5 万美元。政府也在试点境内个人投资者（QDII2）计划，并积极推动人民币跨境支付业务。

2014 年，国家外汇管理局开始发放外汇跨境支付牌照，允许支付公司在特定行业开展跨境支付业务。外汇跨境支付首先要进行换汇，持牌的跨境支付公司可在境内开展结汇、售汇业务。目前更便利的方式是人民币跨境支付，支付公司在香港进行换汇。现有政策鼓励人民币跨境支付业务，相关监管比银行宽松，操作手续简单，因此传统贸易也在用第三方支付的通道进行跨境支付。持牌的支付公司将结汇、售汇作为跨境支付的主要业务，赚取汇兑差。

3. 跨境支付方式

支付是商业体系的基础服务，传统的跨境支付主要有两种形式：一种是银行间的国际结算业务，即通过电汇、信汇、票汇等传统国际结算工具进行汇款（Remittance）；另一种是以西联汇款为代表的专业汇款公司所提供的小额汇款业务。前者主要针对公司之间的一般贸易业务，后者以个人客户为主。

随着跨境电子商务、跨境旅游等行业的大发展，新型跨境支付方式应运而生。新型跨境支付方式可解决传统方式的痛点，其创新性在于凭借技术手段降低金融服务的成本和门槛，提高服务频次，扩大金融服务的受众群体。近年来，其市场份额不断增大。新型跨境支付主要是指线上化的第三方支付，支持银行账户、国际信用卡、电子钱包等多种支付工具，满足小额高频的交易需求，进一步提高支付效率，降低成本。与境内的第三方支付类似，新型的跨境支付与传统方式的区别在于切入消费场景，优化 C 的客户体验，并针对不同行业的 B 端商户定制支付综合解决方案。跨境支付的主要方式有以下几种。

（1）银行间国际结算汇款

汇款又称汇付，是指银行应付款人的要求，使用一定的结算工具，以一定方式将款项通过境外联行或代理行交付收款人的结算方式。汇款方式分为电汇、票汇和信汇。电汇（Telegraphic Transfer，T/T）是指汇出行应汇款人申请，以加押电报、电传或 SWIFT 形式向境外汇入行发出指示，要求其解付一定金额给收款人的汇款方式。国际电汇的特点是收款较快，但手续费较高，因此只有在金额较大时或比较紧急的情况下才使用电汇。电汇是传统 B2B 贸易中常见的付款方式。票汇和信汇在这里不做具体介绍。

跨境电子商务基础（第 2 版 慕课版）

（2）专业汇款公司

专业汇款公司通常与银行、邮局等机构有较为深入的合作，它们借助这些机构分布广泛的网点设立代理点，以迅速扩大地域覆盖面。专业汇款公司以西联汇款和速汇金为代表，汇款流程更加简便，到账时间更快。目前，这两家公司通过与境内的银行和支付公司合作来拓展业务。为保证卖家利益不受损失，它们一般采用先付款后发货模式，但由于款项迅速到账，导致交易安全性不够。一旦出现卖家欺诈，买家难以挽回损失，这也导致新用户对该汇款交易方式信任度不足，交易规模难以快速增长。

（3）第三方跨境支付

《支付机构跨境外汇支付业务试点指导意见》中给出的"支付机构跨境外汇支付业务"定义是：支付机构通过银行为电子商务（货物贸易或服务贸易）交易双方提供跨境互联网支付所涉的外汇资金集中收付及相关结售汇服务。第三方跨境支付通过与银行的一系列跨境金融服务相对接，使得跨境支付不再受银行服务时间和时差的限制，避免了不同银行账户间转账不畅的情况。

纵观全球，第三方跨境支付有以下三种模式。

① 购汇支付，即境内持卡人在境外网站进行支付购买，第三方支付企业为其提供人民币支付、外币结算的服务。这种模式可以细分为两类，一类是以支付宝公司的境外收单业务为典型的代理购汇支付，另一类是以好易联为代表的线下统一购汇支付。这两种购汇支付方式的主要区别：在代理购汇支付中，第三方支付企业只是代理购汇的中间人，实际购汇主体仍是消费者；统一购汇支付则是以支付公司的名义，在电子平台后方通过外汇指定银行统一购汇，购汇主体为第三方支付企业。第三方支付工具购汇支付的具体流程如图 6-3 所示。

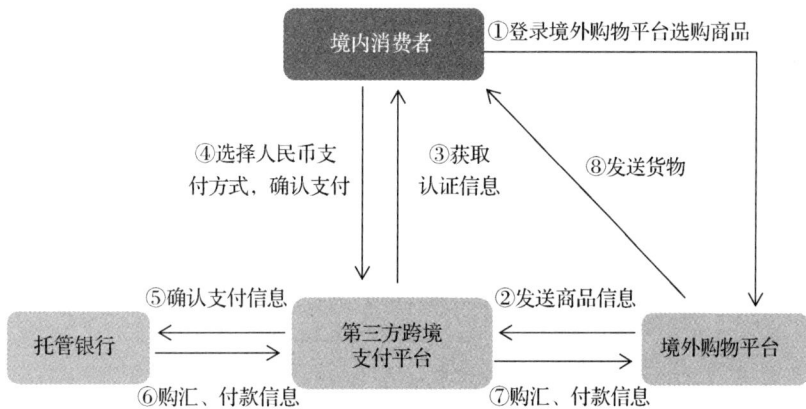

图 6-3　第三方支付工具购汇支付的具体流程

② 收汇支付，即境外持卡人在境内网站进行支付购买，第三方支付企业为境内企业收到跨境外币提供人民币结算支付服务。这种模式也可以细分为两类。一类是以公司名义办理。第三方支付工具收到买方支付的外币货款后，由第三方支付企业集中统一到银行办理结汇，再付款给境内卖家，如快钱、收汇宝等。有实力的公司采取在境内外设立分公司，通过两地公司间资金转移，实现资金汇入境内银行，集中结汇后，分别支付给境内生产商或供货商。另一类是以收款方个人名义申请结汇。规模较小的个体户通过在境外亲戚或朋友汇收后汇入境内，再以个人名义结汇，如 PayPal 等。

第三方支付工具收汇支付的具体流程如图 6-4 所示。

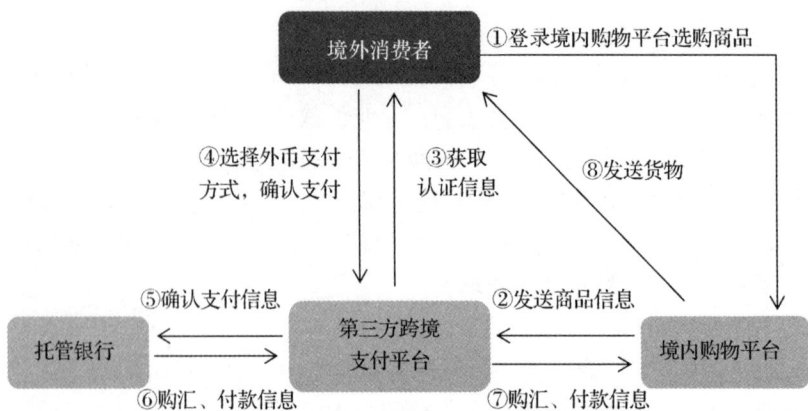

图6-4 第三方支付工具收汇支付的具体流程

③ 境外持卡人通过境内第三跨境支付平台实现境外网站的支付购买行为。这种模式的出现需要我国第三方跨境支付公司在使用便利性、平台覆盖性、费用廉价性上超过或者与境外第三方跨境支付公司持平。由于以上条件现阶段还无法同时满足，因此我国还鲜少出现这类第三方跨境支付模式。

将三大跨境支付方式的特点、应用场景和费用进行对比，如表6-1所示。

表6-1 三大跨境支付方式对比

跨境支付模式	特点	应用场景	费用
电汇	最早出现的跨境支付方式，一般通过 SWIFT 通道传输数据，到账慢（2~3 天），手续费高	跨境银行间往来 B2B 大额交易，传统进出口贸易	包括电报费+手续费+中转费，手续费费率为 0.05%~0.1%，电报费为 0~200 元
专业汇款公司	到账快（10~15 分钟），手续费高，分档计算	1 万美元以下的小额支付	汇款资费最低 15 美元，每增加 500 美元，加收 5 美元、10 美元或 20 美元。按址投送、电话通知、附言等附加服务费
第三方跨境支付	最晚出现的跨境支付方式，须拥有支付牌照+支付许可证，到账快	小额高频交易，B2C 跨境电子商务	手续费费率为 1%~1.5%

三、跨境支付与结算政策

中国跨境支付行业从初期以传统银行汇款和信用证为主，逐步发展出第三方支付、跨境电商支付等新型支付方式。随着政策的支持和市场的推动，跨境支付行业不断壮大，实现了从无到有、从有到优的跨越式发展。在此过程中，支付机构不断创新，支付技术持续升级，支付服务日益便捷，为跨境电商等外贸新业态提供了强有力的支持，推动了中国对外贸易的快速发展。跨境人民币业务与跨境外汇业务政策监管情况如表 6-2 所示。

小资料：中国跨境支付行业发展历程

表 6-2　跨境人民币业务与跨境外汇业务政策监管情况

项目	跨境人民币业务	跨境外汇业务
主要法规	《中国人民银行关于支持外贸新业态跨境人民币结算的通知》（银发〔2022〕139号）	《国家外汇管理局关于印发<支付机构外汇业务管理办法>的通知》（汇发〔2019〕13号）
监管部门	中国人民银行 中央层面：中国人民银行宏观审慎管理局 地方层面：银行所在地中国人民银行分支机构	国家外汇管理局 中央层面：国家外汇管理局 地方层面：支付机构所在地外汇管理局
展业资质	跨境人民币业务备案（银行申请，支付机构配合）	贸易外汇收支企业名录登记（支付机构申请，银行配合）
展业范围	法规层面：全部经常项目 实际展业：以银行所在地中国人民银行分支机构下发的备案文件为准	法规层面：小额、快捷、便民的全部经常项目 实际展业：以支付机构所在地外汇管理局下发的批准文件为准（一般包括具体场景，例如线上货物贸易、航空机票、酒店住宿、留学教育等）
交易主体管理	依法采集信息，定期核验；建立负面清单	审核主体的真实性、合法性，定期核验；主体分类管理，并建立负面清单
交易管理	确保交易真实、合法； 根据主体类别、交易特征等进行单笔交易限额； 建立事中审核和事后抽查制度、交易信息采集及验证制度； 加强大额、可疑、高频等交易监测，高风险交易应核验相关单证	确保交易真实、合法、资金收付一致； 单笔交易金额原则上不超过5万美元； 建立交易信息采集制度、验证及抽查机制等； 高风险交易应核验相关单证
备付金管理	由支付机构在银行开立特定业务待结算资金专用存款账户，仅用于办理跨境人民币业务，并遵循备付金管理的相关要求	同跨境人民币业务，开立专用账户仅用于办理跨境外汇业务，并遵循备付金管理的相关要求
国际收支申报	根据《通过银行进行国际收支统计申报业务实施细则》等执行，在跨境交易环节（即实际涉外收付款项时）对两类数据进行间接申报：一类是集中收付或轧差净额结算时支付机构的实际涉外收付款数据；另一类是逐笔还原集中收付或轧差净额结算前境内实际收付款机构或个人的原始收付款数据	同跨境人民币业务
跨境人民币申报	银行按照人民币跨境收付信息管理系统（RCPMIS）信息报送相关要求报送跨境收付数据，轧差净额结算应还原为收款和付款信息报送； 银行、支付机构应妥善保存集中收付或轧差净额结算前境内实际收付款机构或个人的逐笔原始收付款数据备查	不涉及

随着中国进出口贸易在全球市场重要性的提升和跨境电商的快速发展，我国跨境支付市场进入新的发展阶段，政策监管也顺应市场需求进行了积极的调整。2007年以来，为了适应跨境消费领域的快速发展，国家跨境支付相关政策逐步推出，相关政策逐步放宽，跨境支付试点、跨境电商单笔限额逐步放开，跨境支付系统不断完善。

小资料：监管跨境支付机构的相关政策

跨境支付方式有很多，本节针对跨境电子商务所涉及的跨境支付方式进行介绍。

一、主流跨境支付方式

1. 国际信用卡

国际信用卡除了线下 POS 刷卡交易外，还能通过在线网关进行支付，实现全球范围内的收单和资金结算。目前国际上六大信用卡品牌有威士（VISA）、万事达卡（MasterCard）、美国运通（American Express）、日本国际信用卡（JCB）、大莱信用卡（Diners Club）、中国银联（UnionPay），如图 6-5 所示，其中前两个的使用范围比较广泛。

图 6-5　国际六大信用卡品牌

跨境电子商务基础（第 2 版 慕课版）

跨境电商网站可通过与国际信用卡组织合作，或直接与境外银行合作，开通接收境外银行信用卡支付的端口。国际信用卡支付是欧美国家和地区比较流行的支付方式，信用卡的用户群体非常庞大，但接入方式麻烦、需预存保证金、收费高昂、付款额度偏小，存在拒付风险。国际信用卡主要适用于从事跨境电商零售的平台和独立 B2C。

2. PayPal 与贝宝

目前，PayPal 作为全球大型在线支付公司，在第三方支付机构中占据重要地位。PayPal 覆盖全球 200 多个国家和地区，支持 100 多种货币交易，以及 56 种货币的提现，尤其在欧美地区普及度较高。同时，PayPal 还是在线支付行业标准的制定者之一，在全球支付市场中获得认可，拥有很高的知名度和品牌影响力。中国跨境交易的用户也受此影响，选择使用 PayPal，尤其是个人海淘用户和跨境 B2C 出口企业使用率更高。

贝宝是由上海网付易信息技术有限公司与 PayPal 公司合作为中国市场量身定制的网络支付服务。由于中国现行外汇管理制度的限制，贝宝在中国地区仅受理人民币业务。因此，我们通常说的 PayPal 账户是指 PayPal 国际账户，即针对具有国际收付款需求用户设计的账户类型。

PayPal 交易完全在线上完成。收付双方必须是 PayPal 用户，以此形成闭环交易，风控好。但 PayPal 对买家过度保护，交易费用主要由卖家承担；买家有任何不满意都可以提出纠纷，使卖家无法提取货款。

PayPal 支持中国银行账户提现，以及美国银行账户提现和支票提现等提现方式。这种支付方式尤其适用于跨境电商零售行业，几十到几百美元的小额交易更划算。

3. 支付宝（Alipay）与国际支付宝（Escrow）

支付宝凭借境内第三方支付的良好基础，逐步进军跨境电商支付领域。2007 年 8 月，支付宝成为首家获批开展跨境支付业务的第三方支付机构。2008 年，支付宝正式推出国际支付业务，开始与境外银行合作，为境内用户提供更便捷的境外支付服务。从 2009 年开始，支付宝先后和 VISA、MasterCard 进行合作。2013 年，支付宝成立了国际事业部，加速推进全球化，并将全球化确定为支付宝的三大发展战略方向之一。这标志着支付宝跨境支付业务进入全新的发展阶段。2016 年，支付宝推出了"AlipayHK"，与菲律宾的 Gcash 合作，与欧洲 4 家金融服务机构签署合作协议。2017 年，支付宝与摩纳哥正式签署战略合作协议。2023 年，支付宝在合作伙伴大会上推出国际版，支持绑定主流国际银行卡，为境外用户提供覆盖公交地铁、酒店机票预订等多元化服务的便捷支付体验。

目前，支付宝已经具备了"全球收全球付"的能力，可以为全球 200 多个国家和地区的用户提供服务，支持 20 余种货币结算，包括美元、英镑、欧元、日元等。

2010 年，阿里巴巴全球速卖通上线。平台通过对买家调研，发现用户群体更加喜欢和信赖"Escrow"一词，因此在用户端使用国际支付宝（Escrow）。国际支付宝（Escrow）是阿里巴巴专为国际买卖双方全新打造的在线支付解决方案。这一服务致力于维护国际市场中买卖双方的交易安全，是一种专设的第三方支付担保服务。用户可通过国际支付宝使用多种方式（信用卡、借记卡、西联汇款、T/T、Boleto、Qiwi Wallet、WebMoney、Yandex.Money、PayPal）进行支付，如图 6-6 所示。

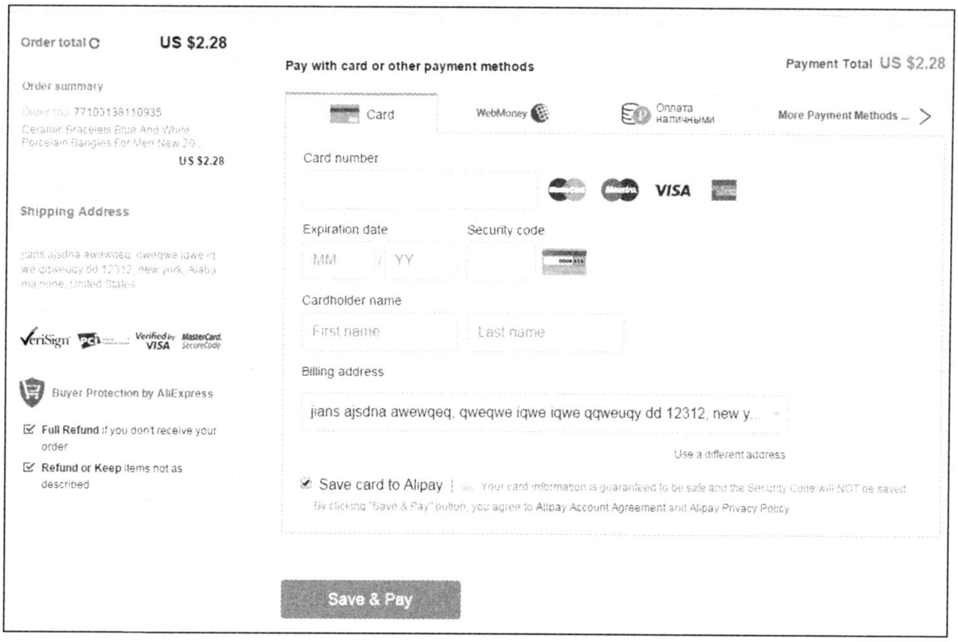

图 6-6　用户付款界面

4. 西联汇款（Western Union）

西联国际汇款公司是世界上领先的特快汇款公司，可以在全球大多数国家（或地区）的西联代理所在地汇出和提款。西联国际汇款公司可以通过电子渠道和代理网点两种方式进行汇款，并通过代理网点现金收款、合作银行的自营电子渠道、支付宝到账和直接到账等方式进行收款。买家可以登录西联汇款官方网站跟踪汇款状态、查找网点，如图 6-7 所示。

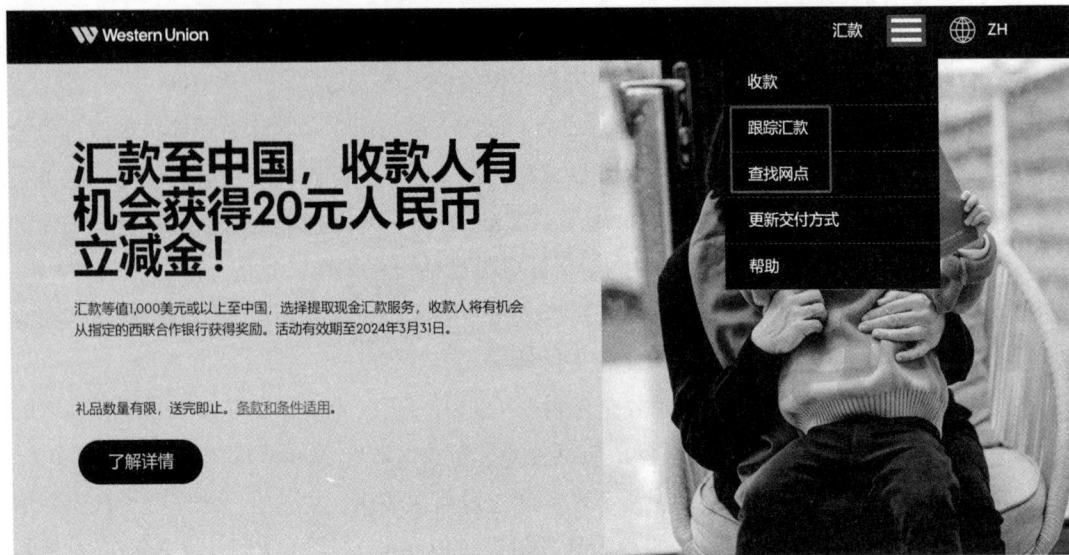

图 6-7　西联汇款官方网站首页

西联国际汇款公司的手续费因国家/地区、汇款金额、汇款方式及是否为促销活动等因素而异。手续费通常按照汇款金额的一定比例计算，有时也有一个固定的最低费用。例如，汇款金额较低时，会有一个固定的最低手续费；而汇款金额较高时，手续费会按照百分比计算。此外，如果使用某些支付方式（如信用卡）进行汇款，就会收取额外的费用。

西联汇款手续费由汇款人承担，收款人免付手续费。对于卖家来说，安全性好，可先提现再发货，而且到账速度快。反之，对买家来说风险极高，因此买家不易接受。买家和卖家需要在线下柜台操作，且手续费较高。西联汇款适用于 1 万美元以下的小额支付。

5. 银行电汇（T/T）

在传统贸易结算中，电汇是一个重要的结算方式，此种方式也适用于跨境电商较大金额的付款。

在跨境电商交易中，如果选择电汇，通常要求先付款后发货（前 T/T 模式），其优点是可以确保卖家利益不受损害；在汇款手续费方面，银行设置了最高限，但对汇款金额没有限制；对汇款人的身份也不做限制。其缺点是办理汇款业务一般需要汇款人亲自到银行柜台办理，受到时间和空间的限制；银行占据了 T/T 的主要份额，比新兴线上跨境支付工具的手续费更高；卖方选择前 T/T 模式会将风险转嫁到买方，使得交易不能快速完成。

二、其他跨境支付方式

1. 速汇金汇款（Money Gram）

速汇金是一家与西联国际汇款公司相似的汇款机构。目前该公司在全球 200 多个国家和地区拥有超过 35 万个代理网点。速汇金汇款是该公司推出的一种快捷、简单、可靠的个人间的环球快速汇款业务，可在十几分钟内完成汇款过程，具有快捷便利的特点。收款人凭汇款人提供的编号即可收款。

其优点是在一定的汇款金额内，汇款的费用相对较低，无中间行费，无电报费；手续简单，汇款人无须选择复杂的汇款路径，收款人无须预先开立银行账户，即可实现资金划转。

其缺点是汇款人及收款人必须为个人。客户如持现钞账户汇款，还需缴纳一定的钞变汇的手续费。目前，境内有中国银行、中国工商银行、中国交通银行、中信银行四家银行代理了速汇金收付款服务。

2. 派安盈（Payoneer）

派安盈是一家总部位于纽约的在线支付公司，主要业务是帮助其合作伙伴将资金下发到全球，同时也为全球客户提供美国银行/欧洲银行的收款账户，用于接收欧美电商平台和企业的贸易款项。

其优点是注册简单，审核效率高，有个人账户和企业账户两种类型。除了注册资料和提现银行类型不同外，账户核心功能没有任何区别。公司账户注册需要使用营业执照、对公银行账户、法人银行账户等资料，可以提现到企业对公银行账户和法人个人银行账户；个人账户注册需要使用身份证、同名个人银行账户等资料，可以提现到个人银行账户。2022 年，针对从未注册过 Payoneer 账户且注册地为中国的客户，或从未有过 B2B 入账的客户，Payoneer 推出 0 费率优惠，超过 300 万美元，除返还全部提现费用外，还可申请开通外币转出或提现按笔收费服务。Payoneer 支持 26 个币种原币到账，且没有汇损[①]。收款是 Payoneer 的特色核心功能，使用 Payoneer 账户进行收款主要分为四种情况，如图 6-8 所示。

图 6-8　Payoneer 的收款服务

Payoneer 为全球各类平台提供跨境财务解决方案。Payoneer 适用于单笔资金额度小但是客户群分布广的跨境电商网站或卖家。除了全球速卖通和 eBay 外，Payoneer 支持全球热门跨境电商平台进行收款，如亚马逊、Wish、Shopee 等。

---

① Payoneer 依托全球布局和境外业务规模，与众多合作银行在外币兑换方面开展深度合作，开设多国本地银行账户，实现账户内 26 个币种余额的即时互换互转，最快 2 小时就能到账，还可以当地原币入账，原币入账的最大好处是避免美元汇率波动带来的汇损。

3. 联动支付（UMPAY）

联动优势电子商务有限公司于 2011 年注册成立，是中国人民银行颁发支付牌照的第三方支付机构，拥有全国范围的银行卡收单、互联网支付、移动电话支付牌照，基金销售支付结算业务许可，跨境人民币支付许可，跨境外汇支付资质。该公司在美国、非洲等地设立分支机构，业务涉及全球 100 多个国家和地区。公司重点布局新零售、线下收单、跨境支付、数字人民币及支付生态境外输出等业务，以数字化能力服务实体经济，致力于推动移动支付全球化发展。

在跨境支付业务方面，联动支付为境内外客户提供跨境收付款、结售汇、保理融资等跨境支付和金融服务综合解决方案，助力外贸企业、跨境电商客户开拓国际市场，业务覆盖全球 239 个国家和地区，币种包括美元、欧元、英镑、加元、澳大利亚元、港币、日元和新西兰元等。

4. 易联支付（payeco）

易联支付有限公司成立于 2005 年，是我国大型非金融支付服务机构，公司总部设在广州，并在北京、上海、深圳、成都、宁波、香港设有分公司。2009 年，易联支付获得了 PCI-DSS 的国际认证；2011 年，获中国人民银行颁发的《支付业务许可证》；2013 年，获中国人民银行许可开展跨境人民币支付结算业务，并完成了首笔支付机构跨境人民币支付交易；2014 年，获基金销售支付结算业务许可，新增"互联网支付"业务。2019 年，在 Wish 平台推出了跨境收款"随时付"平台系统，帮助用户更方便地提现至银行卡，为跨境商家提供便捷、完善的收款体验。

易联支付目前有四种跨境人民币支付业务流程，如图 6-9 所示。

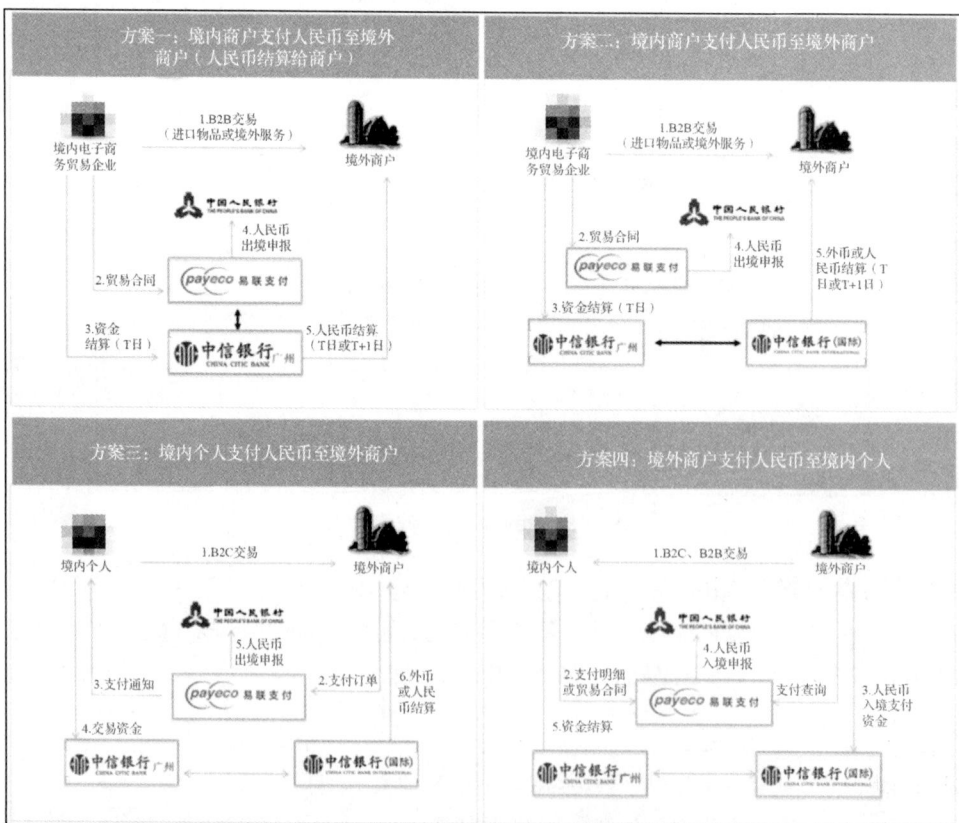

图 6-9　易联支付的四种跨境人民币支付业务流程

易联支付的优势在于能提供多种支付服务方式，支持互联网、手机、呼叫中心等多种支付渠道；能实现全球支付的高效率服务，跨境结算可实现当天办理，跨境交易高效便捷；由中信银行进行全程资金管理、中国人民银行进行全程资金风险监控，安全可靠。

5. WebMoney

WebMoney 是由成立于 1998 年的 WebMoney Transfer Technology 公司开发的一种在线电子商务支付系统，是俄罗斯主流的电子支付方式，其支付系统可以在包括中国在内的全球 70 个国家和地区使用。WebMoney 支持多币种收付，许多国际网站都与其合作。WebMoney 的优势在于使用人数较多，适用范围广。

6. Qiwi Wallet

Qiwi Wallet 是俄罗斯 mail.ru 旗下公司出品的类似于中国支付宝的产品，是俄罗斯最大的第三方支付工具之一。Qiwi Wallet 帮助客户快速、方便地在线支付水电费、手机话费、网络购物和银行贷款等费用。买家可以根据自己的情况选择合适的付款方式，支持多个币种付款。俄罗斯人对 Qiwi Wallet 非常信任，俄罗斯买家可以先对 Qiwi Wallet 进行充值，再到对应的商户网站购买产品。

Qiwi Wallet 的优势在于拥有较为完善的风险保障机制。不同于 PayPal 或者信用卡有 180 天的"风险观察期"，Qiwi Wallet 不存在拒付（Chargeback）风险。如果买家通过 Qiwi Wallet 支付，通过资金审核（一般 24 小时内）即可到账。

2012 年，阿里巴巴与 QIWI 签署战略合作协议。合作后，俄罗斯买家可通过 Qiwi Wallet 在阿里巴巴平台上购买中国产品。

7. YooMoney

YooMoney（原 Yandex.Money）创立于 2002 年 7 月，是俄罗斯排名第一的搜索引擎平台 Yandex 和俄罗斯支付服务商 PayCash Group 共同推出的合资企业。2013 年 7 月，Yandex 将 Yandex.Money 的 75% 股份出售给俄罗斯最大银行 Sberbank。2020 年 7 月，Sberbank 收购了 Yandex.Money 剩余 25% 股份，成为该公司的唯一所有者，并将其更名为 YooMoney。

YooMoney 本身是一个电子钱包，同时也是支付提供商，集成了俄罗斯和 CIS 国家（独立国家联合体）当地流行的支付方式。YooMoney 通过 YooKassa①提供在线结账服务，允许在线商家通过 YooMoney 钱包和关联银行卡接受付款，同时还提供了其他付款选项，如网上银行、现金和运营商账单等。此外，用户还可以通过 YooMoney 应用程序扫描商家网站上的二维码进行付款，在店内使用 YooMoney 应用程序通过 NFC 功能进行非接触式付款。

8. Boleto

Boleto 是一种在巴西广为流行的账单支付方式。买家通过 Boleto 不仅可在网上银行进行在线支付，还可以选择在银行 ATM 机、授权商超、彩票站、邮局等进行线下现金支付，满足无银行卡买家的支付需求。Boleto 支付后需要 1～3 个工作日到账。

买家在网站下单时选择 Boleto 支付，会生成 Boleto 账单，如图 6-10 所示。

---

① YooKassa 原称 Yandex.Checkout，是由 YooMoney 运营的在线支付系统，是 YooMoney 服务在俄罗斯和 CIS 国家的本地品牌。

图 6-10　Boleto 账单

在线上，买家可以登录网上银行 App，通过扫描 Boleto 条形码或复制数字码的方式完成付款；在线下，买家可以下载并打印 Boleto 账单，在银行 ATM 机、授权商超、彩票站、邮局等地扫描 Boleto 条形码，用银行账户或现金进行支付。

小资料：Boleto 的支付特点

除以上跨境支付方式之外，还有 Skrill（2010 年之前称 Moneybookers）、Paysafecard、LiqPAY、Neteller 等。

目前，信用卡是消费者网购付款的第一选择，除了全球使用范围最广的 VISA、MasterCard 外，还有很多境外当地卡（含预付卡），如美国的 Discover、英国的 Maestro 和 Solo、西班牙的 4B、法国的 Carte Bleue、丹麦的 Dankort、意大利的 CartaSi、中东地区的 Onecard。

全球性的第三方跨境支付公司也多达几十家，具备银行卡交易、在线汇兑、转账汇款、国际结算等服务功能，如美国 PayPal、俄罗斯 Qiwi Wallet 和 WebMoney、荷兰 iDeal、德国 Pay now、波兰 Przelewy24、印度 PayTM、巴西 Boleto 和 Pagseguro、欧洲 Paysafecard 和 Trustpay 等。

小资料：民族复兴使命下的人民币发展之路

我们不仅要熟悉全球使用最广泛的跨境支付方式，还要了解一些国家或区域性的支付方式，作为收付款的辅助手段。

想一想

数字人民币的跨境应用前景对未来提升人民币地位有什么好处？为什么要提升人民币地位？

第三节　跨境支付的风险与防范

一、跨境支付的风险

1. 交易真实性识别风险

交易真实性是跨境电商运行和发展的生命线，是跨境电商平台必须守住的底线。如果

违背交易真实性，跨境电商平台会沦为欺诈盛行之地、犯罪滋生的温床，成为逃避监管的法外之地。同时，交易真实性也是国际收支申报、个人结售汇管理、反洗钱义务履行的前提和保障。

交易真实性包括交易主体的真实性和交易内容或背景的真实性。与一般进出口贸易相比，跨境电商支付的真实性更难把握。

第三方支付机构缺乏身份识别的有效手段，很难做到"了解你的客户"。例如，由于第三方支付机构目前尚未接入公安部的身份联网核查系统，难以确保个人身份信息的真实性；对于重号身份证、一代身份证、虚假身份证、转借身份证等情况缺乏有效的甄别措施；境外客户的身份审查困难；对法人客户身份信息的审核存在漏洞等。

第三方支付机构在交易内容或背景的真实性审核方面同样存在困难。因为第三方支付机构获取境外客户的实际控制人、股权结构等信息存在困难，难以判断客户财务状况、经营范围与资金交易情况是否相符，所以无法核实跨境交易金额和交易商品是否匹配。同时对境外客户进行尽职调查的成本相对较高，造成审核工作流于形式。第三方支付机构可以通过比对订单信息、物流信息、支付信息等方式，确认现金流与货物流或服务流是否匹配。但这同样存在一定的困难：从信息获取渠道角度来讲，电商平台和支付平台是两个不同的主体，支付机构仅负责支付事项，并不掌握订单信息和物流信息；从信息质量角度来看，支付机构从电商平台和物流公司获取的信息可能滞后，信息的准确性也会受到影响。总之，第三方支付机构审核跨境交易内容或背景的真实性和交易主体的真实性都存在不少困难，跨境电商支付存在交易真实性识别风险。

2. 资金非法流动风险

如何甄别资金是非法流动还是合法流动，目前缺乏可靠手段。对于同一个跨境交易主体既在境内注册成为第三方支付机构客户，又在境外注册成为境外商户，或者境内机构客户通过在境外设立关联公司的方式，自己与自己交易，绕过国家外汇管理限制，进行跨境资金转移等行为，目前缺乏有效的甄别手段。

3. 逃避个人结售汇限制风险

中国目前仍实行资本项目下的外汇管制，经常项目已实现自由兑换，但个人结售汇年度限额为 5 万美元。随着跨境支付的发展，通过第三方支付机构的跨境交易日益频繁，但这也带来了监管难题。由于信息获取有限，执行个人结售汇管理变得困难，同时分拆结售汇的认定也缺乏明确规定。因此，银行正在加强合规管理，监管机构也在完善政策。展望未来，随着经济和金融市场的不断开放，我们期待更灵活的外汇管理政策和更完善的跨境支付监管体系。

4. 国际收支的申报管理监测风险

尽管支付机构在跨境支付交易中起关键作用，但其国际收支申报和外汇管理定位仍不明确。这种模糊定位可能导致监管缺位及腐败风险。此外，由于支付机构直接参与跨境收付款，国际收支申报的主体与实际交易主体不符，增加了监测难度。实名认证系统有待完善，未能全面覆盖企业和个人用户，且信息未纳入外汇监管系统。随着技术进步和监管政策完善，这些问题正在逐步解决。未来，跨境支付监管体系还会不断发展，构建一个更加清晰且高效的跨境支付监管框架。

5. 跨境支付交易风险

跨境支付交易欺诈预防最大的挑战，就是缺乏统一的市场交易规范机制。跨境交易量不断增加，也给欺诈预防带来很大的困难。不同国家和地区的欺诈预防工作也有很大的差异。语言障碍和将货物跨境发往单一客户的复杂流程，都使得跨境交易欺诈更加难以防范。

由于跨境支付的整个交易流程涉及各方主体的交互，跨境电商的卖家或多或少都遭遇过支付欺诈；而网络支付安全问题又给用户带来隐私信息被盗、账号被盗、银行卡被盗用、支付信息丢失等风险。

6. 费率及汇损风险

目前，我国跨境电商支付方式中，国际支付宝、PayPal、VISA 信用卡等支付方式都需要缴纳一定的手续费。例如，PayPal 交易手续费一般为 2.9%～3.9%，如果跨境交易产生每笔 0.5%的跨境费，提现时还需要额外收取费用。而第三方支付、银行等机构提供的跨境电商交付服务，费率在 1%左右，总体收费水平较高。据统计，2023 年上半年，某跨境电商出口企业通过境外金融企业跨境收款，需要 3～5 天才能回收资金，并支付 3%～6%的手续费，跨境贸易利润只有 10%左右。同时，我国跨境电商支付过程中，在客户付款后商家收到货款之前，国际汇率变动会直接影响资金的实际购买力。支付机构收到资金后，会以"T+1"工作日进行结售汇。而消费者对跨境电商货物不满意，货物回退过程中，购物资金存在汇兑不足额的风险。例如，2023 年 3 月，境外某客户通过我国跨境电商平台支付了标价 260 美元的手机，此时对应中国银行美元现汇买入价为 631.61 元/100 美元。6 天过后客户收到商家货物时不满意，准备退货，此时美元现汇买入价为 628.81 元/100 美元。最终该客户购物损失了 7.28 元。此过程说明境外客户在购买商品跨境支付时，存在汇率变动引起交易资金的损失风险，一定程度上影响了客户购买积极性。

二、跨境支付的风险防范

1. 履行相关责任，保证交易真实

在跨境支付交易的过程中，支付机构应严格依照相关法律法规以及有关部门发布的指导意见，审核交易信息的真实性及交易双方的身份。支付机构可适当增加交易过程中的信息交互环节，并留存交易双方的信息以备查，对有异常的交易及账号进行及时预警，按时将自身的相关业务信息上报给国家相关部门。国家相关部门应定期抽查并审核交易双方的身份信息，并对没有严格执行规定的第三方支付机构进行处罚。同时，国家应制定科学的监管方案对支付机构进行监管，并推动支付机构和海关、工商、税务部门进行合作，建立跨境贸易信息共享平台，使跨境交易的监测更加准确和高效。

在加强监管的同时，支付机构应加大技术的研发力度，提升跨境支付过程的安全性，增强跨境支付交易数据的保密程度，利用大数据及云技术对跨境交易的双方进行身份审核并分级，为境内外客户提供更加安全、有保障的购物环境。

2. 遵守知识产权，合法进行申诉

随着跨境电商的快速发展，在国家的大力推动下，跨境电商从原来的粗放模式慢慢向阳光化的精细模式发展。跨境电商在发展过程中会不断付出代价，吸取教训。从事跨境电商的卖家要真正解决跨境交易的资金风险，首先要做到合规经营，以知识产权为公司核心竞争力，同时注重企业产品品质，并且要努力、持续地学习各个跨境电商平台的规则和条款，尤其是

涉及资金安全的条款；其次，在遭遇跨境电商交易纠纷的时候，遭到资金冻结的卖家一方面应积极了解相关法律法规，另一方面也可以团结起来，利用行业协会的优势，积极应诉以取得诉讼的主动权，保障自己的资金安全。

3. 加强监管个人结售汇业务

《国家外汇管理局关于进一步完善个人结售汇业务管理的通知》规定个人不得以分拆等方式规避个人结汇（将外币兑换为人民币）和境内个人购汇（将人民币兑换为外币）年度总额管理。

根据规定，5 个以上不同个人同日、隔日或连续多日分别购汇后，将外汇汇给境外同一个人或机构；个人在 7 日内从同一外汇储蓄账户 5 次以上（含）提取接近等值 1 万美元的外币现钞；同一个人将其外汇储蓄账户内存款划转至 5 个以上直系亲属等情况均会被界定为个人分拆结售汇行为。

国家外汇管理局会对全国范围内的个人结售汇、汇款等交易进行分拆甄别，将符合分拆规则的客户纳入"关注名单"进行管理。

4. 规范我国国际收支统计申报业务

2022 年 7 月 26 日，国家外汇管理局印发《通过银行进行国际收支统计申报业务实施细则》的通知（汇发〔2022〕22 号），旨在规范申报主体通过境内银行进行的涉外收付款国际收支统计申报业务。该细则明确了以下几点。一是明确了申报义务。细则明确了境内居民和境内非居民通过境内银行发生涉外收付款时，应通过经办银行进行国际收支统计申报。涉外收付款包括境内居民和境内非居民通过境内银行从境外收到的款项和对境外支付的款项，以及境内居民通过境内银行与境内非居民之间发生的收付款。二是明确了申报流程。对于涉外收付款，银行应根据客户提供的有效凭证和商业单据，按照规定的格式和内容，进行国际收支统计申报。同时，银行也有责任对申报信息的准确性和完整性进行核查。三是明确了监管要求。国家外汇管理局各分局、外汇管理部以及各全国性中资银行在收到通知后，应及时转发至所辖分支机构，并遵照执行。这体现了监管部门对国际收支统计申报业务的重视，以及对于确保数据质量和准确性的要求。

总体来说，这个细则的发布进一步规范了我国国际收支统计申报业务，提高了数据质量和准确性，有助于更好地监测和管理我国的国际收支状况。

5. 建立风险管控，开展数据监控

建立起一套完整的风险管理架构，无论是对跨境电商还是对支付机构都非常重要。面对不断发生的跨境电商欺诈交易，企业可以通过账户安全、交易安全、卖家安全、信息安全、系统安全等五大安全模块的组合实现风险管理架构的搭建，从而防止账户盗用和信息泄露，并最终借助管控交易数据等手段降低交易欺诈风险。

除了搭建风险管理架构外，企业还可以通过建立以数据驱动为核心的反欺诈系统进行风险管控。不同于传统的反欺诈系统通过签名识别、证照校验、设备指纹校验、IP 地址确认的审核方式，跨境支付反欺诈系统应拥有强大的实时模型、灵活的风险规则和专业的反欺诈人员判断。第三方支付机构还应该加强行业内部的风险共享和合作机制，因为一般犯罪分子在盗取一批信用卡信息之后会在多个交易平台上反复使用以实现价值的最大化，且往往把风控能力最弱的一方作为突破口，所以建立风险共享及合作机制显得非常必要且紧迫。只有大家齐心协力，才能从根本上有效提升跨境支付交易的整体风险防控能力。

6. 灵活调整计价币种并协同分担汇率风险

为有效应对费率变动带来的汇损，跨境电商企业可及时从调整计价币种和协同分担汇率风险两方面应对。一方面，灵活调整收款计价币种。跨境电商在与买家达成交易时，应首先考虑合理的计价货币、国际市场价格等因素，尽量使用较为坚挺的收款币种，如美元、澳元、欧元等，从而降低汇率损失。另一方面，由买卖双方协调承担汇损。跨境电商交易双方可在商品交易合同中明确，在确定采用某种货币计价成交之后，在附加条款中增加外汇风险分摊条款，如选定的支付货币汇率发生变化，由买卖双方共同分担汇率变动带来的损失。在采用这种方法时，需要确定参照的货币，明确两种货币比率，进而明确到期日期计算调整商品的价格。

实 训　PayPal 支付与结算

【实训目的】

了解 PayPal 的功能，熟悉 PayPal 账户的申请流程，了解其提现方式。

【实训内容和步骤】

（一）申请并开通 PayPal 账户

进入 PayPal 官网，注册 PayPal 账号。

实训步骤：

（1）进入 PayPal 官网，选择 Personal，单击"Sign Up for Free"按钮。在打开的页面中根据要求填写相关资料，包括国籍、姓名、电子邮箱等，如图 6-11 所示。

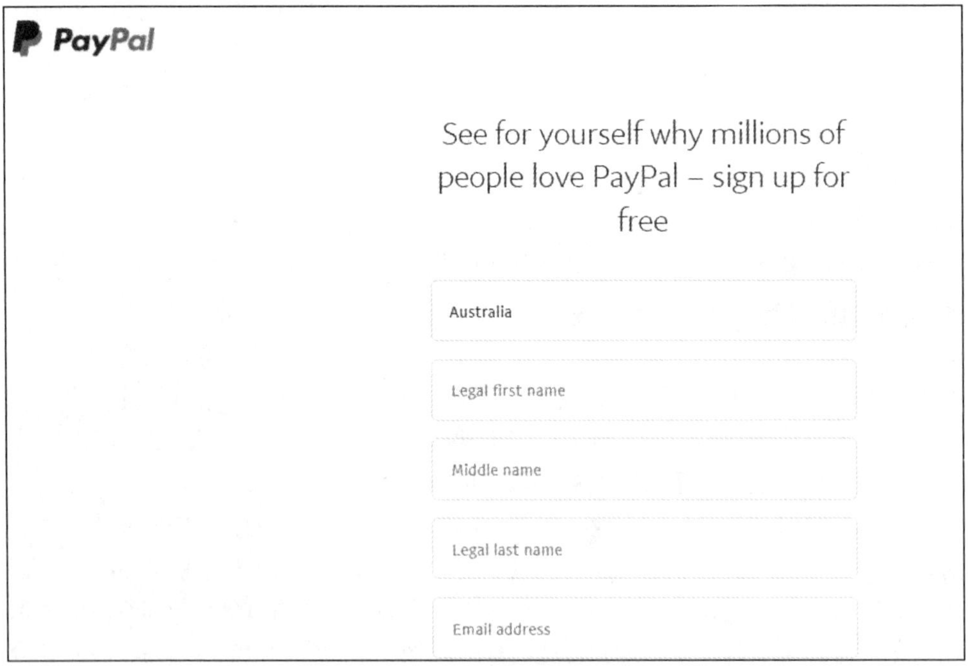

图 6-11　PayPal 账号注册页面

（2）提供一张本人名下的借记卡或贷记卡，填写卡号和账单地址，如图 6-12 所示。

图 6-12　PayPal 借记卡或贷记卡卡号输入页面

（3）登录注册邮箱，单击 "Confirm My E-mail" 按钮，确认使用的邮箱，如图 6-13 所示，然后确认使用的手机号码。

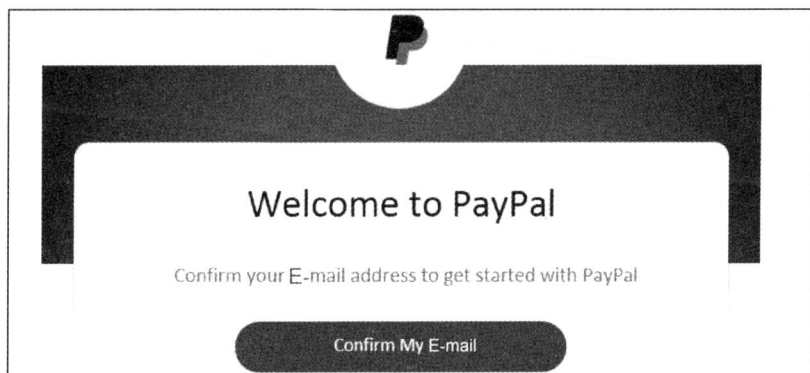

图 6-13　PayPal 注册邮箱确认页面

（4）PayPal 账号注册完成，显示注册成功页面，如图 6-14 所示。

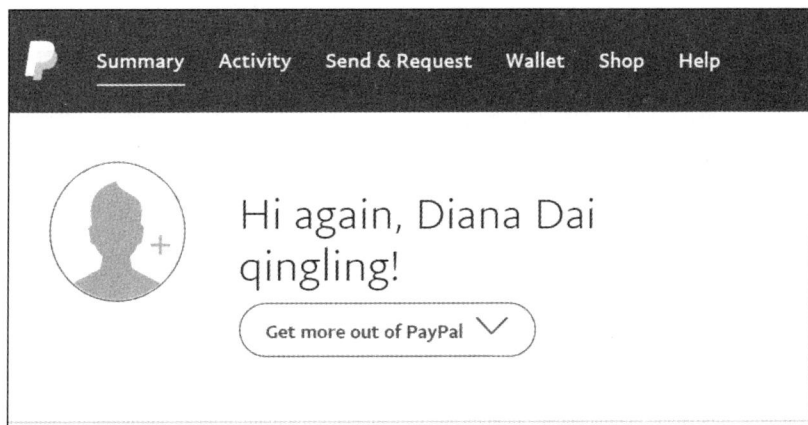

图 6-14　PayPal 注册成功页面

（二）PayPal 提现方式

登录 PayPal 账号，找出 PayPal 有几种不同的提现方式。

实训步骤：

（1）登录 PayPal 账号，单击"Wallet"标签，选择"Withdraw money"选项，如图 6-15 所示。

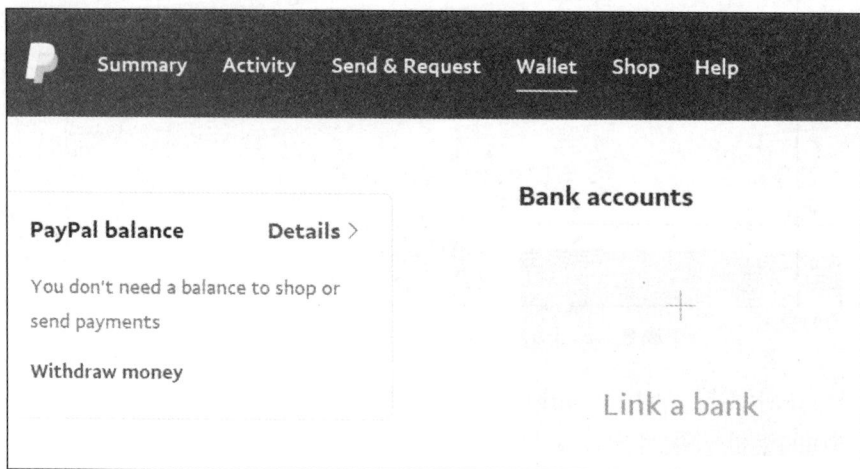

图 6-15　选择"Withdraw money"选项

（2）查看 PayPal 的提现方式。

同步阅读：数字货币跨境支付——竞争与替代

　　我国是最早对法定数字货币进行研究与试验的国家之一，在全球各主要经济体中一直处于"第一梯队"。2021 年 3 月 11 日，第十三届全国人民代表大会第四次会议表决通过的《中华人民共和国国民经济和社会发展第十四个五年规划和 2035 年远景目标纲要》，明确提出"稳妥推进数字货币研发，加快金融机构数字化转型"。至此，对央行数字货币的竞争已成为当今新发展格局下推动我国经济社会高质量发展、实现境内外双循环互促局面的战略着眼点。

　　支付清算系统是核心金融基础设施，支付体系的平稳有序运行对维护金融稳定、密切各金融市场有机联系、畅通货币传导机制等方面具有重要作用。目前，跨境支付清算主要通过银行发送 SWIFT 报文进行。2021 年，SWIFT 汇款信息信递量达 22 亿笔，年增长率达 8.46%。尽管 SWIFT 根据跨境支付技术和市场发展要求会定期升级与改善数据传输和报文格式标准，但跨境支付的清算模式仍然过度依赖人工处理。目前，跨境支付的大部分清算数据仍由人工录入，然后经由清算银行和代理银行交互传递，最终完成清算工作。由于基于 SWIFT 的跨境支付的清算环节涉及很多人工处理事务，跨境清算时间通常需要 2～3 天甚至一周，支付效率已远不能满足国际金融和贸易发展要求。此外，基于 SWIFT 系统的跨境支付涉及环节过多，包括 SWIFT 系统在内的各清算机构、代理行、往来银行都会逐笔收取佣金（或手续费），交易成本很高。再者，当下 SWIFT 系统不定期遭受黑客攻击事件也让人对 SWIFT 跨境支付的安全性提出质疑。例如，SWIFT 数据库允许修改或删除的技术机制使得清算数据极易被不法分子篡改，导致监管机制形同虚设。

更重要的是，在当前国际政治经济形势发生深刻变化的时代背景下，SWIFT 系统时常被实质上处于控制地位的美欧国家当作实施金融制裁的战略工具。

鉴于此，无论是从提高支付清算效率的角度，还是从维护国家和金融安全的角度，利用现代数字技术重构与再造跨境支付和国际清算基础设施，建立技术赋能且由我国自主研发与制定标准的跨境支付体系，不仅能够提升国际信息流转和资金流转的效率，还能够提升国家金融安全，确保我国企业在跨境合作和国际交流过程中免受侵害，确保国家战略施行不受掣肘。2015 年已建立人民币跨境支付系统（CIPS）。当前，人民币跨境支付和结算体系由"CIPS + CNAPS + SWIFT"构成，其中 SWIFT 主要用于非会员机构对接，这在一定程度上减少了人民币跨境支付对 SWIFT 系统的依赖。截至 2022 年 2 月，CIPS 已有 1287 家金融机构直接或间接参与，涵盖的国家及地区已达 103 个，基本实现了全球各主要时区跨境人民币结算需求；但该系统仍以间接参与者为主，且体量远小于 SWIFT 系统。数字人民币跨境应用的适用性仍处于探索阶段，所涉及的技术和问题较为复杂，难以在短期内进入实用阶段。现阶段的可行办法是，利用数字人民币的技术、功能和平台，优化完善以 CIPS 为核心的跨境支付结算体系，为人民币国际化注入新的活力；同时，积极加大数字货币在跨境支付中的探索和试验，为数字人民币在跨境支付中的广泛使用奠定坚实基础。

本章小结

随着全球化进程的加深和境内消费升级热潮的兴起，跨境支付的市场正经历着高速增长，并随着金融科技的发展呈现出百花齐放的态势。

本章第一节介绍了国际支付与结算、跨境支付业务与跨境支付方式、跨境支付与结算的相关政策，使读者对跨境支付与结算有一个整体的认识。第二节介绍了主流跨境电商支付方式和其他跨境支付方式。第三节介绍了跨境支付的风险及防范措施。其中，主流跨境支付方式是本章的重点。

同步测试

1. 单项选择题

（1）下列关于跨境支付与结算说法错误的是（　　）。

A. 跨境支付可能涉及外汇管制政策问题

B. 跨境支付付款方所支付的币种与收款方要求的币种是一致的

C. 两个或两个以上国家或地区之间因国际贸易、国际投资及其他方面发生的国际债权债务

D. 跨境支付实现了资金跨境转移

（2）2015 年 1 月，国家外汇管理局正式发布《支付机构跨境外汇支付业务试点指导意见》（以下简称"《指导意见》"），在全国范围内开展支付机构跨境外汇支付业务试点。《指导意见》将单笔交易金额提升至（　　　）美元。

  A. 2 万   B. 3 万   C. 4 万   D. 5 万

（3）（　　　）是跨境电商运行和发展的生命线，是跨境电商平台必须守住的底线。如果违背，跨境电商平台会沦为欺诈盛行之地、犯罪滋生的温床，成为逃避监管的法外之地。

  A. 洗钱和资金的非法流动

  B. 国际收支的申报管理监测

  C. 个人结售汇限制

  D. 交易真实性

（4）（　　　）跨境支付方式是欧美国家和地区比较流行的支付方式，用户群体非常庞大，但接入方式麻烦、需预存保证金、收费高昂、付款额度偏小。

  A. 国际信用卡

  B. MoneyGram

  C. PayPal

  D. 西联汇款

（5）（　　　）跨境支付方式是俄罗斯最大的第三方支付工具之一，该系统使客户能够快速、方便地在线支付水电费、手机话费、网络购物和银行贷款等费用。

  A. CASHU   B. Qiwi Wallet

  C. MoneyGram   D. Payoneer

2. 多项选择题

（1）按支付币种区分，跨境支付与结算可分为（　　　）。

  A. 人民币结算   B. 外汇结算

  C. 消费者本人支付   D. 委托第三方支付

（2）2022 年 7 月 26 日，国家外汇管理局发布了《通过银行进行国际收支统计申报业务实施细则》的通知，这个细则明确了（　　　）。

  A. 申报义务   B. 申报流程

  C. 申报金额   D. 监管要求

（3）按跨境网络消费途径，跨境支付可分为（　　　）。

  A. 第三方支付平台

  B. 网银线上支付

  C. 信用卡在线支付

  D. 移动手机支付

（4）跨境支付购汇的主要方式有（　　　）。

  A. 第三方购汇支付

  B. 通过境内银行结汇流入

  C. 通过境内银行购汇汇出

  D. 境外电商接受人民币支付

（5）目前国际上的五大信用卡品牌 VISA、MasterCard、American Express、JCB、Diners Club，其中（　　）品牌被广泛使用。

    A. VISA   B. MasterCard

    C. American Express   D. JCB

3. 简答和分析题

（1）目前，主流跨境电商支付与结算的方式有几种？比较不同支付方式的优缺点。

（2）跨境支付购汇的主要方式有几种？请绘制跨境购付汇业务支付中资金的出境流程图。

（3）什么是交易真实性识别风险？为什么交易真实性识别存在较大的困难？

第七章
跨境电子商务营销

学习目标

　　了解国际市场营销理论与调研方法及其在跨境电子商务领域的应用；熟悉并掌握跨境电子商务站内推广和站外推广的主要推广方式与技巧；培养民族自豪感，建立跨文化营销意识；了解《互联网广告管理暂行办法》，培养法律意识。

知识导图

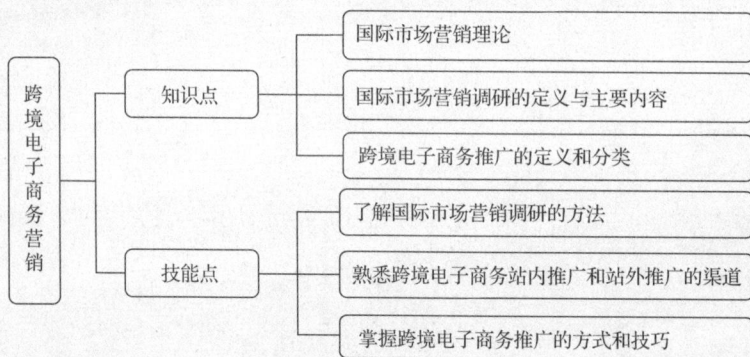

引　　例

　　2023年世界互联网大会乌镇峰会上，跨境行业的发展趋势引起了诸多嘉宾的讨论兴趣。跨境电商工作组组长梁昊指出，跨境电子商务已成为数字经济时代带动全球经济增长的新引擎，正在对全球贸易格局产生深刻影响。

　　IBM公司董事长兼首席执行官阿尔温德·克里希纳认为，人工智能（AI）有望大幅提高人类生产力、推动经济增长，并为善用AI的组织和个人带来竞争优势。在跨境行业卖家的日常工作中，除了要开店卖货，还有采购、营销、仓储、物流等多个环节，其中营销是非常重要的一环。以前，跨境卖家只需要在平台购买流量就能完成引流，后来随着视频平台的崛起及电商平台的视频化转型，卖家需要做视频来引流，这便导致了成本的增加。以营销视频的拍摄为例，如果要找境外专属模特出镜拍摄，成本可能高达200～1000美元/天，并且还要经过脚本创意策划、采景、拍摄、素材剪辑和修改、导出成片等流程，不仅成本高昂，还需要花费大量时间和精力。针对上述痛点，我国科技领域诸多企业正借助AI技术赋能卖家进行跨境营销。

万兴播爆是一款数字人跨境营销视频创作软件，为用户提供各个国家和地区的数字人形象与语言配音、营销视频模板、视频素材等视频制作各环节所需的素材，以及一键切换配音、一键翻译、AI脚本生成等功能。跨境卖家只需要把文案和产品图、产品视频素材等上传到万兴播爆上，万兴播爆就能自动生成一则营销短视频，解决了模特贵、语言切换困难等难题，省去了拍摄、剪辑的烦恼，制作效率也大幅提高。

有关机构预测，未来三年，在生产经营环节应用AI大模型的企业占比将由目前的不到5%提高到80%以上。而在跨境行业，AI技术带来的革新将持续赋能跨境卖家，在营销等层面帮助跨境卖家降本、提效、增收。

从本案例中，我们可以看出跨境营销领域正经历着一场由AI技术驱动的新变革。这一变革不仅重塑了跨境营销的方式和手段，还深刻影响了整个跨境行业的生态和发展。

首先，AI技术的引入为跨境营销带来了更高效的解决方案。传统的跨境营销往往依赖于人力，涉及多个环节，如脚本创意策划、采景、拍摄、素材剪辑和修改等，不仅成本高昂，而且效率低下。而AI技术的应用能够自动化完成许多烦琐的任务，大大提高了营销视频的制作效率。

其次，AI技术为跨境营销带来了更广阔的可能性。传统的跨境营销往往受限于地域、语言和文化等因素，难以覆盖更广泛的受众。而AI技术可以通过智能翻译、语音合成等功能，实现多语言、多文化的营销内容生成，帮助跨境卖家更好地适应不同国家和地区的市场需求。此外，AI技术还可以通过数据分析和预测，为跨境卖家提供更精准的营销策略，提高营销效果。

再次，AI技术的应用促进了跨境营销的创新和差异化。在竞争激烈的跨境市场中，如何脱颖而出成为卖家面临的重要问题。而AI技术为卖家提供了更多创新的营销手段，如利用AI生成虚拟数字人进行产品展示和推广，通过AI分析用户行为和数据来制定个性化的营销策略等。这些创新手段不仅可以帮助卖家提升品牌形象和知名度，还可以增强卖家与用户的互动和信任，从而提高转化率和销售额。

最后，AI技术的应用也加速了跨境营销的数字化转型。随着互联网的普及和技术的发展，数字化转型已经成为各行业的重要趋势。跨境营销也不例外。AI技术的应用使得跨境营销更加数字化、智能化和自动化，为卖家提供了更便捷、高效的营销方式。

本章主要介绍了国际市场营销理论及应用，使读者对跨境电子商务推广的常用方式和技巧有基本的认识，了解AI技术的应用为跨境营销带来的新趋势和发展机遇。

第一节 国际市场营销与跨境电子商务

有人曾这样说过："这是一个可与大航海时代并肩媲美的互联网时代。"借助网络的力量和庞大的触角，信息的传播一日千里，达到前所未有的程度。人们的交流更是打破了时空的界限，冲破了地理的藩篱。基于全球商品的互通、物流的发展，人们的生活变得极为便捷，消费者可以轻松地在网上搜罗来自世界各地的商品，下单、购买，选购的商品会如期送达。随着科技和服务的进步，世界更开放，连接也更为紧密，跨境电子商务商家将运用更多的营销手段，在世界范围内定位精准受众，将商品和服务推向更广阔的国际舞台。

一、国际市场营销理论

1. 市场营销理论

营销就是管理市场、促成满足人们欲望和需要的商品交换的过程。广义的企业市场营销活动涵盖企业的全部业务活动，如市场调研、消费者行为研究、目标市场的选择、产品开发、定价、促销和售后服务等。

想一想

营销、推广和销售有什么区别？

（1）4P 营销理论

4P 营销理论被归结为四个基本策略的组合，即产品（Product）、价格（Price）、渠道（Place）、促销（Promotion）。4P 营销理论以企业为中心，以追求利润最大化为原则。

小资料：营销、推广和销售的区别

（2）4C 营销理论

4C 营销理论以消费者需求为导向，重新设定了市场营销组合的四个基本要素，即消费者（Customer）、成本（Cost）、便利（Convenience）、沟通（Communication）。

4C 营销理论瞄准消费者的需求和期望，虽克服了 4P 营销理论只从企业出发的局限，但被动适应消费者的色彩较浓。

（3）4R 营销理论

4R 营销理论以关系营销为核心，重在建立消费者忠诚。4R 营销理论的四要素分别是关联（Relevancy）、反应（Respond）、关系（Relation）和回报（Return）。

4R 营销理论包括以下内容。第一，企业与消费者是一个命运共同体，建立并发展与消费者之间的长期关系是企业经营的核心理念和最重要的内容。第二，在相互影响的市场中，对经营者来说，最现实的问题不在于如何控制、制订和实施计划，而在于如何站在消费者的角度及时地倾听，并从推测性商业模式转移成为高度回应需求的商业模式。第三，在企业与消费者的关系发生了本质性变化的市场环境中，抢占市场的关键已转变为与消费者建立长期而稳固的关系。与此相适应产生了五个转向：从一次性的交易转向强调建立长期友好合作关系；从着眼于短期利益转向重视长期利益；从消费者被动适应企业单一销售转向

消费者主动参与到生产过程中；从相互的利益冲突转向共同的和谐发展；从管理营销组合转向管理企业与消费者的互动关系。第四，任何交易与合作关系的巩固与发展，都是经济利益问题。因此，一定的合理回报是正确处理营销活动中各种矛盾的出发点，也是营销的落脚点。

综上所述，4R营销理论既从企业的利益出发，又兼顾消费者的需求，是一个更为实际、有效的营销制胜术。

（4）4S营销理论

4S营销理论以"消费者占有"为导向，要求企业针对消费者的满意程度对产品、服务和品牌不断进行改进，从而达到企业服务品质最优化，使消费者满意度最大化，进而使消费者对企业产品产生忠诚。4S是指满意（Satisfaction）、服务（Service）、速度（Speed）、诚意（Sincerity）。

满意是指消费者满意，强调企业以消费者需求为导向，以消费者满意为中心，企业要站在消费者立场上考虑和解决问题，把消费者的需要和满意放在一切考虑因素的首位。

服务包括几个方面：首先，精通业务工作的企业营销人员要为消费者提供尽可能多的商品信息，经常与消费者联络，询问他们的要求；其次，要对消费者态度亲切友善，用体贴入微的服务感动消费者；再次，要将每位消费者都视为特殊和重要的人物，在每次服务结束后要邀请他们再次光临；最后，要为消费者营造一个温馨的服务环境，这就要求企业加大文化建设力度。

速度是指不让消费者久等，能迅速地接待和办理。

诚意是指要以他人的利益为重，真诚服务他人。要想赢得消费者，必先投之以情，用真情服务感化消费者，以有情服务赢得无情的竞争。

2. 国际市场营销

国际市场营销学是一门研究以国际市场消费者需求为中心，从事国际市场营销活动的国际企业管理的科学。具体地说，它研究的是企业如何从国际市场消费者需求出发，针对一些自身不可控制的环境因素（包括境内外各种不可控制的因素，如竞争对手、政治力量及文化影响等），运用自己可控制的因素，如产品、价格、促销、分销等，制定国际市场营销策略。企业应从适应和刺激国际市场消费者的需要和欲望出发，有计划地组织本企业的整体国际营销活动，实现企业的盈利目标。

二、国际市场营销调研

1. 国际市场营销调研的定义

国际市场营销调研是指运用科学的方法，系统、有目的地收集、记录、整理和分析有关国际市场的重要信息，为企业制定国际市场营销策略提供可靠依据的一种活动。

要使自己的产品打入国际市场（出口），或者以较低的价格购入所需产品（进口），企业必须了解国际市场。例如，我们的消费者主要来自哪些国家和地区；哪些国际市场是同行还未涉及或仍有市场空间的；目前市场上所销售产品的价格、质量标准和服务水平如何；我们参与竞争有哪些优势和劣势等。由于各个国家（或地区）在文化、经济、政治、法律、社会环境等方面存在很大差异，因此国际市场营销要面临更加复杂的市场环境，而国际市场营销调研显得尤为重要。

想一想

美国一个制鞋公司要寻找境外市场，先后派了三个业务员去非洲一个岛国，让他们了解一下能否将本公司的鞋出售给他们，三个业务员得出了不同的结论。请查看小资料，想一想从该案例中你可以得到哪些启示？

小资料：三个业务员——有关"非洲卖鞋"的调研

2. 国际市场营销调研的主要内容

国际市场营销调研主要包括国际市场宏观环境调研、国际市场微观环境调研和企业自身资源情况调研。

（1）国际市场宏观环境调研

国际市场宏观环境包括地理、人口、经济、社会文化、政治法律和科技等，每一部分内容都会对营销产生影响。国际市场宏观环境调研内容如表 7-1 所示。

表 7-1　国际市场宏观环境调研内容

环境因素	内容	对市场营销的影响
地理环境	自然资源、气候条件、地理位置等	地理环境影响营销产品选择、改进和营销时机的选择
人口环境	人口数量、结构、增长、流动和分布，人口性别、年龄和家庭结构等	人口规模决定潜在市场，人口分布和结构影响产品需求、促销方式、分销渠道
经济环境	经济发展阶段、国民收入和分配、产业结构、税收、利率、汇率等	收入决定购买力，产业结构决定购买需求，金融因素影响产品竞争力和销售策略
社会文化环境	文化教育、价值观念、风俗习惯、社会舆论、社会道德等	社会文化环境能在根本上影响人们对世界的看法和社会行为，文化渗透于营销活动的各个方面
政治法律环境	政府与政党体制、政策及政治风险、贸易壁垒等	掌握目标市场国家（或地区）的政治气候，对本国（或地区）的政治主张；了解本国（或地区）、目标市场国家（或地区）和国际法律中有关产品、价格和广告的规定
科技环境	基础研究、应用研究、技术开发、科研成果转化及其应用、科技水平与发展	科技的发展决定了社会需求的多元化

（2）国际市场微观环境调研

国际市场微观环境包括个人客户、企业客户、分销渠道、沟通媒介和竞争对手等，每一部分内容都会对营销产生影响。国际市场微观环境调研内容如表 7-2 所示。

表 7-2　国际市场微观环境调研内容

环境因素	内容
个人客户	类型及其特征、地理分布、购买需求、购买动机、购买过程、购买习惯和购买类型等
企业客户	政治、资信、经营业务范围和经营能力等
分销渠道	渠道类型、物流信息等
沟通媒介	媒介可获得性、有效性和成本等
竞争对手	竞争对手的产品开发、质量、品种、价格、服务、销售渠道、促销手段等

（3）企业自身资源情况调研

企业自身资源包括人力资源、资金、厂房设施等物质资源和技术资源。

3. 国际市场营销调研的方法

根据信息来源不同，国际市场营销信息可分为原始信息（一手资料）和次级信息（二手资料）。与之对应，国际市场营销调研也分为原始信息获取和次级信息获取。

原始信息是通过调研人员实际调查、直接获取的信息，及时准确、可信度高，获取渠道有以下几种。

（1）参加国际展会、展销会、交易会了解市场需求。

（2）赴国外实地考察，了解市场动态和消费者需求。

（3）与交易方在询/复盘、谈判过程中获取信息。

（4）购买竞争对手的产品，进行对比、分析和试验等。

目前主要有调查法、观察法、实验法等获取原始信息的调研方法。

次级信息是由他人收集并整理的现成资料，来源可以是企业内部，如会计报告、销售记录、采购记录、产品设计与技术资料等；也可以是企业外部，如各种出版物、数据库、政府统计数据、咨询机构报告等。国际市场调研的大量数据是间接获得的，随着互联网的普及，网络调研被广泛应用，大大提高了国际市场调研的时效性、效率和效果。

4. 国际市场营销调研的目的

（1）了解、预测国际市场变化。

（2）调查、了解特定地区的消费者行为。

（3）调查、研究竞争对手。

（4）评估营销活动的效果等。

三、国际市场营销在跨境电子商务领域的应用

广义的营销（Marketing）就是"满足需求，获取利润"，几乎涵盖了企业相关的一切内容，包括市场调研、消费者行为研究、目标市场选择、产品开发、定价、推广和售后服务等。其中前五项内容属于售前准备，后两项属于售中和售后环节。无论是境内市场还是境外市场，营销的根本思想是万变不离其宗的，只不过面对的市场环境和消费者有所差异。

狭义的营销只涉及营销传播（Marketing Communication）这一个环节。在电子商务中，"营销"的概念近似于"推广"（Promotion），即让消费者知道本公司的产品和品牌。

第二节　跨境电子商务推广

跨境电子商务推广根据流量来源不同可以分为站内推广和站外推广。以某特定平台为基准，使用该平台提供的营销推广工具实现的站内引流活动属于站内推广，除此之外的其他站外引流的渠道和方式都属于站外推广。

一、站内推广

下面以速卖通平台为例讲解站内推广。速卖通平台的站内推广方式可分为免费和付费两种情况。速卖通后台营销和推广板块如图 7-1 所示。

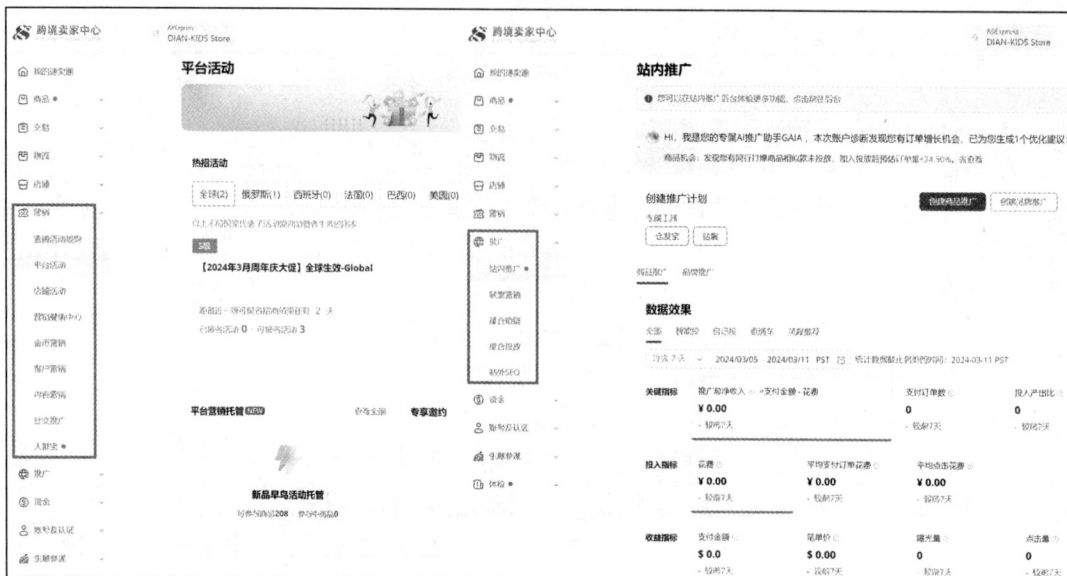

图 7-1 速卖通后台营销和推广板块

1. 店铺活动

"单品折扣""满减活动""店铺 Code"（即店铺优惠券）和"互动活动"是速卖通平台的四大店铺活动工具，如图 7-2 所示。目前，所有店铺活动工具均取消了每月时长和次数限制。

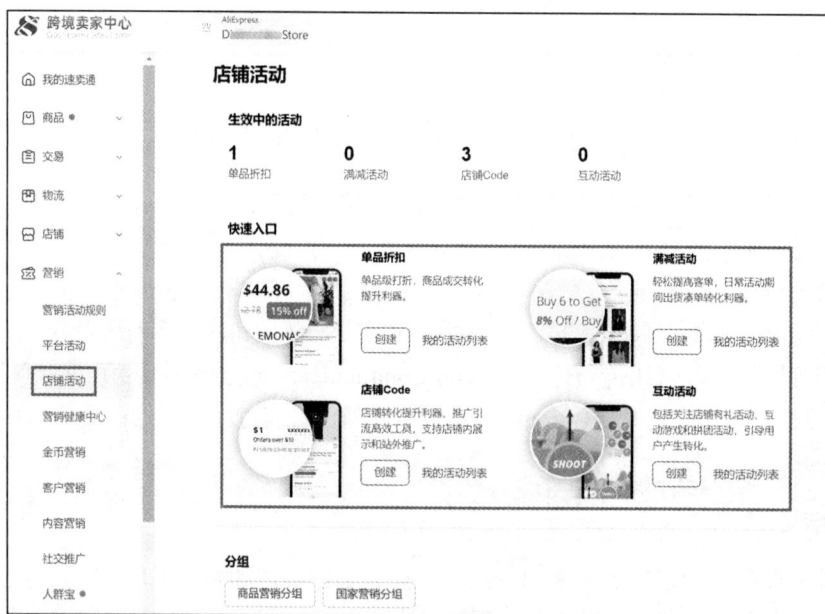

图 7-2 店铺活动页面

（1）单品折扣

① 什么是单品折扣

单品折扣即单品级打折优惠，是原全店铺打折与店铺限时限量工具结合升级后的工具，是用于店铺自主营销的核心工具，是店铺最直接有效的营销手段之一。将店铺单个商品或营销分组商品设置为即时或在某特定时间内以折扣优惠价格进行销售。图 7-3 所示为单品折扣页面，商品销售价减免了 20%，即打 8 折。

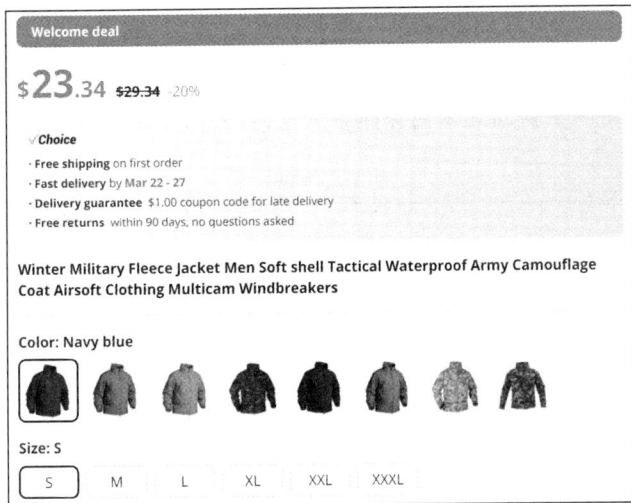
图 7-3　单品折扣页面

② 单品折扣的设置技巧

切忌先提价再打折，否则会影响该商品的搜索排名，应提前规划、合理定价。单品折扣可以与直通车、联盟营销等相结合，高效承接付费引流，提升营销效果。单个商品支持设置店铺粉丝/新买家专享价，如图 7-4 所示。

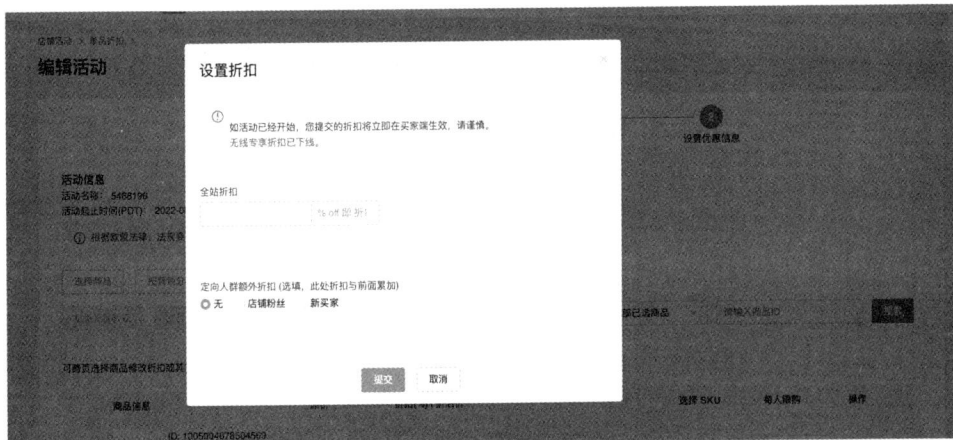
图 7-4　店铺粉丝/新买家专享价设置页面

> 📖 **小知识：店铺粉丝/新买家专享价的计算**
>
> 　　计算公式：店铺粉丝/新买家专享价=[1-（全站折扣率 + 定向人群附加折扣率）]×原售价。
>
> 　　例如，商品原价 100 元，全站折扣率为 10%off（表示打 9 折），新用户附加折扣率为 5%off（表示打 9.5 折），则价格计算如下。

非新用户折扣价：100×（1-10%）=90（元）

新用户折扣价：100×（1-10%-5%）=85（元）

为了方便商家管理单品折扣活动，平台目前支持一个商品设置在多个分组内。例如，商家可以设置一个 40%off 分组作为日常销售使用，再设置一个 50%off 分组供大促使用。（注：如同一个商品在不同分组添加至同一个活动时，按照后添加的分组设置的折扣生效。）

📖 小知识："营销分组"与"商品分组"的区别

"营销分组"是以商品折扣为依据的分组，同一组别的商品设置相同的折扣率。"商品分组"是以商品类别、名称为依据的分组，方便卖家进行分类管理，也方便买家进行商品查找。

（2）满减活动

满减活动包括满立减、满件折和满包邮。设置满减活动可以刺激买家为了达到优惠条件多买，从而提高销售额，拉高平均订单金额和客单价。

① 什么是满立减/满件折/满包邮

"满立减"活动针对店铺的全部或部分商品，在买家订单中，若订单中商品总额超过所设置的优惠条件（满 X 元），则在买家支付时系统会自动减去优惠金额（减 Y 元）。"满件折"是对店铺设置"满 X 件优惠 Y 折"的促销规则，即订单中的总商品数满足 X 件，买家付款时享 Y 折优惠，卖家无须修改价格。"满包邮"是对店铺设置"满 N 元/N 件包邮"的促销规则，买家下单时，若订单中的商品总额/件数超过店铺设置的 N 元/N 件，则在买家付款时，在指定的地区范围内，系统自动减免邮费。

② 满减活动的设置技巧

参加满减活动的订单金额包括商品的折后价（不含运费），卖家要注意核算店铺的客单价。例如，某店铺的客单价是 80 美元，可设置为满 100～120 美元的满减条件，但如果设置过高就会形同虚设、无人问津。

由于满减活动优惠可以和店铺其他活动优惠叠加使用，因此卖家还要注意核算利润率，优化店铺的商品价格和品类，设置不同的搭配组合。例如，某店铺的满立减规则是满 100 美元减 10 美元，而店铺大部分商品的价格为 80 美元左右，可以巧妙插入价格为 20～40 美元的关联商品让买家凑单。

③ 满减活动的注意事项

同一个活动时间内，同一个商品（活动开始时间到活动结束时间）只能设置一个满减活动。例如，选择"满立减"活动类型，设置满减条件时，可设置为单层级或多梯度满减。单层级满减支持优惠累加的功能。当促销规则为满 100 美元减 10 美元时，则满 200 美元可减 20 美元，满 300 美元可减 30 美元，依次类推，上不封顶。如果设置为多梯度满减，则需要至少设置 2 个条件梯度，最多可设置 3 个条件梯度。设置多梯度满减时需要满足以下两个条件：第一，后一梯度的订单金额必须大于前一梯度的订单金额；第二，后一梯度的优惠力度必须大于前一梯度的优惠力度，如条件梯度 1 设置为满 100 美元立减 10 美元（即 9 折），则条件梯度 2 设置的单笔订单金额必须大于 100 美元，假设设置为 200 美元时，则立减金额必须大于等于 21 美元（即 8.95 折），如图 7-5 所示。

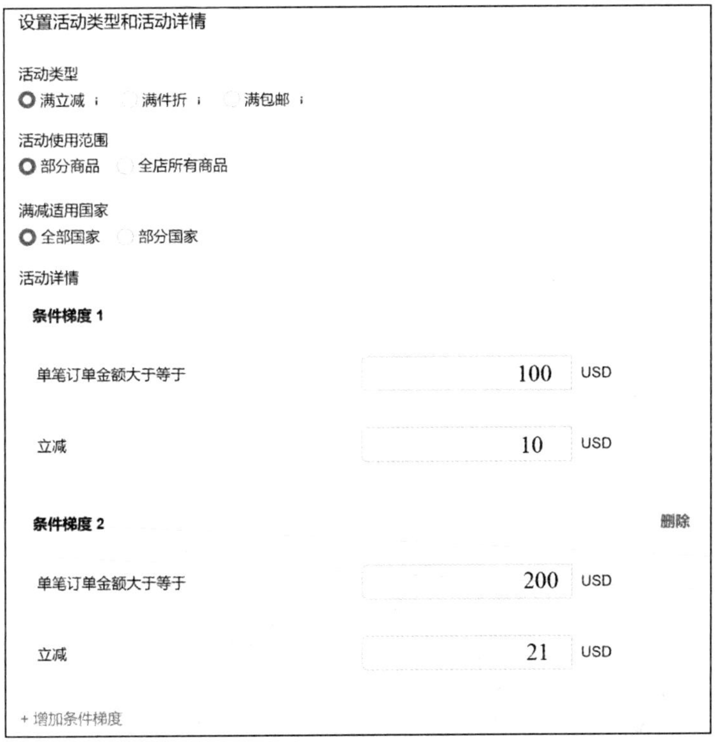

图 7-5　满立减活动设置规则

（3）店铺优惠券

① 什么是店铺优惠券

为降低同质化工具数量，减少商家工作量并更贴近境外用户习惯，速卖通平台将原店铺优惠券和店铺优惠码合二为一，设置了既满足原店铺优惠券展示需求又满足店铺优惠码站外传播需求的店铺优惠券工具，如图 7-6 所示。

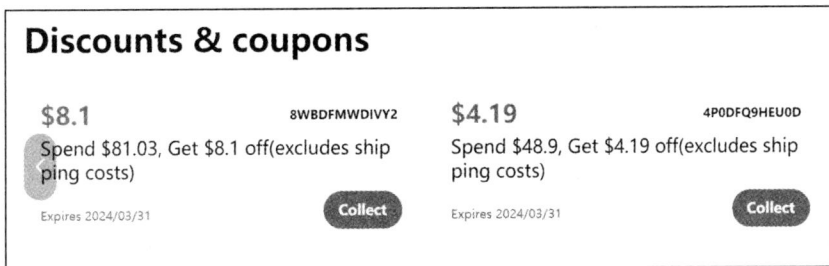

图 7-6　店铺优惠券工具

② 店铺优惠券的设置技巧

店铺优惠券主要分为可传播和不可传播的店铺优惠券。可传播的店铺优惠券可以被分享，因此适用于店铺主页和商品详情相关展示，也可通过 IM（即时通信）、场景营销等触达方式批量发送给消费者使用。而不可传播的店铺优惠券不可以被分享，特定消费者获得并使用后即失效。商家可对全部商品和部分商品设置店铺优惠券，应合理设置优惠券的面额、优惠门槛（订单金额大于等于多少时可以使用）、发放张数、每人限领张数、使用时间、领取时间和投放渠道（包括常规展示和定向渠道发放）等。

（4）互动活动

速卖通平台的互动活动包括"翻牌子""打泡泡""收藏店铺"等，如图 7-7 所示。活动时间、买家互动次数和奖品都可自行设置。

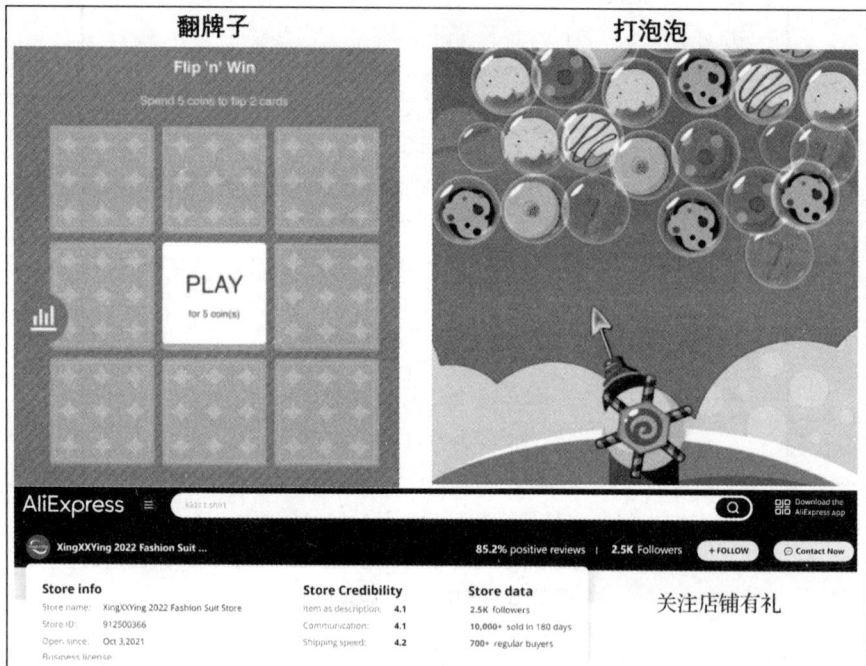

图 7-7　互动活动

这些互动活动不仅能吸引买家的注意力，还能让他们在活动中获得乐趣，从而增加对店铺的好感度和信任度。此外，店铺互动游戏是一种营销手段，商家通过设置游戏奖励，例如优惠券、折扣等，激励买家参与游戏进而产生购买行为。这不仅有助于提高商品的曝光率和销量，还能够增加店铺的粉丝量和活跃度，为店铺的长期发展打下坚实基础。

2. 金币营销

金币频道是以金币为载体，致力于提高商家运营效率和买家活跃度的虚拟货币流通体系。买家可在购后、加购、游戏行为中获得金币，使用金币下单获得商品折扣、兑换平台权益、参与各类互动；商家可以用金币参与各项活动玩法，获得流量资源，如图 7-8 所示。

目前，商家在速卖通后台可以使用 6 种提升转化或流量的工具，包括全店金币抵扣、金币大额抵扣招商活动、金币超级抵扣、评价送金币、金币换流量和店铺签到有礼（见图 7-9）。商家通过金币营销活动，可以获得流量、成交和品牌传播的机会，增加产品的曝光度和转化率。同时，商家还可以获得平台的流量免费补贴等，降低营销成本。

图 7-8 移动端的金币频道

图 7-9 速卖通后台的金币营销工具

3. 橱窗营销

（1）什么是橱窗

橱窗是速卖通平台向商家推出的一种推广技术工具，能使设置橱窗的商品排名比自然展现位置更靠前，从而让买家优先搜索到使用橱窗的商品。自 2023 年 8 月 1 日起，橱窗适用商家范围仅限于金牌、银牌和风格化商家，其他商家无法设置橱窗。图 7-10 所示为商品橱窗与发放使用情况[1]。

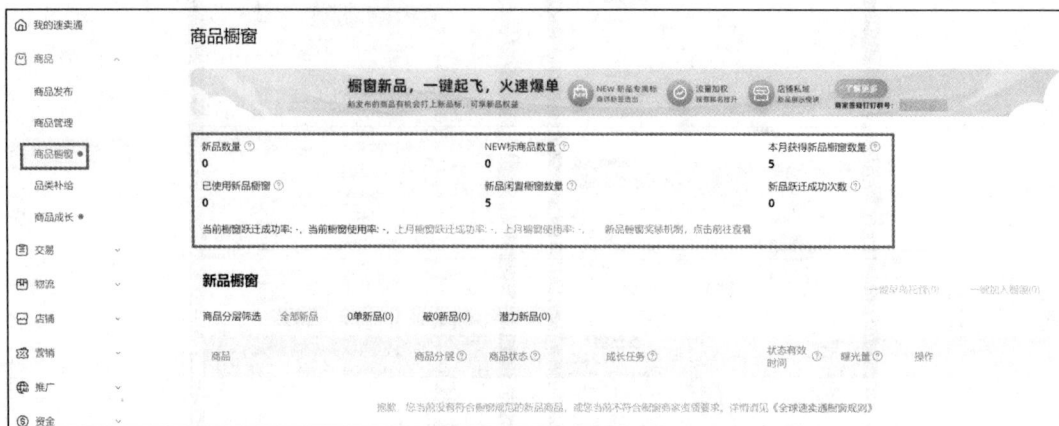

图 7-10　商品橱窗与发放使用情况

（2）橱窗推荐的设置技巧

平台每个月初会根据商家层级及经营类目发放本月的基础橱窗数。橱窗有效期为"加入橱窗"后 7 天（见图 7-11）。橱窗推荐位可以用来推新款，也可以用来打造爆款和活动款。如使用橱窗有效期已过，商品仍未跃迁至下一个层级，该商品将无法再次使用橱窗。因此，要合理利用橱窗推荐，选择最有竞争力的商品进行橱窗推荐。在使用橱窗推荐的过程中，商家应不断观察数据（见图 7-12），淘汰转化率低的商品，使橱窗推荐效果更优。

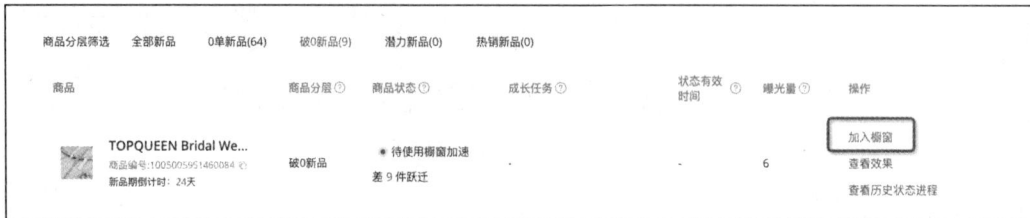

图 7-11　加入橱窗操作

4. 客户营销

速卖通平台为帮助商家提升转化效果，提供了客户营销工具，如图 7-13 所示。客户营销包括"自主营销模式"（即自定义营销）和"智能营销模式"（分为"智能场景营销[2]"和"智能商品营销"）。商家可在"客户营销"界面直观地看到营销效果（如引导支付金额、引导金

① 新品数量：近 30 天内发布的新品，近 30 天货不对版纠纷率≤8%，近 30 天 DSR 商品描述分≥4.5，且排除待优化商品。

　　NEW 标商品数量：已完成了维护基础信息任务的商品数量。

　　本月获得新品橱窗数量：根据不同商家类型及经营类目每月发放的橱窗数量。

　　新品跃迁成功次数：使用橱窗期内成功跃迁至下一状态的商品数。

　　新品闲置橱窗数量：本月内获得橱窗数量-已使用的橱窗数+新品跃迁成功次数。

　　当前橱窗跃迁成功率：新品跃迁成功次数/已使用新品橱窗数。

② 智能场景营销：速卖通平台目前仅针对特定商家定向开放，暂不支持主动申请。

额全店占比、引导召回人数、引导进店人数、引导商品加购人数、引导支付买家数等)。

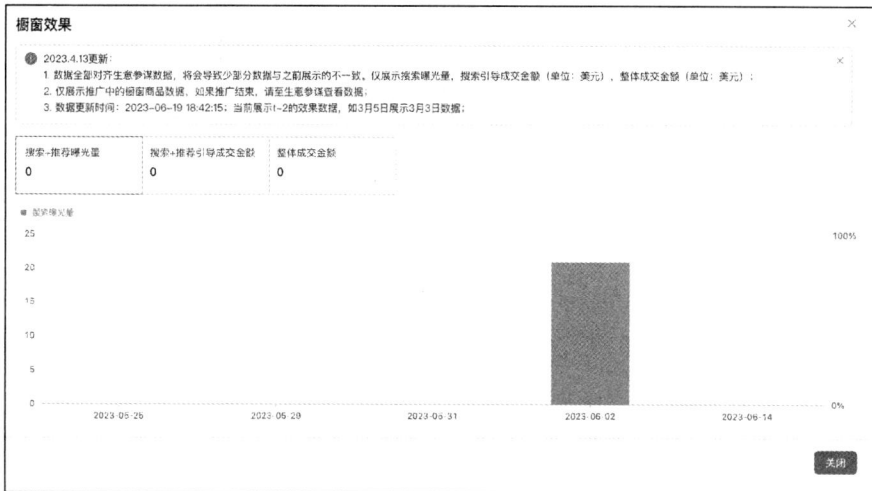

图7-12　查看橱窗效果

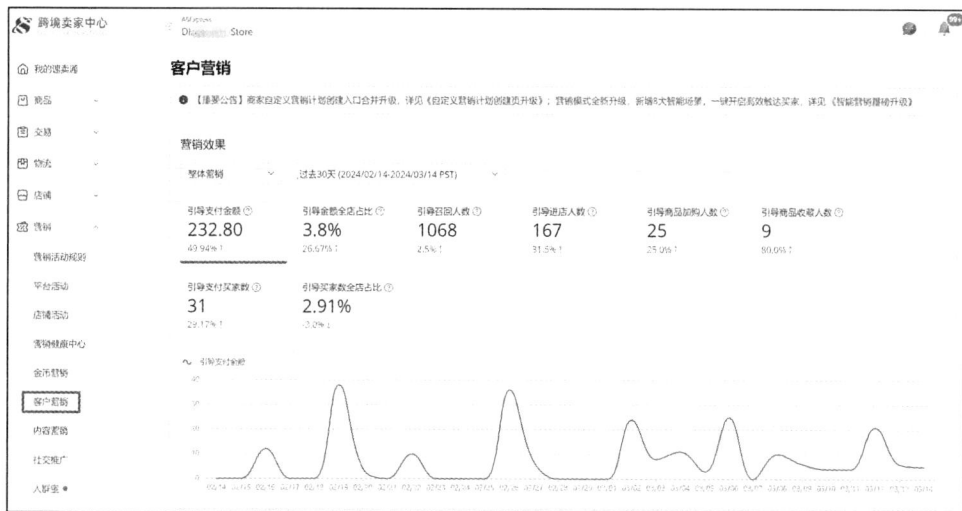

图7-13　客户营销工具

自定义营销的对象包括潜力访客、加购人群、收藏人群、活跃老客人群、店铺粉丝、领券人群六类人群，卖家可以有针对性地进行进一步筛选，如图7-14所示。

图7-14　自定义营销计划机会人群

图 7-15 所示的智能场景营销是在开启智能托管模式后，平台将根据消费者的实时行为，自动向他们发送相应的营销内容，可以有效提升消费者的触达率及成交转化率。目前，它包括咨询客户即时催下单、下单未付款客户催付、取消订单客户挽回、退款客户挽回、加购客户催下单、收藏客户催下单、咨询客户催下单和新品敏感客户上新通知 8 个智能营销场景。智能商品营销是当卖家有明确的商品推广诉求时，选择店铺某些商品并设置最长 7 天的推广计划。在活动周期内，平台会每日筛选与本店强相关的私域兴趣人群进行智能发送。相比自定义营销模式，卖家只需选择需推广的商品，其余如目标人群、触达时机、文案等均由平台智能生成，在最大程度降低操作成本的同时提升转化效果。

图 7-15　智能场景营销

5. 平台活动

（1）什么是平台活动

平台活动是指由平台组织、卖家参与的，以促进销售为主要目的的主题营销活动。速卖通平台活动是平台向卖家推出的免费推广活动，它能帮助店铺快速实现高曝光、高点击和高转化等一系列目标。速卖通平台根据活动曝光量对平台活动进行分级，共有 5 个等级，如表 7-3 所示。卖家可以在速卖通后台的"平台活动"—"全局活动日历"中查看平台活动，如图 7-16 所示。

表 7-3　速卖通平台活动定级及活动曝光规模

平台活动定级	S	A+	A	B	C
活动定义	全球速卖通战略级别营销活动，年度狂欢节，周年庆，618，828，双十一，黑色星期五	面向全球，招商覆盖多个行业的月度重点营销活动，或国家（地区）年度重要营销活动，如春上新、礼物季、冬季清仓、Trend Spotting 等	全球专题促销，或国家（地区）月度特色主题活动，及高爆发行业活动，如品类节，超级品牌日，会员日等	全球、行业、国家（地区）的重点与潜力项目促销，如家电清凉周等	日常主题性导购类活动，频道类活动，如金币、试用、砍价、Flash Deals、Super Deals、俄团、品牌闪购等
活动总曝光规模量/亿人次	≥6	≥3	≥1	≥0.5	≥0.1

图 7-16　平台热招活动页面

在速卖通平台首页，我们可以看到 Anniversary Sale、SuperDeals 和 Welcome deal 等平台活动，如图 7-17 所示。

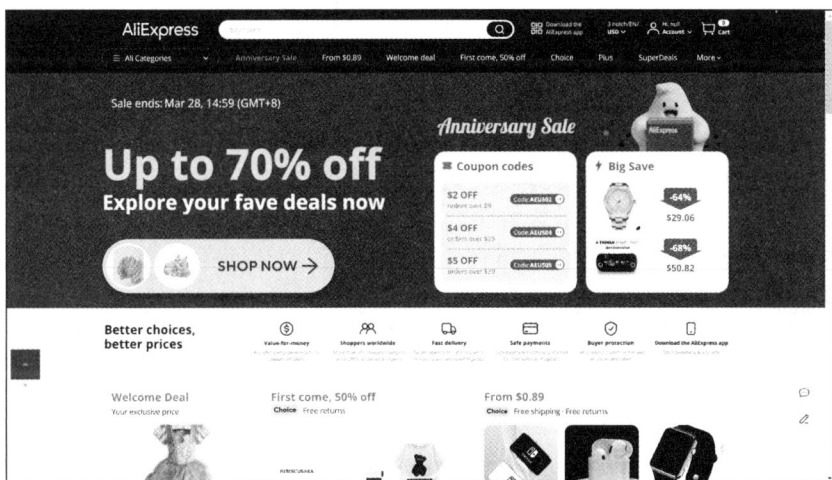

图 7-17　速卖通平台活动

① 大促活动

每年 1 月的冬清仓、3 月的周年庆（Anniversary Sale）、6 月的夏清仓、8 月的返校季、11 月的"双十一"购物节（Double Eleven Shopping Festival）和黑色星期五（Black Friday）大促是速卖通平台的大促活动。除了每年这几场大规模的大促活动外，平台每个月至少有一场营销活动，有依托各个国家或地区本地的节日或活动进行的促销。图 7-18 所示为速卖通全年营销日历。

图 7-18　速卖通全年营销日历

② SuperDeals

SuperDeals 是平台的爆品打造中心，助力卖家孵化爆品，如图 7-19 所示。

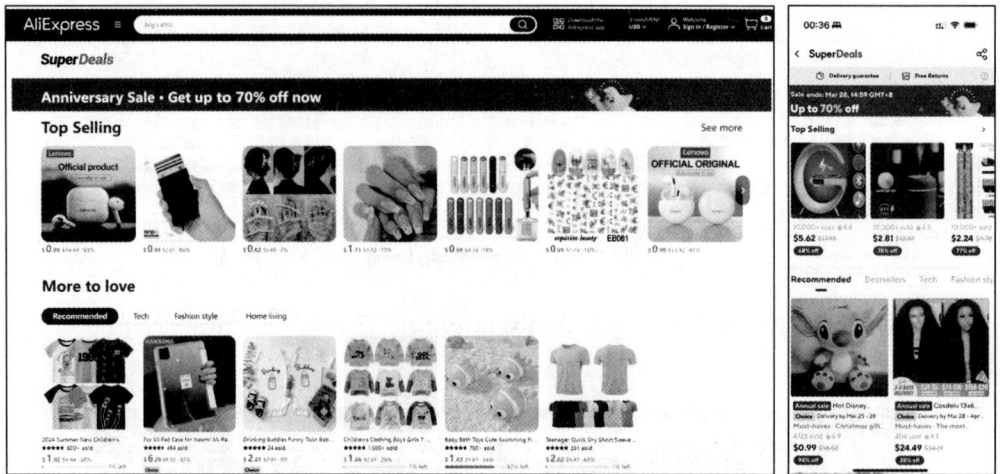

图 7-19　SuperDeals 活动页面

③ 俄罗斯团购

俄罗斯团购为俄语系买家提供极致性价比的商品和服务，帮助店铺打造爆品，让爆品获得更多被消费者认识的机会，如图 7-20 所示。

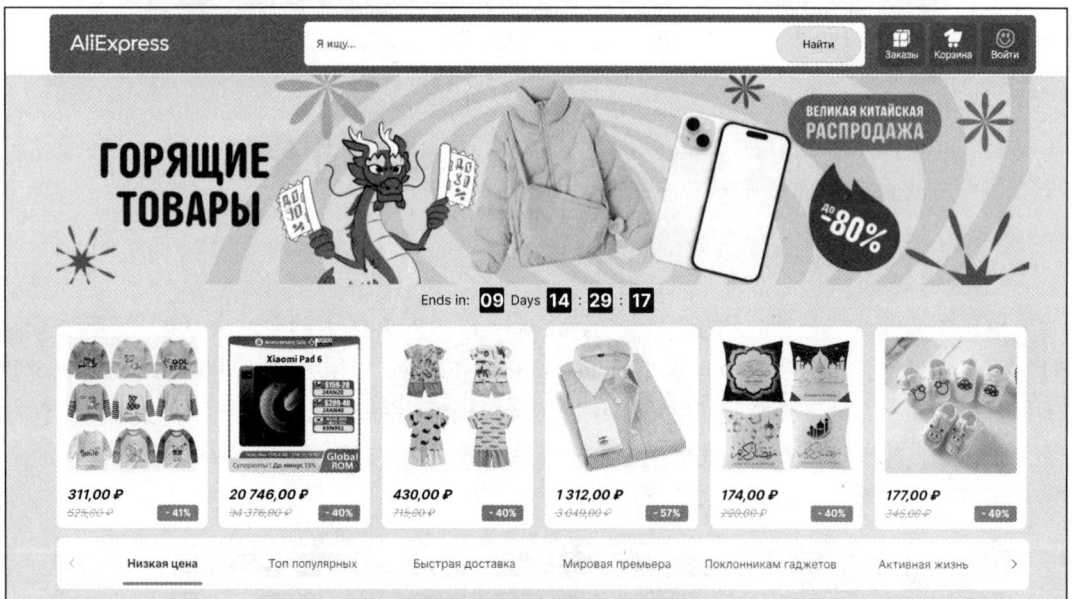

图 7-20　俄罗斯团购活动页面

④ Welcome deal

Welcome deal（欢迎礼包）是速卖通平台为卖家提供的一种营销工具，旨在吸引更多消费者关注和购买卖家的商品。作为平台活动，Welcome deal 有助于提高整个速卖通平台的活跃度和销售额，同时也为卖家提供了一个有效的推广渠道，如图 7-21 所示。

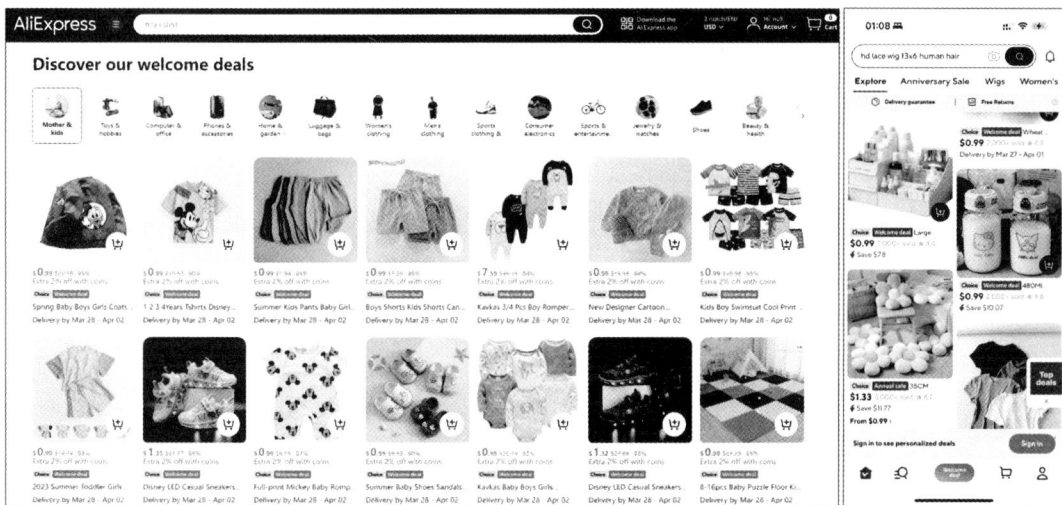

图 7-21　Welcome deal 活动页面

⑤ Coins super discount

Coins super discount（金币超级抵扣）是指商家通过招商方式报名金币营销活动，活动商品将于金币频道专区进行展示且获得专属标签，比普通商品享受更高的平台补贴，帮助商家新品快速破零、孵化潜在爆品，如图 7-22 所示。

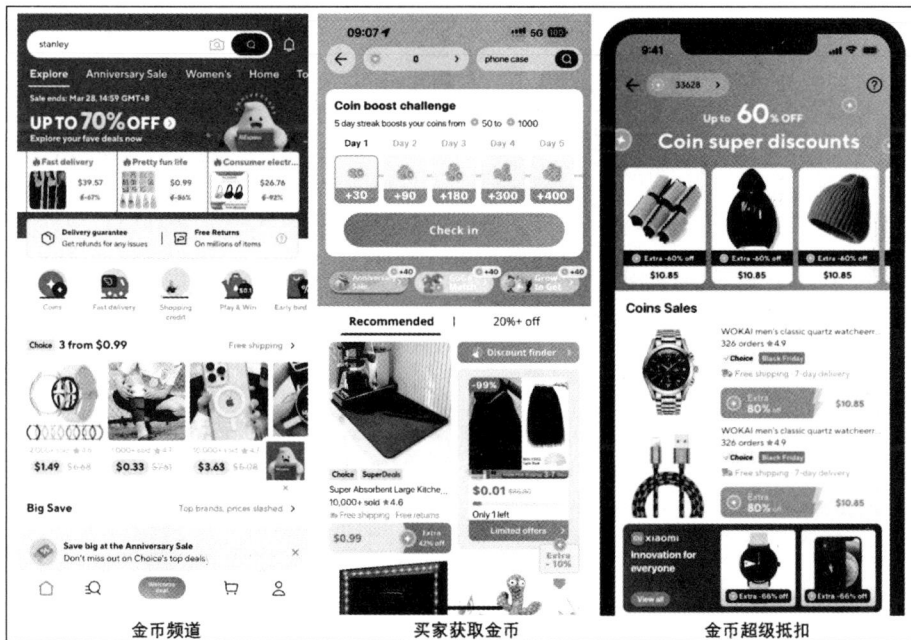

　　　　金币频道　　　　　　　　买家获取金币　　　　　　　金币超级抵扣

图 7-22　金币超级抵扣活动页面

（2）平台活动报名

　　平台作为活动组织方，会对参与的卖家和商品有一定的要求，符合要求的卖家可以自主选择报名，在大量卖家报名的情况下，平台会筛选出部分卖家参与。卖家应关注平台的促销计划，跟上平台节奏来安排店铺运营计划。

　　要做好平台活动，首先要登录卖家后台"平台活动"—"平台活动列表"（见图 7-23），了解每项活动的报名要求（见图7-24）；有针对性地选择商品，并根据相应条件提前做好商品优化，提高活动报名的成功率。卖家可在速卖通后台平台活动列表界面进行报名。

图7-23　速卖通后台平台活动列表界面

图7-24　速卖通后台平台活动报名要求

6. 内容营销

速卖通内容营销是商家通过发图片帖、短视频帖和转发买家秀来打造爆款内容，实现有效"种草"和"吸粉"，优质内容还可以享受平台的免费推广，如图7-25所示。

图 7-25　速卖通内容营销

7. 站内付费推广

速卖通平台的站内付费推广包括商品推广和品牌推广，如图 7-26 所示。

图 7-26　速卖通后台站内推广页面

其中，商品推广包括全店智投、智能投和自己投，如图 7-27 所示。

（1）全店智投：针对全店所有商品智能投放，测品并打造爆品，全生命周期托管。新版全店智投大幅简化操作门槛，基于不同商品生命周期制定差异化投放策略，帮助新品更快孵化，潜力品更快成长，爆品获取更高 GMV，提升店铺净收入。

（2）智能投：系统智能选取关键词、人群，仅需选择商品、设置预算出价，高性价比获取流量。智能投分为打造爆款、智投宝、新品宝和仓发宝 4 种工具。其投放方式包括：跑量优先模式，在该模式下，算法将根据流量价值自动优化出价；成本控制模式，在该模式下，系统在商家设置的成本约束下智能优化效果，根据流量价值进行智能调价，将计划的平均点击成本控制在极小的范围内，适用于对成本与 ROI 有较严控制的场景。

（3）自己投：商家自选关键词、人群、投放地域，组合搜索、推荐渠道推广，精准规划推广设置。

"自己投"计划要设置投放位置（包括搜索+推荐、仅搜索、仅推荐 3 种，其中，搜索+推荐是同时投放搜索渠道①及推荐渠道②）、竞价策略（包括手动出价、跑量优先和成本控制）、

---

① 搜索渠道：当消费者搜索商品关键词时，通过关键词实时竞价，以提升商品信息的排名，通过大量曝光商品吸引潜在消费者。

② 推荐渠道：在速卖通平台的各个推荐场景中让商家的商品脱颖而出，通过灵活选择合适的消费者推送商品，通过持续影响消费者购买决策促成转化。

搜索位置关键词出价、推荐位置商品出价、投放地域、人群溢价和投放预算等。

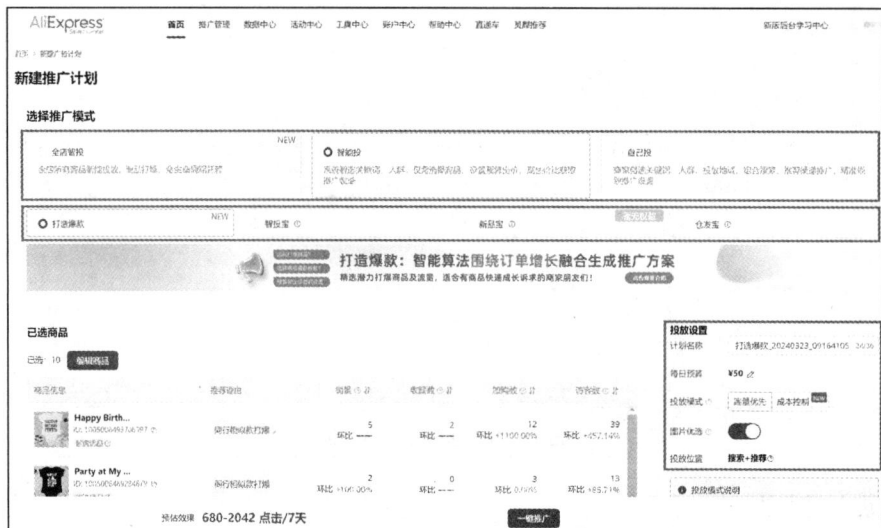

图 7-27　速卖通后台商品推广页面

而品牌推广中的钻展，位于首页推荐"猜你喜欢"的第一个位置（见图 7-28），平台按照曝光进行收费，推广方式包括合约推广[①]和竞价推广。

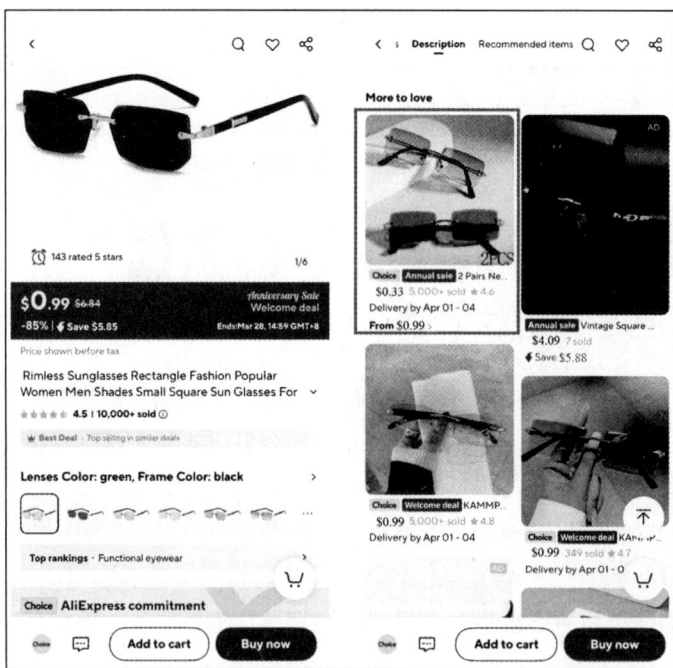

图 7-28　钻展展示位

品牌推广的"灵犀推荐"瞄准了消费者"边逛边买"的消费场景，覆盖了速卖通站内购前、购中、购后多个推荐场景（见图 7-29），以个性化推送的方式向合适的消费者推送商品，平台按照点击扣费。

———————————

① 以合约方式购买曝光，定价、定量获得展现量。

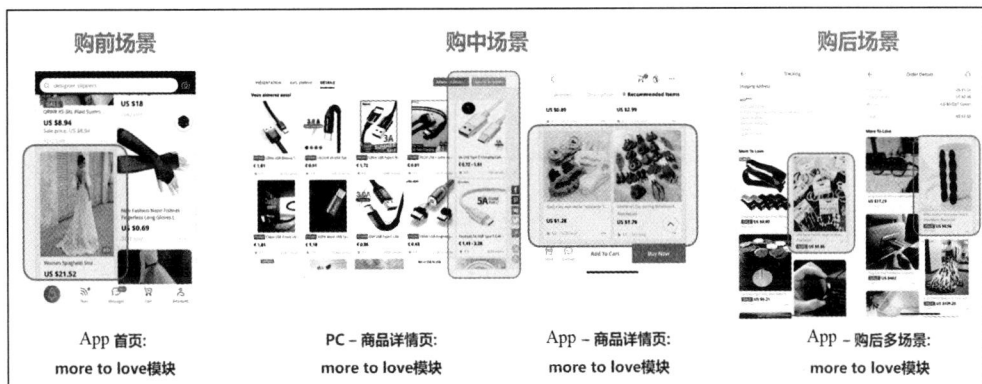

图 7-29 "灵犀推荐"的购前、购中、购后场景

二、站外推广

站外推广是指应用站外推广渠道，将站外流量吸引到平台内的推广方式。一些跨境电子商务平台为卖家提供了站外引流的便利工具，如速卖通平台为卖家提供了"联盟营销""星合计划"（包括"星合投放"和"星合短链"）和"站外 SEO"，如图 7-30 所示。除此之外，搜索引擎营销、邮件营销、社交媒体营销和独立站营销也是常用的站外推广方式。

图 7-30 速卖通站外推广页面

1. 联盟营销

（1）什么是联盟营销

速卖通联盟营销是联合各类境外媒体，提供一站式付费流量解决方案，包括单品营销计划、定向计划和联盟营销活动。卖家以佣金付费模式推广和销售商品，采用按成交付费（Cost Per Sale，CPS）方式。在用户通过联盟推广的链接进入店铺购买商品并交易成功后，平台根据卖家事先设定的比例来收取佣金。

单品营销计划是联盟推出的帮助卖家推广重点单品、打造确定性流量的营销计划。站内在联盟商家专属阵地及搜索、推荐等场景展现；站外有专属的定制化物料通道和公共物料通道，被推荐给联盟站长，尤其是 VIP 站长等。站内在联盟商家专属阵地分为自主推广和 U 智推荐。其中，U 智推荐是基于平台大数据分析，结合卖家店铺同类商家佣金设置情况及行业趋势，为卖家提供高效选品与佣金设置建议的智能产品，如图 7-31 所示。

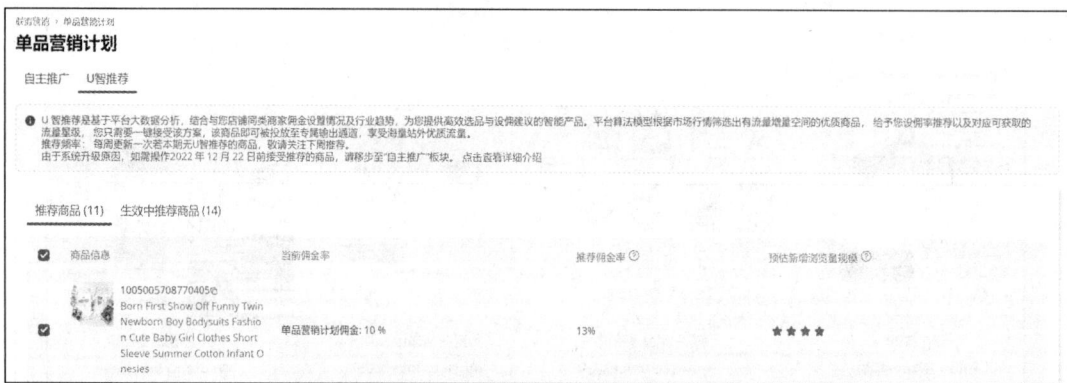

图 7-31　速卖通单品营销计划之 U 智推荐

定向计划是通过与联盟平台优秀的渠道建立联系，由渠道发起货品、佣金、Code 要求，卖家可参加的活动列表会在后台更新，卖家结合商品情况选择性报名，满足需求的货品将会返回到渠道进行精准推广。

联盟营销活动包括 U 选计划和超级大牌计划。U 选计划是联盟推出的一个与招商活动高频结合的优质单品推广计划。超级大牌计划致力于打造速卖通品牌专属定制化联盟营销，结合首发、超品、Mall 等联动媒体超级站长提供专属的高频次联盟营销场景，满足联盟多样化的品牌营销需求，为卖家带来确定性的营销活动体验。

（2）"联盟营销"的设置

①　加入联盟营销。商家加入联盟营销后，默认全店商品均参加，无法选择某一商品参加或不参加。

②　设置联盟佣金。商家可针对不同商品设置不同的佣金比例。对于未设置佣金比例的商品，系统将默认按照该商品对应类目下的标准佣金比例来计算佣金。设置店铺基础佣金比例和类目佣金比例的操作路径为"推广"—"联盟营销"—"基础佣金设置"，单击"设置类目佣金"按钮，平台会自动抓取店铺发布商品的所在类目，选择要设置佣金率的类目，输入佣金率（系统会自动给出佣金率可设置的范围）和生效时间，如图 7-32 所示。

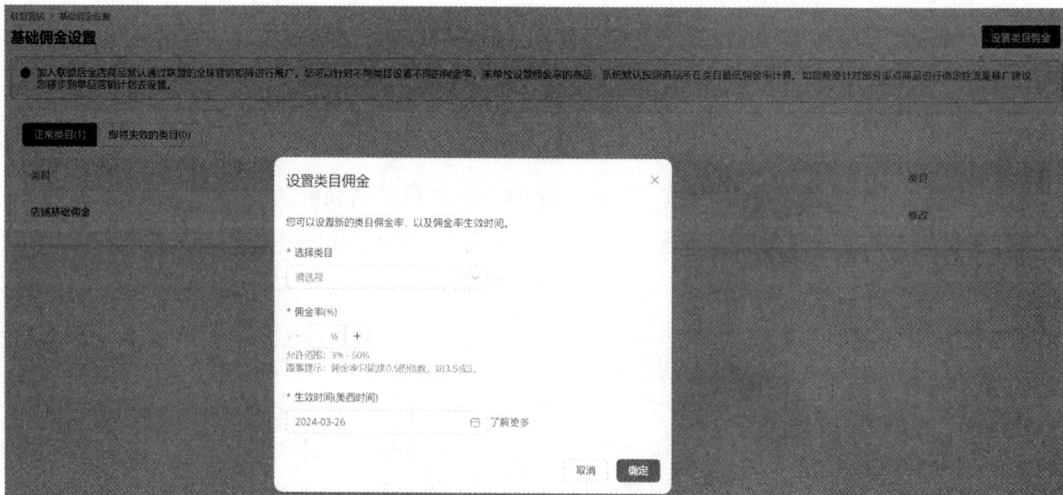

图 7-32　联盟营销类目佣金设置

③ 查看联盟营销的效果。商家可以在联盟营销的"推广效果报表"板块查看不同时间内联盟为店铺带来多少浏览、访客，买家在店铺产生多少交易额，商家预计为此支付多少佣金，如图 7-33 所示。

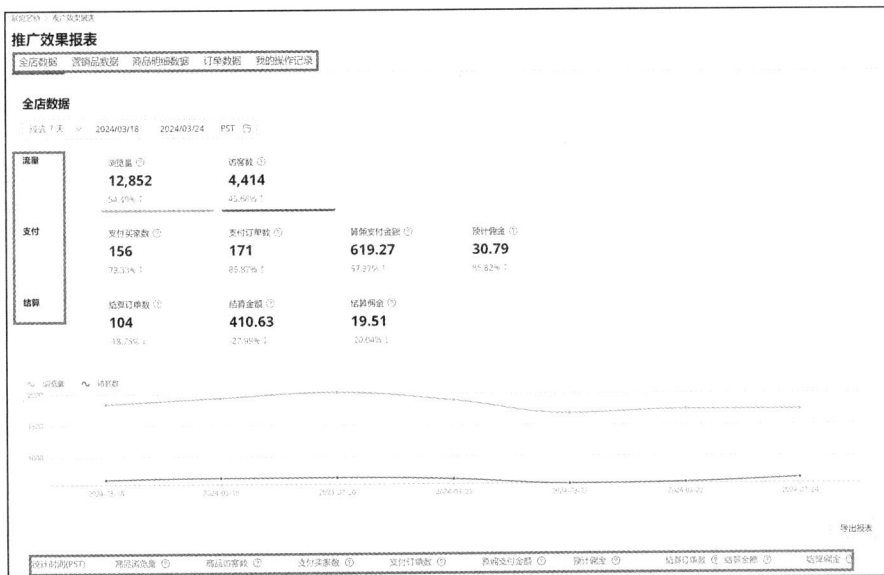

图 7-33 联盟营销的推广效果报表页面

2. 星合计划

星合计划是速卖通的一站式广告外投营销平台，集 Facebook、Google 等全球头部媒体渠道于一身，借助阿里巴巴集团和各大国际互联网巨头的大数据、算法、人群匹配能力，助力商家实现流量增长，提高广告投放效率。星合计划的整体流程如图 7-34 所示。

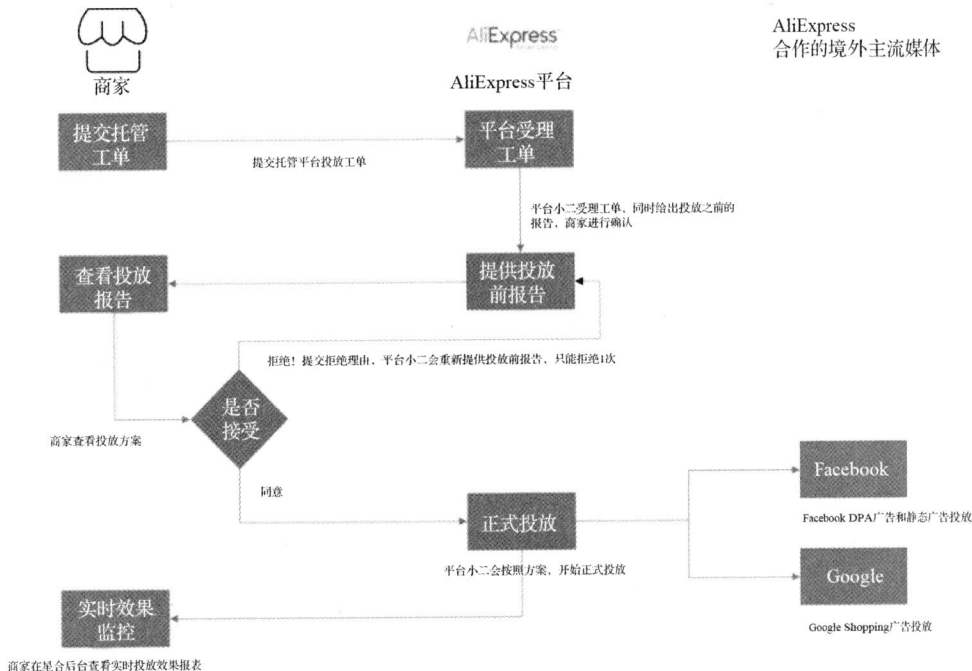

图 7-34 星合计划的整体流程

3. 搜索引擎优化

（1）什么是搜索引擎优化

搜索引擎优化（Search Engine Optimization，SEO）是指通过对网站进行站内优化、修复和站外优化，从而提高网站的网站关键词排名及企业商品的曝光度。搜索引擎是人们在互联网上获取信息的重要工具和入口，而搜索引擎的搜索结果是按照一定的规则进行排列的。利用搜索引擎的规则来提高网站在有关搜索引擎内的自然排名，可以达到推广和营销的目的。

（2）如何进行搜索引擎优化

通过了解各类搜索引擎如何抓取互联网页面、进行索引及如何确定某一特定关键词的搜索结果排名等技术，对网页内容进行相关的优化，使其符合用户浏览习惯，同时在不损害用户体验的前提下提高搜索引擎排名，从而提高网站访问量，最终提升网站的销售能力或宣传能力。所谓"针对搜索引擎进行优化处理"，是指为了让网站更容易被搜索引擎收录和索引，以提高网站在搜索引擎中的排名，从而为商家带来精准的流量。

为了从搜索引擎中获得更多的免费流量，商家应从网站结构、内容建设方案、用户互动传播、页面等角度进行合理规划。常见的 SEO 手段分为内部优化和外部优化两种。

① 内部优化：包括 META 标签优化[1]、内部链接优化[2]和网站内容更新。

② 外部优化：包括保持外部链接类别[3]的多样性、定期的外链运营[4]和做好外链选择[5]等。

速卖通平台也为买家提供了"站外 SEO"推广渠道。通过该推广渠道，商家可以对商品的详情页进行二次优化，干预其中的页面内容和页面关键词，以本地化文本的方式提高页面内容质量，使商品页在搜索引擎的搜索页面上排名更高，进而获得站外免费的精准流量。其中，商家仅需要优化页面内容和页面关键词（对应站外 SEO 的 6 个子项，见表 7-4），其余部分如内外部链接、网站架构等由 AE 平台工程师完成。

表 7-4　速卖通站外 SEO 核心优化项

编号	优化项	备注
1	SEO 关键词	卖家希望用户在 Google 中通过什么关键词找到自己。 关键词是所有优化内容的前提和基础，所有的 SEO 元素都要围绕 SEO 关键词进行。在优化其他内容前，卖家务必确认其推广的关键词和关键词个数
2	SEO 标题	商品在搜索引擎上展示的标题，直接向搜索引擎用户告知页面的主要内容，引导用户进行点击，尤其是在手机端搜索。精确的标题可以让用户更快地认识卖家的商品
3	SEO 描述	描述是对标题的一个补充，使用描述解释整个文章的中心主旨，交代网页的主要内容，和标题一样会直接展示在搜索查询结果中，直接影响用户点击
4	SEO 缩略图	SEO 缩略图可以配合文字提升用户的浏览体验。利用好 SEO 缩略图内容，可以在搜索引擎结果中更好地展现。一张清晰的缩略图可以更好地提升页面的 CTR[6]。 缩略图使用白底图最佳，有"牛皮癣"广告的缩略图不会在 Google 展示（会被过滤）

---

[1] META 标签优化包括 TITLE、KEYWORDS、DESCRIPTION 等的优化。

[2] 内部链接优化包括相关性链接（Tag 标签）、锚文本链接、各导航链接和图片链接等的优化。

[3] 外部链接类别包括友情链接、博客、论坛、B2B、新闻、分类信息、贴吧、知道、百科、站群、相关信息网等。

[4] 每天添加一定数量的外部链接，使关键词排名稳定提升。

[5] 与一些和本网站相关性较高、整体质量较好的网站交换友情链接，巩固稳定关键词排名。

[6] CTR 是 Click-Through-Rate 的缩写，即点击通过率，是互联网广告常用的术语。它指网络广告（如图片广告、文字广告、关键词广告、排名广告、视频广告等）的点击到达率，即该广告的实际点击次数（或到达目标页面的数量）除以广告的展现量。CTR 是衡量互联网广告效果的一项重要指标，可以表示广告或网站的吸引力、用户参与度和转化率。广告主和网站管理员需要不断测试和优化广告内容和展示形式，这样才能提高 CTR。

编号	优化项	备注
5	SEO 卖点	根据商品的特点描写最主要的卖点，包含商品性能、材质、易用性、适用人群等与商品相关的卖点，有利于提高在 Google 搜索中的排名
6	商品详细描述	商品详细描述包括但不限于商品规格、商品卖点、注意事项等内容。 注意设置小标题：当撰写较多的文章内容时，清晰合理的结构是非常必要的，可以帮助用户顺利浏览；在小标题内包含关键词，利于搜索引擎对网站内容进行抓取，提高搜索排名权重

4. 搜索引擎营销

（1）什么是搜索引擎营销

搜索引擎营销（Search Engine Marketing，SEM）是根据用户使用搜索引擎的方式，利用用户检索信息的机会尽可能地将营销信息传递给目标用户。简单来说，搜索引擎营销就是基于搜索引擎平台的网络营销。企业通过搜索引擎付费推广，让用户可以直接与公司客服人员进行交流，实现交易。

（2）如何进行搜索引擎营销

① 了解商品、服务针对的用户群体。

② 了解目标群体的搜索习惯。

③ 调研目标群体经常会访问哪些类型的网站。

④ 分析目标用户所关注商品的特性，如品牌、价格、性能、可扩展性、服务优势等。

⑤ 搜索引擎竞价广告账户、广告组规划。例如，创建 Google 的广告系列及广告组；考虑管理的便捷性，增强广告文案与广告组中关键词的相关性。

⑥ 相关关键词的选择。企业可以借助以用户搜索数据为基础的谷歌关键词分析工具。

⑦ 撰写有吸引力的广告文案。

⑧ 内容网络广告投放。

⑨ 目标广告页面的设计。

⑩ 广告效果转换评估。

5. 邮件营销

（1）什么是邮件营销

邮件营销（E-mail Direct Marketing，EDM）是利用电子邮件（E-mail）与客户进行商业交流的一种直销方式，它广泛应用于网络营销领域。

（2）邮件营销的设置技巧

虽然邮件营销在境外的接受度很高，但由于市场已经很成熟，因此卖家应在邮件内容上下足功夫，做好客户关系维护、使用合适的发送频率和制订关联度高的邮件发送计划，这样才能使自己的邮件在客户的邮件列表中脱颖而出。

① 发送邮箱的选择。尽量使用带有企业域名的邮箱，一方面作为企业宣传的方式，另一方面增加信用度。

② 邮件发送时间。合适的发送时间往往能带来更高的打开率和回复率。据统计，当地时间 10:00 和 15:00 都是较适合发送邮件的时间段。卖家也可根据实践经验做出相应的调整，找到打开率最高的时间点发送邮件。

③ 邮件标题和内容。邮件标题要吸引人，且能准确地描述邮件内容，突出最具影响力

的信息；邮件内容不宜过长，尽量富有个性化和互动性，注意内容布局和图片处理，同时兼顾客户体验。

此外，速卖通平台为买卖双方搭建了一个沟通渠道，推出了"商品邮件推送功能"，买家一经订阅，每周就可以收到平台最新的优质商品和优质店铺信息，以及买家通过关键词或行业订阅的相关信息。卖家可以推荐买家订阅自己的店铺，以便让买家在第一时间了解店铺的最新动态。

6. 社交媒体营销

（1）什么是社交媒体营销

社交媒体营销（Social Media Marketing）是指利用客户在博客、论坛、在线社区、百科和其他社交媒体平台上发布的内容进行营销推广和客户服务维护开拓的一种方式。与搜索引擎、电子邮件等其他网络营销方式相比，社交媒体营销以信任为基础的传播机制和客户的高主动参与性，更能影响访客的消费决策，并且为品牌提供了大量被传播的机会。社交媒体用户黏性和稳定性高、定位明确，可以为品牌提供更细分的目标群体。目前，社交媒体营销已成为一种逐渐普及的境外媒体推广方式，华为等各大中国品牌在境外社交媒体平台上积极发布内容，包括商品信息、技术动态、品牌故事等，展现品牌的独特魅力和价值，提升客户对品牌的认知和好感度，以扩大其在境外市场的影响力和市场份额。

在国际上具有代表性的社交媒体平台有脸书（Facebook）、推特（Twitter）、抖音国际版（TikTok）、照片墙（Instagram）、拼趣（Pinterest）、VKontakte（VK）、领英（LinkedIn）、YouTube等。速卖通平台在商品详情页为客户提供了一键分享到各大社交平台的功能，如图 7-35 所示。

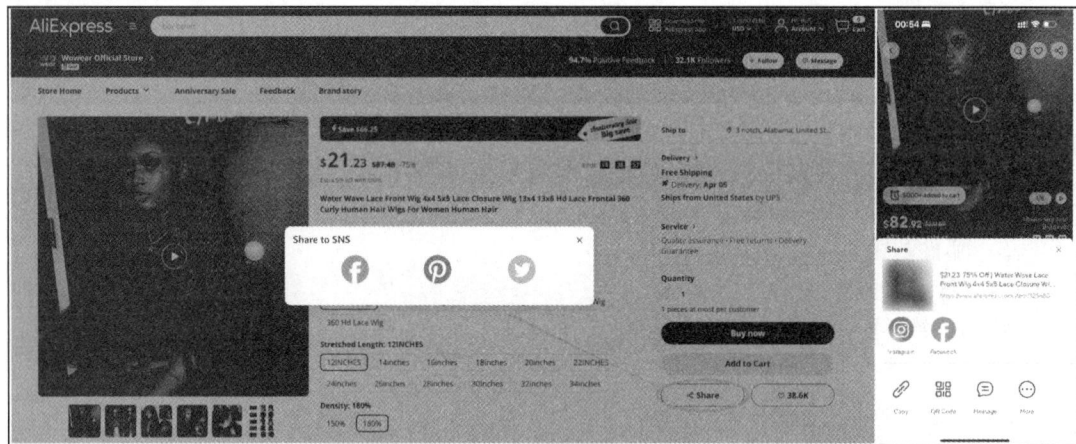

图 7-35　速卖通社交平台分享功能

（2）主要社交媒体平台介绍

① 脸书（Facebook）

Facebook 于 2004 年 2 月 4 日在美国正式上线，其主要创始人为马克·扎克伯格。截至 2024 年第一季度，Facebook 的月活跃用户数量已经超过 30 亿，是全球第一大社交网站。Facebook 公司收购了相关的商品和服务，还将它们纳入 Facebook 家族（见图 7-36），对社交领域的各类商品形态进行了布局。

图 7-36 Facebook 家族

Facebook 营销的最大特点是以人为本的精准性。凭借先进的技术和平台功能，Facebook 提供了详尽的客户数据，涵盖基本资料、浏览历史、互动及购买行为等多维度信息，为商家描绘出全方位的客户画像。通过深度挖掘和分析这些数据，商家能够精确识别目标消费群体，制定高效的营销策略，实现精准营销。同时，Facebook 还提供了多种先进的营销工具和功能，如自定义受众、类似受众等，帮助商家更精准地筛选和管理客户群体，实现时间、精力和成本的效用最大化。Facebook 以其强大的精准营销能力，继续成为众多商家进行跨境电商营销的首选平台之一。

② 推特（Twitter）

Twitter 是由杰克·多西在 2006 年 3 月创办，并于当年 7 月启动的一家美国社交网站，是全球互联网上访问量最大的十个网站之一。Twitter 是微博的"鼻祖"，最初它为突出"微"的特点，讲究言简意赅，限制用户发送不超过 140 个字符的消息，称作"推文"（Tweet），现此限制已被取消。

Twitter 的用户规模虽不及 Facebook 广泛，但在跨境电商营销方面具有独特的优势。Twitter 的用户群体更为专业和细分，这有助于跨境电商企业精准地锁定潜在目标用户。同时，Twitter 用户对新鲜事物和潮流趋势保持着高度的敏感性，能够快速捕捉市场动态，为企业调整营销策略提供有力的依据。更重要的是，Twitter 平台上的用户互动性强，通过有效的沟通和互动，企业可以建立与用户的紧密联系，提升品牌忠诚度，并最终实现转化率的提高。因此，Twitter 是跨境电商营销中不可忽视的重要平台。

③ 抖音国际版（TikTok）

TikTok 是由字节跳动公司在 2017 年 5 月正式推出，面向国际市场的一款短视频社交平台。一经推出，它便以独特的创意和互动方式，吸引了亿万用户的关注和使用，成为全球互联网访问量最大的平台之一。

TikTok 作为短视频社交平台，在跨境营销领域展现出强大的功能。其精准的用户定位、生动的短视频展示、高度的用户互动及强大的社交属性，帮助跨境电商企业迅速锁定目标消费群体，直观展示商品优势，建立与用户的紧密联系，并通过与"网红"合作扩大品牌影响力。TikTok 为跨境电商企业提供了全新的营销方式，助力其实现商业增长和国际化发展。

④ 照片墙（Instagram）

Instagram 由 Kevin Systrom 和 Mike Krieger 于美国旧金山联合创办，2010 年 10 月正式

上线，随后用户数量迅速增长。Instagram 以快速、美妙和有趣的方式让用户彼此分享抓拍的图片。Instagram 的使用群体非常广泛，艺人、时尚博主、"网红"等都在使用 Instagram 发布自己的生活照、街拍照等，因此它成了时尚类品牌的良好营销渠道。

⑤ 拼趣（Pinterest）

Pinterest 由美国一个名为 Cold Brew Labs 的团队创建，并于 2010 年正式上线，之后迅速发展成为世界上最大的图片社交分享网站之一。该网站采用独特的瀑布流形式展示图片，用户无须翻页，只需向下滚动，新图片便会在页面底端不断加载出现，为用户提供了流畅且沉浸式的浏览体验。

Pinterest 不仅允许用户浏览和保存喜欢的图片，还提供了创建和管理主题图片集合的功能。用户可以根据自己的事件、兴趣、爱好等分类，创建个性化的图片集合，并与他人分享。这一功能使得 Pinterest 成为一个富有创意和互动性的图片分享平台，吸引了大量热爱生活和美学的用户。

此外，Pinterest 还为企业和品牌提供了良好的营销机会。企业通过发布与品牌形象和商品相关的精美图片，吸引潜在用户的关注，提升品牌知名度和影响力。

⑥ VKontakte（VK）

VK 是俄罗斯最大的社交网站，功能类似于 Facebook。除了俄罗斯外，VK 还是乌克兰、白俄罗斯、哈萨克斯坦等俄语系国家的主流社交媒体平台。此外，VK 也推出多语言版本，让其他国家或地区的用户可在平台上与俄语系市场的客户进行互动。俄罗斯是中国跨境电子商务的重要市场之一，因此 VK 也成为跨境电商卖家进入俄罗斯市场的重要营销阵地。

⑦ 领英（LinkedIn）

LinkedIn 于 2002 年 12 月在美国成立，并于 2003 年正式上线，是全球最大的职业社交网站，至今全球会员人数已超过 8 亿。作为领先的职场社交平台，LinkedIn 致力于为全球职场人士提供交流互动的平台，帮助他们发掘潜力、拓展人脉，实现职业目标。

自 2016 年 6 月被微软全资收购后，LinkedIn 持续在功能和用户体验方面进行创新，以满足不断变化的职场需求。如今，LinkedIn 不仅是跨境求职的重要工具，还成为品牌与商品推广的优质曝光平台。通过公司专页，公司可以完整地展示公司及商品信息，定期更新公司动态，让感兴趣的用户追踪、评价和推荐。此外，它还提供了公司员工的个人简历链接，有助于增加公司的曝光度和信誉度。

在广告方面，LinkedIn 提供了多种广告形式以满足不同企业的需求。除了传统的动态赞助（Sponsored Updates）和文字广告（Text Ads）外，还增加了视频广告、展示广告等多种创新形式。动态赞助允许企业付费将自己的动态消息推送给更多目标受众；文字广告则以简洁的图文形式展示在网站的显眼位置，吸引潜在用户关注。此外，LinkedIn 还提供了按点击收费和按曝光次数收费等多种灵活的收费方式，以满足不同企业的预算需求。

⑧ YouTube

YouTube 是由陈士骏等人于 2005 年 2 月 15 日创立的视频网站，并逐渐成为全球范围内最受欢迎的在线视频平台之一。2006 年 11 月，科技巨头 Google 公司收购了 YouTube，为 YouTube 带来更多的资源和支持，进一步推动其发展和创新。

作为当前行业内领先的在线视频服务提供商，YouTube 每天要处理数以亿计的视频片段，为全球用户提供高质量的视频上传、下载、分享、展示和浏览服务，如图 7-37 所示。此外，它还为用户提供了个性化推荐和搜索功能，帮助用户轻松找到感兴趣的视频。

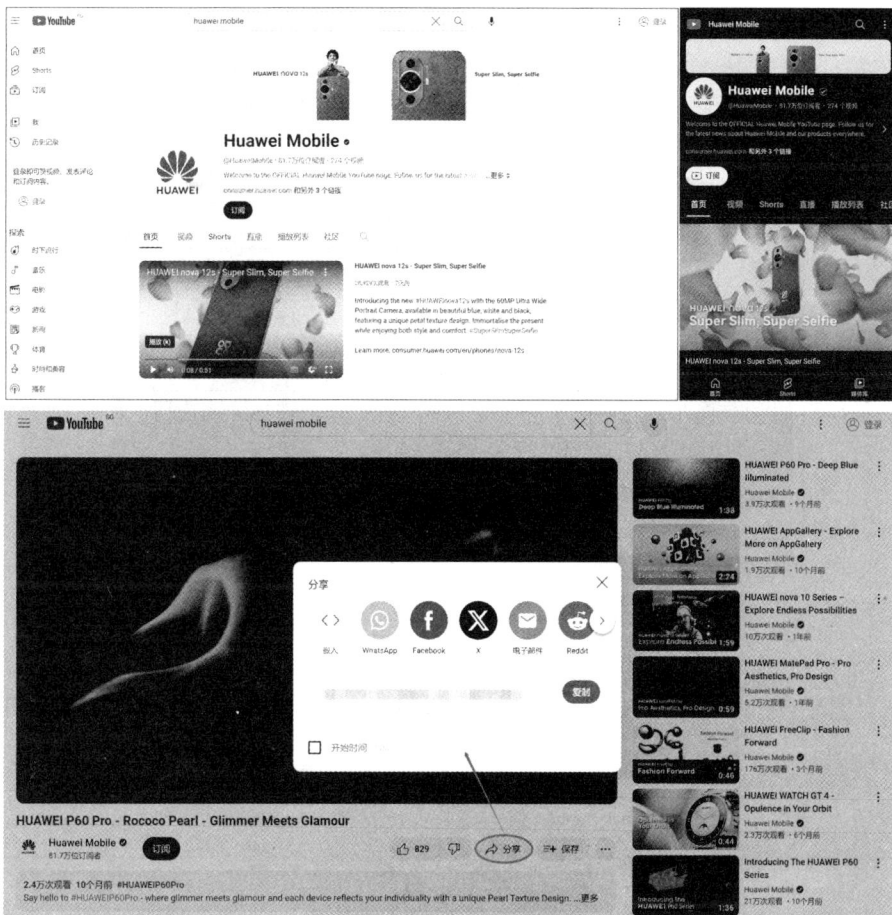

图 7-37　YouTube 视频网站

YouTube 的用户规模不断扩大。目前，YouTube 已拥有来自全球各地超过 26.8 亿的活跃用户，他们每天在 YouTube 上观看、分享与创作视频内容。除了普通用户，许多创作者、企业和机构也会选择 YouTube 作为展示与推广自己的重要平台。他们通过发布原创视频内容，与观众建立联系，分享故事和想法，实现个人或商业目标。

（3）社交媒体营销技巧

社交媒体营销的三大技巧主要包括事件营销、红人营销、信息流与瀑布流营销。

① 事件营销（Event Marketing）：卖家可以通过 Facebook、Instagram 或 Twitter 等渠道制造营销事件，引起用户关注，并通过引发持续关注、发酵事件来增加用户的兴趣。卖家可以输入品牌故事，以品牌价值渲染来提升影响力；也可以通过各种不同渠道的"再营销"（Remarketing）模式促进销售，分享已购买用户的体验及心得，引爆商品卖点。

② 红人营销（KOL[①] Marketing）：跨境电商红人营销是借助境外具有影响力的"红人"，依托其有高度黏性的粉丝群体，将品牌和商品信息精准地传递给目标用户的营销方式。相较于传统营销方式，红人营销更具亲和力、真实性和可信度，能够更好地建立品牌与用户之间的情感连接。它不仅能迅速提升品牌知名度和美誉度，还能激发用户的购买欲望。因此，跨境电商卖家应充分利用红人营销的优势，与合适的"红人"合作，实现品牌价值的最大化，

---

① KOL 即 Key Opinion Leader，关键意见领袖。

进而拓展境外市场，提升业绩。例如，华为在境外市场上与一系列具有影响力的科技博主、评测达人及生活达人建立了合作关系，这些"红人"通过自身在社交媒体上的影响力，向粉丝介绍和推广华为的各类商品，如图 7-38 所示。

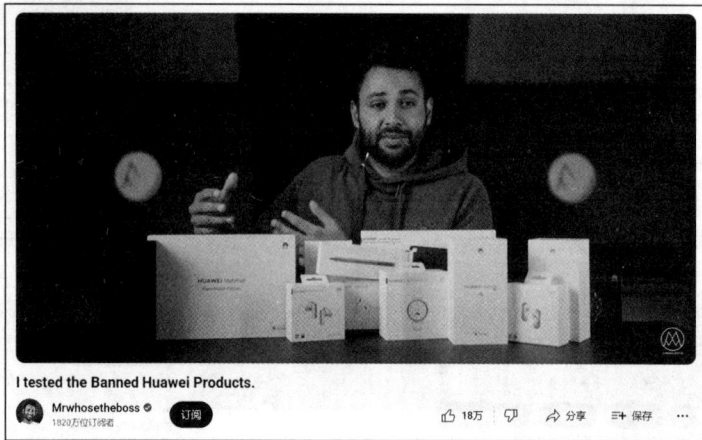

图 7-38　华为的红人营销案例

③ 信息流与瀑布流营销：信息流是以信息为内容进行排列展示的模块，广义上指在空间和时间上向同一方向运动的一组信息，它们有共同的信息源和信息的接收者。瀑布流就像瀑布一样，源源不断地给用户展示内容，其视觉表现为参差不齐的多栏布局，随着页面滚动条向下滚动。例如，将推广商品的信息直接发布到 Pinterest 上进行分享，如图 7-39 所示。

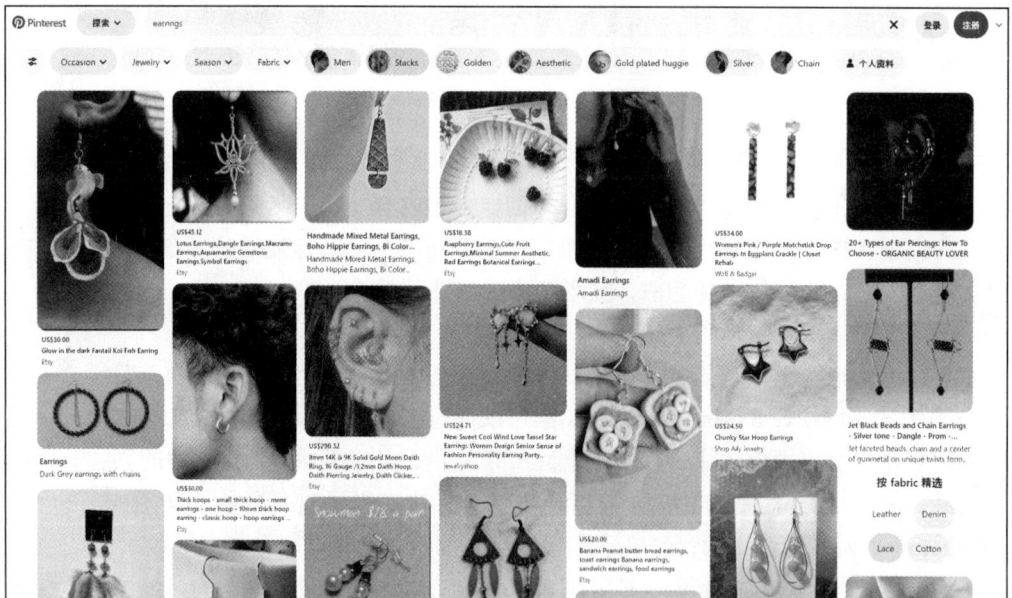

图 7-39　将推广商品的信息发布到 Pinterest 上形成瀑布流

7. 独立站营销

（1）什么是独立站营销

独立站营销是指企业在互联网上创建和运营独立网站（也称为自有网站），这个网站拥有独立的域名、服务器和管理系统，不依赖于其他第三方电商平台。企业通过独立站进行商品展示、销售、品牌传播、客户服务等一系列经营活动，并采取一系列营销策略吸引流量、促进转化、增强用户黏性，最终达成销售目标和品牌建设。

（2）独立站营销的核心工作

① 网站设计与优化：根据品牌形象和用户体验原则构建独特且易用的网站界面，优化网站架构、加载速度和移动响应能力，确保对搜索引擎友好。

② 内容营销：创作有价值、相关且有吸引力的内容，如博客文章、视频等，以吸引和留住访客，提高品牌影响力和用户参与度。

③ 引流推广：通过多种渠道引入流量，包括社交媒体营销、电子邮件营销、联盟营销、SEM 和 SEO 等。

④ 数据分析与优化：运用分析工具追踪用户行为，收集并分析数据，以持续优化用户体验并提高转化率。例如，通过 A/B 测试网页元素来改进设计，优化购物流程，从而提高复购率等。

⑤ 品牌建设与管理：通过独立站塑造和传达品牌故事，建立清晰的品牌定位，培养忠实用户群体，实施 CRM 策略以提升客户生命周期价值。

⑥ 支付与物流解决方案：整合安全便捷的支付方式，提供符合目标市场习惯的物流配送方案。

（3）独立站的典型案例

Shein 作为一个跨境电商独立站的典型案例，其成功经验值得我们借鉴。首先，Shein 以用户需求为导向，实时跟踪并快速响应市场变化，通过大数据分析用户偏好，迅速调整产品设计和供应策略，这种高度灵活和快速迭代的能力使 Shein 能够满足全球年轻消费群体对时尚潮流和个性化的需求。其次，Shein 采用先进的数字化技术管理供应链，从设计、生产到物流配送实现高效协同，提供了服装、配饰、鞋包等种类繁多、覆盖不同风格和场合的丰富产品线；采用小单快反的供应链模式，根据市场反馈快速调整生产和库存，减少冗余，提高周转效率。最后，在营销方面，Shein 善于利用 Instagram、Facebook、TikTok 等社交平台进行精准广告投放和 KOL 合作，同时积极打造社区互动，鼓励用户生成内容，形成良好的口碑传播。图 7-40 所示为 Shein 的移动端界面。

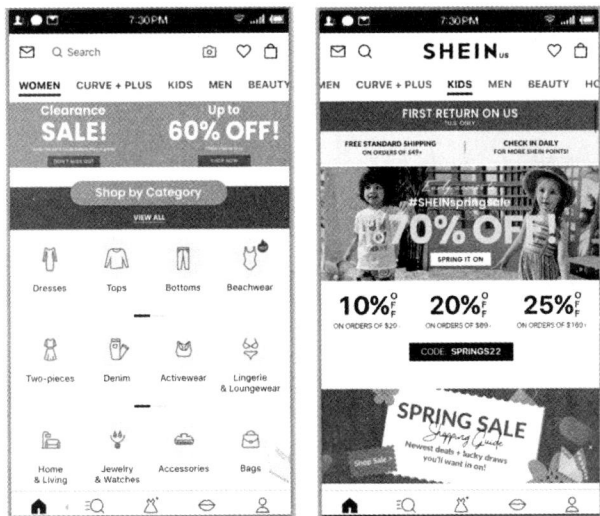

图 7-40　Shein 的移动端界面

【实训目的】

了解速卖通站内和站外不同的营销推广方式，掌握其营销活动的设置规则和方法。

【实训内容和步骤】

（一）站内推广之店铺活动营销

查看店铺可自主设置的营销活动，掌握活动设置的规则和步骤。

实训步骤：

1. 查询店铺可自主设置的营销活动

登录速卖通后台，选择"营销"，单击"店铺活动"选项后，查看各个店铺可自主设置的营销活动，如图 7-41 所示。

图 7-41　查看速卖通店铺可自主设置的营销活动

2. 设置店铺营销活动（以单品折扣为例）

（1）单击"单品折扣"活动下方的"创建"按钮进入创建活动页面，如图 7-42 所示。输入活动名称，为了方便管理，一般将活动名称设置为日期或者商品分组。

图 7-42　速卖通店铺单品折扣活动基本信息设置

注意事项：活动名称最长不超过 200 个字符，只供查看，不展示在买家端；活动起止时间为美国太平洋时间；最长支持设置 180 天的活动，且取消每月活动时长、次数的限制；活动设置的时间开始后，活动即时生效。

> **📖 小知识：** 美国时间与北京时间之"时差"
>
> 美国国土面积广阔，与中国统一应用的"北京时间"不同，美国时间比较精细，同时并不完全按照经线划分，基本上照顾了各州的自然边界。美国本土横跨西五区至西八区，共四个时区，每个时区对应一个标准时间。美国从每年 3 月的第二个星期日至 11 月的第一个星期日采用夏令时，夏令时比正常时间早一小时。下面就美国时间与北京时间时差（冬令时）进行总结。
>
> 美国太平洋时区：代表城市洛杉矶，时差 16 小时。
>
> 美国山地时区：代表城市盐湖城，时差 15 小时。
>
> 美国中部时区：代表城市芝加哥，时差 14 小时。
>
> 美国东部时区：代表城市纽约、华盛顿，时差 13 小时。
>
> 美国夏威夷时区：代表城市火奴鲁鲁，时差 18 小时。
>
> 美国阿拉斯加时区：代表城市费尔班克斯，时差 17 小时。

191

（2）创建好店铺活动后，单击"提交"按钮，进入设置优惠信息页面。可筛选全部已选商品和未设置优惠商品，支持商品 ID 搜索；支持单个商品导入和批量商品导入，如图 7-43 所示。

图 7-43　单个和批量导入商品

（3）批量设置折扣、批量设置限购、批量删除（默认所有 SKU 都参加活动），支持按照营销分组设置折扣，分组内的商品会被导入活动内，如图 7-44 所示。

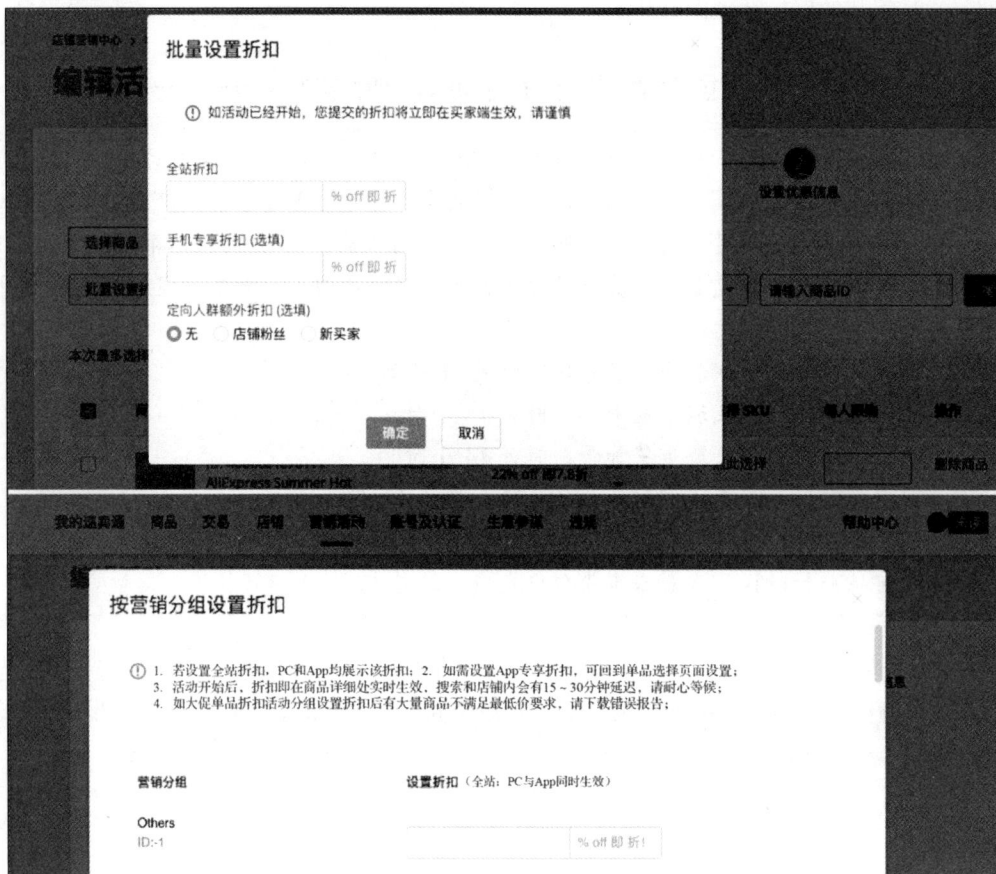

图 7-44　批量设置商品折扣

3. 活动编辑

为防止活动设置错误并快速止损，允许在活动进行中暂停活动；活动进行中允许新增或删除商品（无须暂停活动也可操作），以及编辑折扣等操作，且实时生效；取消锁定商品编辑及运费模板，编辑后可实时同步到买家前台（注：仅针对适用单品折扣活动的商品），如图 7-45 所示。

图 7-45　活动编辑

实训提示：

根据单品折扣设置的范例，动手设置满减活动、店铺优惠券和互动活动。

（二）站外推广之邮件营销

某出口跨境电商公司的主营产品包括服饰、手机及配件、珠宝手表、家居园艺、婴幼儿玩具、户外运动、美容健康、汽摩配等，吸引了来自全球各地的客户，其中主要的客户来自美国、俄罗斯、巴西、法国、西班牙等国家。请根据要求完成邮件营销。

实训步骤：

1. 邮件营销前期调研

每 3～5 人组成 1 个团队，选择某一品类，了解该类产品的特点；调研该品类的产品主要针对哪些目标市场，有哪些目标客户群体；锁定某一细分目标客户群体，梳理其消费习惯、购物偏好和风俗节日，完成表 7-5。

表 7-5　邮件营销前期调研

产品大类	产品特点	目标市场	目标客户群体	消费习惯	购物偏好	风俗节日
服饰						
手机及配件						
珠宝手表						
家居园艺						
婴幼儿玩具						
户外运动						
美容健康						
汽摩配						

2. 编写推广邮件

（1）每个团队根据各自的产品类别，细分目标客户群体，编写邮件标题和邮件首句，完成表 7-6。

表 7-6　营销邮件标题和首句编写

产品类别	目标客户群体细分	邮件标题	邮件首句

（2）根据产品特点，针对某一类细分目标客户群体，利用 Photoshop 软件设计并制作一份电子邮件正文，注意图像与文本的比例，最后将电子邮件正文截图和行动号召按钮图放入表 7-7。

小资料：什么是行动号召按钮

表 7-7　营销邮件正文设计

产品名称	电子邮件正文截图	行动号召按钮图

（3）根据产品特点、目标市场情况、细分目标客户群体特点，确定邮件发送时间和发送日期范围，并设计邮件签名，体现公司的联系方式、地址、隐私条款、添加至安全发件人和退订等信息，完成表 7-8。

表 7-8　邮件发送时间和邮件签名设计

产品名称	邮件签名	邮件发送时间	邮件发送日期范围

同步阅读：关于《互联网广告管理暂行办法》的修订说明（节选）

为进一步规范互联网广告活动，保护消费者的合法权益，促进互联网广告业健康发展，市场监管总局组织开展《互联网广告管理暂行办法》（以下简称《暂行办法》）修订工作，将《暂行办法》更名为《互联网广告管理办法》，并起草了《互联网广告管理办法（公开征求意见稿）》（以下简称《办法》）。现就修订《暂行办法》的必要性说明如下。

（一）修订《暂行办法》是适应当前互联网广告监管工作新形势新任务的必然要求。2016 年，原工商总局制定了《暂行办法》，为维护公平竞争、规范有序的广告市场环境提供了法律支撑。近年来，随着互联网广告在广告形式、经营模式、投放方式等方面不断发展变化，特别是在新媒体、自媒体时代，互联网广告进一步从 PC 端向移动端扩展，多样性、多元性、广泛性的特征更趋明显，《暂行办法》已不能完全适应当前互联网广告监管新形势新要求。

（二）修订《暂行办法》是完善互联网广告监管制度的客观需要。《暂行办法》公布施行已有较长时间，所依据的《中华人民共和国广告法》等有关上位法均已进行了修订和调整，市场监管、宣传、广播电视等相关部门职责也有较大调整。2019 年《电子商务法》的颁布施行，明确了电子商务领域有关监管原则和监管方式，为互联网广告监管工作提供了新的法律依据和立法借鉴。2019 年《反不正当竞争法》修订施行，对互联网领域不正当竞争行为作出明确规定，《暂行办法》中的有关规定需要调整。同时，随着平台经济的高速发展，互联网广告环节多、链条长、主体复杂、执法办案难度大，各类大型主流互联网平台企业的头部效应非常明显，客观上要求进一步压实各类平台经营者责任，《暂行办法》的有关规定已经与当前的法律法规要求和互联网广告监管形势不完全适应，亟须进一步修改完善。

（三）修订《暂行办法》是指导各地做好互联网广告监管执法工作的重要基础。2018年国务院机构改革以来，对市场监管部门广告监管工作职责进行了较大调整，按照"七个统一"的原则整合相近职责，将原工商、食药监等部门广告审批、监管职责统一由市场监管总局承担，实现了统一广告管理。随着机构改革和职能调整，地方市场监管部门人员变化较大，部分人员广告监管工作经验、专业知识相对缺乏。在调研中，各地均反映需要总局进一步加强指导，以更好地开展互联网广告监管执法工作。

修订后的《办法》调整了适用范围。针对当前互联网广告发展新情况和新业态，明确将以互联网直播等方式直接或者间接地推销商品或者服务的商业广告、跨境电商广告纳入《办法》调整范围；进一步强化对弹出广告"一键关闭"、植入广告等领域的制度规定，回应社会关切。

依据《广告法》对广告发布者的规定，《办法》明确将"发布展示"作为广告发布者的认定条件，删除了"核对内容""决定广告发布"的条件，确保互联网广告发布者定义与传统广告媒体相一致。同时，尝试明确互联网信息服务提供者的定义。

《办法》还强化了相关主体责任。例如增加了对含有链接的广告、学前教育和中小学教育广告的专门规定，强化了互联网平台经营者责任；进一步细化广告主、互联网广告经营者、互联网广告发布者和互联网信息服务提供者责任规定，明确了互联网平台经营者配合广告监测、协助监管、提供统计数据等义务。

此外，《办法》按照《电子商务法》《反不正当竞争法》《行政处罚法》和市场监管总局《市场监督管理行政处罚程序规定》的有关规定对《暂行办法》的相关内容作了调整。为增强对广告代言人的监管力度，《办法》还对广告代言人的管辖作了特别规定。

本章小结

跨境电子商务基于自身特点，在营销推广方面面临更多的不确定性和更大的挑战。卖家不仅需要掌握并熟练应用各个跨境电子商务平台提供的营销推广工具，还应利用其他站外引流手段。

本章第一节介绍了国际市场营销理论、国际市场营销调研及国际市场营销在跨境电子商务领域的应用，指导读者从各国（或地区）的文化、经济、政治、社会环境等方面思考和解决问题。第二节根据流量来源不同，介绍了站内推广和站外推广两类跨境电子商务推广方式，包括活动内容、规则设置及方法与技巧设置。

同步测试

1. 名词解释

（1）P4P　　　　（2）CPC　　（3）EDM　　（4）SNS　　（5）SEO　　（6）SEM

2. 单项选择题

（1）国际市场宏观环境调研内容不包括（　　　）。

    A. 地理环境　　　　　　　　　　　　B. 社会文化环境

    C. 经济环境　　　　　　　　　　　　D. 竞争对手

（2）速卖通平台店铺自主营销活动不包括（　　　）。

    A. 满立减　　　　　　　　　　　　　B. MyStore

    C. 限时限量折扣　　　　　　　　　　D. 店铺优惠券

（3）下列关于店铺优惠券的描述不正确的是（　　）。

    A. 活动开始后可告知老买家   B. 分为领取型和定向发放型

    C. 一旦创建无法更改   D. 与店铺满立减可以叠加使用

（4）下列关于限时限量活动的设置，不建议操作的是（　　）。

    A. 活动开始后可告知老买家

    B. 提价后打折

    C. 设置时间不宜过长，一般以一周为宜

    D. 结合满立减和优惠券等其他活动，效果更好

（5）限时限量活动不可直接实现的促销目的是（　　）。

    A. 打造爆款   B. 促使客户收藏店铺

    C. 清库存   D. 推新款

3. 简答和分析题

（1）速卖通平台为卖家提供了许多智能营销的工具。这一趋势会给跨境电商营销从业者带来什么影响？应该做哪些准备？

（2）为进一步规范互联网广告活动，保护消费者的合法权益，促进互联网广告业健康发展，市场监管总局组织开展《互联网广告管理暂行办法》修订工作，并将《暂行办法》更名为《互联网广告管理办法》，并起草了《互联网广告管理办法（公开征求意见稿）》（以下简称《办法》）。《办法》调整了适用范围，针对当前互联网广告发展新情况和新业态，明确将跨境电商广告纳入管理范畴。这一变化给跨境电商营销从业者带来什么影响？你从中得到哪些启示？

第八章
跨境电子商务客服

学习目标

　　了解跨境电子商务客服工具及客户价值评价；熟悉跨境电子商务客服的工作流程；掌握客户识别与开发的主要方式；树立"以客户为中心"的意识，建立"自信担当、平等互惠"的职业信仰，确立"遵纪守法、诚信守则"的职业底线。

知识导图

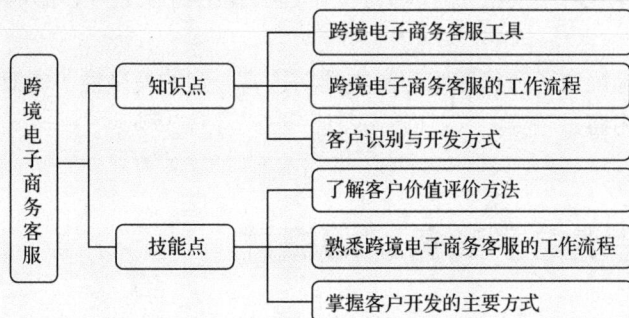

引　例

　　不同于淘宝等境内电商模式，跨境电子商务客服人员售前与客户联系较少，境外客户多是静默下单（不咨询直接下单）。客户联系客服人员一般有三种情况：一是售前产品咨询，二是购买的产品出现问题，三是物流出现问题。下面列举一些客服工作的反面案例。

　　有的客服人员可能之前从事营销工作，喜欢在回复中采用广告的方式强调重点，把大段的文字染成红色并且大写，希望客户能够一眼看到卖家的关键内容，却产生了反面效果。客户就投诉他"Why you always shout out to me？"（你为什么总对我嚷嚷呢？）。这里客服人员犯了大忌，在英文书信里，成段的大写表示愤怒、激动、喊叫，是非常没礼貌的表达方式。

有的客服人员在同客户沟通时喜欢用长句或复杂句式表达，这不利于与客户进行有效沟通，特别是针对非英语母语国家的客户，应该多用口语化的表达方式与客户沟通交流。

有的客服人员在遇到问题时应对被动，无法提出好的解决方案，而是随口回复"You can consider how to deal with this problem"（你可以考虑下如何解决这个问题），给客户一种推卸责任的感觉，留下非常不专业的印象，导致客户基本不会产生二次购买行为。

引例分析

客服工作是电商销售流程的重要一环，同时客服人员也是企业连接客户的重要窗口。订单小单化、碎片化，以及订单数量增长迅速，是目前跨境电子商务的两大特点，这也意味着跨境电子商务客户服务的工作量、难度和复杂程度都很大。

就工作量而言，跨境电子商务客服人员大多时候在处理客户的售后问题。具体而言，有"产品瑕疵""产品差距较大""物流没送到"等问题。由于语言不通，客户等了很久才收到产品，沟通过程中容易出现缺乏耐心、不愿听客服人员解释的现象。这对客服新手是很大的挑战。客服人员在遇到客户质疑或提起纠纷时，如果没有妥善处理，损失的不仅是产品和邮寄费，还会使纠纷率上升，影响好评率和评论内容。

综上所述，跨境电子商务客服非常重要，也有一定的复杂性。本章介绍跨境电子商务客服的相关内容。

第一节 跨境电子商务客服概述

一、跨境电子商务客服工具

（一）站内信息服务工具

1. 平台即时聊天工具

阿里巴巴为境内电商（淘宝、天猫、1688）平台提供了即时聊天工具——阿里旺旺。同样，阿里巴巴也为跨境电商平台（阿里巴巴国际站、速卖通）提供了专门针对外贸型企业与境外客户沟通的即时通信工具——阿里卖家国际版（TradeManager），又称阿里旺旺国际版或千牛国际版。该软件功能强大，融合了阿里旺旺、外贸邮等功能，实时掌握最新动态，全面了解平台商品的商机分布、访问及转化数据，为卖家优化策略提供数据支撑，如图 8-1 所示。

Lazada、Shopee 平台服务也以即时聊天工具为主。在 Lazada 商品页面中，用户可以单击店铺信息旁的"Chat"按钮或页面右下角的"Messages"图标进入服务聊天面板，如图 8-2 所示。在 Shopee 商品页面中，用户可以单击店铺信息栏中的"Chat Now"按钮进入服务聊天面板，如图 8-3 所示。

图 8-1 阿里卖家国际版（TradeManager）

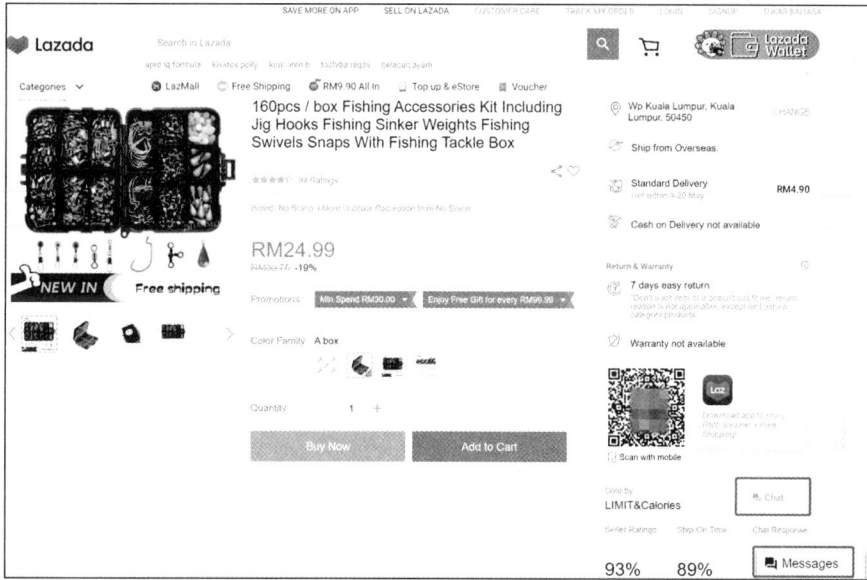

图 8-2 Lazada 服务平台

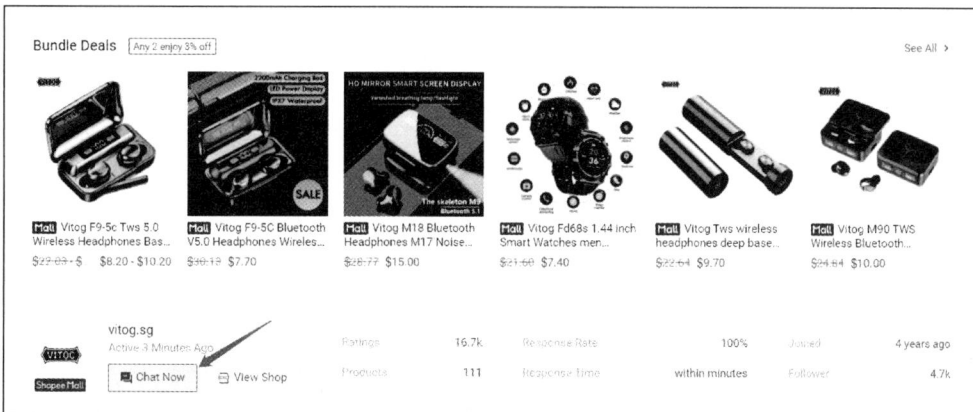

图 8-3 Shopee 服务平台

2. 站内工具或订单留言

为更好地服务平台买家，实现买家、卖家及平台的即时连接和互动，提高卖家客服端的服务能力并提升买家购物体验，有的平台还提供了即时通信功能。以速卖通为例，为买卖双方提供了即时通信功能"IM"（Instant Messaging）。IM 在商家后台"消息中心-买家会话"板块，无须下载。IM 功能强大，在"设置"板块为卖家提供智能客服、快捷短语列表、自动回复、客服账号管理、红包密令优惠、常驻关键词设置、提醒设置、星标管理和分组管理等功能，如图 8-4 所示。会话板块提供文本消息、多语言实时翻译、图片、通用卡片（商品、订单、优惠券）等核心功能，在界面左侧，卖家可输入订单编号或用户名搜索查看会话，还可通过国家、订单状态、星标筛选会话；在界面右侧，可以查看买家的基础信息和订单信息，如图 8-5 所示。为给用户带来更好的体验，平台还在快速优化和丰富 IM 的其他各项功能。

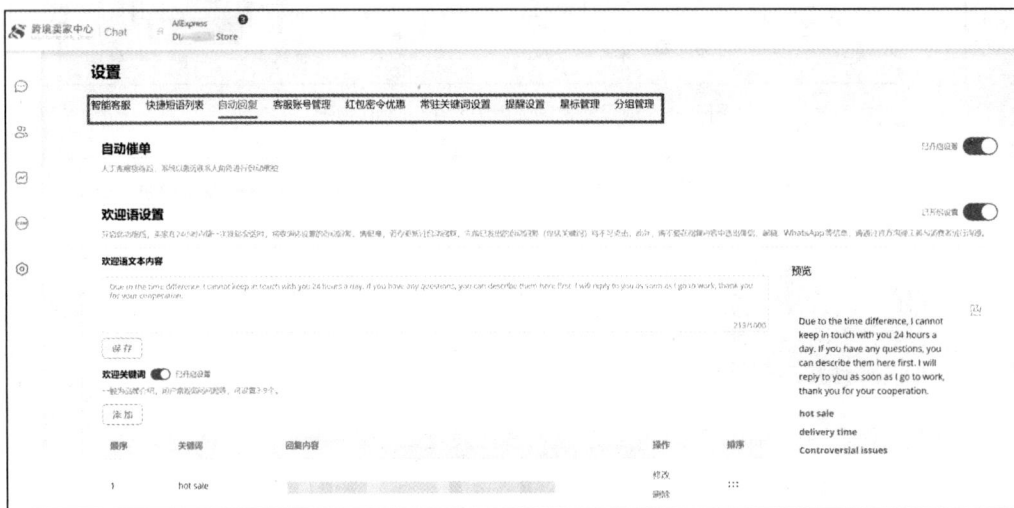

图 8-4 速卖通卖家 PC 端 IM 的"设置"板块

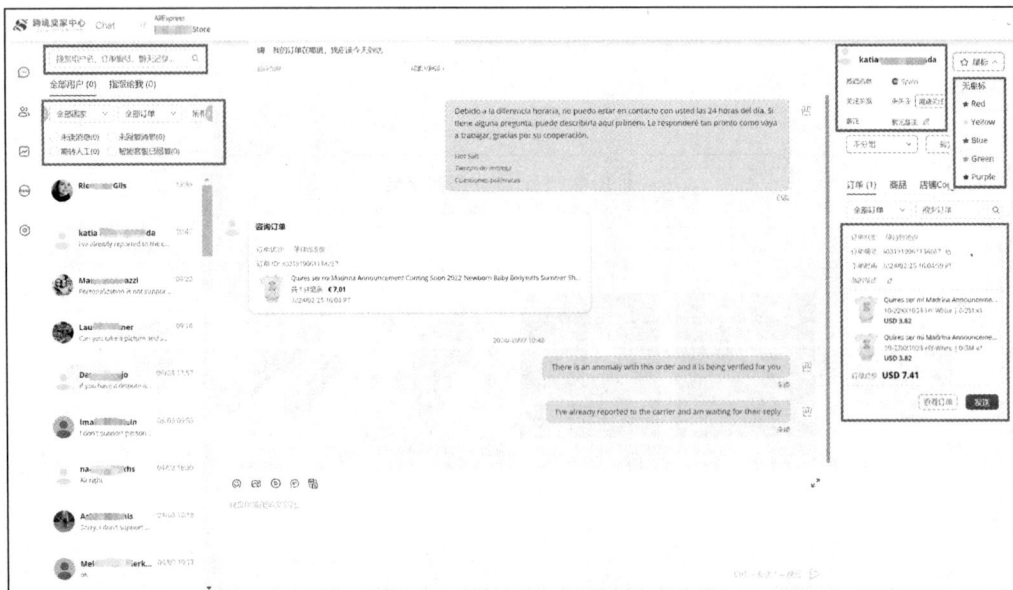

图 8-5 速卖通卖家 PC 端 IM 会话板块

速卖通平台鼓励买卖双方通过 IM 进行沟通,一方面可减少买卖双方沟通渠道的选择,避免错过重要信息;另一方面,平台内沟通可作为订单纠纷判责的重要参考证据。

亚马逊没有专门的聊天工具软件。如果买家想购买的商品来自第三方卖家,可以在商品详情页找到卖家,单击"Sold By"右侧的卖家名称,然后单击"Ask a question"按钮向第三方卖家咨询,如图 8-6 所示。如果买家想购买的商品是亚马逊的自营商品,可以联系官方客服,如图 8-7 所示。

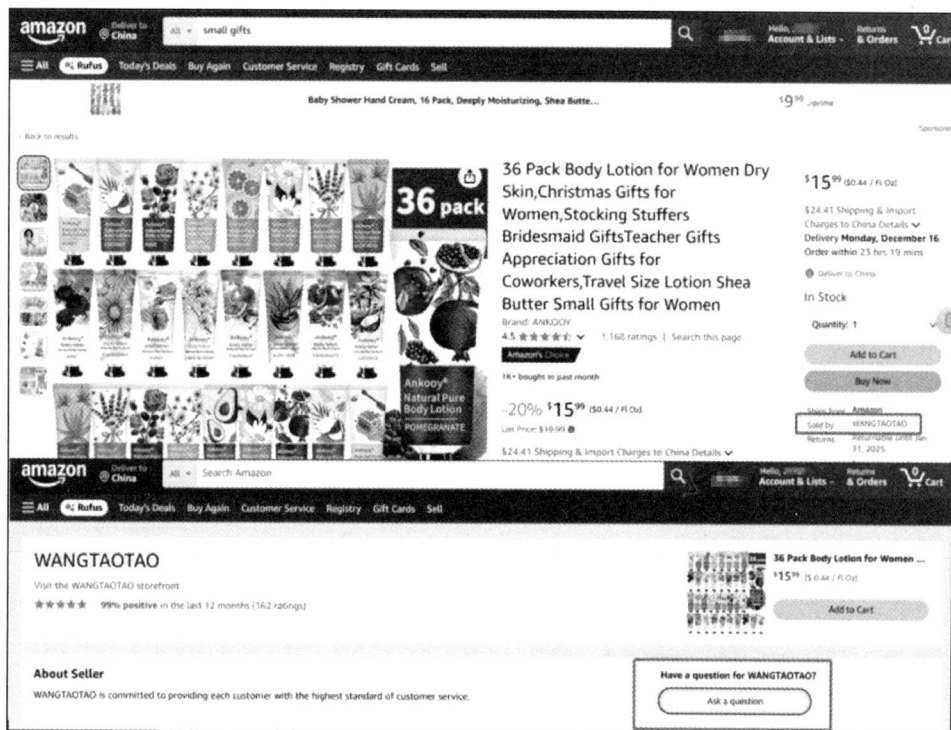

图 8-6　亚马逊平台客户联系第三方卖家

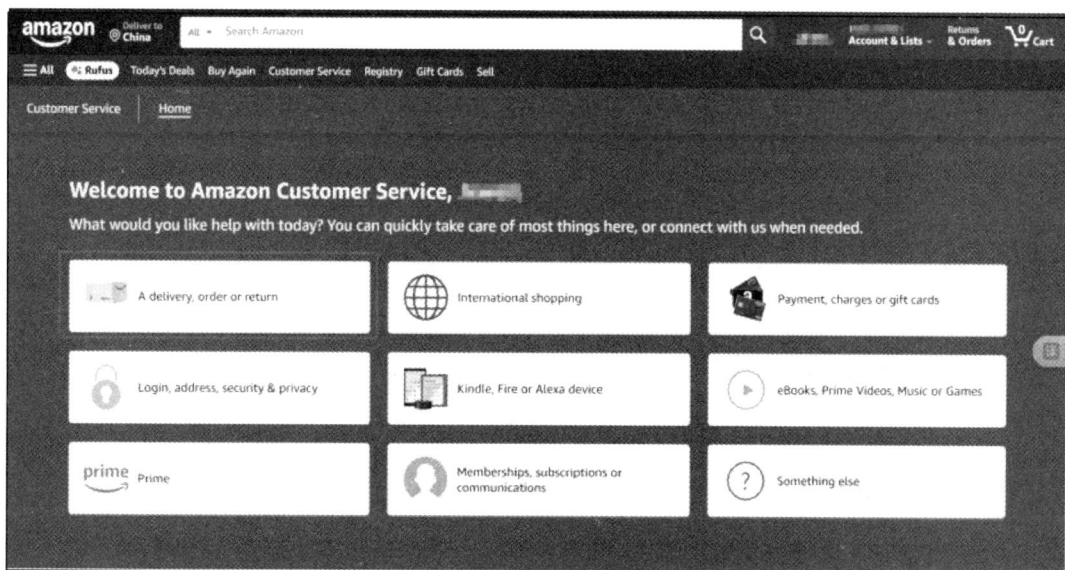

图 8-7　亚马逊平台客户联系官方客服

Wish 商户平台顶部的导航栏中设有"用户问题"板块，买家可以通过此板块向卖家提出问题，从而创建"用户问题"，这些问题包括售前问题、售后问题和售后客服问题三类。卖家可以通过用户问题旁的红色数字查阅待处理的用户问题总数，并回复用户提出的问题，如图 8-8 所示。

图 8-8　Wish 平台"用户问题"板块

单击"用户问题 ID"列下的 ID 或"操作"（Action）列下的"查看"（View）按钮，即可查看待处理的用户问题，"用户问题"页面会显示不同类别的用户问题信息。对于不同的用户问题，卖家可以在消息区域下方的文本字段中回复，也可以单击文本字段右侧的按钮选项，使用平台的回复模板，回复模板支持多种语言，卖家可以单击回复模板按钮上方的语言下拉菜单进行选择，如图 8-9 所示。卖家需在 48 小时内回复用户问题。如果超过时间，Wish 客服将介入并以用户利益为先解决问题。此功能有助于买卖双方建立信任，提高用户的购物信心并改善用户体验。

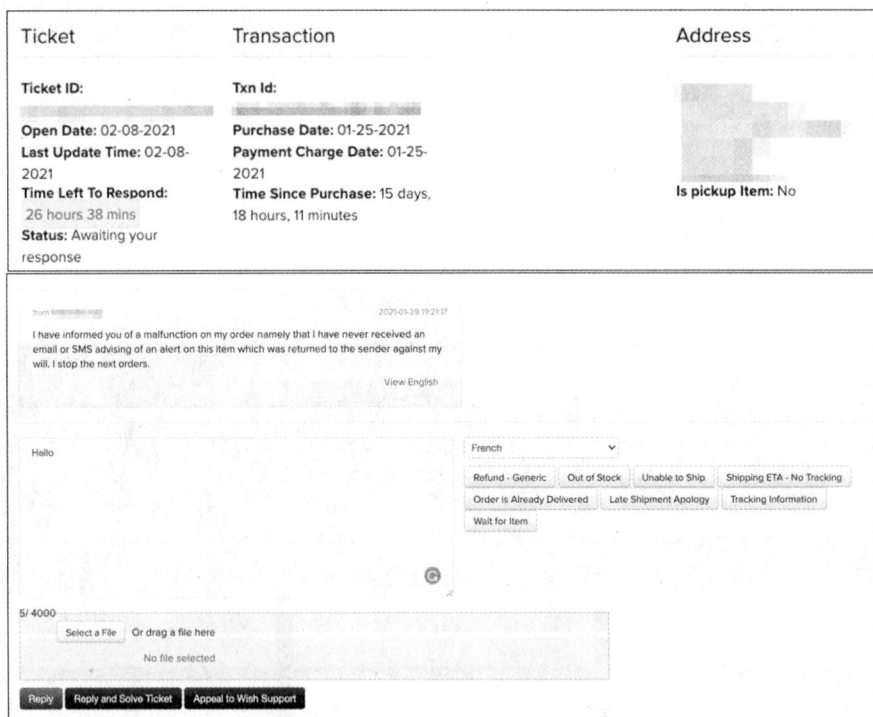

图 8-9　Wish 平台"用户问题"详情与回复

（二）其他辅助工具

当企业普通客户成长为重点客户时，为了与客户保持及时畅通的联系，卖家必定会用到邮件、短信、电话或其他社交工具，包括 Skype、WhatsApp、Facebook Messenger、Twitter 等，如图 8-10 所示。

| Skype | WhatsApp | Facebook Messenger | Twitter |

图 8-10　常用社交工具

1. Skype

Skype 是一款即时通信软件，具备视频聊天、多人语音会议、多人聊天、传送文件、文字聊天等功能。它可以让用户与任何 Skype 用户进行免费通话，无论对方身在何处，都能以低廉的费率拨打全球的手机和座机。

Skype 需要充值后才可以使用，有点卡和套餐卡两种模式。充值成功后，在打开的拨号界面中直接输入电话号码，就可以拨打电话了，如图 8-11 所示。

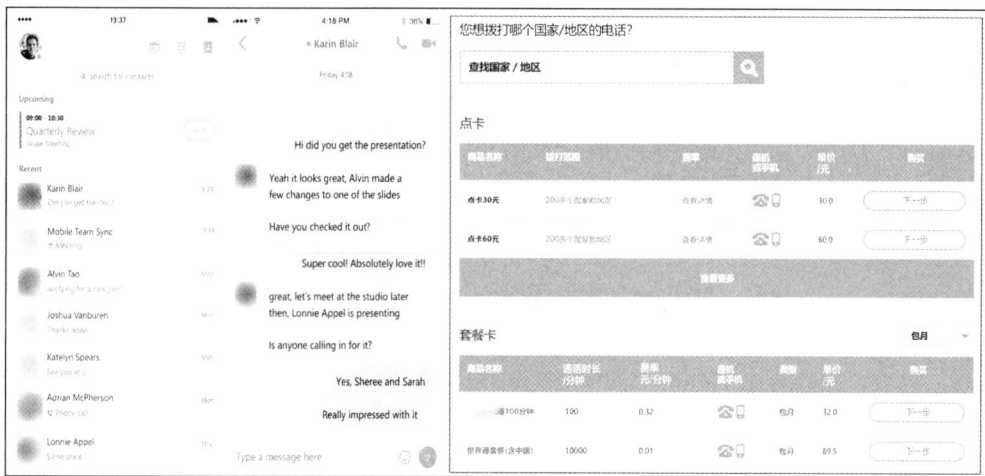

图 8-11　Skype 的使用和充值界面

在使用 Skype 进行通信时，如果经常有重要电话需要录音存档，就可以安装 PowerGramo Professional 插件。该插件支持 SkypeIn、SkypeOut 的高清晰录音，能紧密结合 Skype 外观，最小化为 Skype 界面上的一个录音按钮（见图 8-12），在来电呼入的情况下，自动触发录音动作，将通话记录保存到设置好的文件夹中，帮助客服人员快速存档。录音文件易于管理，可保存为 OGG、WAV 两种格式。

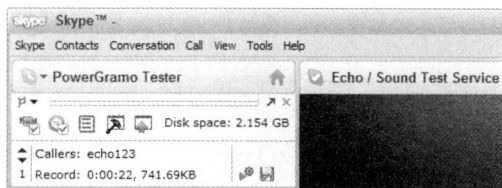

图 8-12　PowerGramo Professional 插件外观

2. WhatsApp

WhatsApp（WhatsApp Messenger）是一款可供各种智能手机用户使用的通信应用程序。

该应用程序借助推送通知服务，能够即时接收他人发送的信息，可免费从发送手机短信转为使用 WhatsApp 程序，以发送和接收信息、图片、音频文件和视频信息。WhatsApp 是全球用户数最多的聊天软件之一，覆盖全球 180 多个国家和地区，并在巴西、美国、俄罗斯、印度等 58 个国家和地区属于常用的即时聊天 App，用户基数庞大。与 WhatsApp 相比，微信的大部分用户来自中国以及其他亚洲国家和地区，辐射范围不及 WhatsApp。

WhatsApp 是基于手机号码注册的。用户在注册时，仅需输入手机号码，并进行短信验证，即可注册成功。之后，WhatsApp 会搜索使用者手机联系人中已经在使用的人，并自动添加到其手机联系人名单里。跨境电子商务卖家只要把客户的联系方式以"国际区号+地区区号+手机号"的格式加入通信录，然后保存、同步，就能和客户对话了。

3. Facebook Messenger

Facebook Messenger 是由 Facebook 开发的即时消息应用程序和平台，支持发送消息、照片、视频、音频和文件，还支持语音和视频通话。目前，其用户数量排名全球第二，成长速度非常快，其打开率是一般邮件的 16 倍。Facebook Messenger 在南美洲、东南亚、东欧、北欧、中美洲、北非等地区较受欢迎。

4. Twitter

Twitter 允许用户将自己的最新动态和想法通过手机以短信息的形式发布给自己的"followers"（关注者）。Twitter 还可绑定 IM 软件。

（三）智能客服系统

智能客服系统是人工智能技术在商业场景中常见的应用场景。它具有接待和处理问题的能力，可以代替人工执行客服任务。智能客服系统一般支持全渠道接入管理，在一个服务台中连接电子邮件、实时聊天、电话和社交媒体等，统一建设全渠道信息接入服务平台，进行统一接入管理，提高客服中心人员工作效率，提升客户体验。

以多客平台（见图 8-13）为例，该平台是专注于跨境电商场景下的客服系统，整合了 Lazada、Shopee、TikTok 等多个平台的客户消息，可同时对多平台、多店铺进行统一管理，集中处理客户消息；同时提供自动回复、客服灵活分配、AI 智能回复、客服绩效管理等多种功能，提高客服接待效率，提高客户满意度，促进客户转化。下面具体介绍两个核心功能。

图 8-13　多客平台首页

1. AI 智能机器人

多客的 AI 智能机器人可以识别客户的真实意图，根据客户消息分类设置回复答案，自动回复客户问题，提高客服接待效率；它还可以智能跟单，对咨询未下单、下单未付款的客户进行引导催付，提升询单转化，如图 8-14 所示。

图 8-14　多客 AI 智能机器人设置

2. ChatGPT 回复助手

ChatGPT 回复助手可以根据客户的消息内容，智能推荐合适的回复内容，使回复更具有温度。当 ChatGPT 回复助手识别到客户负面情绪高涨时，可以通过对其进行情感分析，更加智能化地安抚客户情绪，并给出合适的解决方案和步骤，如图 8-15 所示。相比 AI 智能机器人，这种人性化的快速反应可以提高客户满意度，让企业长期受益。

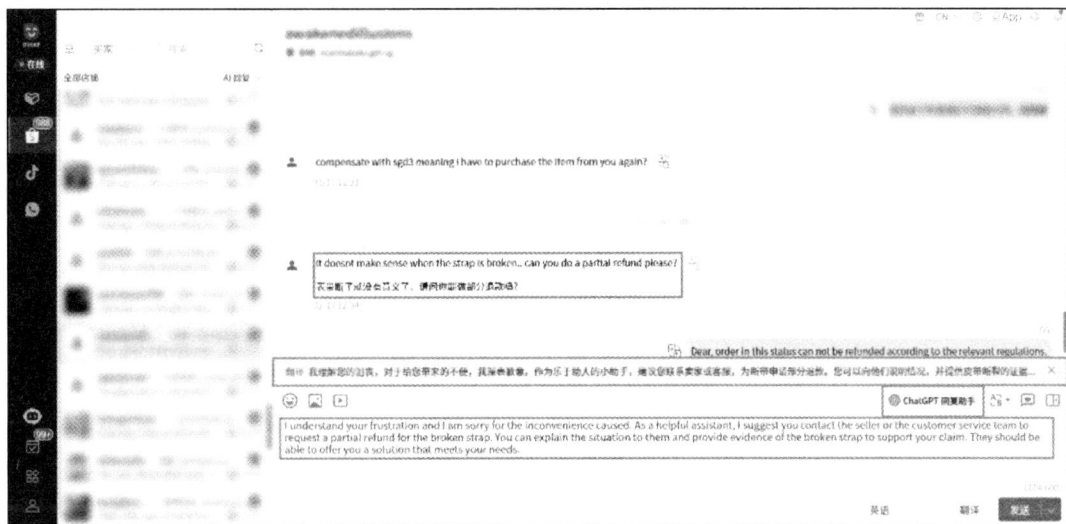

图 8-15　多客 ChatGPT 回复助手

二、跨境电子商务客服的工作流程

客户服务是客户和商家之间的重要桥梁。品牌经营不仅需要过硬的商品质量和有策略的销售技巧，还需要有完善的客户服务体系。商家没有良好的客户服务，会影响客户的满意度，也难以维持业务和商品销售。

跨境电子商务客服工作主要涉及三个环节——售前、售中、售后，客服人员在不同阶段应具备不同的技能。

（一）售前

1. 解答客户咨询

跨境零售电商的商业本质是零售行业的分支，而基于零售行业的特点，客户必然会对卖家提出大量关于商品和服务的咨询，所以客服人员解答客户咨询的工作主要分为以下两大类。

（1）商品方面

在售前环节咨询的客户都是潜在客户，还处于挑选商品的过程之中。此时，客服人员及时、专业、有针对性的回应显得十分重要。否则，在竞争激烈的大环境下，客户会立刻选择离开，改选其他商品。可见，这一阶段的客服人员应十分熟悉本企业的商品，包括商品质量、规格、使用情况、商品特点等。此外，客服人员应该具有较强的理解能力，有针对性地回答客户的问题，若答非所问或者泛泛而谈，就会导致客户感觉客服人员不专业而离开。

目前，我国出口跨境电子商务行业主要涉及的商品特点如下。

① 商品种类繁多。我国出口跨境电子商务行业相关商品种类从 3C、玩具，到服装、配饰、家居、运动等，涉及的品类不断丰富，基本已经覆盖境内外所有常见的日用消费品。

② 境外商品规格与境内差异较大。例如，服装尺码方面，有国际、美国、欧洲等尺码标准，与中国标准存在差异；电器设备的标准规范（简称"标规"）方面，欧洲、日本、美国电器商品的电压都与我国标规不同，如最简单的电源插头都有巨大的差异。

上述问题增加了客服人员在解决客户商品咨询问题时的难度。而售前客服人员的工作任务是在客户提出任何商品问题时，能给予客户完整、专业、准确的答复，提出可行的解决方案。

（2）服务方面

跨境电子商务行业的特点决定了其服务实现的复杂性。在购买之前，客户还会提出关于运输方式、海关申报、运输时间及商品安全性等问题，这就要求客服人员透彻掌握跨境电子商务的各个流程，包括商品上架、交易处理、海关清关、跨境物流配送等步骤。只有在客服人员熟悉各个流程的情况下，才能及时有效地解答客户的疑惑，促成客户下单。

跨境电子商务要求客服人员为客户提供人性化的服务，从最初的询盘到最后的下单，必须时刻关注客户的购物心理及需求，以客户为先。跨境电商的客服人员应该秉持诚实守信的服务宗旨，以热情友好的服务态度和专业耐心的服务理念快速高效地解决客户的疑难问题。

想一想

查看跨境电商某客服案例，从这个案例中你得到哪些启示？

小资料：跨境电商
客服案例

2. 购买引导

在跨境电子商务的平台中，潜在客户进行商品比较和咨询后，可能会对企业的商品产生兴趣，在此过程中，由于有些客户可能是第一次购买，不熟悉平台操作，如不知道怎样下单、找不到自己想要的规格、付款不成功等。客服人员要帮助客户尽快熟悉平台和购买流程，耐心解答他们的问题，达成交易，以免客户因操作不成功而导致本次交易失败。总之，无论是在线服务还是邮件服务，客服人员在对客户进行购买引导时要注意沟通礼仪、提供的信息要有针对性，要体现出专业性，争取与客户达成交易。同时，如果经过沟通，客户还是选择放弃购买，客服人员也要保持应有的礼貌，给客户留下好印象，以便保留一个潜在客户。如果经过沟通后成交了，也要再一次和客户核实收货地址等细节，说明一般正常的运输时间，确保货品准确、按时送达客户手中。

此外，客服人员不要为了促成交易，在不清楚公司规定的情况下，盲目或者草率地对客户提出的额外要求做出承诺，以免日后出现问题。根据"预期满意"理论，售前商品推荐要恰当，不要过度承诺，要合理管理好客户的预期，否则就算达成交易，也会引发客户一系列的不满意，进而损害企业形象。

小知识："预期满意"理论

"预期满意"理论认为，客户购买商品以后的满意程度取决于购前期望实现的程度。如果客户感受到的商品效用达到或超过购前期望，就会感到满意，超出越多，满意度越高；如果客户感受到的商品效用未达到购前期望，就会感到不满意，差距越大，满意度越低。

3. 及时登记汇总信息

售前客服人员在回答客户对商品、服务方面的咨询及购买引导的过程中，与客户进行了较充分的沟通，对客户的情况有了更多了解。出于客户关系管理的要求，客服人员在每日工作结束前应该及时整理与客户的沟通信息，将有用的信息进行登记、录入，为后续进行客户的分类及服务打下基础。同时，如果在售前和客户沟通的过程中，商品未能满足客户需要，或者客户对商品提出了更多的要求，或者客户指出了商品不如竞争对手的地方，客服人员应整理汇总相关意见，及时反馈给有关部门，促进企业商品开发的改进。

（二）售中

客户付款下单后，收到货物之前属于售中环节。客服人员应主动和客户核实收件人姓名、联系方式和收货地址等细节，说明运输方式和正常的运输时间，让客户有合理的收货预期。卖家发货后，客服人员应将发货及物流信息及时告知客户，提醒客户注意收货。

在售中环节，客服人员通常会遇到客户催促发货或没有及时收到货等情况。对于客户催促发货的情形，客服人员应及时给予客户合理的解释，并安抚客户，避免客户产生不愉快的心理而影响交易评价。针对客户没有及时收到货的情况，客服人员应及时查询物流相关信息，向客户反馈，告知客户当前的物流情况。客服人员可以到各个物流公司官网或全球物流查询平台进行物流跟踪。

总之，在客户付款以后，交易还有发货、物流配送、收货和评价等环节，卖家在交易过程中应与客户保持联系，让客户及时掌握交易动向，也给客户一种被重视的感觉，从而提高客户的购物满意度。此外,客服人员对于交易过程中出现的问题,应以推己及人的态度从客户的角度思考问题,及时并妥善处理。

(三)售后

售后服务就是在商品出售以后所提供的各种服务。客户的购后感受可分为三种:满意、一般或不满意。

如果客户的购后感受是"满意",客服人员应及时与客户沟通,并采用必要的激励措施,让客户留下使用评价,为商品的排序和曝光带来积极影响,也为后续客户的引流起到一定的正效应。如果客户的购后感受是"一般",甚至"不满意",客服人员应有高度的智慧和恰当的方法处理并解决这类纠纷,消除客户的不满。客服人员能否妥善处理售后问题直接关系到客户体验,也影响卖家账号的表现。那么,对于随之而来的各种售后问题及纠纷,我们该如何处理呢?

1. 及时处理客户投诉和纠纷

(1)了解客户纠纷原因

以速卖通平台为例,纠纷是指卖家发货并填写发货通知后,客户如果没有收到货物或者对收到的货物不满意,可以在卖家全部发货5天后申请退款(若卖家设置的限时达时间少于5天,则客户可以在卖家全部发货后立即申请退款),客户提交退款申请时纠纷即生成。

纠纷的种类主要分为"未收到货物"和"收到货物但与约定不符"两类。第一类属于物流问题,第二类属于商品问题。这两大类纠纷的具体情况如表8-1所示。

表8-1　速卖通平台的纠纷类型

纠纷类型	纠纷原因	已寄送	运输中	已签收
第一类:未收到货物	①海关扣关		√	
	②物流显示货物在运输途中		√	
	③包裹原件退回		√	
	④包裹被寄往或妥投在非客户地址			√
	⑤物流显示货物已经妥投			√
	⑥物流信息查不到或者异常	√		
	⑦客户收到货物后退货			√
	⑧客户拒签			√

纠纷类型	纠纷原因	已寄送	运输中	已签收
第二类：收到货物但与约定不符	①货物与描述不符			√
	②质量问题			√
	③销售假货			√
	④虚拟商品			√
	⑤货物短装			√
	⑥货物破损			√

（2）对于客户纠纷及时反应

拖延会使客户的不满情绪加倍。因此，客服人员应第一时间安抚客户情绪，表达对客户情绪的理解，耐心倾听客户诉求。同时，要注意时差问题。客服人员应尽量选择在客户在线时进行沟通，这样直接沟通更易于解决问题。若因为时差原因不能及时反馈，也要尽快留言做出说明和解释。

（3）选取恰当的沟通方式，进行跟进处理及反馈

每个国家或地区有不同的风俗习惯，每个人也有不同的性格特点，客服人员应通过言语沟通和邮件表述，识别客户的特点。同时，客服人员应该学会从客户的文字风格判断客户的性格，然后根据客户的性格选取恰当的沟通方式，有效促进双方沟通顺利进行。由于时差原因，邮件、订单留言、站内信等书面沟通是常用的沟通方式，不仅能让买卖双方信息交流更加清晰、准确，还能够留下交流的证据。

（4）给出合理的解决方案

由于运输距离远、时间长、成本高，跨境电子商务的售后处理方案往往比境内电商有更高的成本。最常见的纠纷处理方式就是重发货物或者退款等。优秀的售后客服人员应引导客户选择客户能够接受且成本较低的方案。下面列举一些情况。

案例一：订单已发货，但客户因某些原因需要修改地址并把新地址发送给卖家，要求卖家把商品发到新的地址。

处理方式：如果商品价格不高，卖家可考虑重发商品到客户的新收货地址。这是一种为避免后续客户纠纷的做法。如果商品的价格过高，不建议卖家重新发货，建议卖家与客户沟通，委婉地说明订单已发货，不便于修改地址，并请求客户谅解。此时，售中与客户确认订单信息的环节就显得尤为重要，这说明客服人员的工作到位，也更容易得到客户的谅解。

案例二：订单已发货，客户不想要。

处理方式：有的物流方式如邮政渠道物流，可以免费退回退件，在这种情况下，客服人员可以让客户拒签，然后退款。但有的物流方式（如商业快递）退货成本较高，甚至高于货值，此时建议客服人员尝试劝说客户接受商品，让客户不退货并给其退部分款项。

案例三：订单已发货，物流异常或延误，客户未收到货。

处理方式：一般跨境电子商务平台都会要求卖家设置"承诺运达时间"，卖家可查询各物流渠道的运送时效，合理设置承诺运达时间。而物流商也有各自的承诺时间，若因物流商原因在承诺时间内未妥投而引起的限时达纠纷赔款，由物流商承担。因此，卖家在客户开启纠纷后，可确认物流是否异常。若货物超过运送时效，须向客户道歉，给客户全额赔款或重新发货，请求客户谅解，再向物流商申请赔付。但经济类物流由于没有物流跟踪信息，卖家无法判断货物运送情况，遇到客户纠纷只能赔款，且无法得到物流赔付。因此，卖家应谨慎

使用经济类物流。

案例四：客户对商品不满意。

处理方式：客服人员先向客户道歉，请求对方谅解。可委婉表达，让客户提供问题商品的照片，如出现外观问题，可以具体跟客户说明，商品在发货前都经过仔细检查，一般是物流刮痕或者运输损坏，并表示愿意做出补偿；对于错发、漏发货的情况，卖家可以和客户协商退货或者做出补偿。

跨境电商客服人员在日常工作中需要积累一些参考邮件模板，以便更高效地处理客户咨询和投诉。

2. 客户评价管理

客户的评价对店铺和企业非常重要，差评不仅会拉低商品和店铺的评级，还会影响后续客户的购买决策，甚至给企业形象带来负面影响。

小资料：参考邮件模板

面对差评，有的卖家立即联系客户，甚至在客户拒绝时仍进行电话沟通，但这样的做法只会引起客户反感，导致客户流失；有的卖家找"水军"[①]做虚假评价，将差评刷出首屏，不让客户直接看到，这种做法在短期内可能有一定效果，但是虚假宣传的最终结果只会适得其反。这些做法在运营中都不可取。随着跨境电子商务平台规则的不断完善，各平台对信用评级、评价也有诸多限制和约束。针对商家刷单、刷好评，平台会给予处罚，甚至永久封闭店铺。

跨境电子商务客服人员面对差评应及时分析差评的原因。出现差评的原因一般有商品质量问题，如图片与实物有较大差距；商品规格出错，与客户订单不符；货物短装、短件；出现额外的扣款；客户未收到货等类似问题。针对这些问题，客服人员应及时查找背后的原因，若确实是卖家原因或者物流原因，客服人员应该主动道歉，及时免费更换货物或者赔偿。若查找结果是客户问题，如使用方法不当、规格误选、追求完美喜欢挑剔、忘记取货等一系列原因，客服人员应心平气和地倾听客户抱怨，然后在理解对方的基础上，慢慢引导对方释放情绪，然后再做出耐心解释，并请对方删除或修改差评，也可通过赠予打折券、贵宾卡等方式取得客户的谅解。如果遇到客户恶意差评，客服人员可以向跨境电子商务平台的相关部门申诉、反馈，请求帮助。

目前，客户在亚马逊平台从第三方卖家购买商品后，可以在订单日期的 90 天内通过评分和评论（Ratings and Reviews）进行反馈，让其他客户了解其购物体验，如图 8-16 所示。第三方卖家反馈一旦添加，无法编辑，只能删除。一旦客户删除了针对第三方卖家的反馈，将无法为该交易发布新的反馈。

eBay 平台在卖家坚持认为评价不准确或者不公平的情况下，会给予卖家与客户沟通、修改信用评价的机会。客户可以在信用评价档案中查找自己给所有卖家留下的信用评价。一旦客户留下了信用评价，将无法编辑或删除，除非客户要求卖家向其发送信用评价修改请求。客户也可以通过追加评价，为原始信用评价添加额外评价或信息。如果卖家发送了信用评价修改请求，eBay 平台将向客户发送一封包含所有详情的电子邮件。然后，客户可以在 10 天内进行以下操作：修改信用评价，选择电子邮件中的接受请求，更改评分和评论，修改或移除信用评价后，原始评论将不再可见；拒绝请求，选择电子邮件中的拒绝请求并说明理由。

---

① 水军被定义为一群在网络中针对特定内容发布特定信息的、被雇佣的网络写手，他们通常活跃在电子商务网站、论坛、微博等社交网络平台中。他们伪装成普通网民或消费者，通过发布、回复和传播博文等对正常用户产生影响。

如果客户在 7 天后仍未采取任何行动，平台将向其发送提醒。如果客户在 10 天内仍未回应，则修改请求过期，并且信用评价不会更改。

图 8-16　亚马逊客户留评

速卖通平台发现部分卖家在收到客户差评之后会联系客户进行评价修改，在一定程度上给客户带来骚扰，造成不良的体验，而事实上，平台发现卖家投入的这部分努力仅换来了极少数客户的评价结果修改，因此，速卖通平台于 2016 年 5 月 23 日正式关闭客户修改评价入口和评价投诉入口。当然，评价功能改动后，速卖通平台仍保留删除涉及人身攻击或者其他不适当评价的权利。针对速卖通平台对评价系统的升级，卖家首先要尽量避免产生中差评，这就要求卖家做好商品和服务；其次，在中差评产生后，做好评价回复是一个很好的解释机会，使用得当可将差评变成一次正面的公司宣传。

想一想

英国消费者机构"Which？"最新调查显示，数千名亚马逊卖家正在Twitter上进行"有偿好评"操作。请阅读案例，思考：虚假评论给跨境电商环境带来哪些危害？想要提升客户好评，我们应该怎么做？

小资料：跨境电商虚假评论案例

第二节　跨境电子商务客户关系管理

一、客户价值评价

（一）客户价值的概念和特征

客户价值（Customer Value）是 20 世纪 90 年代以来西方营销学者和企业经理人共同关注的焦点，并被看作企业获得竞争优势的来源。企业的经营过程是一条价值链，将企业的活动看作一个创造价值的过程，客户价值是企业价值创造活动的出发点。

1. 客户价值的概念

目前，学术界较为认同的"客户价值"定义是由美国营销学教授罗伯特·伍德拉夫（Robert Woodruff）提出的。伍德拉夫通过实证研究，提出客户价值是客户对特定使用情景下有助于（有碍于）实现自己目标的商品属性的实效及使用结果的偏好与评价。

2. 客户价值的特征

通过对客户价值概念的分析，我们可以总结出客户价值具有以下三大特征。

（1）主观判断性

客户价值是客户通过接触企业提供的商品或服务后对企业商品的一种评价，与企业提供的商品相关。客户价值是客户个人的主观判断。

（2）得失权衡性

客户感知价值的核心是客户对所得到的东西与所付出的东西的一种权衡，即利得与利失之间的权衡。

（3）层次性

客户的所得与所失比较复杂，由很多具体的要素组成。分析客户价值往往要从商品的属性、属性带来的效用及期望结果等方面进行考虑，具有层次性。

（二）客户细分

1. RFM 分类法

为了方便卖家对客户进行管理，差异化地对待客户，更有针对性地向客户营销，卖家需要进行客户细分。在众多客户细分的模型中，RFM 模型是衡量客户价值与客户创利能力的重要工具和手段。RFM 模型的主要思想是通过某个客户近期的消费行为、消费频率和消费金额三个指标描述客户的价值状态。

（1）RFM 指标

① 最近一次消费（Recency）指标，表明距离客户上一次在店铺成交的时间。理论上，距离客户上次购买的时间越近，对店铺的记忆程度越高。

② 消费频率（Frequency）指标，表明客户在限定时间内的消费频率。一般情况下，消费频率越高，说明客户的满意度越高。如果卖家始终提供优质的商品和服务，客户就非常容易产生黏性，对店铺的忠诚度也会越来越高。增加客户的消费次数意味着从竞争对手手中夺取市场份额。

③ 消费金额（Monetary）指标，表明限定时间内客户的消费总额。"帕累托法则"（Pareto's Law）指出公司 80%的收入往往来自 20%的客户。这一法则告诉我们，当店铺成长到一定阶段后，应将有限的资源投给能给企业带来更大收益的客户，即花 80%的精力维护 20%的优质客户。

（2）RFM 模型

卖家可以根据每个店铺的情况设定 RFM 的分段数值。一般情况下可划分为 3～5 段，R 值可以参考开店的时间、商品特性、上架时间及运输周期，F 值可参考店铺的客户评价和消费频率，M 值则可参考商品单价。RFM 模型分值结构示例如表 8-2 所示。

表 8-2 RFM 模型分值结构示例

得分值	R 值	F 值	M 值
5	R≤90 天	F≥5 次	M>1000 美元
4	90 天＜R≤180 天	F=4 次	500 美元＜M≤1000 美元
3	180 天＜R≤360 天	F=3 次	200 美元＜M≤500 美元
2	360 天＜R≤720 天	F=2 次	100 美元＜M≤200 美元
1	R>720 天	F=1 次	M≤100 美元

根据确定的 RFM 模型框架，卖家可针对每个客户的情况计算出 RFM 分值，如表 8-3 所示。例如，客户 Jack 最近一次消费是 90 天前，对应的 R 值得分是 5；消费频率是 2 次，对应

的 F 值得分是 2；消费金额是 98 美元，对应的 M 值得分是 1，客户 Jack 的 RFM 总分值为 8。

表 8-3　RFM 模型应用示范举例

客户名称	R 值/天	F 值/次	M 值/美元	R 得分值	F 得分值	M 得分值	RFM 总分值
Jack	90	2	98	5	2	1	8
Lily	388	3	769	2	3	4	9
Tom	600	3	280	2	3	3	8
Marry	166	2	666	4	2	4	10
Rose	788	3	182	1	3	2	6

通过上例可知，RFM 模型综合了三个指标评判客户价值。RFM 模型通过客户的质量和价值衡量，筛选出优质的客户，可为卖家精细化营销和服务做准备。

不同的客户群体对企业的价值不同。对于不同价值的客户，商家提供的商品和服务也不相同。虽然 RFM 模型应用最广泛，但它并非万能。在互联网时代，RFM 模型有很多局限性：适合快速消费品（简称快消）行业，即使用周期短、易重复消费的商品，但对于出售非易耗品且品类单一的商家来说不太适用。此外，互联网时代强调客户和商家的互动，而传统的 RFM 模型是一种"静态"描述客户价值的方式。

2. 客户属性分类法

在互联网时代，客户的购买行为和信息等属性会被记录下来，这为商家衡量客户已有价值、挖掘客户潜在价值和需求，以及进行客户细分提供了依据。客户属性分类法将客户属性分为以下几类。

（1）自然属性

客户的自然属性如表 8-4 所示。

表 8-4　客户的自然属性

属性	属性描述和作用
联系地址	指客户填写的收货地址，包括地域和细分的行政区划[①]。不同地域的客户有着不同的文化特征，消费需求也存在较大差异。 此外，商家有时可以根据地址中的关键词判断客户的职业，如地址中包含"学校""中学""大学"等，可以判断客户是学生或教师
联系电话	指客户填写的座机或手机号。联系电话是客户的隐私，一般客户不愿意被打扰，但紧急或特殊情况除外
联系邮箱	指客户填写的邮箱地址。不同的邮箱代表不同的客户人群。不同的邮箱类型，其功能也不相同，如客户是用公司邮箱和商家联系的，很可能是企业采购人员，要特别注意
性别	指客户的性别。女性和男性的消费习惯、商品偏好不同。一般来说，女性是家庭的日常购买决策者，可以结合其购买行为，推测并挖掘其购买能力。收集整理性别分布数据，能够给商品类目规划提供一些指导建议
年龄	指客户的年龄。不同年龄段的客户的消费水平、需求不同。了解不同年龄段客户的购买行为，为商品营销提供数据支撑
生日	指客户生日。了解客户的生日可做到更好的关怀服务，如发送生日祝福短信或邮件、生日当天免邮等。若客户能把这种体验通过社交平台分享，对商家来说是一个良好的品牌形象推广机会

---

① 如美国的第一级行政区划是州，州的分治区即行政区划单位有县（County）、市（City）、乡（Township）、镇（Town）和特别区（Special District）。

（2）行为属性

受成长环境、教育、经济、文化等因素的影响，客户的消费行为和方式也千差万别，如表 8-5 所示。

表 8-5　客户的行为属性

类别	属性	属性描述和作用
浏览行为	注册时间	指客户在跨境电子商务平台注册的时间。可衡量客户的潜在价值，如果客户注册时间久，说明是成熟的网购客户；如果客户注册时间短，可能对平台操作不太熟悉，需要客服人员帮助
	最后登录时间	指客户在跨境电子商务平台的最后一次登录时间。可衡量客户是否流失，若该客户距离上一次登录时间很久远，说明客户流失或更换账号的可能性非常大
	咨询时间	指客户通过即时聊天工具、站内信等咨询的时间
	打开邮件次数	指客户打开邮件的次数。若客服给客户发送营销邮件而客户从未打开，说明这种营销方式效率很低
交易行为	购买的商品	指客户在店铺购买过的商品
	购买的商品数量	指客户在店铺购买过的商品数量
	客单价	指客户平均交易金额，客单价=总成交金额/购买次数。通过客单价判断某个客户的购买能力
	下单时间	指客户在店铺拍下商品的时间，包括客户在店铺首次和末次下单时间
	付款时间	指客户在店铺下单后付款的时间，包括客户在店铺首次和末次付款时间。首次付款时间标志客户正式成为店铺的"新客"。而末次付款时间用来判断客户是否处于流失或睡眠状态，一般结合"购买次数"和"购买金额"做 RFM 分析
售后行为	客户留言	指客户对订单的备注信息，可通过特定关键词查找有特定需求的客户
	客户评价	指客户对在店铺购买的商品和服务的评价
	退款	包括退款次数、比例、金额和商品
	中差评次数	指客户给本店铺和其他店铺的中差评次数

以速卖通平台为例，卖家可以通过"交易"板块的"评价管理"查看买家对交易的评价，也可对买家进行评价，如图 8-17 所示。同时，也可查看其他卖家留给买家的评价，如图 8-18 所示。

图 8-17　速卖通卖家后台的"评价管理"

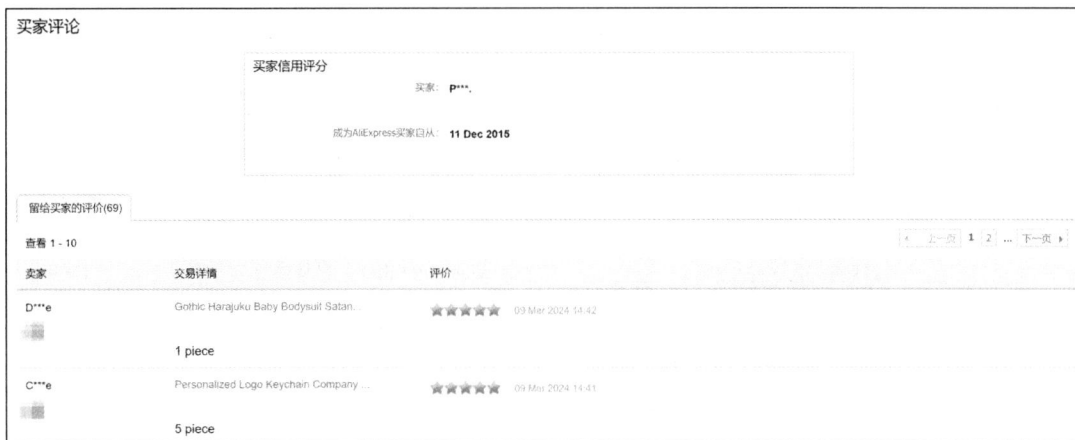

图 8-18　其他卖家对买家的评价

针对不同的客户行为模式，卖家在客户维护过程中应采用不同的方式。例如，在同类商品中偏向选择高价的客户，一般注重商品质量和服务体验，针对这类客户，卖家应该更加注重对商品品质和服务的宣传；而针对那些容易给中差评或产生纠纷的客户，卖家应该尽力了解客户真正的需求点，以便提高商品和服务质量。

（3）个性化属性

通过以上两类属性仍无法清晰描述客户的特性，则可再追加一些更加个性化的属性，如表 8-6 所示。

表 8-6　客户的个性化属性

属性	属性描述
性格、喜好	对价格敏感、对价格不敏感、追求品质、追求性价比、追求新奇特、决策犹豫反复、购物果断爽快
商品属性	肤质、尺码、胖瘦，对颜色、材质的要求和喜好
促销属性	对包邮、赠品、满减、优惠活动的敏感度
服务属性	对物流、客户服务（如响应速度等）的要求
对商品的了解	客户对商品的了解程度由低到高分为了解、业余和专业
接触方式	邮件、短信、即时聊天、社交平台（如 Linkedin、Facebook）

 想一想

跨境客户管理的过程中，对于客户隐私的尊重和保护也很重要。请阅读小资料，思考：客户想给自己买一件生日礼服，在客服人员与客户沟通的过程中，客户的感受好吗？为什么？你从中获得什么启示？

小资料：涉及客户隐私案例

3. 分级法

在跨境电子商务客户服务过程中，客服人员往往会面对众多询盘，此时要善于识别，学会判断询盘客户的真实意图。有的询盘客户单纯地想要收集一些样品，并没打算实质购买；有的询盘客户是广泛撒网，了解供应商的信息；还有的询盘客户可能是竞争对手，前来打探消息等。客服人员应逐渐积累经验，学会识别真正有需求的客户，并挖掘客户的潜在需求。

跨境电子商务企业可以根据自身实际情况设定分类标准，如是否有询盘、邮件沟通次数、购买次数、是否提供完整企业资料等。此外，以更形象的"电子卡"形式对客户进行分级，如普通卡、银卡、金卡、白金卡、钻石卡等，每个层级的客户可享受店铺不同级别的优惠。对客户的初次分级并不是一成不变的，企业应根据客户后期的购买情况不断"升级"，让客户感受到自己的付出得到了企业的重视，并能在后续购买中不断获得实惠。

此外，为了方便卖家识别客户，各个跨境电子商务平台对客户进行了评级。以速卖通为例，其客户等级制度是综合客户的购买行为、成交金额和评价情况等因素给每位客户设置不同等级，并做出相应标识。速卖通客户积分等级如图8-19所示。

Levels客户级别		Points所需分数
Silver Member	白银会员	1～100
Gold Member	黄金会员	101～500
Platinum Member	白金会员	501～1500
Diamond Member	钻石会员	>1500

图8-19 速卖通客户积分等级

二、客户识别与开发

（一）客户识别

客户识别是指通过一系列技术手段，根据大量客户的特征、购买记录等数据，找出谁是企业的潜在客户、客户的需求是什么、哪类客户最有价值等，并把这些客户作为企业客户关系管理的实施对象，为企业成功实施客户关系管理提供保障。客户识别包括识别潜在客户和识别有价值的客户。

1. 识别潜在客户

潜在客户是指对企业的商品和服务有需求，但尚未与企业进行交易的客户，因此具有"尚未被发现"的特点，是经营性组织机构的商品或服务的可能购买者，是企业应该尽力争取的客户。

在企业发展过程中，无论客户满意度多高，只要存在竞争对手，必然会流失一部分客户。漏斗原理告诉我们，要想保证企业原有的客户份额，流失的老客户需要用新客户来补充。新客户的加入将大大提高企业的盈利水平。

在新客户的获取过程中，客服人员需要花费和时间和精力向新客户介绍企业的商品和服务，可能要三番五次地和客户讨价还价，甚至还要接受客户试用企业样品的要求等，这导致获取新客户的成本大大高于维护老客户的成本。若客服人员能够有效识别潜在客户，并有针对性地开展新客户公关活动，必将降低企业的新客户获取成本。因此，识别潜在客户可以有效降低企业客户关系管理的实施成本，提升企业的竞争优势。

2. 识别有价值的客户

识别有价值的客户是指企业根据一定的标准，将企业的客户分类为高价值客户和中低价值客户，并为其提供差异化的服务。

在识别有价值的客户时，可从两个维度进行判断：客户价值、客户与企业的战略匹配度。客户价值是客户购买价值、客户口碑价值、客户信息价值、客户知识价值、客户交易价值五种价值的总和。客户与企业的战略匹配度（Strategy Match，SM）是定位匹配度、能力匹配度、价值观匹配度三个匹配度的总和。通过上述两个维度考量，将客户分为战略客户、利润客户、潜力客户和普通客户四类。

（1）战略客户是客户价值高、战略匹配度高的一类客户。企业应该重点关注这类客户，与其保持长期稳定的关系。

（2）利润客户是客户价值高、战略匹配度低的一类客户。这类客户能够为企业带来可观的利润，企业可适当采取激励政策，提高其在企业购买商品或服务的份额。

（3）潜力客户是客户价值低、战略匹配度高的一类客户。这类客户虽然在短期内不会为企业带来显著的经济收益，但在企业的长期发展战略中扮演着至关重要的角色。企业应积极识别、培育和维护这类客户，挖掘其潜在价值。

（4）普通客户是客户价值与战略匹配度都低的一类客户。这类客户约占企业客户份额的50%，他们能为企业带来一定的利润，但正在逐渐失去价值。企业需要维持这类客户，但不需要特别关照。

还有一类风险客户，他们不仅浪费企业客户资源，而且不会给企业带来相应的利润，甚至会让企业蒙受损失。对于这类客户，企业应该学会放弃。

（二）客户开发

客户开发通常是客服人员通过市场调查，初步了解市场和客户情况，与有实力和有意向的客户重点沟通的行为。客户开发是一项非常具有挑战性、开拓性和艰巨性的工作。下面介绍一些跨境电子商务平台适用的客户开发方式。

1. 利用搜索引擎开发客户

全球著名的搜索引擎有 Google、百度、Yahoo、Bing、Lycos 和 Altavista 等，每个国家或地区都有不同的搜索引擎。

利用搜索引擎搜索是跨境电子商务客户开发的有效办法之一。企业可根据商品类别进行搜索。例如，企业想出口 T 恤衫，而 T 恤衫属于服装，则可在百度首页搜索"服装进口经销商"，在这些搜索结果中能够找到各地区服装进口商、采购商和经销商名录，如图 8-20 所示。

图 8-20　百度中文搜索结果页面

如果有语言优势，可以在目标市场国家或地区尝试使用当地的搜索引擎，会得到更直接、更理想的效果。企业可在搜索引擎中输入"Directory+国家名称"（见图 8-21）和"yellow pages+国家名称"，然后再进入 directory 或 yellow pages 里面寻找客户。很多企业的官方网站提供了自己的联系方式（邮箱和地址）。

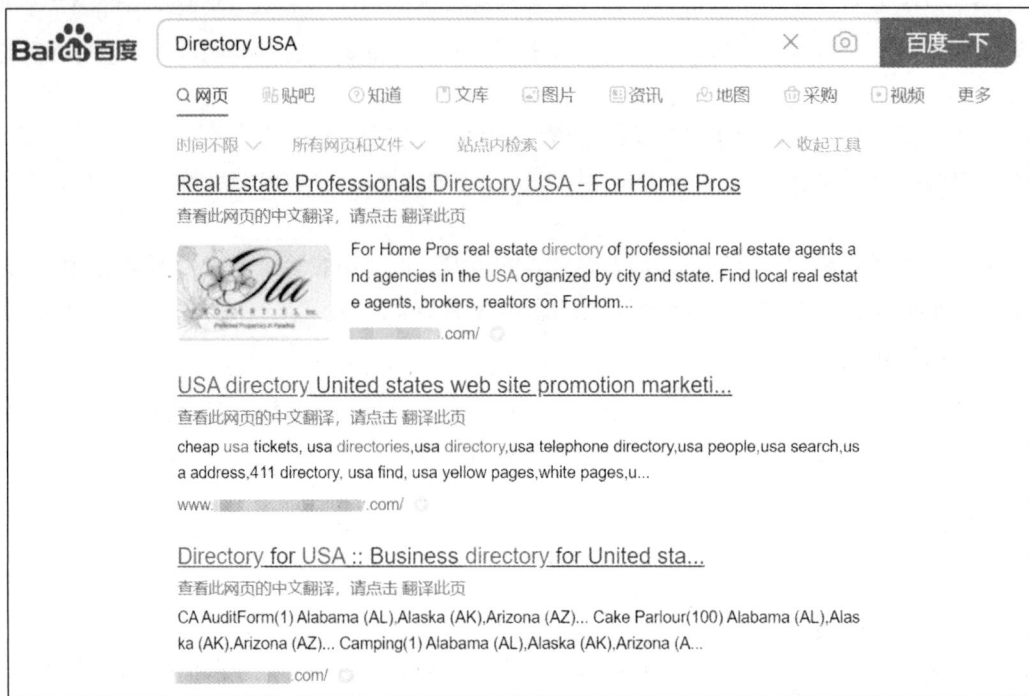

图 8-21　百度英文搜索结果页面

对于跨境电子商务人员来说，各个搜索引擎网站的前三页包含的信息内容和广告内容是最有价值的。若只使用其中一个搜索引擎，就会错过许多市场机会。每个搜索网站每天会收录其他网站更新的信息，如买家在阿里巴巴上发布了新的采购信息，Google 在几小时后就能搜索到该采购信息（具体多长时间能被收录，要根据具体的搜索网站和被搜索网站决定），而这些最新收录的信息包含了很多商机。

2. 利用邮件开发客户

每个国家或地区都有自己的公共电子邮箱系统，每个企业几乎都有在国家或地区公共邮箱系统下的电子邮箱。要通过公共邮箱系统寻找某个国家或地区的客户，必须了解该国家或地区公共邮箱系统的规则，以便最大限度地利用规则找到客户邮箱。下面介绍几种利用国家或地区公共邮箱系统的规则寻找潜在客户的方法。

（1）产品名称+通用邮箱后缀

@gmail.com、@hotmail.com、@aol.com 和@yahoo.com 是国际上常用的邮箱。例如，要寻找"children shoes"，可以在搜索引擎中分别输入 childrenshoes@gmail.com、childrenshoes@hotmail.com、childrenshoes@aol.com、childrenshoes@yahoo.com 进行搜索，并根据搜索结果筛选目标客户。

（2）产品名称+国家或地区公共邮箱后缀

表 8-7 所示为各个国家或地区的公共邮箱，仍以"children shoes"为例，想查找日本客

户，可搜索 childrenshoes@yahoo.co.jp 进行查找。

表 8-7　各个国家或地区公共邮箱

国家/地区	公共邮箱后缀
美国	@aol.com,@netzero.net,@twcny.rr.com,@comcast.net,@warwick.net,@cs.com,@verizon.net
俄罗斯	@yandex.ru,@mail.ru
德国	@t-online.de,@gmx.net,@multi-industrie.de
法国	@wannado.fr,@mindspring.com,@excite.com,@club-internet.fr
英国	@cwgsy.net,@bitinternet.com,@sltnet.lk
澳大利亚	@bigpond.net.au,@westnet.com.au,@cairns.net.au,@gionline.com.au,@bigpond.com
日本	@candel.co.jp,@yahoo.co.jp
印度	@indiatimes.com,@vsnl.com,@wilnetonline.ne,@cal3.vsnl.net.in,@rediffmail.com,@sancharnet.in,@ndf.vsnl.net.in,@del3.vsnl.net.in
意大利	@libero.it,@xxx.meh.es
新西兰	@xtra.co.nz
新加坡	@pacific.net.sg,@fastmail.fm

（3）产品名称+进口商等+email

例如，选择合适的搜索引擎，搜索 "children shoes importers email" "children shoes distributors email" "children shoes buyers email" "children shoes suppliers email"，然后根据搜索结果寻找客户。企业可以尝试多种方式搜索客户邮箱，其中 "email" 可以用 "@" 代替。

3. 利用社交媒体开发客户

企业可以充分利用社交媒体，结合其特点，开发跨境电子商务客户。社交媒体在第七章已做介绍，在此不再赘述。

三、客户流失及防御

流失客户是指那些曾经使用过产品或服务，由于对产品失去兴趣等原因，不再使用该产品或服务的客户。美国学者托马斯·琼斯等人认为向客户提供卓越的价值是获得客户满意和忠诚的唯一可靠途径。而人们通常假定在客户关系中，满意是实现客户保持的关键。客户满意度越高，客户保持度也越高。

客户流失主要集中在售后服务出现问题之后，客户抱怨、投诉得不到有效解决的情况。对于老客户而言，其本身积累了一定的购物经验，有一定的使用感受。通常情况下，他们会在下一次购买时与上一次购买体验进行比较，若产品性能、服务与上一次购买相比差别不大或更好，会选择重复购买；但如果存在明显不足，可能转而选择其他产品。对于新客户来说，若第一次购买的产品与企业所宣传的存在较大差异，且在使用过程中出现的问题得不到解决，其就会转而选择性能更好、服务更佳的产品。客户流失的过程如图 8-22 所示。

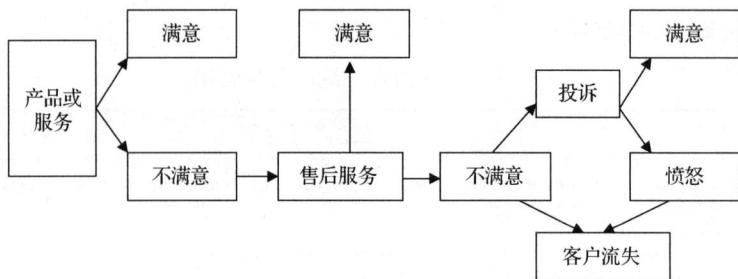

图 8-22　客户流失的过程

（一）客户流失的原因

客户流失的原因有很多种，主要有内部因素和外部因素两大类。

1. 内部因素

① 产品因素。客户在同等条件下追求更高质量的产品和服务。一旦竞争对手提供了比己方企业更好的产品和更优的服务，客户自然会转向竞争对手。

② 服务因素。客服人员在客户与企业之间起着重要的桥梁作用。企业做客户服务工作时要注意在细节处下功夫，在客户关怀上下功夫。客户与企业虽由利益关系牵连在一起，但也不能忽视情感的重要作用。企业在一些细节上的疏忽往往会导致客户流失。企业应当认真倾听客户的意见，给予及时、妥善的解决，并将处理的结果反馈给客户，让他们感到自己受到尊重。通过多种渠道建立有效的建议收集和反馈机制，帮助企业有效地与客户进行沟通和交流。

③ 企业形象因素。不良的企业形象会大幅降低客户的信赖感。企业应该以优质的产品和服务、良好的企业文化、完善的售后服务机制和积极进取的企业目标赢得客户的信赖，从而减少客户流失。

2. 外部因素

① 客户因素。有些客户由于对产品或服务期望太高，一旦与实际的消费体验形成心理落差，就会产生不满情绪而流失。此外，由于客户消费的多样化、多层次化、复杂性和非理性，因此不排除客户选择其他企业的产品或服务的可能。

② 竞争者因素。竞争者通过正当或不正当手段建立了某种竞争优势，吸引或挖走客户。

（二）客户流失的类型

根据客户流失原因的不同，客户流失可以分为自然流失、需求变化流失、趋利流失和失望流失四种类型。

1. 自然流失

客户自然流失不是人为因素造成的，而是由于破产、身故、移民或迁徙等，客户无法再享受企业的产品或服务。这样的客户流失是不可控制的，是一种正常范围内的损耗。自然流失所占的比例很小。

2. 需求变化流失

客户需求变化流失是指客户自身需求发生变化而导致的客户流失。伴随着科技进步和社会习俗的变化，需求变化流失客户在所难免。

3. 趋利流失

趋利流失是指客户因受到企业竞争对手的营销活动诱惑，转变为企业竞争对手的客户。

4. 失望流失

失望流失是指客户对企业的产品或服务不满意，从而终止与该企业的客户关系。失望流失的具体原因有很多，如该企业的产品或服务价格偏高，产品主要性能或服务不足，企业处理投诉不及时或不恰当等。

（三）客户流失的防御策略

客户流失的原因不同，客户挽留的成功概率和挽留的价值也不同。企业应根据客户流失的具体原因选择挽留客户的方法。一般来说，自然流失的客户和需求变化流失的客户，企业的挽留策略是无效的，因此不适合被选为挽留对象。而趋利流失的客户和失望流失的客户有可能挽留成功，因此适合被选为挽留对象。其中，重点挽留对象是失望流失的客户。但对有实力的企业来说，如果需求变化流失的客户对企业的生存和发展非常关键，也可以通过扩展业务范围或研发创新产品等方法进行挽留。下面介绍客户流失的几种防御策略。

1. 围绕平台规则开展店铺经营策略

在经营店铺的过程中，企业不仅需要重视客户的需求，更需要熟练运用平台规则。以速卖通为例，平台规则规定店铺产品排名或成交量很大程度上取决于客户的交易体验。自产品发布至客户下单前这一阶段，客户的交易体验主要体现在客户的需求和喜好上，企业若能围绕客户需求开发和发布产品，就能获得更高的曝光度，从而获得更高的点击量，成交机会也更大。成交之后，客户的交易体验主要体现在客户的满意度上，若产品获得客户很高的评价和较少的问题反馈，会提高店铺的信用评分并能潜移默化地影响其他客户的购买行为。

2. 围绕客户生命周期开展营销策略

跨境电子商务买卖双方的关系与普通交易有一定的差异。通常情况下，买卖双方的关系会经历关系形成、关系发展、关系稳定、关系破裂、关系恢复或关系结束等一系列过程，其中，从关系形成到关系稳定阶段经历的时间相对较长。而在跨境电子商务中买卖关系的建立始于交易开始阶段，且很容易随着时间的推移而淡化，即交易开始就进入活跃期，随后是沉默期、睡眠期、流失期、消亡期，如图 8-23 所示。因此，企业要建立风格化、差异化的店铺，给客户留下深刻的印象，引导客户收藏店铺，把握客户的每一笔订单，做好特色产品和高品质服务。

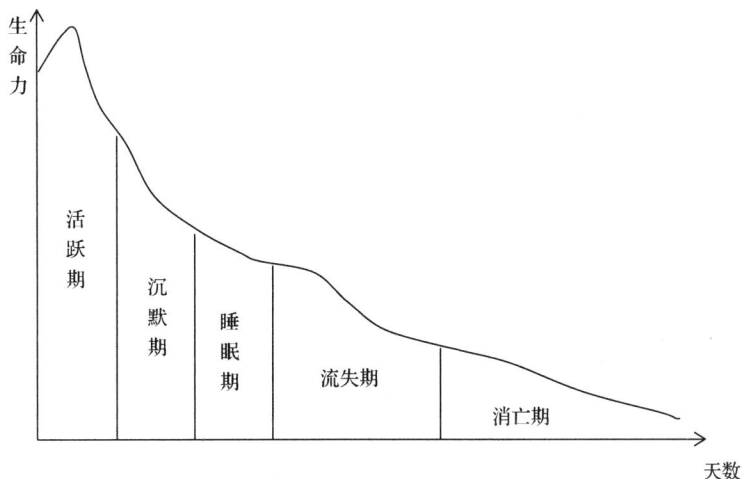

图 8-23 跨境电子商务客户生命周期

3. 构建客户的忠诚度维护策略

构建客户的忠诚度需要获得客户的好感，进一步增强客户黏性，可以从以下三个方面入手。

① 加强互动性沟通。初始阶段，客服人员通过聊天工具、站内信、订单留言与客户建立联系。当普通客户成长为重点客户时，客服人员需要与其保持及时、畅通的联系，应运用邮件、短信、电话或其他辅助工具，如 Skype、WhatsApp、VK、Facebook、Twitter 等。

② 重视客户反馈。及时关注客户评价非常重要。以速卖通为例，客户的中差评会影响产品的质量得分和卖家服务等级，进而影响产品的排名和销量。由于各种因素，卖家往往很难做到让客户 100% 满意，但应积极主动地向客户征求意见或反馈，如询问包装是否变形，产品设计是否有缺陷，客户是否满意等。

③ 预测客户需求。了解客户的风俗习惯、地理概况、气候状况，根据客户的购买行为总结其经常购买的产品类别和购买能力，通过与客户的日常沟通获取更多的销售渠道、销售对象，以及当前的流行趋势和元素，主动为客户提供定制化产品及精细化服务，以提升客户的忠诚度。

实训 售后纠纷处理及客户信息管理

实训一：售后纠纷处理

【实训目的】

了解跨境电子商务售后纠纷产生的原因，掌握售后纠纷处理的技巧和方法，以便更好地为客户服务。

【实训内容和步骤】

假如你是某跨境电子商务平台的售后客服人员，收到客户投诉未收到商品。针对这种情况，请回答下列问题。

（1）售后纠纷处理流程的原则有哪些？

（2）客户未收到商品的原因有哪些？客服人员应该如何处理？

实训提示：

产生纠纷之后，一定要把握好以下几点：第一，确认客户提出的问题；第二，抓紧时间联系客户，了解投诉的细节；第三，积极沟通，提出合理方案，尽量协商一致；第四，在响应期内回复纠纷（拒绝、答应或调整方案）。

客户未收到商品的情况包括以下几种。

① 包裹无跟踪信息。若采用的跨境物流方式不提供挂号服务，则会出现此种情况。此时，客服人员可向客户提供发货时间和预计到货时间，安抚客户，并请其耐心等待。若超过一定期限仍未收到，可以根据客户的意愿选择退款或重发。

② 包裹显示签收，但客户未收到货。在这种情况下，客服人员应联系物流公司找到签收信息，核对签收人是否与邮件上的收货人一致。若不一致，应尽快将查到的签收信息截图发给客户，询问其是否认识签收人，并再一次确认运送地址和联系方式是否正确等。

③ 客户填写的运送地址有误。在这种情况下，包裹一般会因地址不详或不正确无法成功投递而被退回。

实训二：客户信息管理

【实训目的】

了解客户信息管理的流程，掌握客户关怀与营销的技巧和方法，以实现对不同类别的客户实施差异化服务，有效地维护客户关系并拓展客户群。

【实训内容和步骤】

假设你是某跨境电子商务平台的客服组长，拥有店铺所有的客户信息，请利用这些信息对客户进行跟进与管理，针对信息管理步骤，请回答下列问题。

（1）客服组长需利用 Excel 对客户信息进行整理，有针对性地筛选出有用的客户信息，你认为哪些信息对客户管理更为重要？请说明理由。

（2）客户的信息有哪些分类方式？

（3）利用店铺客户信息，客服可以进行哪些具体的客户维护与管理？

（4）客服可以通过哪些途径对跨境客户进行关怀与营销？

实训提示：

跨境客户信息管理的步骤包括跨境客户信息收集、跨境客户信息档案建立、跨境客户信息利用、跨境客户关怀与营销。

（1）跨境客户信息收集。在搜集到相关信息后，利用 Excel 进行资料整理，有针对性地筛选出客户信息，如客户 ID、客户邮箱、订单金额、商品信息、下单时间、付款时间、收货地址、国家（地区）、联系电话、兴趣爱好等。

如果想对特定客户进行再次营销，就需要挖掘更多的信息，可以通过客户之前的购买记录或者评价信息等渠道获得更多的信息，如买卖双方评价状况、购买的频率、经常购买的商品等，从中判断客户性质是批发客户还是零售客户，喜欢购买具有什么特点的商品等。

（2）跨境客户信息档案建立。首先，将客户的信息与已有的客户关系管理数据信息进行整合。其次，根据客户的不同属性进行分类，包括社会属性（基于地理位置和文化背景的不同消费需求）、行为属性（体现客户独特的消费方式）及价值属性（依据客户对企业的贡献度，分为普通会员、高级会员、VIP 会员、至尊 VIP 会员四个等级）。

（3）跨境客户信息利用。客户信息的合理利用对店铺运营至关重要。特别关注 VIP 会员的维护，通过建立 VIP 会员交流群，加强与客户之间的情感联系，并及时传达促销信息。除了平台提供的优惠折扣，还可为 VIP 会员发放专属会员卡，并定期进行评估，确保他们享受到店铺额外的优惠待遇。此外，还可利用客户信息，在客户生日、节假日等特殊日期发送祝福短信或邮件，提供个性化的关怀。在客户购买后，通过短信提醒发货情况，并在客户收货两周后询问商品使用效果，确保客户满意度的持续提升。

（4）跨境客户关怀与营销。客户关怀与营销是提升客户满意度和忠诚度的关键环节。采用多种渠道，如电话回访、短信及社交网络平台（SNS）等，与客户保持密切联系，提供及时、专业的关怀服务。通过这些举措，企业不仅能够增强与客户的互动，还能够精准推送营销信息，促进销售增长。

📖 **同步阅读：跨境电子商务客服人员必备的五项软技能**

跨境电商在全球的不断发展中成为新常态，风起云涌的电商平台以及卖家自建站都在激烈竞争以抢夺客户。商品的同质化及低价竞争日益激烈，优质的商品是跨境电商成功的先决条件，客户体验成为跨境电商角逐市场的关键因素。跨境电商在线客服作为面向客户的窗口，为客户提供导购、答疑、信息查询、使用指导和解决故障问题等服务，扮演着影响客户网上购物全程体验优劣的重要角色。

无论客户是通过亚马逊等电商平台购物，还是在卖家自建的网站上选购商品，他们都可能因距离感和怀疑感而产生一定的心理隔阂。特别是在跨境购物的情境下，这种感受尤为强烈。此时，客服人员在平衡买家与卖家利益方面扮演着至关重要的角色。作为品牌方的卖家，若能提供卓越的客服体验，便能带来诸多益处，如降低退货退款率、减少卖家差评并增加好评、提高销售转化率、提高复购率，以及提升客户的购物体验并强化品牌口碑。

传统外贸式客服模式经常采用"非母语客服人员，一套 E-mail 模板打天下"。然而，这种陈旧的理念并不符合跨境电商直接面向境外消费者市场的实际需求。很多时候，这种模板式的回答无法直接解决客户的问题，反而让客户感到卖家敷衍了事，从最初的困惑逐渐演变为愤怒。这样的客服方式明显缺乏跨境电商客服人才所必备的五项关键软技能。

软技能一：积极的言语表达

无论是电商购物还是实体店购物，情感因素都对销售和服务的成功有着巨大影响。客服人员必须深刻理解这一点，跨境电商客服更应如此。积极的言语表达能够营造积极的情绪氛围，进而促进销售的成功。因此，在招聘跨境电商客服时，我们首先要关注其是否具备这一重要的软技能。

以下是积极的言语沟通例子。

- "Absolutely! We will definitely get this sorted out for you."
- "That sounds beautiful! I will do everything I can to make it happen."
- "Oh, that certainly does sound like something I can help you with."
- "Would you be encouraged if I told you I will get to the bottom of this?"
- "Thanks! I hope you have a fantastic day. Please reach out again if I can assist you with the next steps of your transaction."

以下是消极的言语沟通例子。

- "Oh no! I'll see if I can fix your problem."
- "That sounds awful, I wish there were more I could do."
- "Ah, I might be able to get you through the issue you're having."
- "Don't be upset, this is why I'm here."
- "There you go. If you have more difficulties, I am working for the next few hours, so feel free to reach back out."

软技能二：同理心

客户的感受如何？这是跨境电商客服工作中不可忽视的一环。优秀的客服人员不仅需要掌握扎实的业务技能，还需具备一项重要的软技能——向买家表达同理心。同理心不仅是一种情感上的共鸣，而且是一种能够深入理解和感受客户情绪的能力。客服人员通过倾听、观察和理解，准确把握客户的情感需求，用有意义的方式表达出来。这不仅能够帮助客户感受到被重视和关心，还能够建立起良好的信任和互动关系，从而提升客户满意度和忠诚度。

客户说："When my order arrived, it was three days late and broken. This was supposed to be a birthday gift for my daughter, and now I'm not going to have this in time to give it to her on that day. I'm angry and I demand a refund."

富有同理心的客服人员回答："Wow. I can see how that would make you angry. I apologize that this happened. Let me find out what I can do for you."

表达同理心意味着理解了并能表达出自己已经感受到对方的感受。当客户明显在表达情绪的时候，客服人员一定要认真地用同理心对待。

软技能三：倾听的能力

许多经验尚浅的客服人员在书写 E-mail 或进行 Live Chat 时，由于细节处理不当，往往容易失去沟通的温度。这一问题在模板化 E-mail 和 Live Chat 中尤为突出。若客服人员能够更细心地消化客户信息，他们的回复便不会拘泥于模板，而是能够传递出有温度、热心的服务，从而深深打动客户。

倾听的能力对于业务代表而言至关重要，它要求他们在工作中保持专注、不走神。在服务欧美客户时，一个常见的有效沟通方式是：首先清晰地表示自己已经理解了沟通的主题，并用自己的话复述一次，以确保准确捕捉客户的需求，然后再提供自己的解答和答复话术。这样的做法不仅有助于建立信任，还能确保信息的准确传递，从而提升客户满意度。

案例（买家等了很多天仍未收到包裹，也未查到物流信息的 E-mail）：

"Hey, I ordered Product X many days ago and still haven't received my package. I haven't gotten an email with tracking updates. Can you tell me whether or not my order was shipped?"

模板化答复：

"Thank you for contacting us. Did you receive a confirmation email with your order number?"

积极倾听后的答复：

"Hi there. I apologize that you haven't received a tracking email. And, I'm here to help. I would like to make sure your order is en route. Do you happen to have your order confirmation number? If not, we can try looking it up another way."

积极倾听后的答复明显体现了客服人员对客户心情焦虑的深刻理解和积极回应，他们主动表示："我来设法帮您解决，您放心。"这种回应不仅安抚了客户的情绪，还展现了客服人员的专业素养和服务态度，有助于建立更好的客户关系。

软技能四：时间管理

客服的响应时间是塑造电商店铺形象的重要环节。若回复不及时，客户满意度将大打折扣，进而直接影响店铺的转化率。因此，时间管理是客服人员不可或缺的关键软技能之一。优秀的时间管理能力意味着客服人员能够高效处理各类问题，这不仅有助于提升客户满意度，还能有效防止问题扩大化，从而为卖家节省宝贵的人力和物力资源。因此，注重培养客服人员的时间管理技能，对于提高店铺整体运营效率至关重要。

软技能五：耐心

我们都能深切体会到在有冲突和压力的情况下，沟通氛围会变得紧张。而在客服工作中，接电话或处理 E-mail 往往是因为客户遇到了麻烦或问题。因此，客服人员面临压力是其日常工作中的常态。为了有效应对这种压力，客服人员必须具备足够的耐心。客服人员的耐心可以通过专业测评和培训来实现，这样，客服人员就能更好地应对各种挑战，为客户提供更优质的服务。

总结：软技能对于提升跨境电商品牌在境外的客服体验具有举足轻重的作用，能够将服务水平推向新的高度。因此，无论是大型还是小型跨境电商卖家，都务必确保其客服团队具备上述五项关键软技能。这样，客户满意度将得到显著提升，进而推动品牌在境外的营收增长，实现更为广阔的发展前景。

本章小结

　　随着跨境电子商务的兴起，一个全新的职业——跨境电子商务客服悄然兴起。跨境电子商务客服在店铺推广、产品销售及售后客户维护上起着不可替代的作用。

　　本章第一节介绍了跨境电子商务客服概述，重点讲解了跨境电子商务客服工具和跨境电子商务客服的工作流程，包括售前、售中和售后。第二节介绍了跨境电子商务客户关系管理，主要讲解了客户价值评价标准、客户识别与开发方法，以及客户流失及防御。

同步测试

1. 单项选择题

（1）下列关于跨境电子商务客服人员需要具备的素质说法错误的是（　　）。

　　A. 了解境外消费者网络购物的消费理念和文化

　　B. 有关知识产权和法律知识以本国为准

　　C. 熟悉跨境电子商务平台的运营规则

　　D. 具备"当地化/本地化"思维

（2）RFM分类法的主要思想是通过某个客户近期的三个指标描述客户的价值状态。RFM分类法的指标不包括（　　）。

　　A. 消费动机　　　　　　　　　　B. 消费频率

　　C. 消费金额　　　　　　　　　　D. 最近一次消费

（3）下列关于跨境电子商务在线客户争议解决方案说法错误的是（　　）。

　　A. 让客户体会到卖家解决争议的诚意　　B. 真正了解订单争议的来龙去脉

　　C. 积极正面引导客户的负面情绪　　　　D. 不问任何原因，直接全额退款

（4）根据客户流失原因的不同，客户流失可以分为自然流失、需求变化流失、趋利流失和失望流失四种类型。下列情况属于趋利流失的是（　　）。

　　A. 客户因受到企业竞争对手的营销活动诱惑，转变为企业竞争对手的客户

　　B. 由于客户破产、身故、移民或迁徙等，客户无法再享受企业的产品或服务

　　C. 客户自身的需求发生了变化导致客户流失

　　D. 客户对企业的产品或服务不满意，从而终止与该企业的客户关系

（5）跨境电子商务中买卖关系的建立始于交易的开始阶段，且很容易随着时间的推移而淡化，即交易开始就进入（　　），随后是沉默期、睡眠期、流失期、消亡期。

A. 导入期　　　　　B. 活跃期　　　　　C. 饱和期　　　　　D. 成熟期

2. 多项选择题

（1）跨境电子商务在线客服的工作职能包括（　　　）。

    A. 帮助客户了解产品信息

    B. 解决客户在选择产品时遇到的问题

    C. 与客户实时交流沟通

    D. 解决一些客户就订单方面的纠纷

（2）跨境电子商务客服工作流程中容易出现的问题包括（　　　）。

    A. 不理解网站英文说明，导致客户焦躁

    B. 遇到问题时，解决方案单一或者由客户提出

    C. 行文沟通技巧欠缺，惹怒客户，导致一星差评

    D. 无证据的敷衍回复加剧客户的烦躁情绪

（3）关于售后的正确引导，下列描述正确的是（　　　）。

    A. 做好货物的运输跟踪

    B. 定时给客户汇报，并为二次销售做准备

    C. 客户收到货后，如满意，立即进行二次销售或者转而介绍其他客户

    D. 客户收到货后，如不满意，应根据实际情况，尽力配合解决

（4）跨境电子商务老客户流失的原因包括（　　　）。

    A. 产品质量不稳定　　　　　　　　B. 产品缺乏创新度

    C. 客户遇到新"诱惑"　　　　　　　D. 客户的自然流失

（5）跨境电子商务客服工具包括站内信、订单留言及其他辅助工具。下列属于跨境电子商务客服其他辅助工具的有（　　　）。

    A. Skype　　　　　B. WhatsApp　　　　　C. Facebook　　　　　D. PayPal

3. 简答和分析题

（1）跨境电子商务的客户服务和传统外贸模式下的客户服务有哪些异同点？

（2）跨境电子商务客户开发的方式有哪些？请选择其中一种方式尝试操作。

（3）什么是 RFM 分类法？该分类法有何意义？

（4）客户服务对于跨境电商来说是一个必不可少的环节，客户服务可以创造产品或服务的差异化，提升企业的核心竞争力，延长产品的生命周期并且产生附加价值。请查看小资料，思考并回答：Callnovo 是一家什么公司？Callnovo 能为企业提供什么服务？它具有哪些核心竞争力？

小资料：Callnovo
全球客服案例

（5）浏览【同步阅读】后回答以下问题。

① 积极与消极的语境有什么不同？积极的语言能给客服工作带来什么益处？

② 客户说："You're the only store that sells X Product and I've been trying to order it, but every time I come to your site, it's out of stock. I'm super sad. I really want it. Can you help me?"如何使用富有同理心的话语回复该客户？

③ 客户说："Mother's Day is coming next Sunday. I have not received the gift I bought in your store last month. I am very anxious. Could you check the estimated delivery time for me?"请积极倾听后给予客户答复。

第九章
跨境电子商务数据化运营

学习目标

　　了解跨境电商数据化运营的定义和意义；熟悉跨境电商数据化运营的基本分析流程；掌握数据化运营中的关键分析指标；能够利用多种数据化工具和手段，从市场、客户、运营、竞争等角度进行数据分析与优化；培养数据化运营实践能力与创新意识，增强对商业数据的真实性与诚信原则的认识。

知识导图

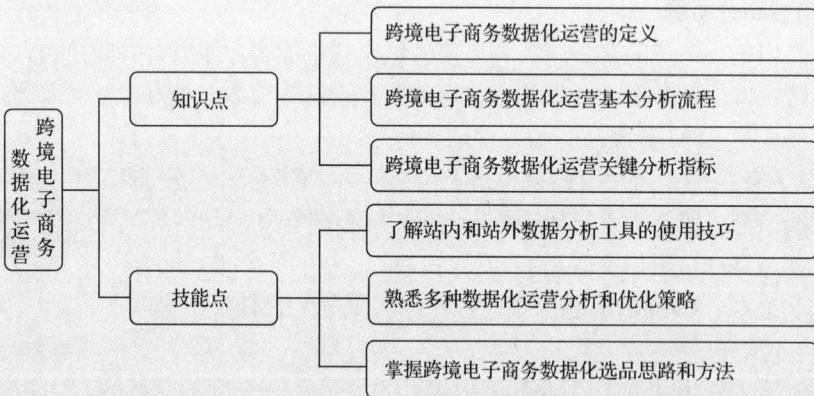

引　例

　　2020年，全球跨境电商市场逆势增长，粗放式经营的红利期逐渐消失，新卖家层出不穷。境内跨境商家想要在竞争激烈的"红海"中另谋生机，则需转向精细化运营模式，不论是店铺维护还是商品选品，都需要基于BI（商业智能）系统对数据进行理解与分析。面对这一激增的市场需求，船长BI（一款强大易用的亚马逊运营工具）希望通过对跨境电商经营活动中的各种数据进行多维分析，为卖家的经营决策提供数据支撑，从而不断地驱动业务增长。但是，此前应用的云服务方案在稳定性和灵活性上已难以跟上企业高速的发展节奏，自行搭建的开源体系耗费了大量的人力与财力成本，还面临着网络延迟、宕机等问题，成为船长BI业务迅猛发展的瓶颈。此外，传统的ERP管理系统由于缺乏智能数据分析，无法根据历史趋势进行销量预测，也就无法为商家制订补货计划及优化库存提供依据。对此，船长BI提出了"数据驱动运营"的业务理念，希望通过完善的大数据分析平台，赋能中小企业卖家出境。目前，船长BI实现了十几倍的数据清洗效率提升，从原来的小时级别跃升至分钟级别。以往卖家需要十几秒才能完成的数据报表，如今仅需1~2秒即可轻松获取。此外，船长BI扩展了更多的分析维度，以满足多样化的场景需求。在此之前，数据分析维度局限于商品和店铺级别；在此基础上，船长BI又拓展了国家、部门、人员、商品标签等多种维度。2020年到2023年，船长BI的业绩实现了近5倍的增长，用户量增加了2~3倍。未来，船长BI将致力于帮助用户优化广告投放维度和投放效率，通过人工智能、AI算法等完善运营方案；同时，通过容器化技术提升整体的使用效能。

引例分析

当前，我国已从过去的信息化发展到数字化、智能化。如果说信息化是基础，那么数字化就是提升，是通过建立各类信息系统，挖掘出数据的潜在价值。而智能化则更进一步，是在数字化的基础上，形成了数据、信息、知识、决策、执行的闭环。

随着物联网和大数据技术的深入发展，企业可以通过线上线下多渠道获取大量的实时数据；数据规模的持续膨胀以及分析场景的多元化对数据的采集、处理、分析、应用等方面能力提出了更高的要求，企业需要对数据基础设施进行持续优化和升级。但企业在全域数据应用方面存在三大痛点，第一是数据过于分散，导致协作时间成本高；第二是数据质量问题突出，协作起来缺乏信任；第三是数据不完整，导致数据利用率低下。

数据化运营能够为企业提供更全面、更精准、更高效的决策支持和服务，从而提高企业的经营效率和竞争力。企业通过激活数据要素并利用智能化工具，可以充分挖掘和发挥数据价值，推动产业升级和创新发展。随着各行各业数字化转型步伐的加快，数据越来越成为企业生产与管理的核心资产，数据智能也成为企业寻求经营变革、驱动业务增长的重要支撑。通过本章的学习，读者可对跨境电商数据化运营的基本概念和策略有基本的认识，并能正确选择数据化工具，掌握基础的数据分析思维和决策方法。

第一节　跨境电子商务数据化运营概述

跨境电子商务涉及不同国家和地区的交易，这使得数据分析工作变得更为复杂且关键。在这一背景下，数据分析可以帮助企业更好地了解全球市场的需求和变化，使企业制定出更有效的战略和决策。此外，数据分析还可以帮助企业识别和预测跨境交易中可能出现的风险和挑战，从而采取相应的应对措施。

一、认识跨境电子商务数据化运营

1. 跨境电子商务数据化运营的定义

电子商务数据化运营（E-commerce Data-Driven Operations）是一种以数据为核心，利用数据收集、分析和应用的方法优化商业流程、提升用户体验并增强市场竞争力的综合性运营策略。在数据化运营过程中，企业不仅关注传统的数据分析——即从大量数据中识别趋势、模式和关系，还将这些洞察应用于实际运营中，从而提高效率、降低成本、优化商品和服务及提升用户满意度。

当前，电子商务领域中的数据化运营主要有广义和狭义两种概念。广义的数据化运营指的是一种思维方式，即通过数据化的工具、技术和方法，对运营过程中的各个环节进行科学分析、引导和应用，从而达到理想的运营效果和商业目的；狭义的数据化运营指的是与数据运营特定工作岗位相关的具体内容，如活动运营、产品运营、用户运营、内容运营等，其主要的工作内容就是通过数据的采集、分析，为决策提供支持，进而推动公司运营体系向精细化运营方向不断迈进。因此，一般企业常见的数据化运营都属于狭义的数据化运营。

此外，一些关键术语和概念对于构建对电子商务数据化运营的基本理解至关重要，这些术语包括以下几个。

（1）数据

数据（Data）是指通过各种渠道和方式收集到的数字化信息，是对现实世界事实或情况的数字化记录。在现代商业活动中，数据起着至关重要的作用，数据来源于用户行为记录、交易记录、物流信息、市场调研等多个方面，且可以以多种形式存在，包括数值、文本、图像和声音等。

（2）大数据

大数据（Big Data）意为"海量数据"，是指规模庞大、增长迅速、类型多样且具有复杂关联性的数据集合。这些数据集合的规模超出了传统数据处理应用软件的有效处理范围，它们不仅数量巨大，而且增长速度快，种类繁多。在电子商务等领域中，大数据体现为从各种来源（如网站点击率、社交媒体互动、交易记录等）积累的庞大数据量。企业通过对这些数据的分析，揭示用户行为模式，提高运营效率，并推动定制化营销策略的制定，为决策和运营提供有力支持。

（3）数据分析

数据分析（Data Analysis），即运用数学、统计学、计算机科学、信息学和专业领域等方面的理论和方法，对数据进行处理、分析和解释，从而从数据中挖掘出有用的信息和知识。它的应用范围广泛，涉及商业、金融、医疗、工程、社会科学、环境科学等多个领域。

在电子商务这一多元化、高速发展的行业中，数据分析发挥着举足轻重的作用。电子商务数据分析更专注于商务领域的数据，主要涉及商品、销售、用户行为、营销、物流、客户服务等直接反映商务活动的数据，因此又称为"商务数据分析"。图9-1所示为电子商务领域中的商务数据分类。通过商务数据分析，企业能够敏锐地捕捉到潜在的商业机会与问题，提高商务效率，提升决策效果。

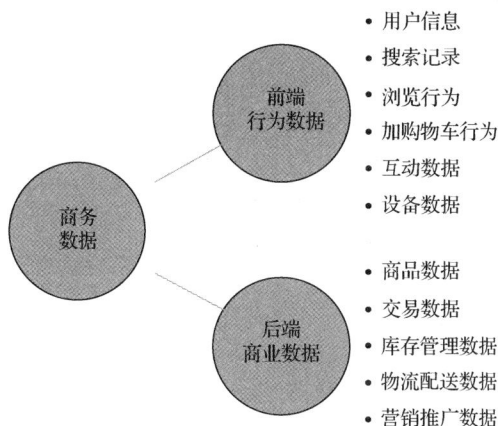

图 9-1　电子商务领域中的商务数据分类

> **小知识：数据化运营与经验化运营**
>
> 　　电子商务领域中常见的运营策略主要分为两种：经验化运营和数据化运营。这两种运营策略各有特点，适用于不同的商业环境和决策需求。
>
> 　　（1）经验化运营依赖于企业领导者或个人的直觉、经验和主观判断来指导运营决策。这种运营方式强调人的直觉和过往经验的价值，特别是在数据不足或不明确的情况下，能够在处理复杂问题、创新和人际关系管理等方面显示出独特优势。
>
> 　　（2）数据化运营强调利用数据分析来驱动决策过程和运营优化。这种运营方式依赖于大量数据采集、分析工具和算法，通过客观数据预测跨境市场趋势、理解境外消费者行为、优化营销策略和提高运营效率。因此，数据化运营的优势在于提供基于事实的洞察，降低决策的不确定性，使企业能够做出更加精准和高效的运营决策。
>
> 　　在实际应用中，将数据化运营和经验化运营相结合，利用数据提供的客观洞察与个人经验的直觉判断相互补充，往往能够达到最佳的运营效果。

想一想

与数据化运营相比，经验化运营有哪些劣势？

2. 跨境电子商务数据化运营的意义

　　跨境电子商务数据化运营的意义广泛而深远，它在实际应用中显著提升了企业的综合竞争力，并在多个层面展现出明显的效益和价值。

　　（1）加速运营流程，节约运营成本。数据化运营能够助力跨境电商企业显著缩短产品上市、物流配送、客户服务等环节的时间，提高运营效率。此外，企业通过数据化运营可以优化销售和物流运输流程，显著降低人力与运营成本。这种基于数据的快速响应能力和高效运营模式为企业节约了大量资源，提高了运营效率，增强了盈利能力和企业的市场竞争力。

　　（2）提升营销效果，改善客户体验。企业能够凭借对客户行为数据的深入分析，精准把据境外客户的需求和偏好。凭借深入、精确的跨境市场和境外客户洞察，进而设计出更具针对性的个性化营销策略，增强广告和营销活动的效果。这样的数据驱动的营销方法和服务可以极大地提升营销转化及境外客户满意度，有助于吸引和留存更多客户，提升客户忠诚度。

（3）实现精细化管理，支持企业经营决策。全面分析市场变化和竞争对手数据，精确分析关键的业务和财务数据，帮助企业实现精准市场细分与目标定位、供应链实时监控与动态调整、客户行为深度分析与个性化服务、内部运营数据驱动与流程优化、数据驱动的风险预测与决策支持，在达成精细化管理的同时降低决策风险。

二、数据化运营基本分析流程

1. 确定数据分析目标

数据分析的首要任务是确定清晰的分析目标。这要求分析者深入理解需求，明确分析的重点与范围，为后续步骤提供明确的指导方向。目标设定应遵循 SMART 原则，即具体（Specific）、可测量（Measurable）、可达成（Achievable）、相关（Relevant）和时限性（Time-bound）。通过遵循 SMART 原则，分析者可以确保数据分析目标既清晰又切实可行。

启动数据分析项目时，必须界定数据对象，明确分析的目的和期望解决的业务难题。基于这些商业洞察，整理出清晰的分析框架和思路至关重要。数据分析的目标广泛且多样，包括洞察市场走向、剖析客户行为模式、评估商品性能表现及优化运营策略等，这些目标共同构成了数据分析的核心价值和意义。

2. 数据采集

数据采集是从各种数据源收集相关数据的过程。数据采集的目的是为数据分析提供充足的原始数据，确保分析结果的准确性和可靠性。数据采集不仅要关注数据的数量，还要重视数据的质量和相关性。

（1）数据源的类型

在电子商务运营中，数据主要来源于以下渠道。

① 内部数据：包括销售记录、客户互动历史（如网站点击率、社交媒体互动、交易记录等）、库存信息、运营成本等。

② 外部数据：包括境外市场研究报告、竞争对手分析、社会媒体趋势、经济指标等。这些数据有助于提供行业分析视角并揭示市场发展的宏观趋势。

（2）数据采集方法

有效的数据采集方法包括但不限于以下几种。

① API 接口集成。商务平台通常会提供官方应用程序编程接口（Application Programming Interface，API），允许开发者或企业直接接入并获取标准化的数据，如商品信息、交易记录、用户行为数据等。这种方法高效且可靠，能够定时自动更新数据，便于实时分析和业务决策。

② 网络爬虫技术。该方法适用于公开的网络信息收集。利用爬虫程序，按照预设规则自动抓取网页内容，可获取大量公开的商务数据，如市场价格、竞争对手策略、新闻发布等。但在此过程中，必须遵守相关法律法规和网站的 robots.txt 协议。

③ CRM 和 ERP 系统数据提取。内部系统的数据是最直接且有价值的数据源。通过客户关系管理（Customer Relationship Management，CRM）系统，企业可以收集到客户数据、交易历史、客户服务记录等。企业资源计划（Enterprise Resource Planning，ERP）系统则涵盖

了生产、库存、采购、财务等多维度的业务数据。

④ 客户行为追踪与分析。使用 Google Analytics、Adobe Analytics 等工具嵌入网站或 App 中，实时追踪客户行为数据，包括访问量、页面停留时间、转化率等，以便分析客户喜好、消费习惯和潜在需求等。

⑤ 直接数据输入与导入。手动输入或批量导入结构化数据，如财务报表、市场研究报告、销售数据等。此外，使用定制化的数据导入工具，可以将线下纸质文档或其他格式的数据转换为电子数据，方便进一步分析。

⑥ 调查问卷与用户反馈。采用在线问卷调查、电话访问、面对面访谈等方式主动收集客户、合作伙伴等主体的直接反馈和需求。这些一手资料对于改进商品和服务、制定市场战略具有重要价值。

分析者可以根据不同的应用场景灵活选择和组合这些方法，确保数据来源丰富多样，使数据满足不同层次的商务分析需求。同时，任何数据采集行为都应遵循合法、合规的原则，尊重客户隐私，确保数据安全。

小知识：结构化数据与非结构化数据

结构化数据与非结构化数据是两种不同的数据类型，共同构成了数据驱动的决策基础。

（1）结构化数据指具有明确数据模型和固定格式，可通过表格等结构组织和存储的数据。它具有定义良好的模型，易于访问和查询，格式整齐。常见的结构化数据包括关系型数据库中的数据、电子表格中的数据及 XML 和 JSON 格式的数据。

（2）非结构化数据指没有固定格式或数据模型、不适合用传统关系型数据库进行存储和管理的数据。其形式不规则，缺乏固定结构，较难直接处理。常见的非结构化数据包括文档、电子邮件、社交媒体内容、图像和视频等。

总体来说，结构化数据和非结构化数据在数据处理与应用中各有优势，两者对比如图 9-2 所示，分析者可以根据具体需求和应用场景选择合适的数据类型和处理方式。将非结构化数据转化为结构化数据是电商数据分析的关键。随着技术的发展，这两种数据的处理与应用也将越来越高效和智能。

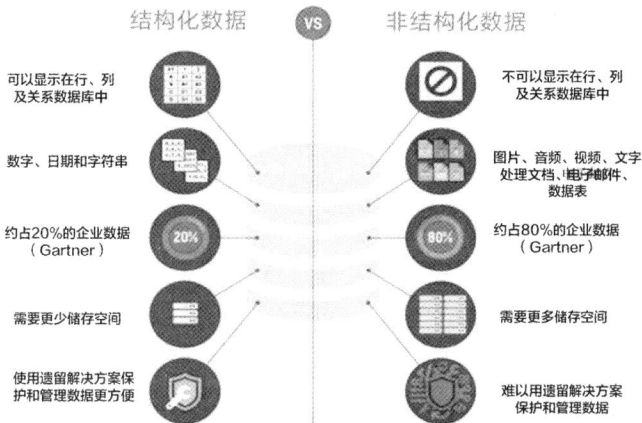

图 9-2 结构化数据与非结构化数据对比

3. 数据处理

数据处理是指对收集到的原始数据进行系统性的加工、组织和解析，以提取有用的信息和知识的过程。这个过程涉及多个关键活动，包括数据清洗、数据转换、数据整合、数据编码等。数据处理的目标在于提高数据的准确性、完整性和一致性。通过数据处理，分析者能够更好地理解和利用数据，为后续的数据分析和决策制定提供可靠的依据。数据处理通常包括以下几个关键活动。

（1）数据清洗：识别和处理缺失值、异常值和重复值，以提高数据的准确性和可靠性。

（2）数据转换：将数据进行分类、归一化或标准化，如统一日期格式、调整数值范围、标准化文本数据等。

（3）数据整合：根据分析需求，对不同来源的数据集进行合并或分割，形成统一的数据视图，以便进行更有效的分析。

（4）数据编码：是将数据转换为计算机可读取和处理的二进制格式的过程。它是计算机科学中非常重要的概念，用于将文本、图像、音频等原始数据转换为二进制格式，以便计算机能够高效地进行存储、传输和处理。

归根结底，唯有经过充分且严谨的数据处理过程，数据才能真正转化为富有洞察力的信息，并有效地支撑决策制定。在电子商务领域，高质量的数据处理不仅可以提高数据分析的准确性，还可以帮助企业发现数据中的潜在问题和机会，使企业更好地理解市场需求、优化商品和服务、提升客户满意度和忠诚度。

4. 数据分析

数据分析是对处理后的数据进行系统性审查和解释的过程，以揭示隐藏在海量数据背后的深层次信息与洞见。企业运用多种分析手段、方法和技巧，对精心准备的数据进行深入研究，旨在发现其中的因果关系、内部联系和业务规律，从而为业务决策提供有力的参考。

数据分析的具体方法多种多样。初学者往往从简单的数据分析入手，通过观察、预测流量的变化来初步了解数据的动态。随着经验的积累，尝试进阶分析，培养闭环分析思维，不断优化数据分析方案，确保方案能够顺利落地实施。到了高级数据分析阶段，则需要凭借丰富的经验和科学的方法，运用建模思维全面、精准地分析电商数据，为企业决策提供更为深入和有力的支持。下面介绍几种典型的数据分析方法。

（1）细分分析法

细分分析法是电商数据的基础分析方法。该方法的核心在于根据设定的参考标准，将庞大的整体数据精准地划分为若干个子数据集，进而对这些子数据集进行内部分析与统计。简而言之，在进行数据分析时，需要选取合适的细分角度，在细分的过程中找出具有代表性的核心数据，再对这些核心数据进行深入分析，从而得到精准的数据分析结果。例如，在跨境电商运营中，可以从以下多个维度对数据进行细分。

① 细分区域：按区域细分数据，识别主要消费区域，从而精准定位主要消费群体。

② 细分渠道：按渠道细分数据，分析不同渠道（如自主访问、付费推广、老客户转介绍等）的成交转化情况，有助于针对不同渠道的客户特性，制定更加精准的营销方案。

③ 细分时间：按时间维度细分数据，捕捉不同时间段的数据变化。考虑到客户购物时

间的碎片化趋势，可以利用数据分析揭示客户购物的黄金时间段，为运营决策提供时间上的优化建议。

④ 细分客户：客户细分也是关键的一环。不同年龄段的客户具有不同的兴趣和需求。因此，需要深入研究各个客户群体的特点，以便为他们提供个性化的商品和服务。

⑤ 细分行业：行业细分同样不可忽视。要想深入地研究某一细分领域的核心数据，需要对行业进行细分拆解，以便更深入地了解不同行业类目的构成要素、运作模式及独特属性，从而为跨境电商企业提供具有针对性的战略布局依据。

（2）对比分析法

对比分析法是指将两个或两个以上相关联的数据进行比较，以揭示数据内部规律的分析方法。在电商数据分析过程中，对比分析法不仅能够直观地反映出数据的变化趋势，还能通过精确的量化方式清晰地揭示对比数据之间的差异。

在跨境电商数据分析的实践中，对比分析法被广泛采用。对比分析法通常以时间轴为基线，对各项量化数据进行深入对比，从而清晰地展现规模大小、增长速度及与同行之间的差距等多维度信息。需要注意的是，在使用对比分析法时，选择合适的参考标准至关重要。如果参考标准受到较大外界因素的干扰，可能会导致数据分析结果出现偏差，甚至可能误导分析和预测。

（3）AB 测试法

AB 测试法是指为实现同一个目标而制定 A、B 两个方案（A 为当前方案，B 为新方案），通过测试比较这两个方案所关注的重要数据，从而选择效果更佳方案的分析方法。在运用 AB 测试法收集数据时，尤其需要关注留存率及对收入利润的影响，因为这些是评估测试效果的关键指标。

在跨境电商数据分析中，AB 测试法广泛应用于直通车创意图的优化。运营与设计团队会设计多个创意图方案并进行广告投放，以测试各方案的实际效果。随后，团队会深入分析这些创意图的文案创意要素，探讨是否存在文案创意不足、主题表达不清或商品图片拍摄效果不佳等问题。基于这些分析，团队不断优化方案，并通过比较大量数据找出更适合境外客户的方案，以达到优化创意图的效果。

（4）漏斗分析法

漏斗分析法是一种常用的数据分析方法，借助漏斗分析模型直观地反映用户行为，并通过各个阶段的用户行为准确反映成交转化率。漏斗分析的本质是通过数据流程的变化控制结果，评估各个流程的数据转化情况，进而达到优化数据的目的。

借助漏斗分析模型可以很直观地看到每个流程的情况，如用户的转化情况、流失情况。这不仅有助于我们迅速发现问题，还能指导我们进行有针对性的调整和优化，将问题具体化、细分化。在营销推广中，这可以显著提升流量的价值，提高转化率。

图 9-3 所示为商品成交转化的漏斗分析模型图。漏斗分析法是以流失率为核心数据进行分析和研究的。客户从浏览商品到把商品放入购物车，再到下单、支付，直至最终完成交易，每个环节分别流失了 60%、10%、10% 和 3%，即浏览过商品的客户最终有 17% 完成了交易。

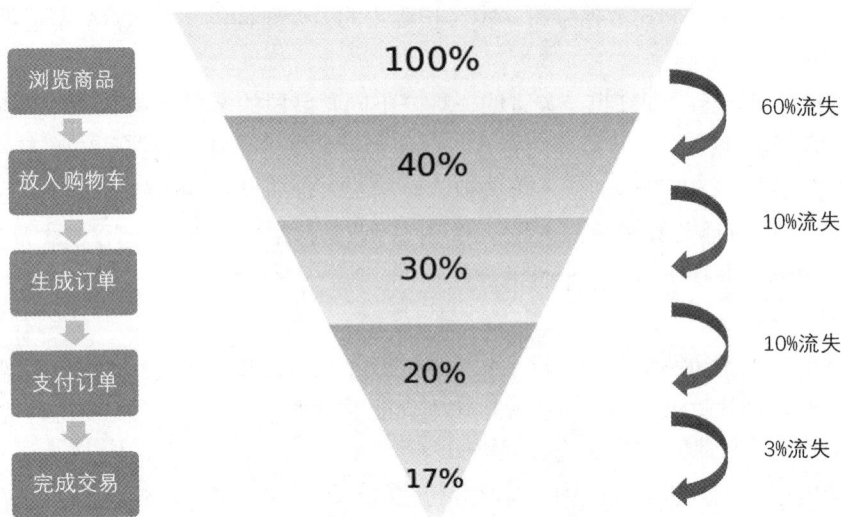

图 9-3　商品成交转化的漏斗分析模型图

（5）聚类分析法

古语有云。"物以类聚，人以群分。"这一理念也被应用到数据分析中，由此产生了聚类分析法。聚类分析法是一种将抽象数据按照相似对象进行归类的分析方法。它能够帮助我们更深入地挖掘数据之间的深层次关联。

在电商数据领域，聚类分析法在用户分析方面的应用尤为广泛。借助大数据技术对海量用户进行追踪和深入挖掘，进而精准地识别出用户之间的相同或相近属性，以便我们更好地理解用户群体，为制定营销策略提供有力支持。例如，通过聚类分析法发现某商品在25～34 岁这一年龄段用户的成交转化率最高，因此这部分用户成为商家重点研究的对象。通过对这一用户群体进行有针对性的分析，商家可以开展更加精准的营销活动，最大限度地降低推广成本。

5. 数据展现与可视化

数据展现是将分析结果以直观、易于理解的形式呈现给决策者的过程。借助可视化工具，分析者可以更直观地表述想要呈现的信息、观点和建议，将复杂的数字信息转化为直观的视觉元素。有效的数据展现可以突出关键信息，帮助决策者快速把握分析结果的核心要点。

常用的图表有柱形图、折线图、饼图、条形图、散点图、雷达图和漏斗图等，如图 9-4 所示。

图 9-4　数据可视化图表类型

6. 撰写数据报告

数据报告是对整个数据分析流程与成果的精准提炼和深入阐述，其内容包括背景介绍、分析目标、数据获取与处理及所采用的分析方法等。数据报告具有陈述项目概况、提供决策参考、展示分析结果、验证分析质量的作用。通过查看数据报告，企业决策者可以详细了解数据分析的目的、过程、结果及方案的完整性。

在撰写数据报告时，需遵循一系列原则以确保其质量和有效性，基本要点包括以下几个方面。

① 确立报告的分析框架，结构清晰、目的明确，便于读者快速理解。

② 报告内容必须真实可靠，避免对数据进行误导性解读。

③ 报告需要具有逻辑性和可读性，通过清晰的思路和准确的文字表达，帮助读者顺畅地理解报告内容。

④ 报告需紧密结合业务场景，确保分析合理，为企业决策提供有价值的依据。

⑤ 报告应当有明确的结论，突出分析的核心观点，使读者能够快速把握关键信息。

数据报告可运用 Word、Excel、PPT 等办公软件进行呈现。其中，Word 适合详细叙述，Excel 便于数据处理与图表绘制，而 PPT 则能直观展示分析成果。不同呈现形式的数据报告对比如表 9-1 所示。

表 9-1　不同呈现形式的数据报告对比

对比	Word	Excel	Powerpoint
功能设置	文字编辑	数据存储、数据统计、数据分析、数据呈现	演示汇报
优势	易于大量文字的排版，可以打印装订成册	数据实时处理，结果实时更新，可插入动态图表，交互性更强	可插入丰富的图案、图形、图表、动画等元素，能够增强演示效果
劣势	缺乏交互性，不适合演示汇报	不适合演示汇报	适合演示汇报

三、数据化运营关键分析指标

在跨境电子商务运营过程中，会产生大量涵盖运营、用户、商品和供应链的数据，整理并分析这些数据对于企业运营策略的制定与调整至关重要。

1. 运营类指标

（1）流量指标

① 浏览量（Page View，PV）：在互联网上，用户访问某个网页或网站时所产生的页面浏览次数。每当用户加载或刷新一个页面，PV 就会增加一次。它是衡量网站或网页流量、受欢迎程度及用户活跃度的关键指标之一。

② 独立访客数（Unique Visitor，UV）：通过互联网访问某个网站或网页的不同用户的数量。这里的"不同用户"指的是在一定时间范围内（如一天、一周或一个月）访问网站的不重复个体。同一个用户在同一天内多次访问该网站，会被计算为一次独立访客。UV 是衡量网站受众规模和用户活跃度的关键指标之一。通过分析 UV 数据，网站运营者可以了解网站的受众覆盖范围和潜在用户群体，评估其市场推广活动的效果，优化用户体验，制定更有针对性的营销策略，进而提高网站的流量和转化率。

③ 平均访问量（平均访问深度）：用户每次浏览页面数的平均值，即平均每个 UV 访问了多少个 PV。这个指标反映了用户在访问网站时所浏览的页面数量的平均值，是衡量网站访问质量和用户体验的重要指标之一。平均访问量可以帮助网站管理员了解用户访问网站的行为和习惯，分析用户对网站内容的兴趣程度和访问路径。

④ 点击率：网站某一页面或内容被点击的次数与被展示次数之比。

⑤ 页面/店铺停留时长：用户在店铺页面的总体停留时间，由用户打开本店铺最后一个页面的时间点减去打开本店铺第一个页面的时间点得出。

⑥ 跳失率：用户点击访问某个页面，但是只浏览了该页面就离开了，没有进行任何后续行为（如点击其他页面或进行购买等）的访问次数占总访问次数的百分比。较高的跳失率意味着页面内容不符合用户的期望，或者页面设计或布局不合理，导致用户难以找到所需信息、用户体验差，需要进一步优化。

（2）转化指标

转化率是指在一个统计周期内，网店在一定时间内通过关键词排名、商品详情页展示、店铺评分等方式，最终实现销售额的百分比。转化率是衡量网站或网店最终能否盈利的核心指标，提高转化率是综合运营实力的体现。常见的转化率包括下单转化率和支付转化率，其计算公式如下。

$$下单转化率=下单买家数/访客数×100\%$$
$$支付转化率=支付买家数/访客数×100\%$$

（3）外部竞争环境指标

① 市场占有率：企业销售额占同行业总销售额的比例，可以直观地反映企业在市场中的地位和影响力。

② 市场增长率：市场总销售额在一定时间内的增长比例，可以用来衡量市场的活跃程度和发展潜力。

2. 用户相关指标

（1）用户行为指标：包括注册用户数、活跃用户数、用户活跃度、用户留存率、用户流失率、用户回购率、加购用户数、下单用户数和支付用户数等。其中，用户活跃度反映了用户对企业商品或服务的兴趣与参与度，高活跃度有助于提升业务效益和用户忠诚度，是企业发展的重要指标，可以用平均访问次数、平均停留时间、平均访问深度、互动频率等指标进行衡量。

（2）用户价值指标

① 最近一次消费（Recency）：从用户最近一次购买时间到当前时间的间隔，一般用于衡量用户的活跃度。

② 消费频率（Frequency）：用户在一定时间内购买商品的次数，反映了用户的购买活跃度。

③ 消费金额（Monetary）：用户在一定时间内购买商品的总金额，反映了用户的购买能力和购买意愿。

商家通过用户最近一次到店消费时间来判断用户留存率，若该指标的间隔过长，说明店铺的用户流失率较高。此外，商家还可以通过用户的消费频率分析用户活跃度，用户消费间隔时长越短、频率越高，说明用户对店铺的忠诚度越高，属于活跃用户；反之，则说明用户对店铺的忠诚度较低，属于休眠用户，甚至是已经流失的用户。

（3）客户服务指标：包括售前客服数据指标和售后客服数据指标。

售前客服数据指标有以下几种。

① 咨询转化率：通过客服人员咨询后实际进行购物行为的用户占咨询用户的比例。

② 人力资源效能：每位客服人员平均处理的咨询数量或完成的任务数量。

③ 响应时间：客服人员从接到用户咨询到给出回复的平均时间。

④ 服务质量分：通过客户满意度调查或其他方式评估客服服务质量的分数。

售后客服数据指标有以下几种。

① 卖家服务评级（Detailed Seller Ratings，DSR）：基于用户反馈评估售后服务质量的分数，反映了售后服务的满意度。

② 退货挽回率：通过售后服务成功挽回的退货订单占总退货订单的比例。

③ 投诉率：在一定时间内收到投诉的订单数量占总订单数量的比例。

3. 商品类指标

（1）商品数量数据指标

① 品类数：店铺中销售的商品种类数量，反映了店铺的商品丰富度。

② SKU 数：店铺中具有不同属性（如颜色、尺寸）的商品数量，可以用来评估商品的多样性。

③ 产销比：商品的生产数量与销售数量的比值，反映了商品的生产和销售匹配程度。

（2）商品销售数据指标

① 成交指标：包括成交金额和成交数量。

② 订单指标：包括订单金额、订单数量、有效订单和无效订单。

③ 客单价：每个用户平均购买商品的金额，可以用来评估用户的购买力和商品的盈利能力。

④ 商品货龄：商品从入库到售出的时间，反映了商品的销售速度和库存管理效率。

⑤ 动销率：在一定时间内有销量的商品品种数占总商品品种数的比例，反映了商品的销售活跃度。

⑥ 缺货率：在一定时间内缺货的商品品种数占总商品品种数的比例，反映了店铺的库存管理效率。

⑦ 售罄率：在一定时间内已销售的商品数量占总库存商品数量的比例，反映了商品的销售情况和库存管理效率。

（3）商品推广数据指标

① 折扣率：商品的实际销售价格与原价的比值，反映了店铺的促销力度。

② 投资回报率（Return on Investment，ROI）：营销活动产生的利润与投入的成本的比值，反映了营销活动的盈利效果。

③ 付费用户销售额：通过付费广告吸引的用户产生的销售额，反映了付费广告的效果。

④ 付费流量占比：通过付费广告吸引的访问流量占总访问流量的比例，反映了付费广

告的吸引力。

⑤ 付费流量转化率：实际下单客户数占所有通过付费广告吸引的访客数的比例。

4. 供应链指标

（1）采购环节数据指标

采购环节数据指标包括采购金额和采购数量。

（2）运输环节数据指标

① 日单发货量：在一天内能够发出的订单数量，它是衡量物流运营效率的一个重要指标。

② 物流成本：包括运输、仓储、包装、订单处理和退货处理等所有物流活动的总成本。

③ 发货时效：从接到订单到用户收到商品的总时长，通常包括订单处理时间和运输时间。

（3）仓储环节数据指标

① 整体库存周转率/天数：在一定时间内销售或使用的库存数量与平均库存数量的比值，常用于衡量库存管理效率。

② 库存金额：仓库中所有库存物品的总价值，通常根据库存数量和物品单价计算得出。

③ 库存结构：库存中商品的种类、数量及比例构成，可以反映出商品品种、规格是否齐全以及储备量是否适度。

④ 库存货龄：商品在仓库中的存放时间，过长的库存货龄可能导致库存积压和商品过期。

⑤ 库存数量：仓库中所有库存物品的总数量，包括在途库存、安全库存和过剩库存。

第二节 跨境电子商务数据化运营策略

一、市场数据分析

对于跨境电商卖家而言，决定进入哪一个细分市场是一个首要解决的问题。卖家不仅要了解市场的总体规模，还要了解市场的发展趋势，以便找到"蓝海"市场。

1. 行业市场规模

在进行市场数据分析时，我们应关注市场规模（Market Size），它代表目标产品或行业的整体规模，包括目标产品或行业在指定时间内的产量和产值等，由目标市场的人口数量、需求、年龄分布、可支配收入等因素决定。企业在进入市场或者制订未来发展规划时，还应考虑市场趋势（Market Trend）。

行业需求总量是指某个特定行业或领域内所有相关产品或服务的总需求量。它反映了该行业在当前市场条件下的整体规模和潜在发展空间。行业需求总量的计算通常基于市场调研、销售数据、消费者行为分析等多种因素。行业需求总量是一个动态变化的概念，随着市场环境和消费者需求的变化而不断调整。分析行业需求总量可以洞察目标市场对某一类商品的供需状况，这对于判断某产品或服务是否适合进入一个新市场至关重要。

中国海关每年都会统计并公布产品的进出口贸易总额，商家可以通过中华人民共和国海关总署官网进行查询。首先在筛选条件设置页面，根据需求设置筛选条件，包括进出口类型、币制、进出口起止时间等（见图 9-5），系统将根据设置生成结果，展示所选时间段内的海关进出口统计数据（见图 9-6）。

通过对这些关键数据的分析，商家可以基本了解市场的大致容量和整体规模，为企业的市场分析和决策提供参考依据。然而，海关统计数据通常只反映了一部分市场情况，在实际分析中还需要结合其他数据来源和市场调研信息来获取更全面与准确的市场分析结果。

图 9-5　海关统计数据在线查询平台筛选条件设置页面

图 9-6　海关统计数据在线查询平台查询条件及结果展示页面

2. 行业市场趋势

行业市场趋势反映了该行业在市场中的整体走势和未来发展动向。行业市场趋势涉及多个方面的因素，如市场需求变化、技术创新、政策变化、消费者行为变化等。处于增长阶段、具有较大发展潜力的市场称为增量市场，已经相对成熟、增长速度较慢或停滞不前的市场称为存量市场。

了解与把握行业市场趋势对于企业制定战略和决策具有重要意义。行业上升的趋势往往预示着市场需求的增长，意味着该行业拥有广阔的发展前景和增值空间。当行业趋势趋于平稳时，则通常表明该行业市场已相对成熟，商家间的竞争已达到一定规模，此时商家应全面权衡各方面因素，审慎决定是否涉足该市场。若行业趋势出现下滑，则表明市场需求正在减弱，该市场可能已步入衰退期，商家应格外谨慎，避免出现不必要的风险。

商家通常可以借助搜索趋势分析工具、跨境电商平台数据分析工具及第三方电商数据服务平台进行行业市场趋势分析。

（1）搜索趋势分析工具

搜索趋势分析工具通过展示某个产品关键词或话题在搜索引擎中的搜索频率及其相关统计数据，帮助用户了解某一关键词或话题在不同时间段的流行程度及其变化趋势。由于搜索趋势分析工具的全球用户覆盖较广，商家可以借助该工具比较不同地区的人群对于特定产品关键词的搜索兴趣，并根据历史搜索数据预测相应产品关键词的未来趋势，为产品或服务策略的调整提供依据。

比较知名的搜索趋势分析工具有 Google Trends、Twitter Trends、Facebook Insights、TrendHunter 等。以 Google Trends（谷歌趋势）为例，通过该平台可以查阅美国地区近 12 个月男装类目下"男士跑步鞋"（men running shoes）和"男士篮球鞋"（men basketball shoes）的搜索关键词热度变化趋势。结果显示，"男士跑步鞋"的搜索热度明显高于"男士篮球鞋"的搜索热度，且呈现平稳上升趋势，如图 9-7 所示。由此可以判断出在美国市场关注并优化男士跑步鞋的相关产品和服务可能会给商家带来更多的潜在销售机会。

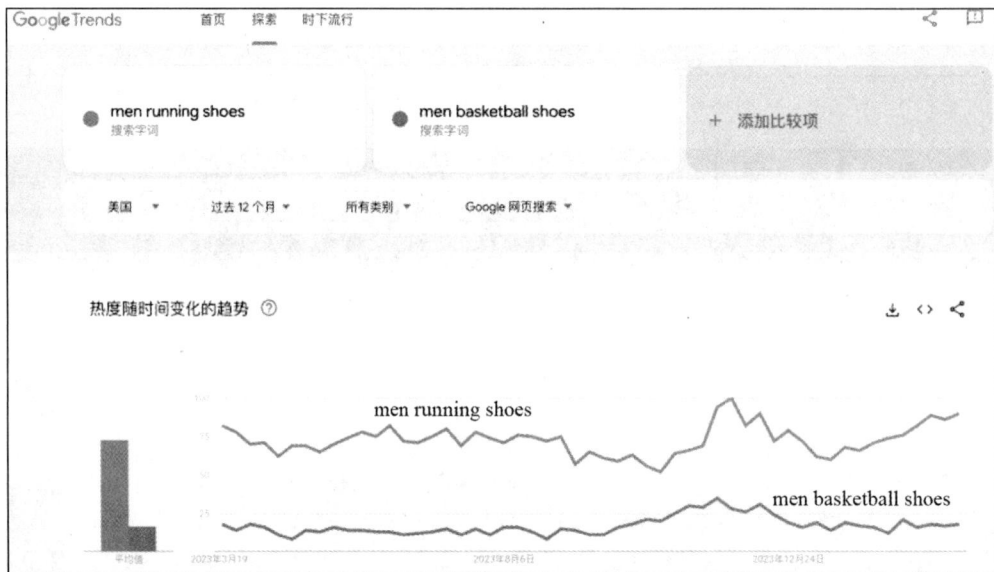

图 9-7　谷歌趋势产品搜索热度对比分析

（2）跨境电商平台数据分析工具

跨境电商平台数据分析工具是指平台推出的旨在帮助商家更好地了解店铺经营状况、提升销售效果的数据分析工具。不同平台的数据分析工具名称各不相同，如全球速卖通的生意参谋、阿里巴巴国际站的市场参谋、亚马逊后台的业务报告（Business report）等。

以全球速卖通平台为例，通过店铺后台的"生意参谋—市场分析"板块，商家能够在"市场大盘"选项卡中查询在一定统计周期内某经营类目的访客指数、商品浏览率和供需指数等指标，如图 9-8 所示，了解相关行业和各细分类目的发展趋势，并利用这些指标的上升、下降趋势来判断该行业市场是否有上升空间、是否值得进入。此外，"对比行业"功能可以将所选行业的发展趋势与其他行业的发展趋势进行对比。

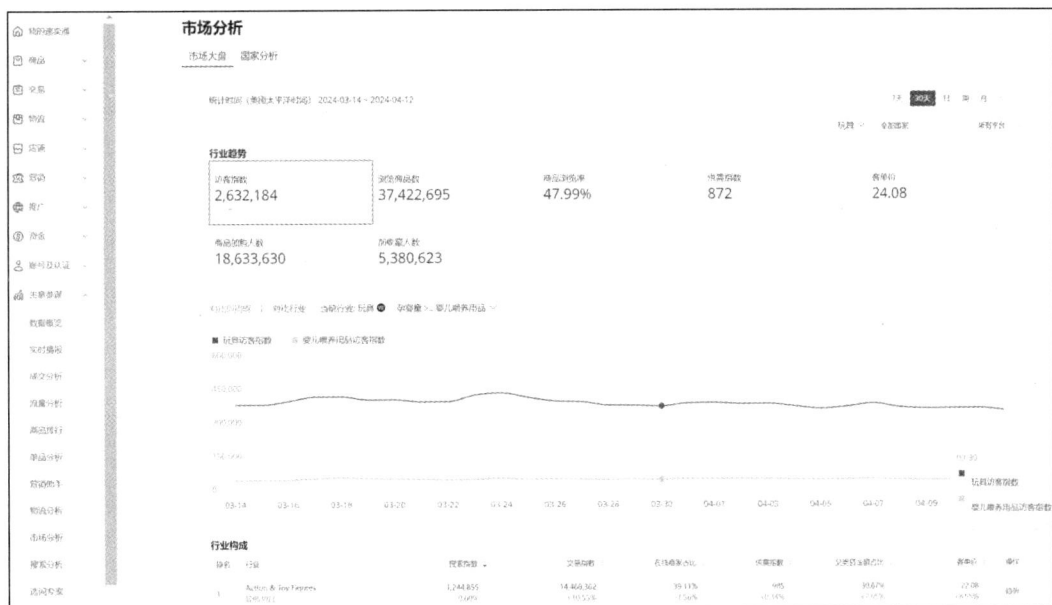

图 9-8　全球速卖通店铺后台市场分析之市场大盘数据

（3）第三方电商数据服务平台

第三方电商数据服务平台通过对互联网上公开的网络购物交易数据的抓取和分析，为各商家提供全面的商情信息，帮助其洞察行业及子行业的发展趋势，并做出正确的运营决策。常用的第三方电商数据服务平台有卖家精灵、SellerMotor、船长 BI、Jungle Scout 等。例如，iPhone X 是美国苹果公司于 2017 年 9 月 13 日发布的机型，在同年 11 月 3 日上市，图 9-9 所示为卖家精灵中"iPhone X case"关键词的历史走势，该走势的起步点是与上市时间相吻合的。

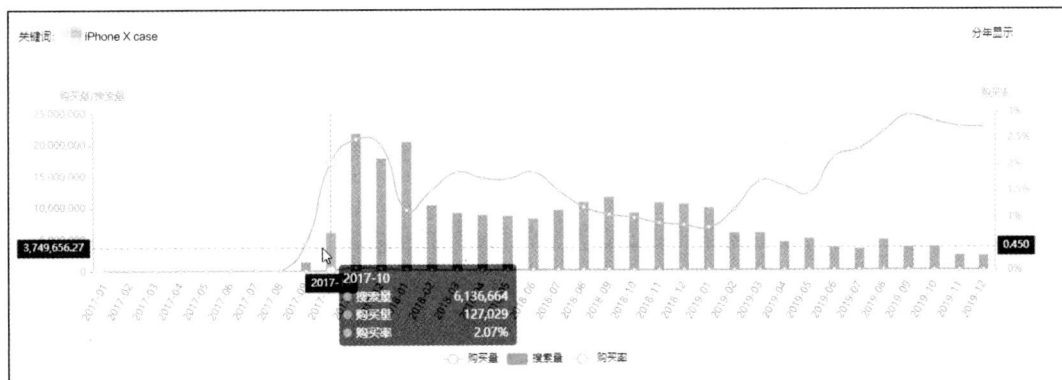

图 9-9　卖家精灵中"iPhone X case"关键词的历史走势

3. 目标市场分析

目标市场是指企业经过市场细分后选定的、准备进入并为之提供产品或服务的具体市场，它是企业在市场战略规划过程中根据自身资源、产品特性及市场需求而确定的主要服务对象。简单来说，目标市场就是在众多潜在客户中，企业希望集中力量满足其需求、获取竞争优势的那部分市场群体。在跨境电商领域，目标市场是指企业计划开展跨境电商业务所针对的特定国家或地区。

以全球速卖通平台为例，通过店铺后台的"生意参谋—市场分析"板块，商家能够在"市场大盘"选项卡中，查询到经营大类的行业构成，了解行业的各细分类目数据，如图 9-10 所示。此外，商家还可以在"国家分析"板块查看所经营类目在不同国家和地区的支付金额占比、上升指数和物流天数等数据，如图 9-11 所示，从中了解哪些市场的增长潜力较大，并采取相应策略来扩大在这些国家和地区的市场份额。

图 9-10　全球速卖通店铺后台市场分析之行业构成数据

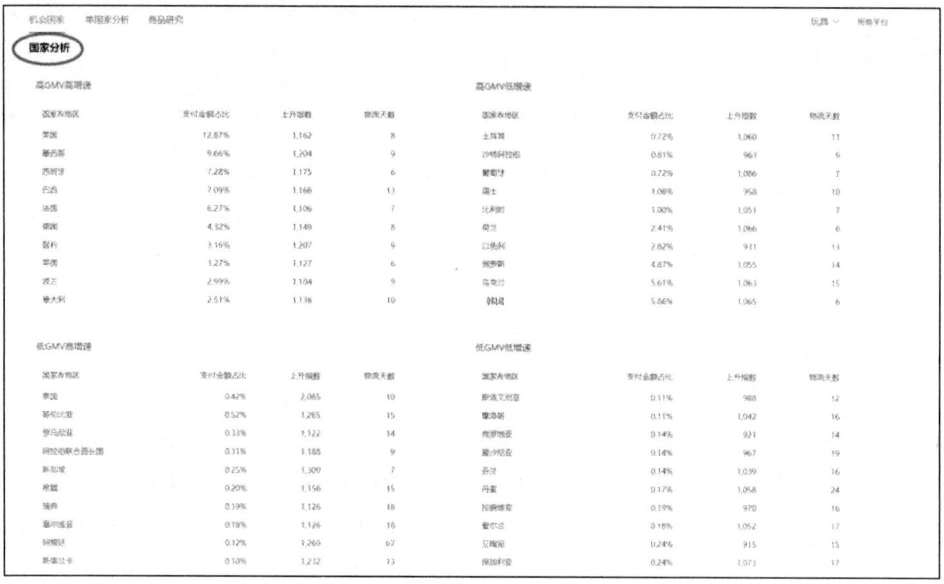

图 9-11　全球速卖通店铺后台市场分析之国家分析数据

二、客户数据分析

相比实体店，跨境电商企业最大的特点是突破地域限制，覆盖全球客户。而作为跨境电商的商家，成功的市场营销离不开精准的客户定位。无论是吸引新客户还是维护老客户，商家只有洞察客户的特性与需求，才能确保推广与运营策略的高效实施，从而达到事半功倍的效果。下面介绍一些客户数据获取与分析的工具和方法。

1. 客户数据获取

获取客户数据最简单直接的方式之一是从跨境电商平台后台着手。跨境电商平台后台通常会积累大量的客户数据，包括但不限于以下几类。

（1）客户基本信息：客户姓名、电子邮件地址、联系电话、收货地址等。

（2）购买记录：客户购买的商品种类、数量、价格、购买频率、购买时间等。

（3）行为数据：客户浏览历史、添加购物车记录、搜索关键词、页面停留时间等。

（4）互动数据：客户评价、留言、咨询记录、售后服务等。

2. 客户数据分析

通过分析客户数据，商家不仅可以了解客户的基本属性，还可以洞察客户的购物习惯、偏好和潜在需求，进而实现精细化运营和精准营销。商家可以从以下几个方面进行客户数据分析。

（1）客户地域分布

根据各个国家/地区的市场份额不同，商家可以将店铺的各类市场做一个划分，分别是头部市场、长尾市场和低单市场。分析客户地域分布对商家至关重要，它有助于商家深入了解客户集中区域，从而制定精准营销策略；明确核心市场，优化推广力度；优化广告投放，提升效果。

以全球速卖通平台为例，通过店铺后台的"生意参谋—流量分析"板块，商家能够在"流量分布"区域查询到本店铺的流量分布国家/地区，查看访客数、访客数占比、支付转化率和客单价等数据，还可通过单击"操作"栏中的"趋势"选项查看该国家/地区在某时间段内的流量分布趋势，如图9-12所示。

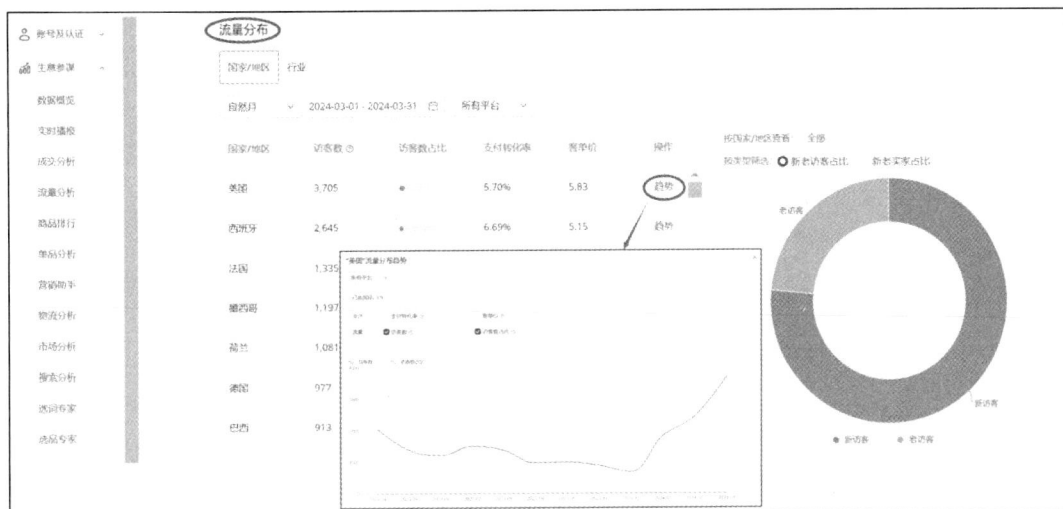

图 9-12　店铺后台流量分析中的流量分布

此外，通过店铺后台的"生意参谋—成交分析"板块，商家能够在"成交分布"区域查询到本店铺的成交订单分布国家/地区，查看该国家/地区在某时间段内的支付金额波动趋势，如图9-13所示。

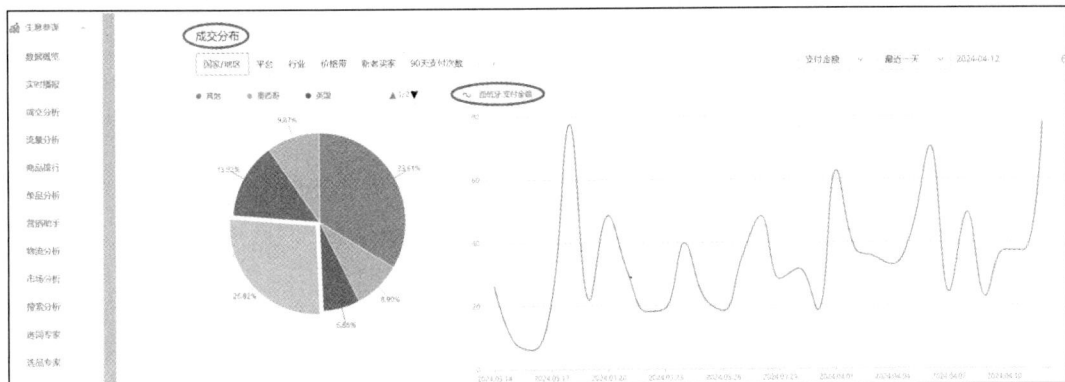

图 9-13　店铺后台成交分析中的成交分布

（2）客户购物消费时段分布

客户购物消费时段分布是指客户在不同时间段内进行购物活动的频率或数量的分布情况，商家可以根据客户购物消费密集度，将时段划分为高峰期、平峰期和低峰期。该数据可以帮助商家分析客户购物峰值，以便合理安排客服排班；设置合理时段进行推广、直播、网店促销等营销活动。

以全球速卖通平台为例，通过店铺后台的"生意参谋—实时播报"板块，商家能够查询到当日和前一日每小时段的支付金额、访客数、支付买家数的累计数值，还可查询全部国家或某个选定国家当日和上周同比的每小时的支付金额，如图 9-14 所示。

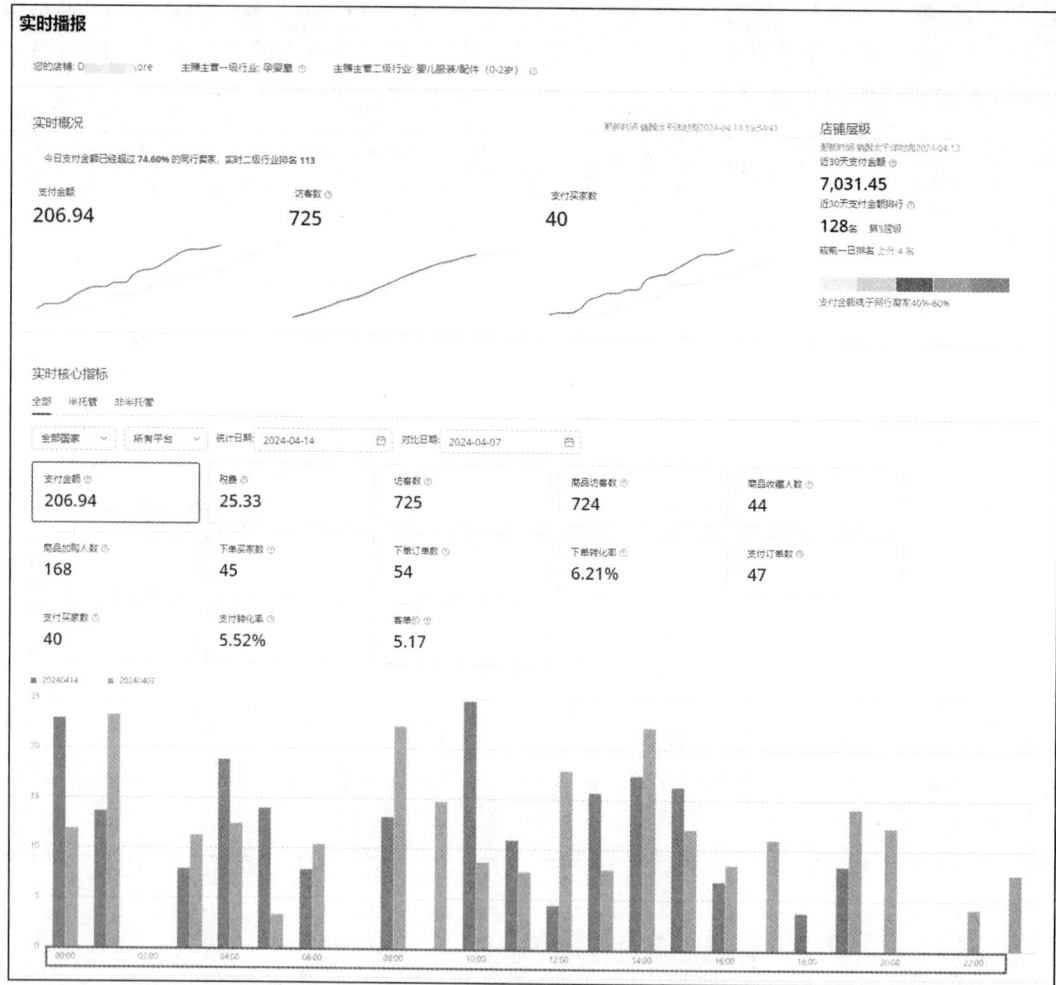

图 9-14　店铺后台客户购物消费时段分布

（3）客户购买频次

客户购买频次即客户于某一时间段内在网站/网店的购买次数，它能够反映客户购物的活跃度。客户购买频次越高，则活跃度越高，黏性也越大，客户对网站/网店的价值也就越大。

以美妆类目为例，某化妆品店铺一周内的下单 1 次的客户有 655 人，订单金额超 13 万元，下单 2 次的客户有 7 人，订单金额为 2344 元，如图 9-15 所示。由此可见，该化妆品店铺的客户在一周内通常只下单一次。考虑到该店铺主要经营化妆品，而化妆品的使用周期通常是几个月到半年，客户在短时间内不会重复下单，因此这个结果是合理的。然而，对于不同行业的分析结果可能会大相径庭。例如，作为日常必需品的生鲜食品、服饰鞋袜和家居用品等品类的回购率往往都较高，店铺可以适时进行商品促销和推广，在短期内提高回购率，增加店铺效益。

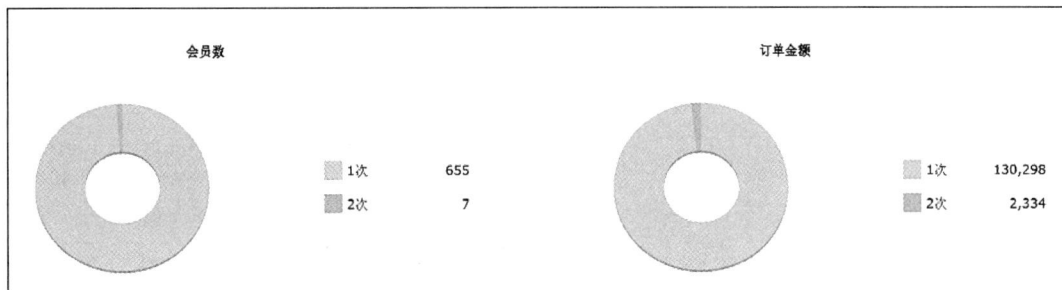

图 9-15　店铺后台客户购买频次

（4）客户价格分布

客户价格分布包括两个分析维度：价格时间分布和价格地区分布。价格时间分布分析的是随着时间的变化，客单价会发生怎样的改变；价格地区分布分析的是不同区域的平均客单价是多少，哪个区域的平均客单价最高，哪个区域的平均客单价最低。

以全球速卖通平台为例，通过店铺后台的"生意参谋—实时播报"板块，商家能够查询某个选定国家当日每小时的客单价变化趋势，如图9-16所示。

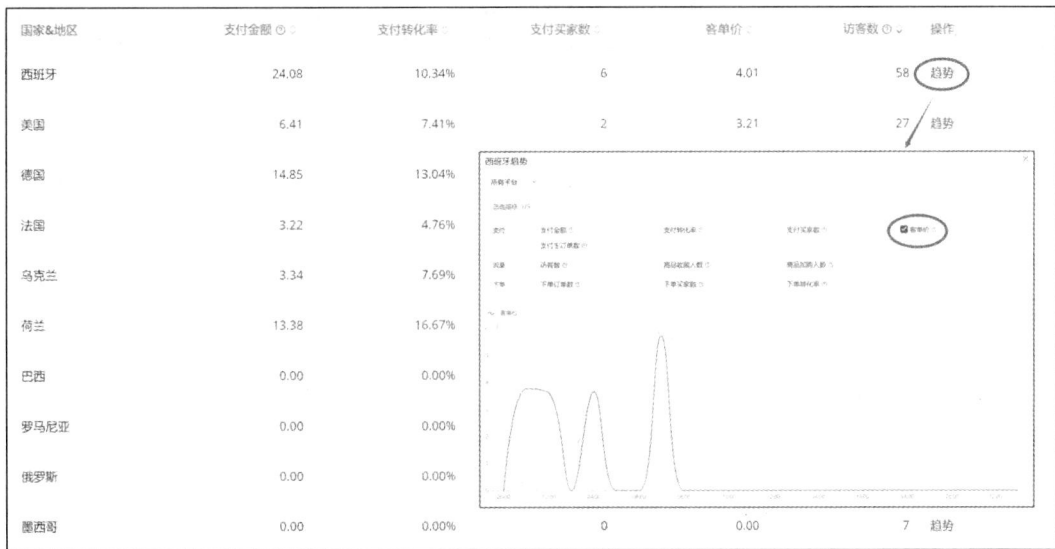

国家&地区	支付金额	支付转化率	支付买家数	客单价	访客数	操作
西班牙	24.08	10.34%	6	4.01	58	趋势
美国	6.41	7.41%	2	3.21	27	趋势
德国	14.85	13.04%				
法国	3.22	4.76%				
乌克兰	3.34	7.69%				
荷兰	13.38	16.67%				
巴西	0.00	0.00%				
罗马尼亚	0.00	0.00%				
俄罗斯	0.00	0.00%				
墨西哥	0.00	0.00%	0	0.00	7	趋势

图 9-16　店铺后台客户价格分布

（5）客户特征

客户特征包括客户的年龄、性别、种族、婚姻状况、家庭规模、教育程度、职业和收入水平等基本信息，这些数据可以帮助商家理解客户的基本属性和生活方式，绘制更精准的客户画像，以便更好地满足客户的需求。例如，对于女性消费者占比较高的产品，商家应更加注重产品的外观设计、颜色搭配和包装细节，以迎合女性审美；而年轻消费者更喜欢时尚、新颖的产品，且对价格敏感度较高，因此商家可以推出设计新颖、价格适中的产品。某店铺客户的年龄、性别分布如图 9-17 所示。

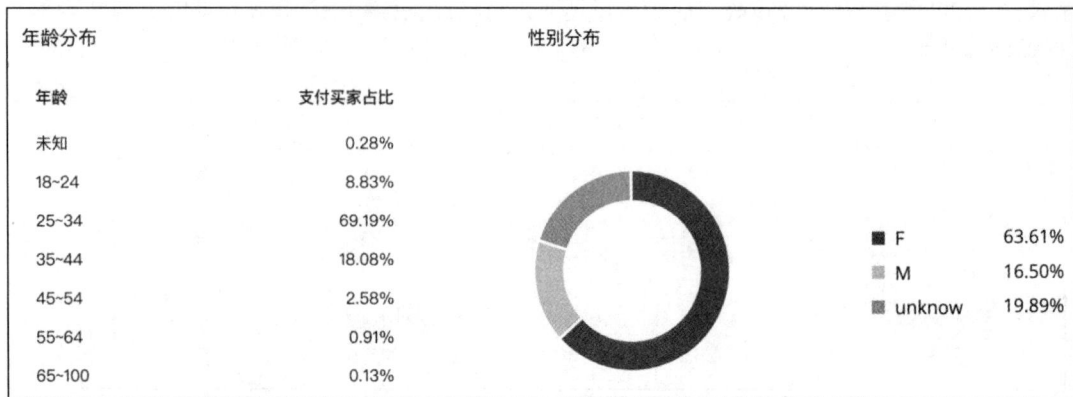

图 9-17　客户年龄、性别分布统计图

三、运营数据分析

在跨境电子商务网店运营的过程中，会产生海量的数据。运营人员应当依据前期的订单数据、销售数据和流量数据，及时调整运营策略，从而稳定销售态势，并最终实现既定的销售目标。

在跨境电商运营中，很多卖家将销售额视作衡量业务成功与否的重要指标之一，因为它直接反映了网店的经营状况和市场接受度。通过分析销售额的变化趋势，运营人员可以了解市场需求的变化、客户偏好的转移及竞争对手的动态，进而制定和调整相应的运营策略。

简单来说，网店的销售额 = 展现量 × 点击率 × 转化率 × 客单价。

其中，网店的展现量与网店的流量有很大关系；商品的点击率与商品价格、主图设计等关系密切；转化率与商品详情页设计、促销活动等有重大关系；客单价反映了每个客户（订单）平均购买金额，与商品定价、促销活动（搭配套餐、满减）等有重大关系。下面根据这个公式展开分析以下的运营数据。

1. 流量数据分析

无流量不电商，一个没有流量的网店或网站犹如线下没有人光顾的商场，即便硬件条件不错，也无法实现交易。因此，流量数据分析至关重要。

（1）流量的来源

流量的来源需要细分，细分包括地理属性、时间属性、渠道来源和推广内容的细分等，其中的渠道来源是重中之重。我们应该实时监测主要渠道流量的占比和变化趋势。

以全球速卖通平台为例，通过店铺后台的"生意参谋—流量分析—流量来源"板块，商家能够查询某个时间段内的店铺来源分布、店铺来源趋势、店铺来源明细、入店页面排行、离店页面排行等数据。这些数据可以帮助商家更精细化、更准确地了解流量结构，赋能商家数据化流量运营、优化商品功能，提升商品使用体验。其中，店铺来源分布中的流量来源包括直接站外流量①、间接站外流量②、搜索③、推荐④、基础工具⑤、导购频道⑥、社交⑦、会场⑧、内容⑨、VK 小程序⑩和其他⑪，如图 9-18 所示。

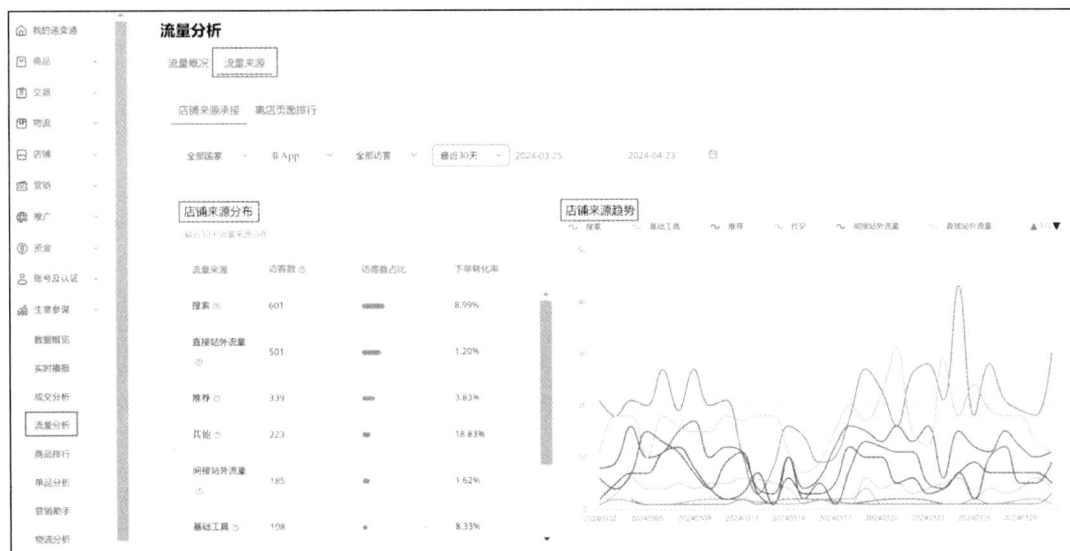

图 9-18　店铺流量来源分析

入店页面排行展示客户进入店铺后访问的第一个页面数据，帮助商家分析与优化流量的承接；而离店页面排行展示客户在店铺内访问的最后一个页面，帮助商家分析与优化用户体验，如图 9-19 所示。

（2）流量的质量

流量的质量包含质与量两个核心维度，缺乏其中一项，流量的实际价值都将大打折扣。流量的质体现在不同的营销目标上，如点击、注册、收藏、购买及利润获取等。利用四象限分析图，商家能更直观地对比和剖析流量的质量。

---

① 直接通过站外渠道进入店铺页面的流量，如访客直接单击 Facebook 上的商品投放链接进入店铺的商品详情页。

② 不直接通过站外渠道进入店铺页面，而是通过中间步骤，如先到站外活动承接页、全球速卖通首页等中间页，再通过中间页进入店铺的流量。通常平台出资的广告投放会产生这种效果，平台挑选一批优质商品做外投，访客单击投放链接进入承接页，最终挑选商品再进入特定商家的商品详情页。部分商家自主外投，如果访客跳转了系统无法识别的承接页，再进入店铺页面，也会产生这种效果。

③ 通过 AE 搜索（含直通车）进入店铺的访客。

④ 基于平台算法推荐进入店铺的访客，如首页推荐、心愿单推荐、购物车推荐、关联搭配推荐。

⑤ 通过购物车、消息、我的订单等渠道进入店铺的访客。

⑥ 通过全球速卖通前台导购场进入店铺的访客，如榜单、flash deal、金币频道等。注：访客在 App 切换不同国家/地区的导购频道有差异，如西班牙会出现 PLAZA、Elektro（电子消费类），俄罗斯会出现 AE Plus、Discount Center 等。

⑦ 通过社交玩法进入店铺的访客，如人拉人、砍价、社交平台玩法（老带新、撒钱、天天领现金、小游戏、大锦鲤、裂变券）等。

⑧ 通过会场进入店铺的访客，一般包括促销活动建立的会场、行业会场等。

⑨ 通过 feed 流、短视频等渠道进入店铺的访客。

⑩ 俄罗斯本地社交 App 上的全球速卖通小程序。

⑪ 除上述渠道外进入店铺的访客。

入店页面排行

▸ 展开 指标选择　　　　　　　　　　　　　　　　　　　　　　　⬇ 汇总数据下载　　⬇ 明细数据下载

页面名称	访客数	访客数占比	下单买家数	下单转化率	跳失率	操作
商品详情页	611 较前1日 -0.16%	90.52% 较前1日 -1.20%	20 较前1日 -33.33%	3.27% 较前1日 -33.43%	37.15% 较前1日 -8.62%	趋势
其他	59 较前1日 -9.23%	8.74% 较前1日 -8.29%	4 较前1日 -33.33%	6.78% 较前1日 -46.87%	77.97% 较前1日 -5.58%	趋势
店铺首页	5 较前1日 -28.57%	0.74% 较前1日 -27.93%	0 较前1日 -0.00%	0.00% 较前1日 -0.00%	80.00% 较前1日 -6.67%	趋势

离店页面排行

　　　　　　　　　　　　　　　　　　　　　　　　　　　　　　⬇ 汇总数据下载　　⬇ 明细数据下载

页面名称	访客数	访客数占比	下单转化率	平均访问深度	操作
商品详情页	610 较前1日 -0.49%	90.37% 较前1日 -1.54%	3.28% 较前1日 -41.47%	3.17 较前1日 -1.24%	趋势
其他	62 较前1日 -7.46%	9.19% 较前1日 -6.50%	6.45% 较前1日 -44.99%	1.37 较前1日 -0.15%	趋势
店铺首页	3 较前1日 -62.50%	0.44% 较前1日 -62.11%	0.00% 较前1日 -0.90%	1.33 较前1日 -18.52%	趋势

图 9-19　入店、离店页面排行

图 9-20 所示为流量的四象限分析图，其中第一象限的流量堪称高质量，购买转化率和访问量均高于平均水平。第二象限的流量虽然购买转化率高，但访问量有限，这类流量通常来自搜索。第三象限则是低购买转化率高访问量的流量，常见于站外购买的场景。而第四象限的流量既低购买转化率又低访问量，无须特别维护。

流量的四象限分析图

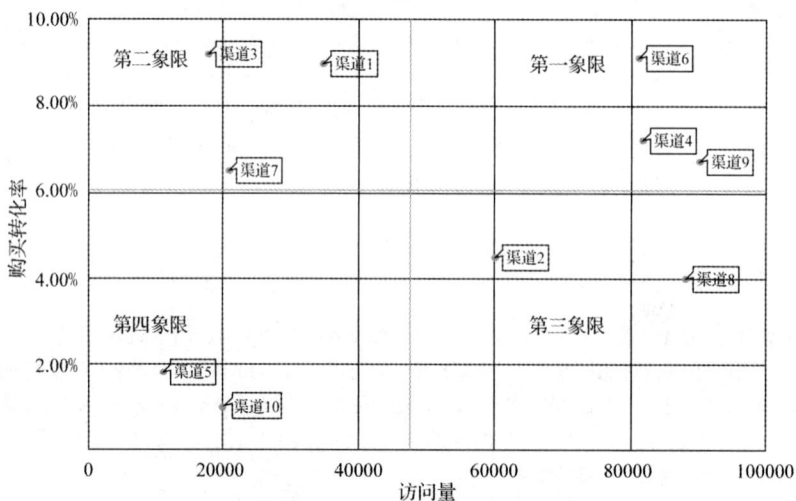

图 9-20　流量的四象限分析图

实际上，四象限对比分析是一种多维度、多指标的组合分析方式。在四象限分析图中，X轴和 Y 轴的分析对象可以根据分析目的进行灵活替换。四象限对比分析方法主要聚焦于某一时间段或营销事件。商家可以创建一系列关键指标组合，形成固定的分析模板，进行长期跟踪。例如，当推广活动的目标是提高注册会员数时，可将 X 轴设为访问量，Y 轴设为新用户注册率，对象则为渠道，这样的组合可以帮助我们分析不同渠道流量转化为注册用户的情况。

然而，四象限分析图只能揭示局部情况，无法展现整体趋势。因此，我们还需要结合渠道的发展趋势，进行更深层次的分析。为了使四象限对比分析方法更为完善，可以将四象限散点图进一步演变为气泡图，其中气泡的大小代表 ROI（代表单位产出），这种图表形式能够展示更为丰富的信息，帮助商家更全面地评估流量的质量，为营销决策提供有力支持。

2. 转化数据分析

在流量导入网站或店铺后，我们更期望用户能够遵循预设的引导，主动进行注册、收藏、下单、付款及参与营销活动等操作，这些用户行为正是我们所追求的转化目标。

转化率，即进行了相关动作的访问量占总访问量的比例，是衡量电商运营成效和营销效果的关键指标。渠道转化率是指从某一特定渠道引入的成交用户数与该渠道引入的总用户数的比值，它能够有效评估渠道的质量。事件转化率则是指由某一特定事件引发的成交用户数与该事件带来的总访问用户数的比值。对于可追踪到的事件，如营销中的关键词投放或其他网站广告投放，我们可以精确计算其事件转化率；而对于那些难以统计细节的公共事件，我们则可以采用成交转化率作为替代指标。无论是主动还是被动触发的事件，事件转化率都是研究营销策略、提高销售额的重要参考。

图 9-21 所示的转化率示意图清晰展示了流量如何一步步转化。在实际分析中，我们既要关注过程转化率，又要重视结果转化率，这样才能全面、深入地评估转化率，为制订更有效的营销计划提供有力支持。

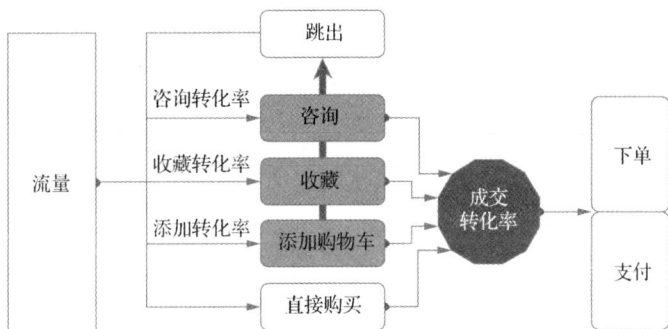

图 9-21 转化率示意图

图 9-21 中，咨询转化率又称为客服转化率，为咨询客服人员的用户数除以总访问数，是一个过程性指标。收藏转化率，即将商品添加到收藏或关注的用户数除以该商品的总访问数。每逢大型促销前，用户都会大量收藏心仪的商品，以便促销正式开始时购买。添加转化率，即将商品添加到购物车的用户数除以该商品的总访问数，这个指标主要针对具体商品。

3. 销售数据分析

销售额主要指跨境电商网站或网店或在一定时期内通过销售商品或提供服务所获得的总收入。

销售额分析的具体场景丰富多样，商家应根据具体的运营情况开展有针对性的准备工作。例如，当商品需要更新时，商家应关注商品的销售数据，以明确更新方向；当网店销售数据出现下滑时，需重点分析网店的总体销售数据，找出下滑的根源；而在进行库存管理或筹备大型活动时，则应关注网店的历史销量数据，以预估未来的销量走势。以下是销售数据分析过程中常用的几种思路。

（1）影响销售额的因素

由于网店的销售额 = 展现量 × 点击率 × 转化率 × 客单价，我们可以从影响销售额的几个因素进行分析。

① 展现量：展现量是衡量网店吸引力与影响力的重要指标，商家可以通过分析各流量来源的数据变化，精准定位展现量的问题所在。网店的流量主要划分为免费流量与付费流量两大类别。在理想情况下，免费流量占据的比例越高，意味着网店的获客成本越低，反映网店的发展态势越稳健，也预示着网店拥有更大的利润空间。特别值得一提的是，免费流量和网店内主要商品的搜索排名有重大关系，搜索流量通常在免费流量中占有很大比例。

② 点击率：它与商品价格、主图设计等有较大关系。展现量与点击率相乘等于点击量。这里着重介绍商品价格。

商品价格是客户决定购买与否的关键因素，在商品分析中占据着重要的地位。商品价格分析包括价格带的宽度、深度和广度分析，以及价格点、价格区及价格弹性分析。

小知识：商品价格分析

价格带是零售业错位经营与精准定位的关键，通过差异化定价吸引不同客户，实现市场多元化覆盖。

（1）价格带的宽度：是价格带中最高价和最低价的差值。

（2）价格带的深度：体现在价格带中的品牌数或 SKU 数。

（3）价格带的广度：体现在价格带中不重复销售价格的数量，每个不重复销售价格称为一条价格线。

（4）价格点：指在价格带中最容易被客户接受的某一条价格线。

（5）价格区：是价格带中包含价格点的一个客户主要购买的价格区间，这个区间远小于价格带的范围。不同的价格区满足不同层次客户的消费需求。

（6）价格弹性：是指商品的价格发生变化时，该商品的需求量变化的幅度。价格弹性越大，需求量的变化也就越大。价格弹性可分为需求的价格弹性、供给的价格弹性、交叉价格弹性和预期价格弹性等类型。

价格弹性系数=销售变动比率/价格变动比率，是价格弹性的体现。价格弹性系数大于 1，说明价格变化能够带来销售数量的大幅变化。价格弹性系数等于 1，说明销售数量变动幅度与价格变动幅度相同。价格弹性系数在 0～1，说明价格变化幅度大于销售数量变动幅度。价格弹性系数等于 0，说明商品的需求没有弹性，这种商品不适合做降价促销活动。

---

③ 转化率：它与商品详情页设计、促销活动等有密切的关系。在访客数稳定的情况下，提高转化率就能提高网店的销售额。

④ 客单价：它与商品定价、促销活动（搭配套餐、满减）等有密切的关系，反映了平均每个客户（订单）的购买金额。在订单数量基本稳定的情况下，提高客单价就可以提高网店的销售额。

商家若发现网店整体的销售额明显下降，就应从以上几个因素入手，挖掘并整理数据，及时发现网店运营过程中存在的问题并进行调整。

（2）同比销售额与环比销售额

环比和同比是统计学中常用的两种比较方法，它们对分析销售额的变动趋势具有重要的作用。环比和同比各有侧重，将它们结合使用可以更全面地反映销售额的变化情况。对比环比和同比数据，可以识别出销售额变化的趋势、周期性及可能出现的异常情况，为企业的决策提供更为准确和全面的依据。

环比主要关注的是相邻时间段的比较，通过计算本期销售额与上期销售额之间的比例变化，可以迅速了解短期内销售额的涨跌情况。例如，本期销售额统计数据与上期比较（如 2024 年 1 月与 2024 年 2 月比较）称为环比。这种比较方式对捕捉市场的短期波动、评估销售策略的即时效果等具有重要意义。

同比则侧重于与历史同时期的比较。例如，本期销售额统计数据与历史同时期比较（如 2023 年 1 月与 2024 年 1 月）称为同比。比较本期销售额与去年同期销售额的比例变化，可以消除季节性因素的影响，更准确地反映销售额的长期变化趋势。同比销售额常用于分析市场需求的长期变动、评估企业年度业绩等方面。

环比和同比均用百分数或倍数表示。环比可以分为日环比、周环比、月环比和年环比，主要用来对比短时间内的涨幅程度。同比销售额一般用在相邻两年的相同月份，但很少用在两个月份的相同日期。

4. 订单数据分析

（1）订单状态数据

订单状态数据按时间段划分，反映某一时期内的各种订单状态。通过分析这些订单状态数据，企业可灵活调整工作策略与发展规划。表 9-2 所示为某店铺近 60 天的商品订单统计情况。

表 9-2　某店铺近 60 天的商品订单统计情况

时间周期	新客户	老客户	未付款客户	付款客单价/元	全部订单金额/元
1～30 天	3921	280	1135	210.55	1,295,345.00
31～60 天	3069	222	855	194.55	917,149.00

根据表 9-2 所示的统计情况，我们可以总结出以下四点。

① 全部订单金额。该数值上升，说明该网站/网店整体运营情况良好，客户稳定，商品具有一定的市场占有率。

② 新老客户。新老客户数量都保持增长，可以推测该网站/网店在提高客户忠诚度和不断发展新客户两个方面所做的努力都取得了一定的成效。

③ 未付款客户。未付款客户数量增加，说明很多客户在下单后没有付款，可以推测这些客户的购买意愿不强，或者他们在最后付款时改变了购买决策。商家应在客户下单后积极与其沟通，介绍一些优惠活动，增强客户的购买意愿。

④ 付款客单价。付款客单价提升，说明单个客户所消费的金额有所上升。这可能是因为客户购买商品的数量上升，也可能是因为客户购买了单价较高的商品。这两种情况都能反映出客户对该网站/网店的商品有一定认同，消费愿意强。

（2）订单时间数据

该数据主要针对一周或某一天的订单数据进行分析。阅读和分析某一周期的订单时间数据，其目的是据此推测下一周期的销售时机分布。图 9-22 所示为某化妆品店铺随机四周的订单数据统计。

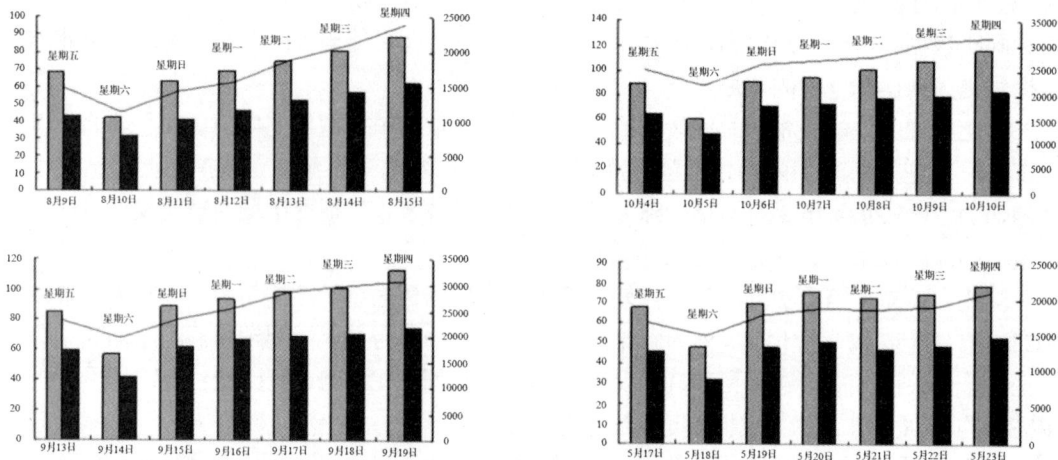

图 9-22 店铺订单数据统计

通过分析图 9-22 的数据，我们发现每周星期六的订单金额、订单量和会员数等指标全部处于一周最低点，表明购买活动明显减少。这可能与周六为休息日，人们更倾向于外出活动有关。

此外，通过一天内不同时间段的订单数据，我们也可以洞察一天中的销售高峰与低谷，为网店运营提供重要参考。图 9-23 所示为某店铺在一天中各个时间段的运营数据统计。通过观察此运营数据图，不难发现凌晨时段销售情况最差，而晚上九点则是网购高峰期。这是因为凌晨大部分人处于休息状态，不会在网上进行购物；而晚上九点，大部分人吃过晚饭，处于相对轻松的状态，就会上网进行购物。

因此，跨境电商卖家应该根据订单时间数据分析，选择合适的时间段进行商品促销，以提升销售效果。

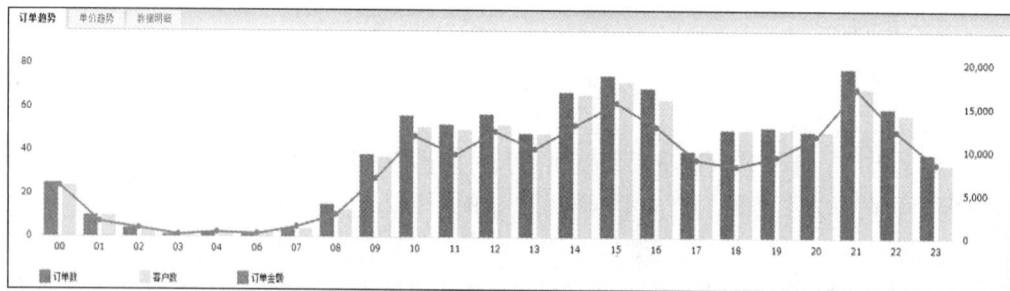

图 9-23 店铺不同时间段运营数据统计

四、竞争数据分析

竞争数据分析是指企业通过分析竞争对手的经营数据，了解竞争对手的经营现状和经营策略，从而制定有利于自身发展的策略，并对自身的网店和商品进行优化。竞争数据分析一方面可以帮助企业了解竞争对手的优势，找到自身可以提升的空间，做好充分的应对准备，进行错位竞争；另一方面，企业可以通过研究竞争对手如何应对市场变化，如促销方案的制定、新品发布的时间、销售趋势等，获得宝贵的洞察，以便更好地适应市场动态。

1. 识别竞争对手

竞争对手是指在同一行业或市场中，与本人或本企业争夺相同客户或市场份额的其他企业或个体。在跨境电商网店的运营过程中，我们首先要找到自身真正的竞争对手，主要从以下几个方面识别竞争对手。

（1）商品类目

销售同品类商品或服务的为直接竞争对手，这是最大众化意义上的竞争对手，也就是同业竞争，即最狭义的竞争对手。跨境电商平台会根据商品属性和市场需求，将商品划分为不同的类目，这些类目通常涵盖各个行业和领域，包括但不限于服装、鞋帽、箱包、家居用品、数码电器、美妆个护、食品饮料、运动户外等。

（2）商品属性

同个类目的商品也存在很大的差异，而这些差异可以用商品属性来表现。以家居饰品类目为例，其下可细分出墙纸、百叶帘和窗帘、屏风和隔断、家居装饰工艺品、墙贴、窗户贴膜和壁炉用具等多个子类目，每个子类目下的商品种类也极为丰富，在设计风格、材质选择、功能性上有着显著的区别。以窗帘为例，按照设计风格可分为现代简约、欧式古典、中式传统、田园清新等；按照材质可分为棉麻、涤纶、丝绸、纱质等；按照遮光性可以分为全遮光、半遮光和不遮光；在尺寸上，又可分为通用款和定制款。不同的消费群体对窗帘的设计风格和功能有着不同的需求。在寻找竞争对手时，我们需要精确定位销售相近属性商品的商家，他们才是与我们争夺相同消费群体的真正的竞争对手。

（3）商品价格

同类商品有着不同的价格段位，不同价位的商品面向的消费人群也有所区别。在识别竞争对手的时候，价格也是一个需要考虑的因素。我们可以在跨境电商平台中，通过类目浏览或关键词搜索商品，再根据价格区间筛选出不同价位的同类商品，还可根据价格从高到低或从低到高对商品进行排序，如图 9-24 所示，再结合前面提到的商品属性进行进一步分析，找到真正的竞争对手。

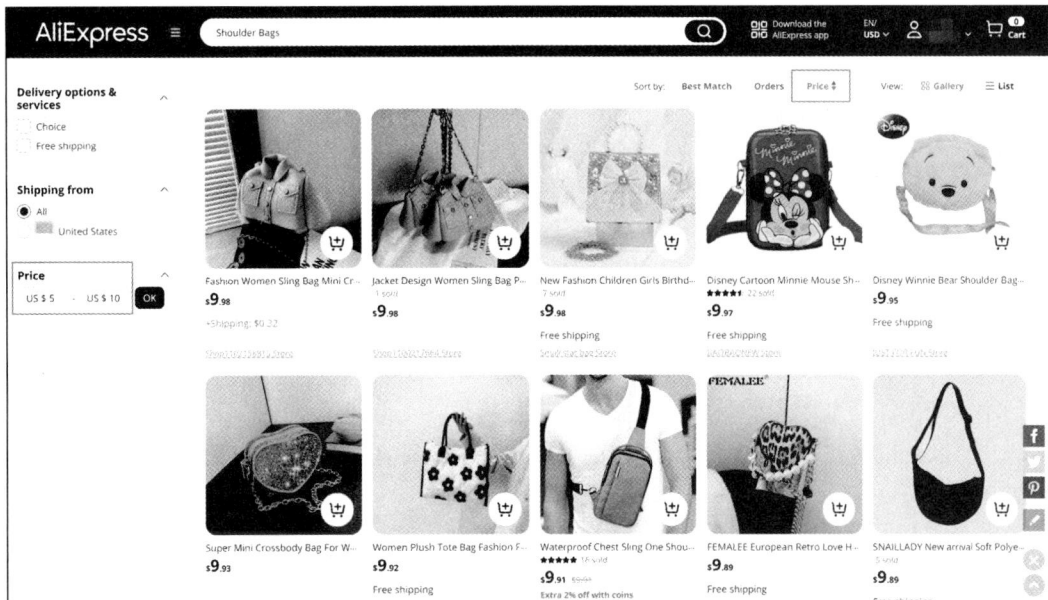

图 9-24 全球速卖通平台按照商品价格区间筛选同类商品

（4）其他因素

人、货、场是电商的三大要素，除了前面提到的商品，即"货"的要素，我们还可以从"人"和"场"两个要素入手。

"人"可以分为企业员工和客户，员工是企业的人力资源，客户是企业的服务对象，也是企业收入的来源。客户的时间、金钱和身体资源是有限的，和你抢夺同一客户群体的个人或企业就是你的竞争对手。

"场"是指触达客户的渠道或平台，包括营销资源和物流资源等。例如，在跨境电商营销资源方面，在同一时段同一媒体发布广告的企业就是你的竞争对手；在物流资源方面，在节假日和电商购物节时，发货人员、发货设备、运输车辆和配送人员都会相对紧缺，企业需要和竞争对手争夺这些资源。

2. 收集竞争对手数据

（1）收集哪些数据

我们将竞争对手的数据进行分类，包括五部分内容，分别是经营数据、营销数据、媒体数据、工厂数据和组织数据。这些数据回答了竞争对手在做什么，他们做得怎么样，他们还准备做什么，第三方怎么看他们做的这些事情。其中的经营数据和营销数据是我们需要重点收集并在后续做细致分析的数据。图 9-25 所示为竞争对手数据分类。

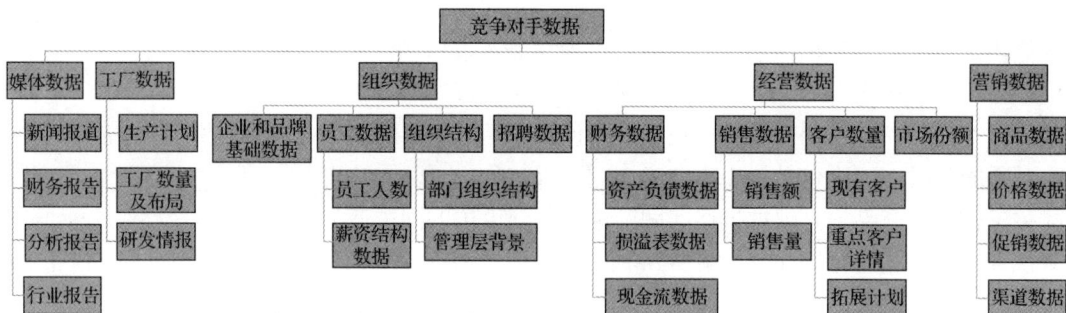

图 9-25　竞争对手数据分类

（2）如何收集数据

常规的竞争对手数据收集有线上和线下两种途径。线下收集的时间成本较高，而线上收集比较方便。目前一些专业网站也开发了一些工具，帮助我们分析竞争对手的舆情及发展趋势，并且都有现成的分析模型。常用的工具有以下几种。

① 谷歌趋势，具有查看关键词在谷歌的搜索次数及变化趋势和查看网站流量两个功能。

② Semrush 和 Sellzone 等工具，可以帮助商家分析竞争对手的关键词使用情况、流量来源、外链数量等关键数据。

③ AliHunter，获取目标店铺的基本信息和经营信息。

④ Keepa，一个专注于亚马逊平台的数据分析工具，主要用于跟踪亚马逊商品的历史价格，它可以帮助客户单独追踪感兴趣的商品价格走势，并在价格达到预定阈值时通知客户，如图 9-26 所示。

3. 分析竞争对手

（1）竞争店铺基本情况分析

分析竞争对手时，首先要分析对方店铺的基本信息和经营信息。其中，基本信息包括店铺类型、信用等级、店铺粉丝数、好评率、店铺商品数、创店时间、经营资质、主营类目、所在地等；经营信息包括近期销量、平均成交价格、近期滞销商品数、店铺动销率等；此外，还要对竞争店铺整体的流量及流量构成占比、网店的客单价及转化数据进行分析，掌握竞争店铺消费人群的基本情况。

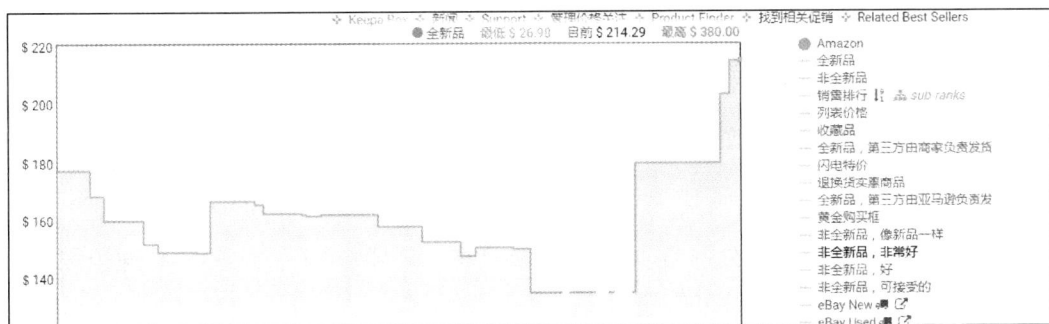

图9-26　Keepa竞争对手价格数据统计

（2）竞争店铺运营推广分析

分析竞争对手的网店，还应了解网店在跨境电商平台站内和站外开展的运营推广活动及其效果，从中分析竞争对手的运营策略、运营重点和运营方向，为自身网店运营推广活动的开展提供参考。

① 站内运营推广活动：竞争店铺通常会利用平台提供的多种营销工具，如店铺优惠券、限时折扣、满减活动、积分兑换等，以增强购买意愿。我们可以利用数据分析工具，追踪这些活动的参与人数、转化率、销售额等数据，评估其效果。同时，关注竞争店铺的商品详情页优化、店铺评分和信誉度提升等策略，通过数据分析掌握其搜索排名变化趋势，进而优化自身网店的搜索排名策略，提高曝光率和点击率。

② 站外运营推广活动：竞争店铺通常会采用社交媒体营销、广告投放、KOL合作等多种方式进行推广。我们可以利用社交媒体平台的数据分析工具，分析竞争店铺发布的内容、互动情况、粉丝增长等数据，评估其社交媒体营销效果。同时，通过广告投放数据，分析竞争店铺的广告投放渠道、投放时段、点击率、转化率等指标，以优化自身广告策略。对于KOL合作，我们可以关注合作对象的粉丝基础、影响力及合作后的效果数据，为自身寻求合适的KOL合作伙伴提供参考。

（3）竞争店铺的商品分析

商品分析是竞争对手分析的核心。一家网店的大部分销售业绩往往由几款热销商品主导，因此，对这些热销商品的分析在运营策略制定中显得尤为重要。关于竞争店铺的商品分析，可以从以下几个维度展开。

① 商品价格。根据商品的SKU结构，深入理解重点商品的定价策略，通过对比成本构成与利润空间，优化我们自身网店的定价策略，实现成本控制与利润最大化。

② 商品属性。从商品详情页着手，详细解读商品的基础属性及核心卖点。通过抓取商品详情页的信息，我们可以获取商品的基础属性及核心卖点数据。通过对比分析这些数据，我们可以清晰地认识到自身商品与竞争对手商品的优劣势，进而在商品属性上进行优化，提升竞争力。

③ 商品评论中的信息。客户评论是洞察客户需求的重要窗口。大多数客户会在评论中

表达出他们对商品的真实感受和价值期待。通过收集和分析评论数据，我们可以揭示商品存在的潜在问题，把握客户的真实需求，从而指导商品改进和新品开发，更好地满足市场需求。

④ 商品的促销活动。除了关注竞争对手的整体促销活动，我们还应重点关注竞争对手针对重点商品开展的单品促销活动。通过收集和分析活动数据，我们能够理解并掌握竞争对手的活动运营逻辑，进而优化自身的促销活动策略，提升销售效果。

实训　跨境电子商务数据化选品

【实训目的】

熟悉跨境电子商务数据化选品过程中的关键指标，掌握跨境电子商务平台数据化选品工具的使用方法，能够基于数据分析查找并筛选潜力细分类目，并通过挖掘热门产品词做出合理的选品决策。

【实训内容和步骤】

卖家小李计划在全球速卖通平台上开设一家"小而美"店铺，面向境外客户销售母婴产品，旨在实现精准定位与深度满足，塑造独特品牌形象，赢得市场竞争优势。但在网店筹备阶段，他并不清楚应该选择哪个渠道，也不确定选择哪些具体产品进行销售。请你运用数据化选品的知识和技能，分析母婴行业的相关数据，进行细分行业筛选并确定产品词，帮助小李制定一份选品方案。其具体操作步骤如下。

小资料：速卖通母婴行业数据文件

（一）通过市场数据筛选细分行业

"细分类目"是平台为有效管理不同层级的产品而采取的一种分类维度，选择产品的细分类目是数据化选品的第一步。卖家可以根据平台提供的数据迅速掌握行业的发展现状，从而准确判断经营方向。

实训提示：

在全球速卖通平台中，小李选择的"母婴（含儿童服装/童鞋/儿童用品）"属于一级类目。为了进一步找出适合深耕的细分类目，我们可以对该类目下的二级及以下细分行业数据进行比较分析。

实训步骤：

（1）单击店铺后台的"生意参谋—市场分析—市场大盘—行业趋势"板块，查询某个时间段内（可选 7 天/30 天/日/周/月）母婴行业的整体情况，包括访客指数、浏览商品数、商品加购人数、加收藏人数、商品浏览率、供需指数和客单价等数据，如图 9-27 所示。

（2）选择不同的二级或二级以下的同级类目进行两两对比，此处选择"婴儿服装/配件（0～2 岁）"和"儿童服装（2 岁以上）"类目，对比访客指数、供需指数、交易指数和搜索指数等关键指标的数据，如图 9-28 所示，可以看出"儿童服装（2 岁以上）"的市场体量更大。

（3）此外，还可以查询母婴行业所有下属的二级类目的相关数据，二级类目包含儿童服装（Children's Clothing）、婴儿服装（Baby Clothing）、儿童配件（Kids Accessories）等，如图 9-29 所示。

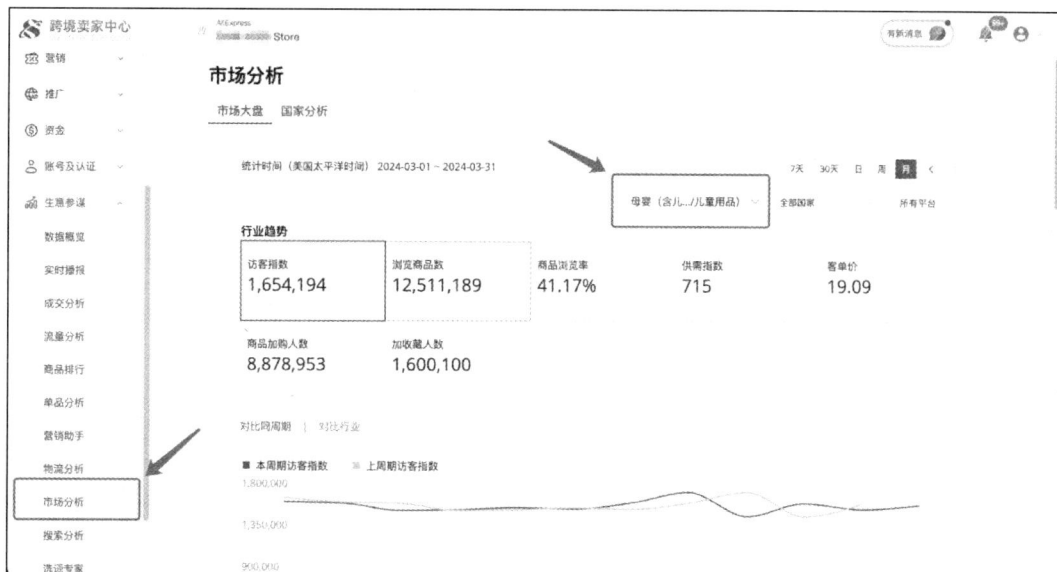

图 9-27 "市场分析-市场大盘-行业趋势"板块母婴行业搜索结果

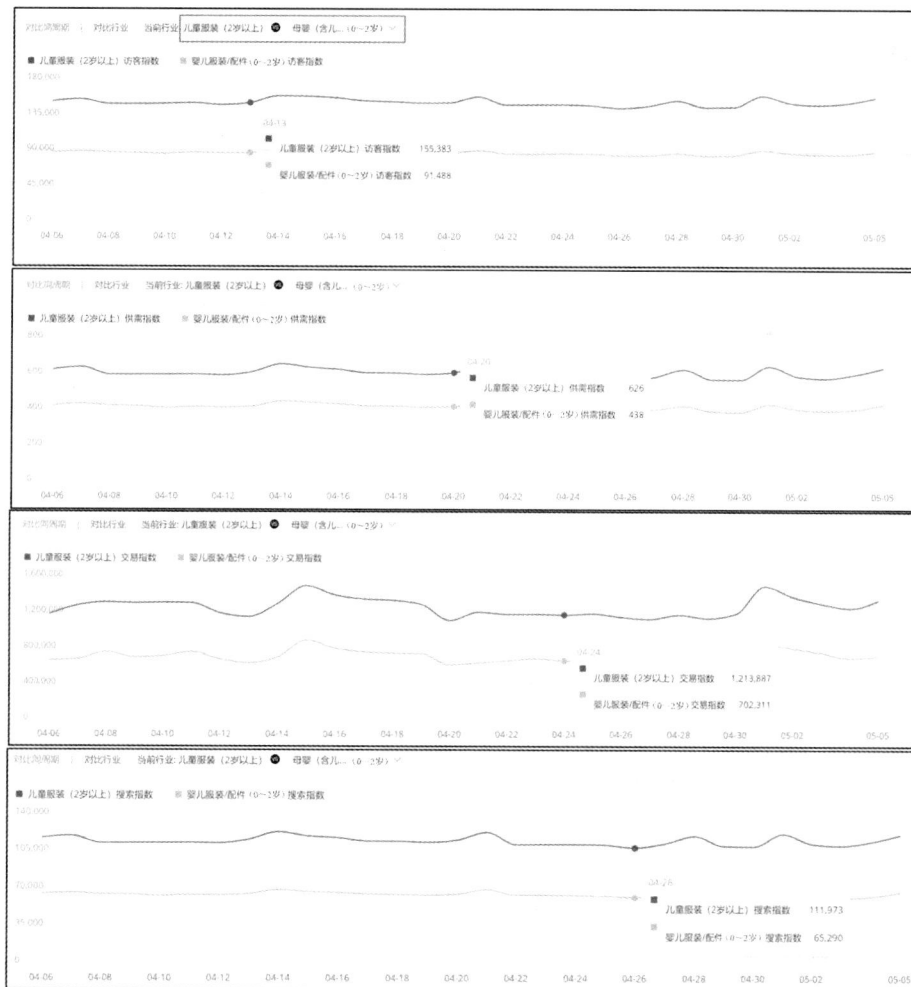

图 9-28 同级细分类目的数据对比

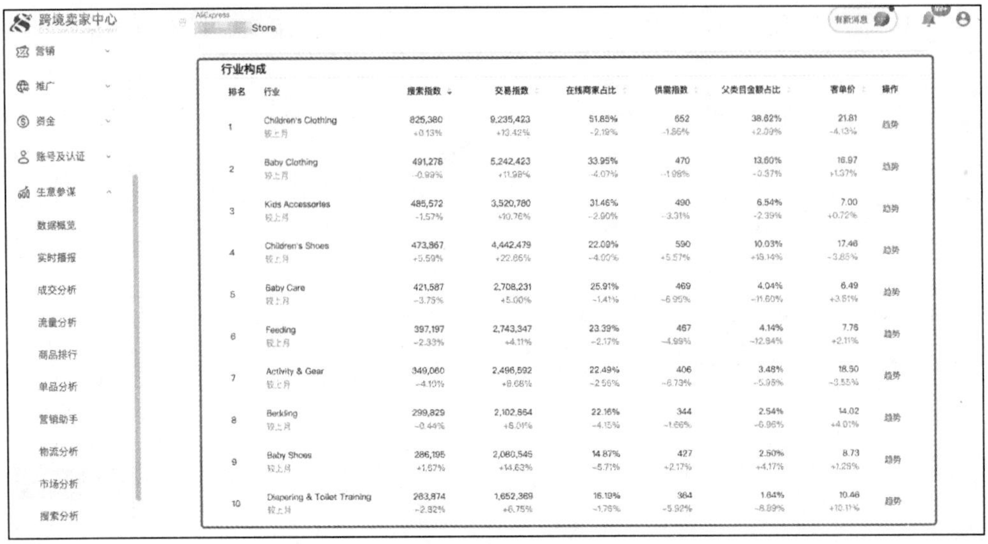

行业构成

排名	行业	搜索指数	交易指数	在线商家占比	供需指数	父类目金额占比	客单价	操作
1	Children's Clothing 较上月	825,380 +0.13%	9,235,423 +13.42%	51.85% -2.19%	652 -1.56%	38.62% +2.09%	21.81 -4.13%	趋势
2	Baby Clothing 较上月	491,278 -0.99%	5,242,423 +11.98%	33.95% -4.07%	470 -1.98%	13.60% -0.37%	16.97 +1.37%	趋势
3	Kids Accessories 较上月	485,572 -1.57%	3,520,780 +10.76%	31.46% -2.90%	490 -3.31%	6.54% -2.39%	7.00 +0.72%	趋势
4	Children's Shoes 较上月	473,867 +5.59%	4,442,479 +22.66%	22.09% -4.00%	590 +5.57%	10.03% +19.14%	17.46 -3.85%	趋势
5	Baby Care 较上月	421,587 -3.75%	2,708,231 +5.00%	25.91% -1.41%	469 -6.95%	4.04% -11.60%	6.49 +3.51%	趋势
6	Feeding 较上月	397,197 -2.33%	2,743,347 +4.11%	23.39% -2.17%	467 -4.99%	4.14% -12.94%	7.76 +2.11%	趋势
7	Activity & Gear 较上月	349,060 -4.10%	2,496,592 +8.68%	22.49% -2.56%	406 -6.73%	3.48% -5.95%	18.50 -3.55%	趋势
8	Bedding 较上月	299,829 -0.44%	2,102,864 +6.01%	22.16% -4.15%	344 -1.66%	2.54% -6.96%	14.02 +4.01%	趋势
9	Baby Shoes 较上月	286,195 +1.67%	2,080,546 +14.63%	14.87% -5.71%	427 +2.17%	2.50% +4.17%	8.73 +1.29%	趋势
10	Diapering & Toilet Training 较上月	263,874 -2.82%	1,652,369 +6.75%	16.10% -1.76%	364 -5.92%	1.64% -8.89%	10.46 +10.11%	趋势

图 9-29　二级类目

（4）分析“母婴（含儿童服装/童鞋/儿童用品）”下各二级类目的市场数据，包括搜索指数、交易指数、在线商家占比、供需指数、父类目金额占比和客单价等指标。了解市场数据的相关指标的含义，并通过对这些指标的观察和分析，筛选出哪些行业更具有市场前景，将选择结果和理由填写在表 9-3 中，为后续决策提供参考依据。

小资料：全球速卖通母婴行业二级类目的市场数据

小资料：全球速卖通行业数据指标解读

表 9-3　二级类目筛选理由

排名	二级类目	选择理由

（二）通过热搜和热销维度挖掘产品词

通过行业对比和分析之后，卖家可以确定细分类目行业，然后通过“选品专家”的热搜和热销两个维度进行产品词分析。热销维度的产品词能直观反映销量热度与竞争状况，帮助卖家了解哪些产品市场尚未饱和。热搜维度下的产品词能直观反映客户需求与购买意向，帮助卖家洞察市场趋势，卖家可以参考两个维度，精准选品。

实训提示：

全球速卖通生意参谋中的“选品专家”有两个板块：热销和热搜。“热销”代表卖家的角度，统计的是卖家发布产品的信息；"热搜"代表买家的角度，统计的是买家搜索产品的信息。

实训步骤：

（1）单击全球速卖通店铺后台"生意参谋—选品专家—热销"板块后，选择"母婴（含儿童服装/童鞋/儿童用品）"类目，可查询某个时间段内该行业下产品的销量和竞争度，如图9-30所示。（注：在"热销"板块中，圈的大小代表销量热度，圆圈面积越大，销量越高；圈的颜色代表竞争度，颜色越蓝，代表竞争度越小。）

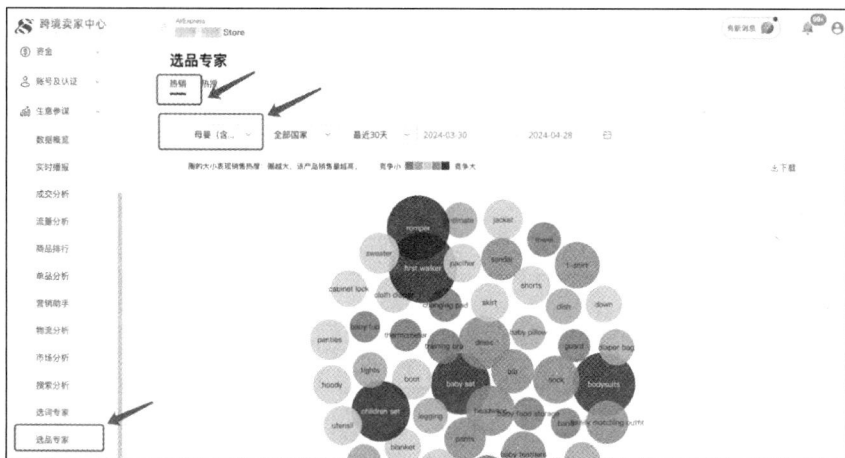

图9-30 "选品专家"板块热销产品词搜索结果

小资料：全球速卖通母婴行业热销产品词的市场数据

为进一步具体分析，单击"下载"按钮，获取最近30天热销产品词的原始数据表。

（2）单击全球速卖通店铺后台"生意参谋—选品专家—热搜"后，选择"母婴（含儿童服装/童鞋/儿童用品）"类目，可查询某个时间段内该行业下产品的搜索量，如图9-31所示。为进一步具体分析，单击"下载"按钮，获取最近30天热搜产品词的原始数据表。

小资料：全球速卖通母婴行业热搜产品词的市场数据

图9-31 "选品专家"板块热搜产品词搜索结果

（3）了解热销、热搜产品词相关指标的含义，对热销产品词和热搜产品词进行分析，选出最具选品价值的 5 个热销产品词和 5 个热搜产品词，并填写在表 9-4 中，最后结合两者的分析结论，对卖家小李提出选品建议方案。

小资料：全球速卖通行业热销、热搜产品词的数据指标解读

表 9-4　产品关键词整理表

排名	热销产品词	理由
1		
2		
3		
4		
5		

排名	热搜产品词	理由
1		
2		
3		
4		
5		

同步阅读：人工智能在跨境电商领域的落地实践

根据 Gartner 发布的《2022 年人工智能技术成熟度曲线》报告，在多项人工智能技术中，生成式 AI、合成数据、边缘 AI 等当下均处于期望膨胀期，预计未来 2～5 年达到高峰期。人工智能生成内容（Artificial Intelligence Generated Content，AIGC）已经逐渐成为引领内容生产的新形式。随着通用大模型渗透到各行各业的各个岗位，创新正从内容延伸向新工具，甚至催生新需求。随着 AI 技术的升级迭代、算法模型愈发成熟，AIGC 加速向文本、图像、音视频等多个领域渗透，将迎来应用爆发期。据头豹研究院测算，2027 年我国 AIGC 行业市场规模将实现跨越式增长，达到 2674 亿元，2022—2027 年复合年均增长率（CAGR）为 105%。

随着人工智能技术的不断发展和应用，跨境电商巨头们也开始加速融入这一领域，以实现更高效、更智能的全球贸易。智能驱动是跨境电商 AI 技术的重要发展方向之一。通过利用大数据、机器学习等技术，跨境电商企业能够更好地了解用户需求，提供更加个性化的产品和服务。很多电商平台已开始使用 AI 技术分析用户行为数据，预测用户需求和购买行为，从而为用户提供更加精准的推荐服务。

1. 洞察

利用 AI 对获取到的海量数据进行分析，高效地为企业提供市场洞察，帮助企业在短时间内快速了解行业，掌握市场动态，分析市场趋势，预测未来发展方向。这对于企业来说是个很好的机遇，能够帮助企业更好地把握市场机会，实现产品定位。

2. 设计

在设计过程中，AI 能够深度挖掘用户的行为数据，从多个维度对用户需求进行深入分析。在此基础上，AI 还能帮助设计师更好地理解用户需求，从而提高设计质量和用户

满意度，并在提高用户留存率、提升品牌形象等方面发挥积极作用。

3. 选品

AI 的介入帮助企业在众多产品中进行最优选择，从而实现利润最大化。通过对产品历史、实时销售数据的分析，选择出最具潜力的产品。同时，AI 还能够结合时下热点为企业提供符合用户需求的新产品，挖掘产品潜力。

4. 运营

AI 可以通过对大量用户数据的深度挖掘，为企业提供有针对性的营销建议。通过对用户行为、兴趣、需求等方面的分析，准确识别出潜在用户群体，从而帮助企业制定更加精准的营销策略。此外，AI 还可以实时监控用户的反馈和行为变化，以便企业在第一时间调整营销策略，提高用户转化率。

5. 库存管理

AI 技术可以帮助企业进行智能预测，提前预测市场需求和产品销售趋势，从而避免库存积压和缺货现象。通过对历史数据的分析，AI 可以为企业提供合理的库存预警值，帮助企业实现库存的最优化管理。同时，AI 还可以协助企业进行订单管理，自动分配库存和运输资源，提高企业的运作效率。

6. 客服

将 AI 应用于客服，能够分析客户的情感，识别并理解其真实意图，可以及时解决问题并提升客户满意度。基于学习相关产品的语料，结合公域数据，AI 可以实现更完善的疑问回答。此外，还可以实现更多实时语言交互及因本土化而带来的亲切度，从而大大解放人力，同时提高客户服务效率，增加了客户满意度。

7. 营销

AI 工具通过对用户行为和反馈的分析，根据不同群体生成差异化内容，并向特定用户展示符合其兴趣的产品，从而提高销售转化率。分析海量数据，对不同地区用户进行分析，了解其消费偏好、购买行为和兴趣，实现更精准地定位目标用户群体。应用 AI 高效处理海量数据，可以为用户提供相对于过去更精准、更个性化的营销方案。此外，AI 还能生成适合不同文化信仰的内容，进而差异化地营销目标受众，提升广告投放的效果。

8. 供应链

AI 的加入能够协助企业实现供应链的优化，降低成本，提高效率。通过对市场趋势的预测，AI 能够帮助企业提前做好库存管理，避免库存积压。同时，AI 还能够协助企业对供应商进行评估，选择最具成本效益的供应商。在需求预测方面，根据历史数据和市场趋势，AI 能够预测产品需求，帮助供应链实现精确的库存管理和生产计划。基于交通、天气等因素的分析，AI 为供应链提供准确的物流规划和路径优化，提高运输效率和降低成本。通过机器视觉和机械臂等技术，实现仓储和分拣的自动化，减少人工错误和加快物流速度。此外，AI 还可以监测供应链中的风险因素，如运输延误、供应商问题等，及时发现和解决问题，提高供应链的稳定性和可靠性。AI 亦可以提供供应链的实时数据分析和共享平台，促进各环节的协同和沟通，提高整体运作效率。

本章小结

在数字化时代，数据已成为最宝贵的资产之一。通过收集和分析跨境电子商务数据，企业不仅能够准确地了解外部的市场需求和用户偏好、制定出更精确的运营策略，还能对内优化管理效率、节约经营成本。因此，跨境电子商务数据化运营不仅是提升企业竞争力的重要手段，更是推动行业发展和创新的关键力量。

本章第一节阐述了跨境电子商务数据化运营的基本概念，包括其定义、基本分析流程及关键分析指标，旨在为读者提供一个宏观的视角，帮助其初步理解跨境电子商务数据化运营的基础知识。第二节根据运营涉及的不同内容和环节，详尽地探讨了市场数据、客户数据、运营数据及竞争数据的分析方法与策略优化，加深读者对跨境电子商务数据化运营全方位、深层次的理解。

同步测试

1. 单项选择题

（1）以下不属于跨境电子商务数据化运营狭义定义的选项是（ ）。

A. 跨境电子商务数据采集

B. 跨境电子商务数据分析

C. 为决策提供支持

D. 提高产品质量

（2）跨境电子商务数据化运营基本分析流程是（ ）。

①撰写数据报告 ②数据采集 ③数据分析 ④数据展现与可视化
⑤数据处理 ⑥确定数据分析目标

A. ⑥④②⑤③①　　　　　　　　B. ②⑥⑤④③①

C. ⑥⑤②③④①　　　　　　　　D. ⑥②⑤③④①

（3）以下不属于跨境电商平台数据分析工具的选项是（ ）。

A. 全球速卖通的生意参谋

B. 阿里国际站的市场参谋

C. 敦煌网的卖家精灵

D. 亚马逊的卖家中心业务报告

（4）在速卖通平台，商家可以通过（ ）板块查询客户购物消费时段分布。

A. 生意参谋—市场分析

B. 生意参谋—产品分析

C. 生意参谋—实时播报

D. 生意参谋—客户画像

（5）（　　）指标属于衡量跨境电子商务网站用户活跃度的关键指标。

    A. 独立访客数

    B. 销售额

    C. 利润率

    D. 订单数量

2. 多项选择题

（1）（　　）属于跨境电子商务数据化运营中数据的主要来源。

    A. 用户行为记录

    B. 财务报表

    C. 社交媒体互动

    D. 交易记录

（2）在跨境电子商务中，数据化运营的重要性体现在（　　）。

    A. 识别市场趋势

    B. 优化产品设计和定价

    C. 评估营销活动的效果

    D. 增加企业社交媒体关注度

（3）当跨境电商网店销售出现下滑时，应该重点分析（　　）。

    A. 网店的总体销售数据

    B. 商品的点击率

    C. 商品的展现量

    D. 网店的访客数量

（4）用来分析跨境电子商务用户活跃度的数据化指标有（　　）。

    A. 平均访问次数

    B. 购买商品的数量

    C. 平均停留时间

    D. 平均访问深度

（5）在分析网店销售额下滑原因时，应该从（　　）入手。

    A. 检查网店展现量是否受到搜索引擎排名变动或广告投放策略调整的影响

    B. 评估商品的点击率，查看其是否因商品价格不合理或主图设计不吸引人而下降

    C. 分析转化率，确定其是否因商品详情页的信息不够详细或促销活动不够吸引人而下降

    D. 考察客单价，判断是否因商品定价过高或促销活动不当而导致客户购买意愿下降

3. 简答和分析题

（1）结合本章所学知识，描述数据化运营在跨境电子商务中的重要作用。结合实例，详细分析数据化运营如何帮助企业提升客户体验和增强市场竞争力。

（2）表 9-5 所示的数据分析工具属于哪些类型？对比各款数据分析工具，分析其特点和优劣势。

表 9-5 跨境数据分析工具对比分析

工具名称	类型	特点和优劣势
Excel		
Google Trends		
卖家精灵		
生意参谋		
AliHunter		
船长 BI		

（3）随着 AI 技术的快速发展，其在跨境电子商务数据化运营中扮演的角色日益凸显。请结合实际情况开展调研，AI 在跨境电子商务数据分析中的未来发展趋势是怎样的，企业如何更好地利用 AI 技术来提升数据驱动的决策能力？

你可以选择从以下角度开展分析。

① AI 通过高级算法深入挖掘跨境电子商务数据中的隐藏模式和趋势。

② AI 利用历史销售数据、用户行为数据等进行精准的市场预测和用户需求预测。

③ AI 通过构建精细的用户画像，帮助企业更好地理解目标用户群体，并实现对用户的精准细分和定位。

④ AI 在检测数据异常、预防欺诈行为及管理潜在风险方面的作用和价值。